GRAMMAIRE THÉORIQUE ET PRATIQUE

DE LA

LANGUE FRANÇAISE

A L'USAGE

DES CLASSES SUPÉRIEURES DES ÉCOLES

PAR

D. Margot,

Directeur de l'École des paroisses réformées, et Lecteur en langue française à l'Université de Saint-Pétersbourg.

II PARTIE.

TROISIÈME ÉDITION.

ST-PÉTERSBOURG.

1875.

GRAMMAIRE
THÉORIQUE ET PRATIQUE

DE LA

LANGUE FRANÇAISE

A L'USAGE

DES CLASSES SUPÉRIEURES DES ÉCOLES

PAR

D. Margot,

Directeur de l'École des paroisses réformées, et Lecteur en langue française à l'Université de Saint-Pétersbourg.

II PARTIE.

TROISIÈME ÉDITION.

ST-PÉTERSBOURG.

Imprimerie TRENKÉ et FUSNOT, Maximilianovsky pér., 15.

1875.

PRÉFACE.

Cet ouvrage fait suite au *«Cours élémentaire et progressif»* de l'auteur. Il n'est donc pas destiné aux commençants, mais aux élèves familiarisés avec les formes et les tournures les plus simples, ainsi qu'avec la partie la plus facile du vocabulaire de la langue française.

L'ouvrage est divisé en deux cours, rattachés l'un à l'autre autant par l'ordre des matières que par leur gradation. Chacune de ces parties forme un tout à part de nature à pouvoir être étudié séparément.

La première partie reprend et complète dans un ordre systématique les matières du *«Cours élémentaire»*. C'est donc en partie une répétition, mais une répétition à laquelle viennent s'ajouter bien des questions nouvelles, et qui suppose des élèves d'un développement déjà assez avancé.

La seconde partie présente un exposé des difficultés de la syntaxe française, et suppose, pour être bien comprise et étudiée avec fruit, la connaissance exacte et surtout bien exercée des matières contenues dans la première. Je me suis arrêté avant tout aux questions qui embarrassent les élèves étrangers, et que les grammaires publiées en France négligent comme inutiles pour les élèves auxquels elles s'adressent. — En tête de cette seconde partie, j'ai donné les principes fondamentaux de l'analyse logique, suivant, en ce point, la méthode généralement adoptée par les grammairiens modernes. Cette méthode, qui réduit la théorie de la proposition à un petit nombre de principes à la fois simples et naturels, jette un grand jour sur le mécanisme du langage. Outre qu'elle se recommande par sa simplicité et sa clarté, elle est la seule qui puisse être vraiment utile aux élèves de nos écoles, vu qu'elle est suivie dans l'enseignement des autres langues qu'ils étudient, à commencer par leur langue maternelle, et qu'elle fournit ainsi un excellent moyen de comparer ces langues entre elles.

Quant à la méthode de ce nouvel ouvrage, elle est, dans son essence, celle qui a été suivie dans le *«Cours élémentaire»*, à cette différence près que la théorie précède les exercices. Il y a, pour les élèves un peu avancés, un avantage à commencer par une exposition préliminaire des principes. Cependant, c'est en étudiant les exemples français, en les faisant traduire, analyser, transformer, qu'il faudra développer les règles, faire ressortir les analogies et les différences des deux idiomes. C'est pour faciliter cette comparaison que les exemples français donnés dans la théorie sont ordinairement accompagnés de leur traduction mise en regard. — Dans bien des cas d'ailleurs, il vaudra mieux s'attaquer droit aux exemples pour en faire déduire et formuler la théorie par les élèves eux-mêmes; les ramenant ensuite à l'exposé qui précède, ils le saisiront sans aucune peine, n'y trouvant qu'un résumé des résultats qu'ils viennent d'obtenir.

Dans tout livre d'école, et particulièrement dans une grammaire, les exercices importent plus peut-être que la théorie, et ils exigent une attention toute particulière. Les exercices pratiques de ce livre comprennent:

1) Des exemples français empruntés, à très peu d'exceptions près, aux écrivains français des 17e, 18e et 19e siècles. Ce sont des phrases détachées ou des fragments d'une certaine étendue choisis de manière à instruire et à intéresser. — Ces exemples devront être lus, traduits, analysés d'une manière exacte et méthodique, afin que l'élève soit en quelque sorte forcé de les considérer sous toutes les faces, avec toute l'attention possible (1). Ce travail d'observation et d'analyse doit former le point de départ dans l'étude des langues. C'est là un des moyens les plus efficaces de cultiver les jeunes intelligences, et l'expérience montre que, de tous les exercices intellectuels, il en est peu auxquels l'esprit des enfants se prête mieux, et cela en vertu de cette affinité naturelle qui existe entre les formes du langage, quelque diverses qu'elles soient, et la pensée humaine, dont elles sont l'expression. C'est pour avoir méconnu cette vérité, et confondu la grammaire avec la routine, que des hommes, induits en erreur sans doute par une expérience incomplète, ont porté sur l'enseignement des langues modernes un jugement qu'un maître éclairé par une longue expérience et l'amour de sa vocation, ne peut que repousser de toutes ses forces.

2) Des thèmes à traduire du russe en français pour exercer les élèves à appliquer et à reproduire ce qu'ils viennent d'apprendre. Ces thèmes se composent également de phrases détachées ou de morceaux plus étendus offrant autant que possible un contenu intéressant. — La manière dont les élèves parviennent à traiter ces thèmes, est le plus sûr moyen d'apprécier leurs capacités intellectuelles, et de juger jusqu'à quel point le but de l'enseignement est atteint. Ce travail de reproduction est certainement celui qui exige de la part des élèves l'effort d'attention le plus grand et le plus soutenu: mais c'est justement dans cet effort, dans cette activité de l'intelligence et de la mémoire qu'est la grande utilité, l'efficacité propre à l'exercice dont il s'agit. Cet exercice est le complément, la contre-partie indispensable de l'analyse qui l'a précédé. — Les élèves feront ces traductions de vive voix, puis par écrit, aidés d'abord par le maître, puis, plus tard, sans autre secours que les indications données par le livre. Les travaux par écrit devront être soigneusement contrôlés et revus, car ce n'est qu'à ce prix-là qu'on obtiendra que les élèves y mettent tout le soin dont ils sont capables (2).

La part de la réflexion faite, il ne faut pas négliger le travail de la mémoire. Des répétitions fréquentes, des exercices qui forcent l'élève à se servir de ce qu'il pourrait être sur le point d'obtenir, sont le meilleur préservatif contre l'oubli. Le vocabulaire de l'élève doit s'enrichir constamment: à cet effet, il ne faut pas se lasser de faire répéter les mots, les locutions et les tournures difficiles qui ont figuré dans les exercices précédents.

Les exercices sont accompagnés des indications nécessaires pour que le travail puisse se faire sans dictionnaire. Toutefois je n'ai donné que juste ce qu'il faut pour mettre sur la voie, afin que l'élève s'habitue à compter sur ses propres forces,

(1) Dans bien des cas, il sera très-utile de faire écrire sous dictée ou apprendre par cœur un choix de ces exemples.

(2) Cela ne veut pas dire qu'il faille faire traduire par écrit tout ce qui a d'abord été traduit de vive voix; le temps dont on dispose n'y suffirait pas.

sachant par expérience qu'une tâche rendue trop facile laisse l'esprit distrait et inactif.

Les thèmes que donne le livre sont nombreux : il y en a à peu près le double de ce qu'il faut pour un seul et même cours. Mais ils sont multipliés à dessein, afin que, d'une année à l'autre, il soit possible de varier en alternant. Les thèmes qui roulent sur le même sujet sont composés de manière qu'il soit à peu près indifférent dans quel ordre on les traite.

3) Viennent ensuite, mais dans la première partie seulement, des exercices de conversation, où se trouvent appliquées au langage parlé les règles que les élèves sont toujours tentés de négliger quand ils s'expriment de vive voix. Ces exercices se composent de questions et de réponses qui ont d'ordinaire pour sujet le contenu des phrases françaises ou russes qui précèdent immédiatement. Ces exercices devront être appris par cœur ; ou du moins l'élève s'exercera à répondre sans hésitation aux questions posées. La réponse peut s'écarter du texte, pourvu qu'elle soit correcte. — Quant aux questions sans réponse qui suivent, l'élève y répondra soit au moyen de ce qui précède, soit en consultant ses souvenirs d'histoire, de géographie ou d'histoire naturelle. Ces réponses se feront d'ordinaire de vive voix, mais il pourra être utile aussi de les faire donner quelquefois par écrit. — Le nombre de ces questions peut être considérablement augmenté. — Dans la seconde partie, j'ai supprimé ces exercices, parce que, dans les classes supérieures auxquelles cette seconde partie est destinée, la lecture des auteurs fournit le moyen le plus naturel de les continuer. D'ailleurs, il sera facile de poursuivre pour le second cours des exercices de conversation analogues à ceux du premier ; outre que ces questions sont un excellent moyen de répétition, elles contribuent puissamment à tenir l'attention en éveil, et à rendre l'enseignement attrayant et animé.

Un mot sur la disposition des matières suivie dans cet ouvrage. — Pour le premier enseignement, une disposition trop systématique ne pourrait qu'embarrasser. Il n'en est plus de même pour des élèves arrivés à un certain degré de développement ; il est alors absolument nécessaire, pour l'intelligence aussi bien que pour la mémoire, qu'ils s'habituent à coordonner le résultat de leurs études. — L'ordre que j'ai adopté, même pour la syntaxe, est celui des parties du discours, qui m'a paru préférable à tout autre. En disposant les matières d'après leur valeur logique dans la proposition, c'est-à-dire en traitant d'abord de la proposition simple et de ses parties, puis de la proposition composée et des différentes espèces de propositions qui concourent à la former, on obtient un cadre logique et rigoureux, il est vrai, le seul qui permette, par exemple, une exposition bien nette de l'emploi des conjonctions, mais qui a l'inconvénient de trop morceler certaines théories, et de rendre l'ensemble moins simple, moins facile à consulter. Cependant, tout en adoptant l'ancienne disposition, j'ai cherché, autant que la chose pouvait se faire, à mettre à profit ce que la disposition logique offrait de plus utile (1).

Ce que j'ai donc eu en vue, c'est de faire un livre qui pût servir de base à un enseignement sérieux de la langue française, tel qu'il doit être pour les classes supérieures. Je ne me dissimule pas que, tel qu'il est, le livre donne beaucoup à faire, au maître aussi bien qu'à l'élève. A mon avis, ce n'est point un mal. Le

(1) Rien n'empêche du reste d'intervertir l'ordre des chapitres du livre. Je pense même qu'il y aurait généralement avantage à commencer par le verbe, dont la théorie forme la base de toute la grammaire.

travail sérieux est la condition de tout progrès réel, et ce serait bercer nos élèves d'une vaine illusion que de leur laisser croire qu'il y ait possibilité d'acquérir, sans étude sérieuse, une connaissance tant soit peu solide de la langue française. Bien au contraire, il faut insister, auprès de notre jeunesse, sur la nécessité d'un travail persévérant et assidu; car, dans l'étude, moins encore qu'en tout autre chose, il n'a été donné à personne, pas même aux plus capables, de recueillir sans avoir semé.

Des esprits graves reprochent aux langues modernes, et au français en particulier, de n'être pas, pour les élèves des classes supérieures, un travail intellectuel aussi efficace que celui que procure l'étude du latin et du grec. Sans vouloir contester aux langues anciennes leur supériorité au point de vue qui nous occupe, il est évident que le reproche fait à l'enseignement des langues modernes doit s'adresser à la position faite à cet enseignement dans les écoles bien plus qu'à la langue elle-même, qui, comme l'expérience le démontre, offre un moyen d'éducation des plus précieux.

On trouvera peut-être qu'en certaines parties je suis entré dans trop de détails. Mais il faut bien se dire que, dans l'étude d'une langue étrangère, les détails sont bien souvent l'essentiel. S'en tenir aux généralités n'est guère possible que quand il s'agit de la langue maternelle, vu que là les difficultés de détails sont connues par l'usage. Dans l'étude d'une langue étrangère, du français en particulier, il existe un grand nombre de distinctions, de nuances intéressantes, dont l'étude est d'autant plus importante pour nos élèves, que ces distinctions sont le plus souvent étrangères aux autres langues qu'ils étudient. Telles sont, pour en citer quelques exemples tirés de la grammaire française, l'emploi de l'article, la place de l'adjectif, la théorie des pronoms, l'emploi, si difficile pour les étrangers, des modes, des temps, des adverbes de négation. Toutes ces choses-là, et bien d'autres encore, veulent être étudiées avec exactitude, et les distinctions si variées qu'elles offrent, sont un excellent moyen d'exercer la sagacité des élèves même les plus avancés. On peut ajouter que les détails ne répugnent nullement au jeune âge; seulement il faut qu'ils soient clairement et logiquement rattachés à l'ensemble, et ne forment pas une mosaïque de faits épars et sans lien. — Au reste, bien des détails contenus dans ce livre peuvent se retrancher sans préjudice pour l'ensemble, selon les besoins de l'enseignement et les vues de celui qui enseigne: ils sont imprimés en caractères différents sous le titre de *Remarques* et d'*Observations*. Si, abordant un chapitre nouveau, l'on commence par la théorie, on fera bien, à une première lecture, de supprimer ces *Remarques*, sauf à y revenir plus tard, lorsque l'examen raisonné des exemples aura fait découvrir à l'élève des cas particuliers que les règles principales avaient passés sous silence.

Est-il nécessaire d'ajouter que, pour le maître qui veut se servir d'un livre tel que celui-ci, une certaine connaissance de la langue russe est absolument nécessaire? On ne saurait trop, sous ce rapport ainsi que sous beaucoup d'autres, recommander l'étude de la langue russe aux instituteurs qui se proposent de se vouer à l'enseignement des langues étrangères dans les écoles. Un enseignement méthodique et suivi n'est possible qu'à la condition, pour le maître, de connaître la langue maternelle des élèves. — Est-ce à dire qu'il faille, comme quelques-uns le pensent, ne se servir que de la langue russe pour enseigner les langues étrangères, et mettre entre les mains des élèves des manuels écrits en langue russe?

Ce serait passer à un extrême tout aussi dangereux que l'extrême opposé. Il faut bien que les élèves s'habituent insensiblement à entendre parler et à parler la langue qu'ils doivent apprendre: ils ne peuvent l'apprendre des yeux seulement. Et quant à ceux qui pensent que les ouvrages de la nature de celui-ci devraient être écrits en langue russe, on peut leur répondre que l'enseignement des classes inférieures aurait bien mal rempli sa tâche, si les élèves des trois ou quatre classes supérieures, auxquelles ce livre est destiné, n'étaient pas en état, aidés d'un maître connaissant leur langue, de comprendre en français les explications si simples d'ailleurs de la grammaire. La rédaction française causât-elle du reste quelque difficulté au premier abord, cet inconvénient, qui de jour en jour tend à diminuer, ne saurait entrer en comparaison avec l'avantage qui résulte pour les élèves de l'emploi d'un livre écrit en français, les premiers obstacles une fois surmontés. Les élèves s'étant peu à peu habitués à répondre en français, la leçon de grammaire devient ainsi une leçon d'usage pratique. — L'expérience au reste, qui a seule ici le droit de décider, démontre que, dans les classes supérieures du moins, le maître doit autant que possible se servir de la langue qu'il enseigne, qu'il y a un inappréciable avantage à le faire, et qu'il serait contre nature de mettre entre les élèves et lui un livre qui, au lieu de les initier et de les habituer à l'esprit et à l'emploi de la langue étrangère, les ramènerait toujours à la leur.

Dans la rédaction de ce travail, je me suis fait un devoir de consulter les ouvrages les plus importants publiés sur la langue française tant en France qu'à l'étranger. Un grand nombre des exemples français qui entrent dans la partie pratique du livre, ont été tirés des ouvrages bien connus de Bescherelle, de Poitevin, de Boniface et d'autres. J'ai aussi de grandes obligations aux excellents ouvrages publiés en Allemagne. Sans parler des admirables travaux philologiques de Diez, de Maetzner, de Fuchs, d'Orelli, de Burguy et d'autres, dont la portée scientifique dépasse l'horizon des écoles, mais que je n'en ai pas moins consultés avec fruit, je citerai, comme m'ayant été particulièrement utiles, les ouvrages de Borel, de Ploetz, de Georg, de Zand, de Keller, de Buschbeck, de Fuuge, de Suppfle, de Gruner, de Gleim, et d'autres destinés à l'enseignement élémentaire. Je me fais un devoir de reconnaître que j'ai emprunté, même textuellement, bien des choses à ces excellents modèles, et mon but serait atteint si j'avais réussi à faire pour les écoles de notre pays, ce qu'ils ont si bien fait pour celles de l'Allemagne.

D. Margot.

PRÉFACE

DE LA DEUXIÈME ÉDITION.

Cette nouvelle édition a été revue avec soin. En outre il a été fait choix, pour l'impression de la partie théorique, de caractères qui permettent de distinguer nettement la partie essentielle du texte, des *Remarques* et *Observations*, qui, tout en étant très-utiles, peuvent cependant être supprimées, sans que l'ensemble perde de sa clarté. Un certain nombre de ces remarques, jugées moins nécessaires, ont été retranchées. Quelques chapitres ont été refondus, dans le but de leur donner une forme plus précise et plus brève. — Quant aux exercices, ils n'ont subi aucun changement, si ce n'est la suppression d'un petit nombre de phrases détachées. — Ces changements n'altèrent en rien l'ordonnance du livre, et cette nouvelle édition pourra s'employer avec l'ancienne, sans qu'il en résulte aucun embarras, ni pour le maître ni pour l'élève.

D. Margot.

SECONDE PARTIE.

CHAPITRE I.

§ 1. DE LA PROPOSITION.

1. La forme fondamentale du discours est la *proposition*, предложение.

2. Une proposition est l'expression d'une pensée ou d'un jugement par des mots. *L'arbre fleurit. L'arbre est vert.*

3. Toute proposition renferme nécessairement deux termes essentiels, savoir:

a) le *sujet*, подлежащее; c'est l'être auquel on attribue une action ou une qualité: *l'arbre.*

b) *l'attribut* ou *prédicat*, сказуемое; c'est l'action ou la qualité attribuée au sujet: *fleurit, vert.*

4. L'attribut est joint au prédicat par la *copule*, связка. La copule peut être:

a) unie à l'attribut: *L'arbre fleur*IT.

b) distincte de l'attribut: *L'arbre* EST *vert.*

Remarques. 1) La copule est unie à l'attribut lorsque ce dernier est une *action*; c'est alors le *radical* du verbe qui est l'attribut, et la copule est exprimée par la *terminaison*. Le verbe est alors appelé verbe *attributif*: *L'oiseau chant*E. *Les oiseaux chant*ENT.

2) La copule est distincte de l'attribut lorsque celui-ci est une qualité; elle est alors exprimée par le verbe *être*: *L'oiseau* EST *beau.*

3) La copule peut aussi être exprimée par l'un des verbes *devenir, sembler, paraître, demeurer, rester*: *Ces arbres* DEVIENNENT *grands. Cet enfant* PARAÎT *malade. Il* RESTA *muet et interdit.*

4) Les verbes *être, — devenir, sembler*, etc., employés pour exprimer la copule sont appelés *semi-attributifs.*

5) La copule ne peut être exprimée que par un mode personnel du verbe; l'*infinitif* et le *participe* ne peuvent servir de copule.

6) La copule exprime les rapports de l'attribut au sujet, savoir: le rapport de *nombre*, de *personne*, de *mode* et de *temps.*

5. Outre le sujet et l'attribut, qui sont les termes *essentiels* de la proposition, главныя части предложенія, celle-ci peut en renfermer d'autres, qu'on appelle termes *secondaires* ou *subordonnés*, второстепенныя части предложенія, et qui servent à la compléter, à la développer.— Ces termes sont au nombre de *trois*, savoir:

a) le *déterminatif* (ou *modificatif*), опредѣленіе. On nomme ainsi tout ce qui, dans la proposition, se joint au substantif (ou à son remplaçant) pour en déterminer, modifier la signification:

Le *petit* arbre est vert. La fleur *du cerisier* est blanche.
Nos arbres et ceux *du voisin* portent d'*excellents* fruits.

b) le *régime* ou *complément*, дополненіе, qui se joint au verbe ou à l'adjectif pour en compléter le sens. Le régime peut être:

1) *direct*, предметъ дѣйствія, répondant à la question *qui? quoi?* *La mère appelle* SON ENFANT.

2) *indirect*, répondant aux questions *à qui? à quoi? de qui? de quoi? pour qui? pour quoi?* etc.: *Il a donné une fleur* à SA MÈRE. *Le calme succède* à L'ORAGE. *Je me souviens* DE LUI. *La bonté est préférable* à L'ESPRIT. *Il est content* DE SON SORT.

c) le terme *circonstanciel* ou *adverbial*, обстоятельственныя слова, qui ajoute à l'action ou à la qualité une circonstance de *temps*, de *lieu*, de *cause* ou de *manière*.

L'Amérique fut découverte *en 1492*. (Quand?)
Pierre le Grand fut vainqueur *à Poltava*. (Où?)
Il a fait cela *par complaisance*. (Par quel motif?)
Parlez *distinctement*. (De quelle manière?)

6. La proposition est nommée *incomplexe*, quand elle ne renferme que les termes essentiels, et *complexe*, распространенное, quand, outre les termes essentiels, elle renferme l'un ou l'autre des termes accessoires, ou qu'elle les renferme tous.

a) Le soleil brille. La soirée est fraîche.
b) Le soleil *du matin* dissipe *les nuages*.—Les montagnes *du Caucase* sont *depuis longtemps* enclavées *dans l'empire de Russie*. X. de MAISTRE.

Obs. Un terme de la proposition peut être lui-même complexe ou incomplexe. Ainsi *dans l'empire de Russie* est un circonstanciel complexe, vu qu'il renferme un déterminatif *de Russie* se rapportant au mot *empire*.

§ 2. DU SUJET.

1. Le sujet d'une proposition peut être exprimé:

1) par un *substantif* ou tout autre mot équivalant à un substantif.

La *rose* est épanouie. *Je* suis mortel. *Tout* change. *L'utile* doit être préféré à l'agréable. *Trois* et *deux* font cinq. *Lire* est un plaisir. C*e oui* m'a fait plaisir.

2) par une proposition entière, qui prend alors le nom de proposition *sujet*, et qui est une proposition *substantive*: CELUI QUI MENT *est méprisable* (= *Le* MENTEUR *est méprisable*). QUI CHOISIT *prend le pire*. Proverbe.

2. Dans les propositions *impersonnelles* telles que: *Il vient des dames*, il y a un double sujet: un sujet *grammatical* — *il*, et un sujet *logique*—*des dames*.

Ce sujet logique peut être exprimé par une proposition entière ou par un infinitif: *Il se peut* QUE VOTRE PROJET RÉUSSISSE! *Il est temps* DE PARTIR.

Rem. Le sujet est sous-entendu: a) *à l'impératif*: *Soyons amis!*—b) à *l'infinitif*: Que faire?—c) dans les phrases telles que: *Peu m'importe!* мнѣ мало нужды до этого! — *Si bon lui semble*, если ему угодно.

§ 3. DE L'ATTRIBUT OU PRÉDICAT.

1. L'attribut s'exprime:

1) par un *verbe*: *Le rossignol* CHANTE. *Le rossignol* A CHANTÉ.

2) par un *adjectif*: *Ces roses étaient* BELLES. *Ces fleurs sont* FLÉTRIES.

3) par un *substantif*: *Son frère est* MÉDECIN. *C'est* UN RUSSE.

4) par tout autre mot ayant la valeur d'un adjectif ou d'un substantif: *C'est* MOI. QUI *êtes-vous*? QUELLE *est votre opinion*? *Nous étions* CINQ. *Bien parler, c'est bien* PENSER.

5) par une *proposition entière*: *C'est* CE QUE JE PENSE, c'est-à-dire: *C'est* MA PENSÉE. *Mon dessein est* QUE VOUS PUISSIEZ VOUS REPOSER UN JOUR.

Rem. On doit considérer comme prédicat toute expression qui en remplit la fonction: *Cette bague est* D'OR. *Cela est* DE RIGUEUR. *Il est* SANS FORTUNE. *Nous sommes* DE LA MÊME OPINION. *Tu es* À PLAINDRE.

§ 4. DU DÉTERMINATIF OU MODIFICATIF.

1. Le déterminatif répond aux questions *quel? lequel? de quelle sorte? de quel genre?*: *Ne mangez que des fruits* MÛRS. (Lesquels?) *Cueillez une rose* À CENT FEUILLES. (De quelle sorte?)

2. Le déterminatif peut être *nécessaire* ou *accessoire*.

a) Il est *nécessaire* quand il sert à distinguer un être d'autres êtres de la même espèce, et qu'il ne pourrait se supprimer sans que le sens de la proposition en fût altéré: *L'arbre* QUE VOUS VOYEZ *est un chêne*.

b) Il est *accessoire* quand il ajoute une idée déjà connue, ou qui pourrait être retranchée sans que le sens de la phrase en fût altéré: *Regardez ce bel arbre,* DONT LES FLEURS SONT BLANCHES.

Rem. Le déterminatif accessoire est toujours séparé du substantif par une virgule, tandis que le déterminatif nécessaire ne l'est jamais.

3. Le déterminatif peut s'exprimer:

1) par un *adjectif* ou tout autre mot susceptible d'être employé adjectivement:

Voilà des roses *magnifiques.* — Fermez *la* porte. — *Mes* livres. — *Cet* oiseau. — *Quelle* maison? — Un point *quelconque.* — *Trois* mètres. — *La première* fois. — Le prince *régnant.* — Des herbes *desséchées.*

2) par un *substantif:*

a) sans préposition: *Pierre le Grand,* EMPEREUR *de Russie. Moscou, ancienne* CAPITALE *de l'empire de Russie.*

Dans ce cas, le substantif déterminatif est mis en *apposition,* приложение.

b) précédé de la préposition *de*: *Le cours* DE *la Néva. La miséricorde* DE *Dieu. Un bouquet* DE *fleurs. L'âge* D'*or. Un homme* DE *mérite. Cinq jours* DE *marche. Vingt pieds* DE *hauteur.* — De même: *La lettre* D'*hier. Les roues* DE *devant.*

c) précédé de la préposition *à*: *Invitation* à *un bal. L'obéissance* à *la loi. De la soupe* AU *lait. Une canne* à *épée. Une course* à *pied,* à *cheval. Un bateau* à *vapeur. Notre entrée* à *Athènes.* CHAT.

d) précédé de différentes prépositions: *Châlons*-SUR-MARNE. *Une maison* SUR LE GRAND CHEMIN. *Un voyage* AUTOUR DU MONDE. *Un arbre* EN *fleur. Un homme* SANS ESPRIT.

3) par une proposition tout entière, qui prend le nom de proposition *déterminative* ou *adjective*: *Une ville* QUI NE PEUT ÊTRE PRISE (= *une ville imprenable*).

Rem. Quant à la forme, cette proposition peut être:

1) Une proposition *relative,* c'est-à-dire rattachée au substantif qu'elle détermine par un pronom relatif. Cette proposition relative peut être:

a) *complète:* Un homme *qui ne fait de mal à personne* (= un homme inoffensif). Le prince *dont nous parlons.* La ville *qui a été prise.*

b) ou *abrégée* au moyen d'un participe: Voyez ces enfants *jouant* dans le jardin (= qui jouent...). Une ville *entourée* de hautes murailles.

2) Une proposition amenée par la conjonction *que*: La pensée *que Dieu voit tout* t'empêchera de faire du mal.

4) par un *infinitif*:

Voilà le problème *à résoudre*, заданная, предложенная задача. Une maison *à louer*. Une machine *à coudre*. Un conte *à dormir* debout. Sa manière *d'agir*, *de parler*.

§ 5. DU RÉGIME OU COMPLÉMENT.

A. *Du régime direct.*

1. Le régime direct indique l'objet sur lequel passe immédiatement l'action faite par le sujet; il ne peut appartenir qu'aux verbes transitifs: *Je mange* UNE POMME.

2. Le régime direct peut être exprimé:

1) par un substantif: *Le soleil éclaire* LA TERRE. *Le cheval mange* DU FOIN.

2) par un pronom: *Tu* ME *blesses. La faute* QUE *vous avez commise.* QUI *voyez-vous?* QUE *dites-vous?*

3) par un infinitif, a) sans préposition, b) précédé de la préposition *de* ou de la préposition *à*:

Je crois *entendre* sa voix. Je crains *de vous déplaire*. Il apprend *à lire* et *à écrire*.

4) par une proposition entière, qui prend le nom de proposition *régime*, et qui est une proposition substantive, parce qu'elle équivaut à un substantif:

On m'a dit *que vous étiez malade* (= votre maladie). Je lui montrerai *qu'il a tort* (= son tort). Pourriez-vous me dire *s'il a achevé son ouvrage?* Je ne sais *quelle personne me l'a dit*. Dis-moi *qui tu hantes*, je te dirai *qui tu es*. (Prov.). Je ne sais *de quoi il se plaint*. Chacun peut voir *où mène la paresse*.

B. *Du régime indirect.*

1. Ce régime peut être exprimé:

1) par un substantif précédé le plus souvent de la préposition *à* (datif), mais aussi de la préposition *de* (génitif), et quelquefois d'une autre préposition:

Il faut rendre *à César* ce qui est *à César*. Il est sourd *à mes prières*. Il ne se souvient plus *de sa promesse*. Il est avide *de gloire*. La Sibérie est riche *en métaux*. Il est fâché *contre nous*.

2) par un pronom: *Je le* LUI *dirai*. *Le papier* DONT *je me sers*. *Pensez* à CELA.

3) Par un infinitif: *Je l'ai invité* à VENIR. *Il m'a empêché* DE VENIR. *Ce général est glorieux* D'AVOIR *fait une si belle campagne.*

4) par une proposition entière, qui est alors une proposition substantive: *Je ne me souviens pas* QU'IL M'AIT DIT CELA. *Je m'étonne* QU'IL NE VOIE PAS LE DANGER.

Rem. Ces propositions font la fonction de régime indirect, car on dit: *se souvenir de qch.*, *s'étonner de qch.*

§ 6. DU CIRCONSTANCIEL ([1]).

1. On distingue quatre circonstanciels principaux:

1) Le circonstanciel de *lieu*: *Je l'ai cherché* PARTOUT.

2) Le circonstanciel de *temps*: *Nous partirons* DEMAIN.

3) Le circonstanciel de *cause*: *Il est mort* DE CHAGRIN.

4) Le circonstanciel de *manière*: *Il marche* LENTEMENT.

I. *Circonstanciel de lieu.*

1. Il marque: 1) le lieu où l'action se passe, 2) d'où elle vient, 3) où elle se dirige,—et il répond aux questions *où?* гдѣ? куда? *d'où?* откуда? *par où? jusqu'où?* etc.

2. Le circonstanciel de lieu peut s'exprimer:

1) par un adverbe seul ([2]): *Je l'ai vu* ICI. *Restez* DEHORS. *Passez* PAR ICI.

2) par un *substantif* (ou un *pronom*) précédé d'une préposition: *Il passera l'été* À LA CAMPAGNE. *L'oiseau sort* DE SA CAGE. *Il est* DEVANT MOI.

3) par une proposition tout entière, qui prend le nom de *proposition adverbiale de lieu*: *Le lierre meurt* OÙ IL S'ATTACHE. Prov. *J'irai* PARTOUT OÙ VOUS VOUDREZ.

II. *Circonstanciel de temps.*

1. Il marque: 1) le moment, l'époque où l'action a lieu, 2) le moment où elle commence, où elle cesse, 3) sa durée, sa répétition.—Il répond aux questions *quand? depuis quand? jusqu'à quand? combien de temps? combien de fois?*

2. Il s'exprime:

1) par l'adverbe seul: *Je l'ai vu* HIER. *Je le vois* SOUVENT.

2) par un substantif (ou pronom) précédé d'une préposition: *Je ferai*

([1]) On le nomme aussi *complément adverbial* ou *terme adverbial*, parce qu'il s'exprime le plus souvent par un adverbe.

([2]) Le caractère distinctif de l'adverbe est d'exprimer à lui seul un circonstanciel; la *préposition* ne le peut qu'au moyen d'un substantif ou d'un mot équivalent, et la *conjonction* qu'au moyen d'une proposition entière.

ce voyage EN ÉTÉ. *Nous partîmes* DE NUIT. *Il est arrivé* À MINUIT. *Partez* AVANT MOI.

3) par un substantif sans préposition: *Il se promène* TOUS LES SOIRS. *Nous avons voyagé* JOUR ET NUIT. *Il est parti pour l'Amérique* LA SEMAINE DERNIÈRE. *Il arrivera* LUNDI, LE 5. *Les papillons ne vivent que* QUELQUES JOURS.

4) par une proposition entière qui se nomme proposition *adverbiale de temps*. Cette proposition peut être:

a) Complète et rattachée à la proposition principale au moyen d'une conjonction: *Tu pourras te reposer*, QUAND TU AURAS FINI TON TRAVAIL. *J'irai le voir* AVANT QU'IL PARTE.

b) Ou abrégée (raccourcie):

1) au moyen de l'infinitif: *J'irai vous voir* AVANT DE PARTIR, pour: *avant* QUE JE PARTE. (II P. § 74).

2) au moyen du participe présent et du gérondif:

Mentor, *entendant* la voix de la déesse, éveilla Télémaque,—pour: Lorsque Mentor entendit la voix, etc. — Les Grecs, *ayant renversé* la ville de Troie, reprirent la route de leur pays,—pour: après qu'ils eurent renversé... — Il riait *en me regardant*,—c'est-à-dire: pendant qu'il me regardait.

III. *Circonstanciel de cause.*

1. Il marque la *cause*, le *motif*, la *raison*, ainsi que le *but*, la *conséquence*, l'*effet* de l'action. Il répond le plus souvent aux questions: *Pourquoi? pour quelle raison? dans quel but?*

2. Ce circonstanciel s'exprime:

1) par un substantif précédé d'une préposition: *Il a fait cela* PAR CRAINTE. *Il est mort* DE FAIM. *Il est sorti* MALGRÉ LA PLUIE.

2) par une proposition entière, et qui peut être: a) complète et liée à la proposition principale par une conjonction, b) abrégée au moyen de l'infinitif ou du participe:

Il est tombé *parce que le chemin est glissant*. Il a été puni *pour avoir manqué* de respect à son maître. — Ma sœur *étant* malade, je ne puis partir, — pour: *Comme* ma sœur est malade, etc.

Rem. Aux propositions adverbiales de cause se rattachent celles qui expriment la *condition*, la *concession*: Nous partirons *si le temps est beau*. *Quoiqu'il soit* encore malade, il veut se mettre en route.

IV. *Circonstanciel de manière.*

1. Il exprime la *manière*, le *moyen* dont se fait une action, la *quantité*. Il répond à la question *comment? de quelle manière? par quel moyen? combien?*

2. Il s'exprime :

a) par un adverbe seul : COMMENT *se porte-t-il? Il se porte* BIEN. *Cela coûte* CHER.

b) par un substantif (ou un pronom) précédé d'une *préposition:*

Il travaille *avec ardeur, avec zèle.* Frapper *avec une épée.* Cet enfant croît *à vue d'œil.* Vendre *à la livre, à la pièce.* Vivre *en paix.* Chanter *à l'italienne.*

c) par un substantif sans préposition, qui est toujours accompagné d'un déterminatif (adjectif, participe, substantif précédé d'une préposition):

Il marche les *yeux fermés.* Dites-moi, *la main sur la conscience,* si je n'ai pas raison. Il se promène seul, *un bâton à la main.*

d) par une proposition entière (proposition adverbiale de manière), et qui peut être: a) complète, b) ou abrégée au moyen de l'infinitif ou du participe:

Il faut toujours se conduire *de manière qu'on n'ait aucun reproche à se faire.* J'ai passé la nuit *sans dormir.* Nous nous parlons *en nous faisant* des signes. Il mourut, *emportant* dans le tombeau l'estime de ses ennemis.

3. Au circonstanciel de manière se rattache celui d'*intensité*, qui exprime le degré de la qualité ou de l'activité, et répond à la question *jusqu'à quel point?* ou à d'autres analogues. Il s'exprime fréquemment par les adverbes *très, fort, bien, beaucoup, peu, extrêmement, infiniment*: *Il est* BIEN *malheureux.*

4. Si le rapport d'intensité ou de degré se fait avec comparaison, il s'exprime par une proposition *comparative*, qui peut être :

1) Complète: *Je l'aime* PLUS QUE JE NE PUIS LE DIRE. *Venez me voir* AUSSI SOUVENT QUE VOUS POURREZ. *Il me traite* COMME SI J'ÉTAIS SON VALET.

2) Abrégée ou raccourcie: *Il travaille* PLUS QUE *personne* (= *plus que personne ne travaille*). *Il chante* COMME UN ROSSIGNOL (= *comme un rossignol chante*).

5. Le rapport d'intensité peut aussi s'exprimer par une proposition exprimant un *effet*, un *résultat*:

Il neige tant *qu'il n'y a pas moyen de sortir.* Le vent est *si* violent *qu'il rompt tous les arbres.* *Tant* va la cruche à l'eau, *qu'à la fin elle se brise.*

§ 7. DIFFÉRENTES FORMES DE LA PROPOSITION SIMPLE.

1. Selon la nature du rapport qui existe entre le prédicat et le sujet, on distingue:

1) la proposition *déclarative* ou *expositive*, qui exprime un jugement : *Dieu a créé le monde.*

2) la proposition *exclamative* : *Que le Seigneur est bon ! que son joug est aimable !* RACINE.

3) la proposition *interrogative* : *Tout cela n'est-il pas vrai?*

4) la proposition *impérative* : *Arme-toi, viens nous défendre !* RACINE.

5) la proposition *optative*, exprimant un désir, un souhait, un vœu:

Périsse le Troyen, auteur de nos alarmes ! RACINE.
Que son nom soit béni, que son nom soit chanté ! RACINE.

2. Selon la présence ou l'absence des termes grammaticaux nécessaires, la proposition peut être :

1) *Complète* (ou *pleine*), lorsque aucun terme essentiel n'est supprimé :

J'irai pleurer au tombeau de mes pères. RACINE.

2) *Elliptique* (du mot *ellipse*, qui signifie *retranchement*), lorsque un ou plusieurs des termes nécessaires sont supprimés, mais sous-entendus. — L'ellipse se rencontre surtout :

a) dans les questions et les réponses : *L'un de ces livres est à moi. — Lequel? — Celui-ci.*

b) dans les propositions impératives : *Allons ! En route ! A cheval !*

c) dans les phrases proverbiales: *A sotte demande, point de réponse ! Après moi le déluge !*

Obs. Le *pléonasme* est le contraire de l'ellipse : MOI, JE *suis heureux!*

3. Les mots mis *en apostrophe* ou *en appel*, n'appartenant à aucun des cinq termes de la proposition, sont considérés comme n'en faisant point partie :

Viens, *Richard*, ma mère nous appelle. C. DELAVIGNE.
Je suis ravi, *grand poëte*, d'avoir servi à t'immortaliser. FÉN.

§ 8. DE LA PROPOSITION COMPOSÉE.

1. Un assemblage de deux ou plusieurs propositions simples, destiné à exprimer un ensemble de pensées, s'appelle proposition *composée.*

2. Les propositions simples peuvent s'allier entre elles de deux manières :

a) par *coordination*, b) par *subordination*.

1) Les propositions sont *coordonnées* entre elles, lorsque chacune d'elles présente un sens complet : *Dieu est tout-puissant, et rien dans le monde n'existe sans lui.*

2) Quand l'un des cinq termes de la proposition est exprimé par une proposition entière, celle-ci prend le nom de proposition *subordonnée* ou *secondaire* (придаточное предложение), tandis que la proposition primitive s'appelle *proposition principale* (главное предложение). Dans ce cas la proposition est composée par *subordination*.

Qui ment est coupable. — C'est *ce que je pense*. — L'homme *qui est content* est heureux. — Le paresseux mérite *qu'on le punisse*. — J'ai peur *qu'il n'arrive*. — Nous allons nous promener *quand il fait beau temps*.

3. Les mots qui servent à lier une proposition à une autre s'appellent *conjonctions*. Elles se divisent en conjonctions *coordinatives* et en conjonctions *subordinatives*. (I. P. § 63, 4).

Rem. Les pronoms relatifs, ainsi que beaucoup d'adverbes, peuvent aussi lier une proposition à une autre.

4. Dans les phrases telles que: *Je m'appelle*, DIT-IL, *Aristonoüs*; — *dit-il* forme ce qu'on appelle une proposition *intercalée*, вводное предложение.

§ 9. DE LA PROPOSITION CONTRACTE.

1. Lorsque deux ou plusieurs propositions renferment un ou plusieurs termes communs, ces termes ne sont d'ordinaire exprimés qu'une seule fois. Les propositions n'en forment alors qu'une seule, et l'on donne à l'ensemble le nom de proposition *contracte*, слитное предложение.

2. Dans la contraction, deux ou plusieurs propositions peuvent avoir en commun:

a) le sujet: LE ROSEAU *plie et ne rompt pas*; — b) l'attribut: *Le tonnerre et les vents* DÉCHIRENT *les nuages*; — c) le régime: *Les animaux n'inventent et ne perfectionnent* RIEN; — d) le déterminatif: *Le mouvement et la chaleur* DE LA MARCHE *apaisèrent un peu la douleur qu'il ressentait*. X. DE MAISTRE. — e) le circonstanciel: SOUS MARC-AURÈLE *les chrétiens furent persécutés et torturés*.

Obs. Dans une proposition contracte telle que: *Le lion et le tigre sont cruels*, le sujet est *composé*. — *L'attribut* est de même composé dans la proposition suivante: *Dieu est* JUSTE *et* MISÉRICORDIEUX.

§ 10. DES PROPOSITIONS COORDONNÉES.

1. Selon le rapport qui existe entre deux propositions coordonnées, elles sont:

a) *copulatives*, lorsque l'une étend, développe l'autre:

La critique est aisée *et* l'art est difficile. DESTOUCHE.
Plus le malheur est grand, *plus* il est grand de vivre. CRÉBILLON.

b) *causatives*, lorsque l'une indique la cause de l'autre:

Le soleil nous éclaire même durant la nuit, *car* la lune nous réfléchit sa lumière. — Je pense, *donc* je suis.

c) *adversatives*, si l'une d'elles exclut ou restreint l'autre:

Je garderai le silence, *ou bien* je dirai la vérité.
L'autruche a des ailes, *mais* elle ne peut voler.

2. Souvent les propositions coordonnées sont placées l'une à côté de l'autre sans le secours d'aucune conjonction:

Je suis venu, j'ai vu, j'ai vaincu. — Il est un Dieu; les herbes de la vallée et les cèdres de la montagne le bénissent, l'insecte bourdonne ses louanges, l'éléphant le salue au lever du jour, l'oiseau le chante dans le feuillage, la foudre fait éclater sa puissance, et l'océan déclare son immensité. CHATEAUBRIAND.

§ 11. DES PROPOSITIONS SUBORDONNÉES.

1. Comme chacun des cinq termes d'une proposition peut être exprimé par une proposition, il en résulte, ainsi que nous l'avons vu, que la proposition secondaire peut être: 1) *sujet*, 2) *attribut*, 3) *régime direct* ou *indirect*, 4) *déterminative*, 5) *circonstancielle*.

2. Suivant que la proposition secondaire équivaut à un *substantif*, à un *adjectif* ou à un *adverbe*, on distingue aussi les propositions secondaires en propositions *substantives*, — *adjectives*, — et *adverbiales*.

3. La proposition secondaire est *substantive* quand elle est *sujet*, *attribut* ou *régime*; elle est *adjective*, quand elle exprime un *déterminatif*, — et *adverbiale* quand elle exprime un *circonstanciel*.

Rem. Des propositions subordonnées peuvent être coordonnées l'une à l'autre: *j'espère qu'il viendra et qu'il m'apportera de bonnes nouvelles*. — De même une proposition peut être subordonnée à une autre déjà subordonnée elle-même: *Je désire qu'il m'apporte* CE QU'IL M'A PROMIS.

CHAPITRE II.

§ 12. DE LA CONSTRUCTION FRANÇAISE.

La clarté est la qualité distinctive de la langue française. Dans une langue qui n'a pas de déclinaison proprement dite, cette qualité dépend en grande partie de l'arrangement des mots et des phrases. De là les lois rigoureuses auxquelles, dans la plupart des cas, la construction française est astreinte.

1. On peut poser comme règle le principe fondamental suivant:

«*Les termes de la proposition se rangent d'après leur importance logique, c'est-à-dire que les plus importants précèdent ceux qui le sont moins*».

2. Il résulte de ce qui précède la règle suivante: «Le sujet doit précéder l'attribut, et les autres termes qui accompagnent soit le sujet, soit l'attribut, suivent chacun le membre de phrase dont ils dépendent». L'ordre régulier des mots dans la proposition sera donc:

Sujet. Attribut (verbe). Régime direct. Régime indirect.

Les rois fainéants laissaient tout le pouvoir aux maires du palais. BOSSUET.

Telle est ce qu'on appelle la *construction* **directe** ou **régulière.**

3. On appelle *inversion*, перестановка словъ, tout changement apporté à la construction ordinaire du discours: *Viendras*-TU? — *Non loin s'égare* UN FLEUVE.

§ 13. PLACE DU SUJET.

1. Le sujet se place ordinairement avant le verbe, même lorsqu'il est précédé d'un circonstanciel:

Aujourd'hui *le temps* est beau. Quand le soleil fut couché, *nous* quittâmes la colline.

2. Il y a *inversion* du sujet:

1) Dans la proposition *interrogative*: a) *Il dort. Dort*-IL? *On l'a vu. L'a-t*-ON *vu?*—b) *La princesse est*-ELLE *arrivée? Cela est*-IL *vrai?* (I P. § 26).

2) Quand la proposition commence par une expression interrogative, telle que *quel? comment? où? d'où? quand?* etc., on peut s'exprimer de deux manières:

Comment se porte votre oncle? *ou* Comment votre oncle se porte-t-il?	Какъ здоровье вашего дяди?
Quelle fleur cueille cette dame? *ou* Quelle fleur cette dame cueille-t-elle?	Какой цвѣтокъ срываетъ эта дама?
Avec qui voyage cette dame? *ou* Avec qui cette dame voyage-t-elle?	Съ кѣмъ путешествуетъ эта дама?

On dit aussi, mais plus rarement:

Votre oncle, comment se porte-t-il?
Cette dame, quelle fleur cueille-t-elle? etc.

Rem. Cependant l'inversion du sujet n'est pas possible dans deux cas: 1) Quand le verbe est accompagné d'un régime: *Comment votre oncle supporte-t-il* SON MALHEUR?—2) Quand la proposition commence par le mot *pourquoi*: *Pourquoi le remords est-il si terrible?* CHAT.

3) Quand la proposition commence par le pronom régime direct *que?* что? il y a toujours inversion du sujet:

QUE *veut dire ce mot?* Что означаетъ это слово?
QUE *signifie cette conduite?* Что значитъ это поведеніе?

Rem. La question peut être *directe* ou *indirecte*. Dans la question indirecte, il n'y a jamais inversion du sujet.

Question directe: Partira-t-il? поѣдетъ онъ?
Question indirecte: J'ignore *s'il partira*. Я не знаю поѣдетъ-ли онъ.
De même: Savez-vous *ce qu'il dit?* Savez-vous *ce qu'il fera?*

Cependant, si le sujet était un substantif, on pourrait dire, avec inversion: *On lui demanda quel était* SON ÂGE. *Dites-moi ce qu'est devenu* VOTRE AMI.

3. Outre l'interrogation, il y a inversion du sujet:

1) Dans les phrases optatives: *Vive l'empereur! Puissiez-vous être heureux!*

2) Dans les propositions intercalées: *Dieu soit loué, s'écria* L'ÉTRANGER!

3) Ordinairement aussi après *à peine, en vain, peut-être, au moins, du moins, encore, aussi, aussi bien, à plus forte raison: A peine fut-*IL *sorti, que son père entra.* (Voir I P. § 26).

4. L'inversion du sujet est *permise*, et donne au style quelque chose d'élégant et d'élevé:

1) Dans les propositions relatives:

Le plateau où sont assises *les cabanes* était devenu une île. B. DE ST. P.—Notre vie est un pèlerinage auquel nous condamne *le sort*. On dirait aussi, mais moins élégamment: *auquel le sort* nous condamne.

Rem. L'inversion est de rigueur quand le sujet est lui-même antécédent d'une autre proposition relative: Nous avions devant nous la colline *où s'élève le château* dont je vous ai parlé.

2) Après *c'est... que*: *C'est de Moka que vient* LE MEILLEUR CAFÉ.

3) Dans les propositions *adverbiales:* a) de *lieu*: *La vertu finit où commence* LE VICE; b) de *temps*: *Je les lui promettais tant qu'a vécu* SON PÈRE. RACINE. c) de *comparaison*: *Cyrus paraît et renverse l'empire des Babyloniens comme l'avaient annoncé Isaïe et Jérémie.* BOSSUET.

Obs. Dans ces trois derniers cas, l'inversion ne peut avoir lieu ni quand le sujet est exprimé par un pronom *personnel*, ni quand le verbe est accompagné d'un substantif figurant comme régime direct: *La maison où* ELLE *demeure. L'endroit où votre père a vu* CET ARBRE, *est loin d'ici.*

4) Quand la proposition commence par un circonstanciel de *lieu*,

mais seulement aussi quand le sujet est exprimé par un *substantif*: *Près du temple sont* DEUX COLONNES; *sur l'une est un* VASE *d'airain, sur l'autre la* FIGURE *d'un enfant*. — *Ici fleurit jadis une* VILLE *opulente, ici fut le* SIÉGE *d'un empire puissant.* VOLNEY. *Le 5 mai 1821, à Sainte-Hélène, mourut* NAPOLÉON I.

Rem. Il en est de même des propositions commençant par *ainsi* et par *tel*: *Ainsi va* LE MONDE. *Tel est le* FRUIT *amer des discordes civiles.* VOLTAIRE.

§ 14. PLACE DES RÉGIMES.

1. Les régimes, quand ils sont exprimés par un substantif, se placent *après* le verbe; et quand le verbe est suivi de deux compléments, le régime *direct* précède le régime *indirect*:

Cet homme bienfaisant donne *tout son bien* AUX PAUVRES.
Le printemps couvre *la terre* DE FLEURS.

2. Cependant le régime indirect se place avant le régime direct dans trois cas:

1) Quand le complément direct est plus long que le régime indirect:

Vous préférez *à sa fausse gloire* la renommée intacte et la vertu sans ombre d'un Épaminondas. — En vain vous plantez *de vertus* tout le champ de votre vie.

2) Quand le complément direct est accompagné d'une proposition *adjective*:

Mithridate renvoya *aux Romains* tous les prisonniers *qu'il leur avait faits*.

3) Quand c'est sur le régime direct que se porte particulièrement l'attention:

Il donna à sa cour et à celle de ses trois collègues *un appareil magnifique*.

Rem. Le régime direct ne peut précéder le verbe que dans deux cas: 1) quand il est exprimé par un pronom personnel conjoint ou un pronom relatif: *Il* ME *voit. La rose* QUE *je tiens.* 2) Dans les phrases interrogatives ou exclamatives: *Quels* FRUITS *mangez-vous? Quelle* FRAYEUR *nous avons eue!*

§ 15. INVERSION DES RÉGIMES.

1. Quand on veut mettre en évidence un substantif employé comme *régime direct*, on peut le mettre en tête de la proposition; mais il faut alors qu'il soit remplacé devant le verbe par le pronom personnel correspondant:

Ta lettre, je *l'*ai reçue! ТВОЕ ПИСЬМО Я ПОЛУЧИЛЪ! — Mon amitié, vous *l'*avez méprisée; vos serments, vous *les* avez trahis! — On dirait, d'une manière analogue: *Des historiens illustres*, l'Angleterre *en* a produit sans doute. VITET.

2. Le régime indirect précède fréquemment aussi le verbe ; mais dans ce cas il n'y a pas répétition de ce régime. Cette tournure est surtout fréquente dans les proverbes, les sentences :

Aux malheurs de la famine vinrent s'ajouter les horreurs de la guerre. — A quelque chose malheur est bon ! (Prov.). — Aux grands hommes la patrie reconnaissante !

3. Les mots *tout* et *rien*, employés comme régimes, se placent : a) dans les temps simples, après le verbe, b) dans les temps composés, entre l'auxiliaire et le participe passé : *Je sais* TOUT. *Je ne sais* RIEN. *J'ai* TOUT *vu*. *Je n'ai* RIEN *oublié*.

Employés avec l'infinitif, ils se mettent tantôt avant, tantôt après : *Il croit pouvoir* TOUT. *Il croit* TOUT *pouvoir*. *Il hasarde de* TOUT *perdre pour* TOUT *gagner*. — *Sans* RIEN *dire*. — De même : *Sans mot dire* et *Sans dire mot*.

§ 16. PLACE DES DÉTERMINATIFS.

1. Quand le déterminatif est exprimé par un adjectif qualificatif, il se met tantôt avant tantôt après le substantif. (Voir II P. § 41) : *Un* RICHE *banquier*. *Un homme* RICHE. *De* RICHES *moissons*.

2. L'article et les pronoms adjectifs précèdent toujours les substantifs qu'ils accompagnent : LE *riant soleil*. CET *arbre*. AUCUNE *pitié*. TROIS *vaisseaux*. — *Quelconque* fait seul exception : *Un livre* QUELCONQUE.

3. En prose, le substantif figurant comme déterminatif suit le mot dont il dépend : *L'oisiveté est la mère* DE TOUS LES VICES.

Cependant l'inversion du génitif est permise : DE TOUTES LES FLEURS, *la rose est la plus belle*.

4. Les autres expressions déterminatives équivalant à un adjectif se placent d'ordinaire immédiatement après le terme auquel elles appartiennent : *Une chaîne* D'OR. *Un vaisseau* À VOILES. *Un conte* À DORMIR DEBOUT. *Au temps* JADIS. ACAD.

§ 17. PLACE DU CIRCONSTANCIEL.

1. Le circonstanciel n'a pas de place fixe. Il peut se mettre au *commencement*, au *milieu* et à la *fin* de la phrase.

A la pointe du jour les Suédois parurent hors des tranchées. VOLT. — La mer, *dans ses mouvements irréguliers*, laissait le vaisseau presque à sec. B. de St. P. — Le cygne montre une grâce extrême *dans ses mouvements sur l'eau*.

2. Lorsqu'un verbe est suivi de deux ou plusieurs compléments et circonstanciels, la règle générale est de placer le plus court de ces termes le premier :

Il ne faut jamais jeter *le manche* après la cognée. — Comme le Créateur a écrit *son nom* en caractères de feu dans le ciel étoilé, il l'a également gravé au fond de mon âme. Ils courent après une ombre trompeuse, et laissent *derrière eux* le vrai bonheur. FÉN.

3. Les circonstanciels de temps, particulièrement les dates, — et les circonstanciels de lieu, — se placent volontiers au commencement de la phrase :

Le jeudi, 14 juillet 1099, dès que le jour parut, les clairons retentirent dans le camp des chrétiens. MICHAUD. — *Entre ces deux ailes,* la grande armée marchait au Niémen en trois masses séparées. SÉGUR.

4. Quand un circonstanciel de temps et un circonstanciel de lieu se trouvent réunis, le circonstanciel de temps précède ordinairement l'autre ; il faut en excepter les dates, qui suivent d'ordinaire le circonstanciel de lieu :

Dans son enfance, au collége, ce jeune homme s'est distingué. — Fénelon, d'une famille ancienne et illustre, naquit *au château de Fénelon, le 6 août 1651.* VILLEMAIN.

5. Place de l'adverbe. Voir I P. § 61.

§ 18. L'INVERSION REMPLACÉE PAR LA PÉRIPHRASE.

1. Pour fortifier le sens d'un des termes de la proposition, on emploie souvent, au lieu de l'inversion, qui n'est qu'assez rarement permise en français, une périphrase formée du pronom démonstratif *ce* et du verbe *être* : *C'est, ce sont ; est-ce ? sont-ce ?* etc.

Lorsque c'est le *sujet* ou le *régime direct* qu'on veut ainsi mettre en relief, on fait suivre le pronom relatif *qui* (nominatif) ou *que* (accusatif) ; mais quand il s'agit de mettre en évidence un autre terme, la conjonction *que* prend la place du pronom relatif.

Supposons qu'il s'agisse de la proposition suivante : *Je lui ai remis la lettre hier à la promenade ;* on peut mettre en relief tous les termes (à l'exception de l'attribut) de la manière suivante :

Sujet :	C'EST MOI QUI *lui ai remis la lettre hier à la promenade.*
Rég. direct :	C'EST LA LETTRE QUE *je lui ai remise hier à la promenade.*
Rég. indirect :	C'EST À LUI *que j'ai remis la lettre hier à la promenade.*
Circonst. de temps :	C'EST HIER *que je lui ai remis la lettre à la promenade.*
Circonst. de lieu :	C'EST À LA PROMENADE *que je lui ai remis la lettre hier.*

Mettez de même en évidence les termes de la proposition suivante : *Annibal battit les Romains à Cannes en 216 avant J.-Christ.*

§ 19. DES INVERSIONS EN POÉSIE.

La poésie admet des inversions que la prose ne tolère pas. Ainsi :

À des dieux mugissants l'Égypte rend hommage.
Du Dieu qui te conduit adore la grandeur.
J'entends frémir du soir les insectes légers.
Jamais de la nature il ne faut s'écarter.
Pour les cœurs corrompus l'amitié n'est point faite.
Le bonheur des méchants comme un torrent s'écoule.
La vertu d'un cœur noble est la marque certaine.
En valeur éclatant, en vertus magnifique.
Du Christ, avec ardeur, Jeanne baisait l'image.

En prose on serait obligé de dire : L'Égypte rend hommage à des dieux mugissants. — Adore la grandeur du Dieu qui te conduit. — J'entends frémir les insectes légers du soir. — Il ne faut jamais s'écarter de la nature. — L'amitié n'est point faite pour les cœurs corrompus. — Le bonheur des méchants s'écoule comme un torrent. — La vertu est la marque certaine d'un cœur noble. — Éclatant en valeur, magnifique en vertus. — Jeanne baisait l'image du Christ avec ardeur.

I.

Après avoir ainsi parlé, Tirtée et les deux voyageurs traversèrent une partie de la forêt du mont Lycée vers l'orient, et ils descendirent dans un petit vallon abrité[1] des vents. Une herbe molle et fraîche couvrait les flancs[2] de ses collines. Au fond coulait un ruisseau appelé Achéloüs, qui allait se jeter dans le fleuve Alphée, dont on apercevait au loin, dans la plaine, les îles couvertes d'aunes[3] et de tilleuls[4]. Le tronc d'un vieux saule renversé par le temps servait de pont à l'Achéloüs; et ce pont n'avait pour garde-fous[5] que de grands roseaux, qui s'élevaient à sa droite et à sa gauche ; mais le ruisseau, dont le lit était semé de rochers, était si facile à passer à gué[6], et on faisait si peu d'usage de son pont, que des convolvules[7] le couvraient presque en entier de leurs festons[8] de feuilles en cœur[9] et de leurs fleurs en cloches blanches. A quelque distance de ce pont était l'habitation de Tirtée. C'était une petite maison couverte de chaume[10], bâtie au milieu d'une pelouse[11]. Deux peupliers l'ombrageaient du côté du couchant. Du côté du midi, une vigne en entourait la porte et les fenêtres de ses grappes[12] pourprées et de ses pampres[13] déjà colorés de feu. Un vieux lierre[14] la tapissait au nord, et couvrait de son feuillage toujours vert une partie de l'escalier qui conduisait par dehors à l'étage supérieur. B. DE ST. PIERRE.

Nous vîmes un jour, aux Açores, une compagnie de petites sarcelles[15] bleues, que la lassitude contraignit de s'abattre sur un figuier sauvage. Cet arbre n'avait point de feuilles, mais il portait des fruits rouges enchaînés deux à deux, comme des cristaux. Quand il fut couvert de cette nuée[16] d'oiseaux, qui laissaient pendre leurs ailes fatiguées, il offrit un spectacle charmant : les fruits paraissaient éclatants de pourpre sur les rameaux ombragés, tandis que l'arbre, par un prodige[17], semblait avoir poussé tout à coup le plus riche feuillage d'azur. CHAT. — Celui qui lui expliquait cet auteur lui ayant demandé ce qu'il pensait d'Alexandre: «Je pense, dit le prince, que je voudrais lui ressembler.» Mais, lui dit-on, il n'a vécu que trente-deux ans. «Ah! reprit-il, n'est-ce pas assez, quand on a conquis des royaumes?» VOLT. — La mort fut de tout temps[18] l'asile de la gloire. LAMARTINE. — C'est en se réglant sur le cours annuel du soleil que voyagent encore quelques hordes[19] tartares. B. DE ST. PIERRE.

1 защищенный; 2 склонъ, покатость; 3 ольха; 4 липа; 5 перила; 6 переходить въ бродъ; 7 вьюнокъ; 8 вѣнокъ; 9 сердцеобразный, сердцевидный; 10 солома; 11 лужокъ; 12 виноградная кисть; 13 виноградная вѣтвь; 14 плющъ; 15 полевой чирокъ; 16 куча, множество; 17 чудо; 18 во всякое время, всегда; 19 орда.

2.

Константинополь взяли[1] турки послѣ продолжительной (long) осады (pas déf.). — 25 марта 1814 года, пошли союзники[2] на (sur) Парижъ, 30-го числа ихъ войска взяли штурмомъ[3] высоты[4] Монмартра, а (et) на слѣдующій день монархи вошли[5] въ столицу Франціи. — Однажды увидѣлъ Брутъ на статуѣ древняго[6] Брута слѣдующія слова, написанныя рукою неизвѣстнаго: «Спишь ты, Брутъ?» — Изобрѣли-ли финикіяне (сами) буквы, или получили они ихъ отъ другаго восточнаго народа? — «Все потеряно, кромѣ[7] чести», писалъ Францъ I къ матери, послѣ битвы при (de) Павіи. — «Выдай[8] твое оружіе» (pl.), сказалъ посолъ[9] Ксеркса Леониду. «Пріиди и возьми[10] его», отвѣчалъ Леонидъ царю персидскому. — Едва Антоній услышалъ извѣстіе о смерти Клеопатры, какъ и самъ рѣшился[11] умереть. — Недалеко отъ этихъ береговъ лежитъ прекрасный городъ, въ которомъ совершились эти событія. — Онъ выселился въ Америку, куда послѣдовала за нимъ[12] (le) большая часть его друзей и приверженцевъ[13]. — Такъ погибаютъ[14] народы и царства! — Противъ Зимняго Дворца находится Александровская колонна. — Твоего вопроса я не понялъ. — Твоего брата видѣлъ я, а не (non pas) отца. — Басни, которыя вы читаете, я выучилъ наизусть. — Его отца я не знаю!

1 prendre qch.; 2 allié; 3 prendre d'assaut; 4 la colline de M...; 5 entrer; 6 l'ancien; 7 fors = hors; 8 rendre; 9 le héraut; 10 venir prendre; 11 résoudre de; 12 suivre qn.; 13 le partisan; 14 périr.

3.

Это стихотвореніе (poésie) ты хорошо выучилъ наизусть. — Мы ожидаемъ каждую зиму, чтобы ласточка и соловей возвѣстили[1] намъ возвращеніе прекрасныхъ дней. — Этотъ путешественникъ долго прожилъ[2] во внутреннихъ странахъ (l'intérieur) Африки. — Колонисты[3] принесли въ новый свѣтъ всѣ науки и всѣ искусства Европы. — Астрономія — одна изъ (тѣхъ) наукъ, которыя приносятъ наибольшую честь (faire honneur) уму человѣческому. — Я далъ твоему брату совѣтъ[4], которому онъ не послѣдовалъ. — Астрологи[5] (звѣздочеты) приписывали[6] планетамъ вліяніе[7] на судьбу человѣка. — Имѣніе[8] свое онъ потерялъ, родственниковъ своихъ и друзей оттолкнулъ[9] (отъ себя). — Осенью, а не весною предпримемъ[10] мы наше путешествіе. — Въ этой гавани видишь какъ-бы (comme) лѣсъ (корабельныхъ) мачтъ[11]; корабли эти такъ многочисленны, что едва можно видѣть море, которое носитъ ихъ. — Здѣсь процвѣталъ нѣкогда (jadis) богатый[12] городъ; здѣсь было мѣсто[13] могущественнаго государства! — Куда идешь, любезный[14]? — Прямо противъ моего носа[15]. — Но я спрашиваю, куда идетъ эта дорога. — Она не идетъ, она не трогается съ мѣста. — Грубіянъ[17]! да я объ этомъ не хочу и знать; что, порядочный (bon) конецъ[18] дороги остается тебѣ еще сдѣлать[19] сегодня? — Эй, нѣтъ, я найду ее уже всю готовую.

1 annoncer qch.; 2 séjourner; 3 le colon; 4 le conseil; 5 l'astrologue; 6 attribuer; 7 l'influence; 8 la fortune; 9 repousser; 10 entreprendre; 11 le mât; 12 opulent; 13 le siége; 14 ami; 15 droit devant mon nez; 16 bouger; 17 imbécile; 18 le bout; 19 faire.

4. Récapitulation.

Открытіе Америки.

1. Въ то время, какъ португальцы[1] искали пути въ (de) Индію[2], продолжая свои открытія вдоль береговъ Африки, генуэзцу[3] Христофору Колумбу пришло[4] на мысль[5], [не можетъ ли онъ] достигнуть[6] (inf.) этой страны, если постоянно будетъ плыть[7] (gér.) на западъ. Онъ былъ убѣжденъ[8], что есть еще страны между Европой и Индіей, хотя и не имѣлъ никакого понятія[9] о величинѣ континента, который онъ впослѣдствіи открылъ. Это убѣжденіе[10] дали ему географическія его познанія[11] и различныя обстоятельства. Онъ слышалъ, напр., что на (sur) берегахъ Азорскихъ[12] острововъ нашли искусно обдѣланное[13] дерево, совершенно неизвѣстное въ Европѣ, и разъ даже два тѣла[14] людей, какихъ не было въ Европѣ. Первоначально Колумбъ сдѣлалъ предложеніе[15] своему отечеству, но ему было отказано[16]. Потомъ (en suite) сообщилъ[17] онъ свои планы королю португальскому. Король приказалъ обсудить[18] его предложеніе нѣсколькимъ совѣтникамъ. Какъ только узнали подробности[19] его плановъ, тотчасъ же приняли коварное[20] рѣшеніе, привести ихъ въ исполненіе[21] безъ Колумба. По крайней мѣрѣ снарядили[22] корабль и дали капитану наставленія[23], которыя сообщены были генуэзцемъ. Однако (mais) экспедиція эта не имѣла никакого успѣха. Колумбъ, раздраженный[24] этимъ вѣроломствомъ (perfidie), оставилъ Лиссабонъ и обратилъ свои взоры[25] на Испанію.

1 Portugais; 2 les Indes; 3 Gênois; 4 concevoir; 5 l'idée; 6 parvenir; 7 naviguer; 8 persuadé, convaincu; 9 idée; 10 conviction; 11 étude; 12 Açores, f.; 13 artistement travaillé; 14 le corps; 15 proposition; 16 refuser qch.; 17 communiquer qch.; 18 examiner qch.; 19 le détail; 20 perfide; 21 exécuter qch.; 22 équiper; 23 instruction; 24 indigné de; 25 jeter les yeux sur.

2. Послѣ восемнадцатилѣтняго ожиданія[1], удалось, наконецъ, Колумбу получить[2] отъ Изабеллы, королевы кастильской[3], три небольшіе корабля, для исполненія своего предпріятія. 3-го августа 1492 г., оставилъ онъ, съ тремя своими кораблями, палосскую (de Palos) гавань и отправился въ первое путешествіе, съ цѣлью открытій[4]. Не взирая на (malgré) непокорство[5] экипажа[6], прибылъ онъ, 12-го октября, на островъ Гуанахани, оттуда въ Кубу и Гаити, гдѣ и заложилъ (fonder) первую небольшую колонію. Во время своего втораго путешествія, въ 1493 году, открылъ онъ Караибскіе

острова и Ямайку[7], и соорудилъ небольшую крѣпостцу на Гаити, гдѣ индѣйцы разрушили (pl. parf.) первую его колонію. Во время третьяго путешествія, этотъ отважный мореходецъ[8] открылъ Тринидадъ[9] и материкъ Америки при (à) устьѣ[10] рѣки Ориноко[11]. Между тѣмъ[12] въ Испаніи онъ былъ оклеветанъ[13]. Король Фердинандъ приказалъ чиновнику[14] Бовадиллѣ взять Колумба подъ стражу[15] и привезти (его) плѣнникомъ въ Испанію. Прибывъ въ эту страну, Колумбъ тотчасъ же былъ освобожденъ[16] и принятъ при дворѣ съ величайшими почестями[17]. Но напрасно требовалъ[18] онъ исполненія[19] обѣщаній, которыя были даны (= сдѣланы) ему передъ открытіемъ. Фердинандъ находилъ, что положеніе[20], которое занялъ бы, на основаніи (d'après) условія[21], знаменитый мореплаватель въ новооткрытыхъ земляхъ, было бы слишкомъ значительно[22] даже для испанскаго подданнаго[23]. Тѣмъ (à plus forte raison) упорнѣе[24] отказывалъ онъ въ этомъ чужестранцу. Въ 1502 г. Колумбъ предпринялъ четвертое и послѣднее путешествіе; онъ умеръ, четыре года спустя, въ Валладолидѣ, награжденный неблагодарностью[25] отъ короля, которому подарилъ[26] новый міръ.

1 attente; 2 obtenir; 3 la Castille; 4 voyage de découverte; 5 mutinerie; 6 équipage; 7 la Jamaïque; 8 le navigateur; 9 la Trinité; 10 l'embouchure; 11 l'Orénoque; 12 pendant cela; 13 calomnier; 14 fonctionnaire; 15 arrêter; 16 mettre en liberté; 17 avec distinction; 18 exiger; 19 accomplissement; 20 position; 21 le traité; 22 considérable; 23 sujet; 24 persister à; 25 ingratitude; 26 donner.

CHAPITRE III.

§ 20. DE L'ARTICLE(1).

1. La fonction de l'article est *d'individualiser*, c'est-à-dire de donner à un substantif l'idée de l'individualité, en distinguant l'être ou l'objet qu'il désigne de tout autre de la même espèce.

Le substantif n'a sa valeur entière que quand il est accompagné de l'article. D'un autre côté, toute expression à laquelle se joint l'article, se trouve par là même élevée au rang de substantif. Ex: *blanc, le blanc; manger, le manger; mien, le mien; rien, un rien; un mais, des si, des ouï-dire.*

Il en résulte que le substantif perd l'article lorsqu'il cesse d'être employé comme substantif: *Je suis* RUSSE. *Il est* FRANÇAIS. *Le mal vient à* CHEVAL *et s'en retourne à* PIED.

(1) Avant de passer à l'étude de ce chapitre, il est indispensable de faire d'abord répéter le chapitre correspondant de la première partie. Il en sera de même pour tous les autres de cette seconde partie.

§ 21. EMPLOI DE L'ARTICLE DÉFINI DEVANT LES NOMS COMMUNS, LES NOMS DE MATIÈRE ET LES NOMS ABSTRAITS.

1. Les noms communs, les noms de matière et les noms abstraits sont généralement accompagnés de l'article défini, lorsque l'objet qu'ils désignent est considéré comme distinct de tout autre:

a) *Le* palmier croît dans le midi de l'Europe. b) *La* neige est blanche. c) *La* santé est le premier des biens.

2. On emploie l'article défini quand on se sert du verbe *avoir* suivi d'un régime pour décrire une personne, un animal, une plante.

Cet enfant a *les* yeux bleus.	У этого ребенка голубые глаза.
Il a *la* mémoire fidèle.	У него вѣрная память.
Ce papillon a *les* ailes rouges.	У этой бабочки красныя крылья.
Cet arbre a *le* tronc noueux.	У этого дерева колѣнчатый стволъ.

Rem. Il est remarquable qu'alors l'adjectif se place toujours après le substantif. — On dit de même: *J'ai* LE *corps brisé, moulu.* ACAD. — Cependant on trouve aussi l'article indéfini employé dans ce cas: *Charles* XII *avait* UN *beau front*, DE *grands yeux bleus*. VOLT.

3. L'article défini s'emploie de même après l'expression *avoir mal à*: *J'ai mal à* LA *tête, à* LA *gorge*, AUX *dents.* Mais on dit: *Le mal* DE *tête*, DE *gorge; les maux* DE *dents.*

4. On remarquera les locutions suivantes, où l'article défini est indispensable:

J'ai le temps, je **n'ai** pas le temps.	У меня есть время, у меня нѣтъ времени.
Ce parfum sent la rose.	Эти духи пахнутъ розаномъ.
Soyez le bienvenu, la bienvenue.	Милости просимъ, покорно просимъ.
Je vous souhaite le bonjour, le bonsoir, la bonne année.	Желаю вамъ добраго утра, добраго вечера, счастливаго новаго года.
Je suis parti le premier et arrivé le dernier.	Я первый уѣхалъ и послѣдній пріѣхалъ.
Cela est arrivé l'année passée.	Это случилось въ прошломъ году.
Il viendra l'année prochaine.	Онъ пріѣдетъ въ будущемъ году.
Charles travaille le matin, il se repose à midi et il se promène l'après-midi. Le soir il joue.	Карлъ утромъ работаетъ, въ полдень отдыхаетъ, послѣ обѣда прогуливается. Вечеромъ онъ играетъ.
Il sera ici vers les cinq heures.	Онъ будетъ здѣсь около пяти часовъ.
Vers le soir, vers le matin.	Къ вечеру, къ утру (вечеромъ, утромъ).
Il n'a pas le sou.	У него нѣтъ ни гроша (копейки).
Savez-vous le français?	Знаете вы по-французски?
J'apprends l'anglais.	Я учусь по-англійски.
Garder le silence.	Хранить молчаніе.
Crier à l'aide, au secours, au voleur.	Звать на помощь, кричать караулъ.
On a crié au feu.	Кричали, что пожаръ.
C'est vous qui en êtes la cause.	Вы въ этомъ виноваты.

§ 22. PRÉPOSITIONS *À* ET *DE* AVEC OU SANS ARTICLE DEVANT LES NOMS COMMUNS.

Quand deux substantifs sont joints l'un à l'autre de manière à ce que le second détermine le premier, le second prend :

1. a) La préposition à sans article, quand il indique seulement la *destination* du premier, sa *nature, sa qualité* :

Un verre *à* vin, *à* bière.	Винный, пивной стаканъ.
Une boîte *à* thé.	Чайница.
Une corbeille *à* pain.	Хлѣбная корзинка.
Un moulin *à* vent, *à* eau, *à* café.	Вѣтряная, водяная, кофейная мельница.
Un bateau *à* vapeur, *à* voiles.	Пароходъ, парусный корабль.
Une voiture *à* deux places.	Двухмѣстная карета.
La fauvette *à* tête noire.	Малиновка съ черной головкой.
La rose *à* cent feuilles.	Столиственная роза, центифоль.
Une vache *à* lait.	Дойная корова.
Le ver *à* soie.	Шелковый червякъ, шелковичный червь.

b) La préposition à avec l'article, quand il est question d'un vase relativement à son contenu ou à son usage actuel, — ou de choses amassées ou vendues dans un lieu :

La boîte *au* thé.	Чайница.
La corbeille *du* pain.	Хлѣбная корзинка.
La boîte *aux* lettres.	Ящикъ для писемъ.
La halle *au* blé.	Хлѣбный рынокъ.
Le marché *aux* poisson, *aux* légumes.	Рыбный, овощной рынокъ.
Le magasin *au* thé.	Чайный магазинъ.

Rem. 1) Pour indiquer le contenu d'un *vase*, d'une *mesure*, on dit : *Un pot* DE *lait. Une corbeille* DE *fleurs.*

2) Ainsi donc : *la boîte au thé* est la boîte dont on se sert dans le ménage pour y tenir le thé ; *la boîte à thé* est une boîte *destinée* au thé ; *la boîte de thé* est la quantité de thé que peut contenir la boîte.

c) La préposition *à* également avec l'article : 1) pour désigner une personne ou une chose par les qualités physiques ou morales qui lui sont propres, 2) pour désigner un mets (блюда, кушанья), 3) enfin pour désigner ceux qui apportent ou vendent des marchandises :

L'enfant *aux* yeux bleus.	Дитя съ голубыми глазами.
L'aurore *aux* doigts de rose.	Розоперстая заря.
L'homme *au* masque de fer.	Желѣзная маска.
Moscou *aux* coupoles dorées.	Москва съ золотыми куполами.
Du gâteau *aux* cerises.	Пирогъ съ вишнями.
Du potage *aux* pois.	Горохъ, гороховый супъ.
La femme *aux* œufs, *au* lait.	Продавщица яицъ, молочница.

d) On dit aussi, en supprimant le mot *mode, manière* :

S'habiller *à la* française.	Одѣваться по французской модѣ.
Se masquer *à l'*espagnole.	Замаскироваться испанцемъ.
Un chapeau *à la* François I.	Шляпа по образцу шляпы Франциска I.

2. **Préposition de.** — Le second substantif s'emploie de même: a) avec la préposition **de** *sans article*, quand il forme avec cette préposition l'équivalent d'un adjectif *(génitif de qualité)*, — b) l'article reste au contraire quand la préposition *de*, avec le substantif qui la suit, indique la possession *(génitif de possession)*:

Les livres *des* enfants, книги дѣтей.	Les livres *d'*enfants, дѣтскія книги.
L'eau *de la* mer, вода моря.	L'eau *de* mer, морская вода.
Une porte *du* jardin, калитка въ садъ.	Une porte *de* jardin, садовая калитка.
Un fils *du* roi, сынъ короля.	Un fils *de* roi, королевскій сынъ.

Rem. Quand le second substantif est accompagné d'un déterminatif, il faut dire, avec l'article indéfini: *Un homme* D'UN *grand esprit*, D'UN *talent hors ligne*. Mais: *Un homme* D'*esprit*. *Un homme* DE *talent*.

§ 23. EMPLOI DE L'ARTICLE INDÉFINI.

1. L'article indéfini sert à individualiser une personne, un objet indéterminé. Il se place devant les noms communs de personnes ou de choses figurant pour la première fois dans le discours, et que des déterminatifs ne font pas connaître plus exactement. — Mais une fois connus et déterminés, ces mêmes mots revenant dans le même discours, doivent être précédés de l'article défini:

Quelques mois après la mort du cardinal Mazarin, il arriva *un* événement qui n'a point d'exemple. On envoya dans le plus grand secret au château de l'île Sainte-Marguerite, dans la mer de Provence, *un* prisonnier inconnu, d'une taille au-dessus de l'ordinaire, jeune et de la figure la plus noble et la plus belle. Ce prisonnier, dans la route, portait *un* masque dont la mentonnière avait des ressorts d'acier, qui lui laissaient la liberté de manger, avec *le* masque sur son visage. — Un jour *le* prisonnier écrivit avec *un* couteau sur *une* assiette d'argent, et jeta *l'*assiette par la fenêtre vers *un* bateau qui était au rivage presque au pied de la tour. *Un* pêcheur, à qui ce bateau appartenait, ramassa *l'*assiette et la rapporta au gouverneur. VOLTAIRE.

2. Comme cet article indique qu'il est question de l'un quelconque des individus qui composent une espèce, il en résulte qu'il ne peut s'employer que devant les noms communs, — ou devant les autres substantifs employés comme noms communs:

a) *Un* enfant élevé dans *un* pauvre village, — revint chez ses parents et fut surpris d'y voir, — *un* miroir. FLORIAN.

b) C'est *une* Agnès (une jeune fille naïve). ACAD. — Il se croit *un* Cicéron (= un grand orateur). *Un* Raphaël (= un tableau de Raphaël). — *Un* sourire.

§ 24. EMPLOI DE L'ARTICLE DEVANT LES NOMS PROPRES.

1. Noms de personnes.

1. Les noms propres de personnes ne peuvent prendre l'article que

quand ils sont précédés d'un adjectif: *César.* LE *grand César.* LE *grand Napoléon. Napoléon* LE *Grand.*

2. Cependant un usage emprunté à la langue italienne donne l'article aux noms de quelques peintres et poètes. Tels sont:

L'Arioste, Аріостъ. } Poètes italiens. le Titien, Тиціанъ. } Peintres italiens.
Le Tasse, Тассо. le Corrége, Корреджіо.
Le Camoëns, (poète portugais). le Poussin, (peintre français).

On dira donc: Les poèmes *de* l'Arioste, *du* Tasse;—mais, sans contraction: Les œuvres *de Le Sage, de Le Brun.*

3. Les noms de personnes prennent aussi l'article quand ils deviennent noms communs pour désigner:

a) des personnes semblables à celles qui les ont portés:

C'est *un* Caton (= un homme, très-vertueux).—*Les* Démosthènes, *les* Cicérons (= les orateurs) de notre siècle.

b) un *vaisseau*, une *œuvre d'art*, un *livre*: LE *Neptune est un magnifique navire.* L'*Apollon du Belvédère.* UN *Raphaël.* LE *Télémaque de Fénelon.*

Remarques: 1) On dit avec l'article: LA *Saint-Jean* (ивановъ день), LA *Saint-Martin* (день св. Мартина), pour dire: *la fête de Saint-Jean, la fête de Saint-Martin.* — En parlant de montagnes, on dit: LE *Saint-Bernard*, LE *St. Gothard*, etc.—Mais s'il s'agit de personnes on dit sans article: *Saint-Jean, St. Bernard.*

2) On dit, en réponse à la question *quand?*: *A la St-Jean, à la Pentecôte* (троицынъ день); mais *à Noël* (на рождествѣ, святкахъ), *à Pâques*, (на пасхѣ).

En parlant de plusieurs personnes du même nom, on dira: LES *deux Corneille*, LES *deux Chénier*; — mais *les Horaces, les Scipions, les Bourbons*, etc.

On dit aussi, pour donner plus de force et de pompe à l'énumération de noms propres d'hommes célèbres: *Il effacera la gloire* DES *Alexandre et* DES *César*; pour: *la gloire* D'*Alexandre et* DE *César.*

2. Noms de villes.

Ces noms s'emploient sans article: *Moscou, Riga.* — Cependant ils prennent l'article dans deux cas:

1) Lorsqu'ils sont modifiés par un déterminatif: LE *vieux Paris.* LE *Paris moderne.* LE *Paris d'à présent, d'autrefois.* L'*antique Rome.* LA *Rome antique.* LA *belle Florence.* — Cependant on dit aussi sans article, lorsque l'adjectif suit le substantif: *Rome antique. Rome ancienne.*

2) Lorsqu'ils étaient primitivement de véritables noms communs: *Le Havre* (le port), *la Haie* (la haie, плетень), *la Rochelle* (de *rocher), la Flèche,* Le *Caire, la Mecque,* etc.: *On voyait, en s'approchant, s'élever les minarets* DU *Caire.* THIERS.

§ 25. 1. NOMS DE PAYS.

1. Les noms de *continents*, de *pays*, de *provinces* et ceux des *grandes îles*, prennent l'article: L'*Amérique*, LA *Russie*, LA *Livonie*, LA *Sicile*, — LA *Corse*.

Rem. Ainsi on dira: *partir, s'embarquer, faire voile, se mettre en route pour l'Angleterre, pour Londres, — pour la France, pour Paris.*

2. Les noms de pays s'emploient *sans article*:

1) Lorsque le nom d'un pays est le même que celui de sa capitale ou d'une autre ville de son territoire: *Naples, Oldenbourg, Nassau, Bade.*

Rem. Dans ce cas, pour être tout à fait clair, on dit d'ordinaire: *Le royaume de Naples, le grand-duché d'Oldenbourg*, etc.

On dit cependant par exception: *Le Hanovre, le Brandebourg, le Brunswick, le Luxembourg.*

2) Après la préposition *en*: *Il est en Russie. J'irai en Italie, en Sicile.* — Mais si le nom de pays est accompagné d'un déterminatif, on dira: DANS LA *Russie méridionale*, DANS LA *belle Italie*, etc.

3) Après la préposition *de*, en réponse à la question *d'où?* et après le mot *histoire*: *Il vient* D'*Angleterre. Les Arabes ont été chassés* D'*Espagne au 15e siècle.* — *Histoire* DE *France*, DE *Russie.*

Rem. Devant les noms de pays qui sont du genre masculin, ou qui sont pluriels, ou composés avec un adjectif, on emploie ordinairement l'article: *Il vient* DU *Tyrol*, DU *Dancmark*, DES *Indes*, DES *Pays-Bas*, DES *États-Unis. Histoire* DE LA *Grande-Bretagne.*

4) La préposition *de* s'emploie aussi sans article après les mots: *empereur, empire; roi, royaume; duc, duché; prince, principauté*, etc., *maréchal, ambassadeur, ministre*, et autres analogues:

L'empereur *de* Russie. La cour *de* Russie. L'ambassadeur *de* Russie.

5) Les noms de pays précédés de la préposition *de* s'emploient avec l'article, quand *de* exprime *la possession* (génitif possessif), et sans article, quand *de* exprime la *qualité* (génitif de qualité): Ainsi on dira:

La population, le sol, le climat, les frontières *de la* Russie.
Du blé, du fer, du cuir *de* Russie.

Paris est la capitale *de la* France.	J'ai été à Abbeville, petite ville *de* France.
Les déserts *de l'*Afrique, пустыни Африки.	Un climat *d'*Afrique, африканскій климатъ.
L'or, les richesses *de la* Sibérie.	Un froid *de* Sibérie.
L'armée *de l'*Espagne. (C'est l'armée qui appartient à l'Espagne).	L'armée *d'*Espagne (C'est l'armée d'une autre nation faisant la guerre en Espagne).

Remarque. Devant les noms pluriels et les noms composés avec un adjectif, on dit avec l'article: *Le roi* DES *Pays-Bas, les produits* DES *Indes.* — De même devant quelques noms singuliers désignant surtout des pays situés hors de l'Europe: *L'empereur* DU *Brésil; les produits* DU *Chili; l'empereur* DE LA *Chine. Portez ces porcelaines* DU *Japon chez la maréchale.* SCRIBE. *Des cigares* DE LA *Havane.* — Devant ces derniers noms la préposition *à* remplace ordinairement *en: Il a été* AU *Brésil,* À LA *Havane,* À LA *Chine,* (surtout EN *Chine).*

2. Noms de fleuves, de mers, de lacs, de montagnes.

Ces noms s'emploient toujours avec l'article. LES *Alpes. La chaîne* DES *Alpes.* LE *Caucase. Les habitants* DU *Caucase.* LE *Ladoga. L'eau* DE LA *Néva.* LE *Rhin.* LE *vin du Rhin. Les glaciers* DU *Rhône.*

Rem. On dit: *Le fleuve Indus, le lac Ladoga, le mont Etna, les monts Ourals;* mais *le lac de Genève, de Constance,* etc. — On dit: *Châlons-sur-Marne, Châlons-sur-Saône,* — mais *Francfort-sur-le-Mein, Francfort-sur-l'Oder.*

§ 26. Noms des points cardinaux.

Ces noms sont précédés de l'article défini:

Le nord, le septentrion. L'est, l'orient, le levant.
Le sud, le midi. L'ouest, l'occident, le couchant.
La Russie est située *au* nord de l'Europe. La Russie *du* sud.

Rem. On dit, avec l'article: *Vent du nord, vent du sud,* сѣверный, южный вѣтеръ; mais, dans tous les autres cas: *vent d'est, vent d'ouest, de nord-est,* etc., sans article.

§ 27. 1. Noms des mois.

Ces noms s'emploient ordinairement sans article: *Mars a été froid. Les chaleurs* DE *juillet et* D'*août.* — Въ маѣ se traduit par *en mai, au mois de mai.*

Mais si le nom du mois est accompagné d'un déterminatif, ou précédé de la particule *mi* (= moitié), l'article est nécessaire: LE *mi*(mai. LA *mi-mars est passée.*

2. Noms des jours de la semaine.

Ils s'emploient sans article quand il est question des jours de la semaine où l'on se trouve: *Il est arrivé lundi* (въ этотъ понедѣльникъ). *Il partira jeudi* (въ этотъ четвергъ). *Je le verrai dimanche prochain* (въ будущее воскресенье).

Dans tous les autres cas, et surtout quand le nom du jour est accompagné d'un déterminatif, — ou quand il s'agit d'indiquer une répétition à jour fixe, on emploie l'article: *Il faut sanctifier* LE *dimanche. Je lui avais écrit* LE *mercredi et je reçus sa réponse* LE *samedi suivant.* LE *vendredi saint* (великая пятница). *Le courrier arrive* LE *lundi et* LE *jeudi,* ou LES *lundis et* LES *jeudis. Il y a séance* LE *jeudi (tous les jeudis).*

§ 28. EMPLOI DE L'ARTICLE PARTITIF.

A ce qui a été dit sur ce sujet dans la première partie (§ 4), nous n'ajouterons que les remarques suivantes :

1. Pour fixer l'attention sur le substantif, pour en faire l'idée dominante, on emploie aussi l'article partitif devant l'adjectif :

Voilà *de la* vraie poésie ! — C'est *du* bon vin que j'ai !

2. La préposition *de*, qui forme le génitif de l'article partitif, s'emploie après tous les mots qui expriment une idée de *quantité*, lorsque le substantif qui suit est pris dans un sens indéterminé. (I. P. § 4, 3).

Il tombe beaucoup *de* neige. Il a infiniment *d'*esprit. Je n'ai pas *d'*argent, je n'ai point *d'*argent. Il n'a guère *d'*argent. Il ne peut souffrir *de* rival, никакого соперника. Je n'ai *de* volonté que la sienne, нѣтъ другой воли, кромѣ его. Il parle sans faire *de* fautes.

3. Mais si le substantif précédé de la préposition *de* était déterminé, il prendrait l'article défini :

J'ai lu un grand nombre *de* fables.
J'ai lu un grand nombre *des* fables de La Fontaine.
J'ai fait une couronne *de* fleurs.
J'ai fait une couronne *des* fleurs que nous avons cueillies.

4. Il en est de même quand la négation porte non pas sur le verbe, mais sur un autre terme de la proposition :

Je ne vous ferai pas *de* reproches.
Je ne vous ferai pas *des* reproches frivoles. (Négation du déterminatif *frivoles*).
Je ne fais pas *de la* prose et des vers quand je veux. (Négation du circonstanciel *quand je veux*).
Je n'ai pas acquis *des* connaissances dans ma jeunesse pour rester dans l'oisiveté le reste de ma vie. (Négation du circonstanciel de cause).

Rem. De même après *sans* : *Il ne peut parler sans dire* DES *sottises*, c'est-à-dire : *Il dit des sottises toutes les fois qu'il parle.* — De même encore, quand il y a *opposition* : *Ce n'est pas* DE L'*argent que je vous demande, mais des conseils.* — Après *ce n'est pas, ce ne sont pas*, etc. l'article défini est toujours de rigueur : *Ce n'étaient pas* DES *hommes ordinaires que les Romains.* — On dira encore : *N'avez-vous pas* DES *amis*, DE LA *fortune ?* parce que la question n'est négative qu'en apparence, et signifie : *Vous avez sans doute des amis, de la fortune.*

5. **De** partitif se supprime généralement devant les adjectifs *certains*, извѣстные ; *différents*, *divers*, различные ; *maints*, многie (§ 57) : *A certains jours.* SAINTE-BEUVE. *Il y a différentes manières d'expliquer la chose. Diverses personnes m'ont parlé de cette affaire. Je l'ai vu maintes fois.*

Rem. Cependant il y a des écrivains, et surtout des écrivains modernes, qui emploient *de* devant l'adjectif *certain* : *L'eau s'infiltrait dans* DE *certains terrains.* V. HUGO.

§ 29. SUPPRESSION DE L'ARTICLE.

On supprime l'article:

1. Devant les mots mis en apposition (§ 4):

Philippe, *roi* de Macédoine. Racine, *poète* français. J'ai été à Paris, *capitale* de la France. Je lis l'histoire de Pierre le Grand, *empereur* de Russie.

Rem. Mais l'article est nécessaire: 1) quand le substantif en apposition doit être mis en évidence; 2) quand il établit une distinction nécessaire; 3) quand il est précédé d'un superlatif: *Paris,* LA *capitale de la France, avait autrefois un grand nombre de rues sales et étroites. Je parle de Rousseau,* LE *poète, et non de Rousseau,* LE *philosophe. Vous trouverez cette fable dans La Fontaine,* LE *plus naturel de nos écrivains.*

2. Devant les mots mis en apostrophe (§ 7):

Approche, heureux *appui* du trône de ton maître.
Ame de mes conseils. RACINE.
O *fortuné* séjour! ô *champs* aimés des cieux! BOILEAU.

Rem. On le conserve cependant après *Monsieur, Madame,* suivis d'un titre: *Bonjour, Madame* LA *Comtesse.*

3. Dans certaines phrases sentencieuses et proverbiales:

Prudence est mère de sûreté! — Contentement passe richesse.

4. Dans l'énumération rapide de plusieurs substantifs réunis de manière à former un tout, surtout lorsqu'ils sont récapitulés par une des expressions *tout, chacun, personne, rien,* etc., ou qu'ils sont unis par des expressions telles que *ni — ni, soit — soit, moitié — moitié,* etc.

Vieillards, hommes, femmes, enfants, tous voulaient me voir. MONTESQUIEU. Il travaille jour et nuit. Ni conseils, ni prières, ni menaces, n'ont pu le faire changer d'avis. Soit crainte, soit ignorance, soit calcul, il ne voulut rien avouer. Ce bijou était moitié or moitié argent.

5. Quand le substantif qui suit la conjonction **ou** n'est que l'explication de celui qui précède: *Le manioc ou* ARBRE *à pain croît dans ces îles.* — Mais on dira: *Le roi ou* LE *ministre en donnera l'ordre.*

6. Ordinairement quand le mot *jamais* commence la phrase: *Jamais* CHAMP *de bataille ne fut plus horrible.* NAPOLÉON.

7. Devant les mots mis en forme de *titre, d'adresse:* HISTOIRE *de France.* CHAPITRE *premier.* HÔTEL *de Paris. Il demeure* RUE *de la Paix.*

Rem. On dit, quand le mot qui suit est un nom de personne: *Rue Richelieu. Place Michel. Pont Nicolas.* — Si le nom qui suit est un nom de ville, on dit: *Rue* DE *Moscou. Rue* DE *Berlin.* — Si le mot qui suit est un nom commun, on dit: *Place* DE *l'Amirauté. Pont* DU *Palais.*

8. Après les mots *titre, nom, prénom, surnom, dignité, emploi, grade, rang, espèce, mois, charge, place,* etc.

Le titre *de* roi, королевскій титулъ. L'histoire a donné à Pierre I le surnom *de* grand. Le grade *de* capitaine. Nous vîmes une espèce *de* papillon blanc.

9. Devant les mots *quantité*, *nombre*, *force*, *foison*, lorsqu'ils sont employés comme adverbes de quantité, dans le sens de *beaucoup*, много, очень много.

La Fontaine fait dire au lion: J'ai dévoré *force* moutons!— Je l'ai vu *nombre* de fois. Il y avait *quantité* de monde à la promenade. ACAD. Il y aura *foison* (изобиліе) de fruits cette année. ACAD.

10. Après *il y a* dans des phrases telles que: *Ce soir il y a* BAL *chez le ministre. Il y avait* FOULE *au théâtre.*

11. L'article se supprime dans tous les cas où le substantif perd sa nature de substantif, en perdant sa signification individuelle; c'est ce qui a lieu:

1) Après le verbe *être*, quand le substantif figure comme attribut pour exprimer la *nationalité*, *l'état*, *la profession*:

Le mari est *Français* et la femme *Espagnole*. Il est *colonel*. César fut grand *capitaine*, grand *orateur* et grand *écrivain*. Il est *peintre*.

Rem. Mais on dira: *L'autruche est* UN *oiseau. Son ami est* UN *peintre distingué*, parce que dans ce cas le substantif reprend sa signification individuelle. — De même après *c'est*, *ce sont*: *C'est* UN *Anglais*, UN *Russe*. *C'étaient* DES *Français*. *C'est* UN *peintre*.

2) Après les verbes *devenir*, *se faire*, *paraître*, *sembler*, *naître*, *mourir*, *croire*, *se croire*, *se montrer*, *se sentir*, *se voir*, etc.: *Napoléon I naquit simple* CITOYEN, *il devint* EMPEREUR, *et mourut* PRISONNIER. *Il se sent* MAÎTRE *de son sujet.*

3) Après les verbes *élire*, *nommer*, *proclamer*, *couronner*, *faire*, *déclarer*, etc.: *Mon oncle a été élu* PRÉSIDENT. *Ce colonel a été nommé* GÉNÉRAL (произведенъ въ генералы). *Napoléon fut couronné* EMPEREUR *des Français en 1804.*

Rem. Choisir, *passer*, считаться, *prendre*, *reconnaître*, demandent *pour*: *Ils le choisirent* POUR *chef*. ACAD.

4) Devant un grand nombre de substantifs formant avec le verbe transitif dont ils sont le régime une expression indivisible, qui, très-souvent, peut se rendre par un seul mot. Tels sont: *avoir peur* = *craindre*, *avoir mal* = *souffrir*, *faire mention* = *mentionner*, *mettre fin* = *finir*, etc. Ces locutions sont très-nombreuses.

Ex: *Avoir* tort, avoir raison, avoir faim, avoir soif, etc. *Faire* silence, faire usage, faire attention, faire naufrage, faire bonne chère, etc. Donner raison, donner avis. Demander justice, demander pardon, demander audience. Chercher fortune. Prendre femme (se marier), prendre congé, etc. Porter bonheur, porter malheur.

Je *prends intérêt* (= je m'intéresse) à tout ce qui vous regarde. ACAD.

5) Devant un grand nombre de substantifs formant avec une préposition une locution adverbiale de *manière* ou de *cause*: *A pied*, *à cheval*, *à bras ouverts*, съ отверзтыми объятіями; *à rebours*,

навыворотъ; *à haute voix*, etc.—*De gré ou de force*, волею или неволею; DE *bonne heure*, etc. — *Avec courage* (= *courageusement*), *avec patience*, etc.—*Sans courage*, *sans malice*. *Sur terre*, *sur mer*. *Peindre sur toile*, *sur verre*. *Par terre*, *par eau*, *par mer*; *par bonté*.

Rem. 1. Les prépositions qui servent surtout à former des locutions pareilles sont *à*, *de*, *avec*, *sans*, *sur*, *sous*, *par*, *pour*, *entre*, *d'après*.

2. Remarquons encore qu'on dit familièrement avec les deux verbes *causer*, *parler*: *Causer voyage*, *causer politique*, *parler musique*, c'est-à-dire *s'entretenir de voyage*, *de politique*: *Nous avons à causer mariage*. SCRIBE.

§ 30. PLACE ET RÉPÉTITION DE L'ARTICLE.

1. L'article se place toujours devant le substantif.

2. L'article peut suivre ou précéder l'adjectif **feu**, умершій, покойный. *Feu* LE *roi*, LE *feu roi*.—La première construction est seule admise pour l'adjectif *tout*: *Tout* LE *pays*.

3. L'article doit être répété:

1) Devant chaque substantif énuméré: LES *officiers et* LES *soldats*.

Rem. Cependant l'article se supprime dans les cas rares où deux substantifs réunis par *et* ne forment en quelque sorte qu'une seule idée: *Le conservatoire des arts et métiers*. *Le département des voies et communications*, *des eaux et forêts*. *Les lettres et paquets*.

2) Devant tous les adjectifs qui se rapportent à des substantifs différents: LES *bons et* LES *mauvais exemples*. LES *grandes et* LES *petites villes*. LES *enfants sages et* LES *méchants*.

Quand les adjectifs se rapportent au même substantif, la répétition de l'article n'a plus lieu: LES *grandes et belles villes*. LE *sage et pieux Fénelon*. DES *enfants sages et dociles*.

Rem. Quoique les adjectifs se rapportent au même substantif, il peut y avoir répétition de l'article, quand on veut donner plus d'énergie à l'expression: *Le jeune*, *le beau*, *le brave*, *le dernier rejeton du vainqueur de Rocroi*. CHAT.

5.

Les quadrupèdes ont la peau couverte de poil [1], les oiseaux de plumes, et les poissons d'écailles [2]. — Jamais enfant de roi n'a paru mieux né que celui-ci, qui garde les moutons. FÉNELON.—Chateaubriand dit quelque part: Je me suis toujours fait un plaisir de boire de l'eau des rivières célèbres que j'ai passées dans ma vie: ainsi j'ai bu des eaux du Mississipi, de la Tamise, du Rhin, du Pô, du Tibre, de l'Eurotas, du Céphise, du Granique, du Jourdain, du Tage, de l'Èbre. — Dante, auteur de la Divine Comédie, est mort en 1321, à Florence; le célèbre poète Pétrarque a vécu dans le même siècle; l'Arioste, auteur du Roland Furieux, né à Reggio, ville d'Italie, est mort en 1533; le Tasse, dont nous avons la Jérusalem Délivrée, naquit à Sorrente, ville du royaume de Naples, et mourut à Rome en 1595. — Les trois grands peintres de l'Italie, Raphaël, le Corrége et le Titien, appartiennent au XV et au XVI siècle. — Grâce [3] à d'intrépides [4] voyageurs, l'intérieur de l'Afrique sera bientôt entièrement connu. — J'eus le plaisir de contempler à mon aise la plus rare et la plus belle des gazelles d'Afrique. VAILLANT. — Le 20 mars 1800, avant la pointe du jour [5], l'armée française sortit du Caire et se déploya [6] dans les riches plaines qui bordent le Nil, ayant le fleuve à gauche, le désert à droite, et en face, mais au loin, les ruines de l'antique Héliopolis. THIERS. — Le vieux Gordon devint, en peu de moments, cher à toute la famille. VOLT. — Le même roi qui sut employer les Condé, les Turenne, les Catinat et les Villars dans ses armées, les Colbert et les Louvois dans son cabinet, choisit les Racine et les Boileau pour écrire son histoire; les Bossuet et les Fénelon pour instruire ses enfants; les Fléchier, les Bourdaloue et les Massillon pour s'instruire lui-même. — Enfin on aperçut les côtes de France. VOLT. — D'abord il faut remarquer qu'il n'y a de vacances complètes que le dimanche; seulement le mercredi et le samedi il y a quelques leçons de moins. COUSIN.

1 волосъ, шерсть; 2 чешуя; 3 благодареніе, благодаря; 4 безстрашный, неустрашимый; 5 разсвѣтъ; 6 распространиться, развернуться.

6.

Россія обширное [1] государство, средства [2] котораго ежедневно увеличиваются [3]. Къ сѣверу отъ европейской Россіи лежитъ Ледовитое море [4], къ востоку — Уральскій хребетъ [5], рѣка Уралъ и Каспійское море; къ югу — Кавказъ и Черное море; къ западу — Молдавія, Галиція, Пруссія, Балтійское море и Швеція. — Александръ I, императоръ всероссійскій, и Фридрихъ III, король прусскій, вошли [6] въ Парижъ 21-го марта 1814 года. — Линейный корабль «Нептунъ» сдѣлался жертвою [7] пламени. — «Лаокоонъ» былъ когда-то въ парижскомъ музеѣ. — Испанская шерсть [8] предпочитается англійской и саксонской. — Вывозъ [9] русскаго хлѣба [10] изъ гаваней Чернаго моря весьма значителенъ [11]. — Въ Мексикѣ, Перу, Бразиліи, Калифорніи и Австраліи много золотыхъ и серебряныхъ рудниковъ [12]. — Караванъ [13], къ которому я присоединился [14], шелъ изъ Каира и отправлялся черезъ (par) Суэзъ, въ Мекку, въ Аравію. Въ степяхъ [15] Аравіи напала (passif) на насъ кочующая [16] орда [17] и ограбила. — Читали вы Гомера? Да, и я предпочитаю его Виргилію. — Тассо, написавшій поэму «Освобожденный Іерусалимъ,» можетъ быть названъ итальянскимъ Гомеромъ. — Въ Венеціи [18], говоритъ г-жа Сталь, стансы [19] Тассо поются гондольерами [20], испанцы и португальцы всѣхъ званій [21] знаютъ наизусть стихи Кальдерона и Камоэнса. — Здѣсь Аркадія Пуссена, но, къ несчастію [22], здѣсь нѣтъ ни плясокъ, ни пастуховъ [23]. — Корреджіо, разсматривая [24] однажды картину Рафаэля, воскликнулъ: и я живописецъ!

1 vaste; 2 les ressources, f.; 3 augmenter; 4 la mer glaciale; 5 les monts Ourals; 6 faire son entrée; 7 la proie; 8 la laine; 9 exportation; 10 blé, m.; 11 considérable; 12 mine, f.; 13 la caravane; 14 se joindre à; 15 le désert; 16 nomade; 17 horde, f.; 18 Venise; 19 stance, f.; 20 gondolier; 21 condition; 22 malheureusement; 23 berger; 24 considérer.

7.

Къ югу отъ Франціи находятся (Франція имѣетъ къ...) Пиренеи и Средиземное море, къ востоку — Италія, Швейцарія и Германія, къ сѣверо-востоку — Бельгія, къ сѣверу — каналъ, а къ западу — океанъ. — Отправляющіеся (Ceux qui...) въ Америку садятся[1] обыкновенно на корабль въ Гаврѣ или Ливерпулѣ. — Многіе (люди) предпочитаютъ рейнскія и мозельскія вина французскимъ. — Фенелона часто видѣли сидящимъ на травѣ[2], какъ нѣкогда[3] св. Людовика, подъ дубомъ, въ Венсенѣ. — Каникулы, которыя обыкновенно начинаются[4] около иванова дня, въ этомъ году начались уже съ троицы и продолжатся до половины августа. — Южный вѣтеръ въ Египтѣ убійственъ[5] не только для европейцевъ, но и для туземцевъ[6]; сѣверо-восточный вѣтеръ, правда[7], не такъ опасенъ, однако причиняетъ[8] сильную головную боль. — Александръ Великій имѣлъ правильныя черты[9], прекрасный и румяный[10] цвѣтъ лица[11], орлиный носъ[12], большіе огненные[13] глаза, бѣлокурые и вьющіеся[14] волосы, голову нѣсколько наклоненную[15] къ лѣвому плечу[16], средній[17], изящный и гибкій[18] станъ и вполнѣ пропорціональное[19], укрѣпленное постоянными упражненіями, тѣло. — Въ концѣ[20] апрѣля, переправлялся я въ Піемонтъ черезъ (par) высокій Сенъ-Бернардъ. — Этотъ костюмъ[21] смѣшонъ[22] въ высшей степени; какъ можно было (prés.) надѣть[23] одновременно[24] римскую тогу[25] и испанскій плащъ? Не достаетъ только еще[26] шляпы, какую носилъ Францискъ I. — У насъ вышли (consommer qch.) двѣ чайницы чаю въ двѣ недѣли; я замѣчаю, что чайница вторично пуста. — Въ Севрѣ (Sèvres) дѣлаютъ фарфоровыя чайницы въ послѣднемъ вкусѣ[27]. — Наконецъ, говоритъ Гомеръ, явилась златоперстая аврора.

1 s'embarquer ; 2 l'herbe ; 3 jadis ; 4 commencer ; 5 meurtrier ; 6 indigène ; 7 à la vérité ; 8 causer ; 9 le trait ; 10 vermeil ; 11 le teint ; 12 nez aquilin ; 13 plein de feu ; 14 bouclé ; 15 incliné ; 16 épaule, f. ; 17 moyen ; 18 dégagé ; 19 bien proportionné ; 20 à la fin ; 21 masque, costume, m. ; 22 ridicule ; 23 mettre ; 24 à la fois ; 25 toge, f. ; 26 ne — plus que ; 27 dans le dernier goût.

8.

Сицилія, Сардинія и Корсика (Corse) лежатъ въ Средиземномъ морѣ. — Густавъ Ваза вышелъ[1] изъ лѣсовъ Далекарліи[2], гдѣ онъ скрывался, и освободилъ[3] Швецію, свое отечество. — Павелъ и Виргинія приблизились къ (gén.) плантатору[4], высокому и худощавому[5] человѣку, съ глубоко впалыми[6] глазами, черными и густыми[7] бровями[8]. — Уха и щи — любимыя кушанья[9] русскаго народа. — Вы не удивляетесь (de) моему аппетиту? Я цѣлый день (§ 93, 6) ничего не ѣлъ, кромѣ (que) булки (pain [lait]) и размазни[10]. — Какую басню Лафонтена учили вы наизусть? — Курицу[11] съ золотыми яйцами. — Кофейное дерево имѣетъ длинныя и гибкія[12] вѣтви[13] и сѣроватую кору[14]. — Намъ писали, что твой двоюродный братъ, который прошлую зиму провелъ въ Италіи, на слѣдующей недѣлѣ ѣдетъ въ Испанію или на Мадеру. — Испанскія и португальскія вина очень крѣпки, но менѣе здоровы, чѣмъ французскія. — Нѣмецкая миля почти равняется[15] двумъ французскимъ милямъ. — Во вторникъ я получилъ приказаніе[16] ѣхать рано въ среду отправился я по (par) желѣзной дорогѣ, и прибылъ въ Петербургъ въ слѣдующее воскресенье. Въ будущій вторникъ я ѣду въ Москву. — Его братъ совершилъ (faire) большія путешествія: онъ былъ въ южной Америкѣ и восточной Индіи. — Пришлите мнѣ выборъ[17] лучшихъ дѣтскихъ книгъ, которыя вышли[18] въ этомъ году. — Книги дѣтей лежатъ на столѣ. — Какое пріятное[19] пѣніе (que celui) малиновки[20] съ черною головкой! — Покажите мнѣ на картѣ островъ Сицилію, гору Этну и городъ Палермо. — Оба Расина, отецъ и сынъ, столь-же знамениты, какъ и два брата, Петръ и Томасъ Корнели. — Фарнезскій геркулесъ[21] — одно изъ образцовыхъ произведеній[22] греческаго рѣзца[23].

1 sortir; 2 Dalécarlie; 3 délivrer; 4 planteur; 5 sec; 6 enfoncé; 7 touffu; 8 le sourcil; 9 le mets favori; 10 soupe (gruau); 11 la poule; 12 souple; 13 branche, f.; 14 écorce, f.; 15 équivaloir à; 16 ordre, m.; 17 le choix; 18 paraître (I p. § 52, 5); 19 doux; 20 la fauvette; 21 l'Hercule Farnèse; 22 chef-d'œuvre, m. (II P. § 34, 2); 23 le ciseau (§ 32).

9.

Exemples sur l'article partitif.

Il y a tous les soirs des bals, des comédies, des mascarades à St. Germain. SÉVIG. — Le roi de Suède avait fait construire de grands bateaux. VOLT. — Ils avaient de bon pain, de bon vin, de bon riz et de bonnes fèves[1]. A. DUMAS. — Nous n'avonons de petits défauts que pour persuader que nous n'en avons pas de grands. LA ROCHEF. — César fit encore d'autres tentatives[2]. Un jour que le sénat lui déférait[3] certains honneurs, il négligea de se lever. MONTESQUIEU. — Il faut, même en chansons, du bon sens et de l'art. BOILEAU. — De toutes les habitations où j'ai demeuré (et j'en ai eu de charmantes), aucune ne m'a rendu si véritablement heureux, et ne m'a laissé de si tendres regrets que l'île de St. Pierre au milieu du lac de Bienne. Cette petite île, qu'on appelle à Neuchâtel l'île de la Motte, est bien peu connue, même en Suisse. J. J. ROUSSEAU. — Les petits arbres ne peuvent venir, s'il y en a de trop grands qui les ombragent. B. DE St. P. — Il ne faut qu'avoir du miel et les mouches viennent bientôt. FLORIAN. — Comme la peau de l'âne est très-dure et très-élastique, on en fait du gros parchemin. BUFFON. — Ce sont des vrais amis ceux qui sont prêts à tout sacrifier[4] à ceux qu'ils aiment. — Les Béotiens n'avaient pas assez d'esprit pour qu'il fût facile aux orateurs de les agiter. MONTESQUIEU. — Il ne restait de farine que pour trois semaines. DARU. — Je n'ai vu des hommes que dans l'Eldorado. VOLT. — Le souper fut comme la plupart des soupers de Paris; d'abord du silence, ensuite un bruit de paroles qu'on ne distingue point, puis des plaisanteries[5], dont la plupart sont insipides[6], de fausses nouvelles, de mauvais raisonnements, un peu de politique, et beaucoup de médisance[7]; on parla même de livres nouveaux. VOLT. — La paix est le fruit de l'amour; car pour vivre en paix, il faut savoir supporter bien des choses. LAMENNAIS.

1 бобъ; 2 попытка; 3 оказывать, отдавать; 4 пожертвовать, принести въ жертву; 5 шутка, острота; 6 нелѣпый; 7 клевета.

10.

1. Гомеръ и Виргилій великіе мастера[1] въ искусствѣ живописать (peindre). — Въ этомъ обществѣ было множество людей; я видѣлъ тамъ и мо-

лодыхъ людей, и молодыхъ дамъ, большая часть которыхъ была (§ 58, 6) мнѣ незнакома. — Это небольшое разсужденіе[2] даетъ объясненія[3] о (sur) народѣ, о которомъ другія націи не имѣли вѣрнаго понятія[4]. — Я убѣжденъ, государь мой, что вы не безъ слезъ узнали [о] моемъ несчастіи. — Неблагодарный оставилъ свою мать, не (sans) проливъ[5] [ни одной] слезы, не показавъ даже сожалѣнія[6]. — Это прекрасные стихи, но это еще не поэзія! — Правила учатъ не для того, чтобы забыть ихъ. — Слабые люди часто совершали великія дѣла[7]. — Прошедшею зимою мы прочли вмѣстѣ много басенъ Крылова. — Сколь многимъ измѣненіямъ[8] подвергался[9] французскій языкъ, съ самаго своего начала[10] до нашего времени.

1 maître; 2 le traité; 3 éclaircissement; 4 idée; 5 répandre; 6 attendrissement; 7 action; 8 changement; 9 subir; 10 origine, f.

2. Солдаты, которые служили во время этого похода[1], почти всѣ были молодые люди. — У него (только) мало таланта, но здравый человѣческій разсудокъ и добрая воля. — Садовая калитка (= дверь) не нуждается ни въ какихъ украшеніяхъ[2]. — Такъ какъ калитка въ садъ была открыта, воръ легко могъ проникнуть въ домъ. — Честолюбецъ[4] не знаетъ [другаго] закона, какъ тотъ, который ему полезенъ (favorable). — Можно-ли давать битвы, не проливая крови? — Не ожидайте здѣсь краснорѣчивыхъ[5] и высокихъ (magnifique) словъ[6]; святая[7] простота достаточна для[8] моего предмета. — У меня много картинъ; но я болѣе не смотрю уже на нихъ. — Я ѣмъ плоды только (ne — que) въ деревнѣ. — Орденъ[9] храмовыхъ рыцарей[10] имѣлъ своихъ великихъ магистровъ[11], которые совершили чудные военные подвиги[12].

1 campagne; 2 ornement; 3 pénétrer; 4 ambitieux; 5 éloquent; 6 parole, f.; 7 sainte; 8 suffire à; 9 l'ordre, m.; 10 templier; 11 grand-maître; 12 fait d'armes.

11.

Exemples sur la suppression et la répétition de l'article.

Georges Louis Leclerc, comte de Buffon, membre de l'Académie des Sciences et de l'Académie française, intendant du jardin du roi, né à Montbar en 1707, mort à Paris en 1788, se place avec Montesquieu, Voltaire et J. J. Rousseau, à la tête de la littérature du 18e siècle. — Buffon est peintre, mais peintre philosophe. VINET. — La Livonie, la plus belle et la plus fertile province du Nord, avait appartenu autrefois aux chevaliers de l'ordre teutonique[1]. VOLT. — Colonel, artillerie, étendard, tout fut enlevé. NAPOLÉON. — Ventre affamé[2] n'a pas d'oreilles. LA FONT. — Vous voyez qu'elle est grande; mais mauvaise herbe[3] croît toujours. MOL. — A quelque chose malheur est bon. (Prov.) — Le chef-d'œuvre de la nature est le petit oiseau-mouche; elle l'a comblé de tous les dons qu'elle n'a fait que partager aux autres oiseaux: légèreté, rapidité, prestesse[4], grâce et riche parure, tout appartient à ce petit favori. BUFFON. — Ces oiseaux volent très-haut et en grandes troupes; ils passent la nuit sur des arbres ou des rochers très-élevés. — On trouve des condors sur les bords de la mer et des rivières, dans les savanes ou prairies naturelles. BUFFON. —

Enfin jamais nation ne prépara la guerre avec autant de prudence, et ne la fit avec autant d'audace[5] (que les Romains). MONT. — Je suis Français, s'écria Ney, et je mourrai Français! — Ah! ah! monsieur est Persan! c'est une chose bien extraordinaire! Comment peut-on être Persan? MONTESQ. — Plein de dépit[6] contre Bernadotte, Napoléon s'écria d'un ton irrité: Pourtant je l'ai fait général en chef, maréchal, duc, prince, et enfin roi. — En mariant Marie Stuart à son fils, le dauphin François, Henri donna aux jeunes époux le titre de roi et de reine d'Angleterre. — Le soir il y a eu illumination générale. — Victor Hugo a été élu membre de l'Académie française en 1841. — Je n'ai pas dessein d'approfondir ici cet examen. J. J. ROUSSEAU. — Pendant la nuit Rizzio fut enterré sans pompe et sans bruit. A. DUMAS. — Il vous ordonne sans doute de manger force rôti. MOLIÈRE. — Les pères et mères continuent de les nourrir et de veiller sur eux. BUFFON. — Après bien des marches et contre-marches, les Français arrivent en Pamphilie, près d'une petite ville sur la mer. ANQUETIL. — Le 9 et le 10, l'air me parut sensiblement[7] plus chaud et le ciel plus intéressant. B. DE ST. P. — Les 20, 21 et 22, continuation de calme et d'ennui. Le vaisseau était entouré de requins. Les 17, 18 et 19, nous passâmes au milieu des îles, laissant Téneriffe à gauche et Palme à droite. B. DE ST. P.

1 Тевтонскій орденъ; 2 голодный; 3 плевелы; 4 проворство; 5 отвага; 6 огорченіе, досада; 7 замѣтно.

12.

Россіею управляли (passif) пять женщинъ, одна за другою[1]: Екатерина I, супруга Петра Великаго; Анна, племянница этого монарха; герцогиня брауншвейгская[2], правительница[3] во время кратковременнаго царствованія[4] Іоанна, ея сына; Елисавета, дочь Петра Великаго, и наконецъ Екатерина II, истинная законодательница[5] этого великаго государства. — Я Телемакъ, сынъ Улисса, царя Итаки, въ Греціи. — Минерва даровала жителямъ своего города оливку[6], плодъ дерева, которое она сама насадила (pl. parf.). — Въ С.-Петербургѣ, въ Лѣтнемъ саду, воздвигнутъ памятникъ Крылову, самому народному[7] писателю русской литературы. — Не смѣшивайте Петра Корнеля, творца столь многихъ образцовыхъ произведеній, съ Томасомъ Корнелемъ, который написалъ «Аріадну»[8], посредственную трагедію. — Шведы предложили (offrir) корону французу, маршалу Бернадоту. — Чужое добро[9] въ прокъ нейдетъ[10]. — Доброе имя[11] лучше богатства. — Мореходство[12], военное искусство, науки, изящныя (beaux) искусства, — все создалъ Петръ Великій въ своемъ государствѣ. — Этотъ несчастный принесъ въ жертву[13] все: богатство, честь, друзей, религію (вѣру), чтобы достичь[14] своей цѣли[15]. — Въ Европѣ весьма распространены языки англійскій и французскій. — Эти несчастные, претерпѣвшіе кораблекрушеніе[16], три дня пробыли на этомъ островѣ, безъ помощи, безъ съѣстныхъ припасовъ[17], умирая[18] отъ голода и жажды. — Локъ былъ англичанинъ; — Декартъ французъ; Лейбницъ — нѣмецъ.

1 de suite; 2 Brunswick; 3 régente; 4 règne; 5 le législateur; 6 olive, f.; 7 populaire; 8 Ariane; 9 bien mal acquis; 10 profiter; 11 renommée, f.; 12 marine, f.; 13 sacrifier qch.; 14 atteindre qch.; 15 le but; 16 les naufragés; 17 les vivres, m.; 18 mourant.

13.

Замѣчательно, что ни арабы, ни древніе не упоминаютъ [1] объ египетскихъ поэтахъ. Что-же бы и воспѣвалъ [2] египтянинъ? Онъ не имѣетъ ни прозрачныхъ (limpide) источниковъ, ни свѣжей зелени [3], ни уединеннаго пріюта [4]; онъ не знаетъ ни долинъ, ни холмовъ, ни скалъ. — Петергофскій дворецъ лежитъ на берегу Финскаго залива, почти въ 30-ти верстахъ отъ столицы. — Рыцарь Баярдъ, французскій дворянинъ [5], прозванный рыцаремъ безъ страха и упрека, умеръ въ 1524 году, не далеко отъ Милана; друзья и недруги, соотечественники и чужестранцы, — всѣ скорбѣли [6] о его смерти. — Готфрида бульонскаго (de Bouillon) избрали [7] (passif) королемъ іерусалимскимъ; но онъ удовольствовался [8] титуломъ защитника [9] святаго гроба [10]. — Эта картина только копія; она рисована не съ натуры. — Онъ умеръ (en) честнымъ человѣкомъ, какъ и жилъ. — Учитель твой французъ? Нѣтъ, онъ англичанинъ. — Кто болѣе Петра I заслужилъ названіе [11] великаго? — Я жилъ тогда въ предмѣстіи С. Жерменѣ, въ церковной улицѣ. — Этотъ господинъ русскій, но онъ такъ хорошо говоритъ по-французски, что его можно принять за [12] француза. — При (à) этихъ словахъ, сестра моя потеряла сознаніе [13] и долгое время оставалась въ обморокѣ [14]. — Тотъ, котораго подозрѣваютъ [15], вслѣдствіе-ли (soit) невинности, или (soit) [по] упорству [16], не хочетъ сознаться [17] совершенно [18] (ни въ чемъ). — Такъ судили [19] объ этомъ (en) и древніе, и новые законодатели. — 28 и 29-го мы видѣли летучихъ [20] рыбъ и значительное количество тумаковъ (тунцевъ) [21]. — 3-е, 4-ое и 5-ое числа мая мѣсяца провелъ [22] я въ деревнѣ.

1 faire mention de; 2 chanter; 3 verdure, f.; 4 asile, m.; 5 gentilhomme; 6 regretter qch.; 7 élire; 8 se contenter de; 9 protecteur; 10 sépulcre, m.; 11 surnom; 12 prendre pour; 13 connaissance; 14 évanoui; 15 soupçonner; 16 entêtement; 17 avouer qch.; 18 absolument; 19 juger de; 20 volant; 21 thon, m.; 22 passer qch.

14.

Жители Тира привозили [1] съ неизвѣстныхъ островов золото, благовонія [2] и различныхъ животныхъ, которыхъ не видѣли въ другихъ мѣстахъ [3]. — Множество [4] людей жертвуетъ будущимъ [5] настоящему [6]. — Наша переписка [7] была прекращена (interrompre) на много [8] лѣтъ. — Дубы и ясени [9], которые видишь въ петергофскомъ паркѣ, (d'une) рѣдкой красоты. — Различныя обстоятельства принудили [10] меня отложить [11] мое путешествіе. — Ксенофонтъ былъ и писатель, и государственный человѣкъ [12]. — Напрасно пробѣгаешь [13] и старый, и новый свѣтъ — нигдѣ не находишь постояннаго [14] и полнаго [15] счастія, котораго ищешь. — Лучшіе французскіе писатели XVII и XVIII столѣтій всегда будутъ служить [16] образцами [17]. — Повсюду представлялись мнѣ прекрасныя и плодоносныя равнины, зеленые, веселые [18] холмы, маленькія и большія деревни, богатые и цвѣтущіе города. — Я нанималъ [19] второй и третій этажъ прекраснаго, небольшаго дома, лежавшаго близъ рѣки. — Всѣ люди, знатные и простые, богатые и бѣдные, должны страдать и умереть. — Садитесь на стулъ или на кресло [20]. — Прошедшею зимою мы читали оды и сатиры Горація. — Орелъ вьетъ свое гнѣздо на вершинахъ деревъ или на скалахъ. — Этотъ гимнъ (§ 38,

2, 7) пѣли хоромъ мальчики и дѣвочки. — Этотъ человѣкъ много путешествовалъ сухимъ путемъ и моремъ.

1 aller chercher dans; 2 parfum; 3 ailleurs; 4 quantité, nombre; 5 l'avenir; 6 le présent; 7 la correspondance; 8 nombre; 9 frêne; 10 forcer; 11 renvoyer; 12 homme d'état; 13 parcourir qch.; 14 constant; 15 parfait; 16 servir de; 17 modèle; 18 riant; 19 louer qch.; 20 fauteuil.

15. Récapitulation.

1. Въ послѣдній понедѣльникъ я имѣлъ (p. ind.) въ высшей степени[1] интересную бесѣду[2] съ однимъ моимъ[3] другомъ, который, нѣсколько дней тому назадъ, возвратился изъ Иркутска, значительнѣйшаго города восточной Сибири. Онъ провелъ нѣсколько[4] мѣсяцевъ на берегахъ[5] Амура, большой и прекрасной рѣки, которая въ настоящее время составляетъ границу между Китаемъ и Россіей. Онъ съ восхищеніемъ[6] говоритъ о странахъ, чрезъ которыя протекаетъ[7] эта рѣка. Берега Амура покрыты лѣсами, сѣни которыхъ непроницаемы[8] для солнечныхъ лучей. Въ этихъ лѣсахъ видишь сосны, ели съ темною листвою и пирамидальною вершиною[9], лиственницу[10] съ нѣжными[11] и свѣжими хвоями, съ красноватою корою; огромные[12] дубы съ крѣпкимъ[13] и суковатымъ[14] стволомъ[15], подъ листвою[16] которыхъ находитъ убѣжище[17] множество птицъ рѣдкой красоты. Множество[18] дикихъ звѣрей живетъ (§ 58, 4) въ этихъ обширныхъ[19] лѣсахъ. Тамъ (у) встрѣчаешь тигра, медвѣдя и много другихъ опасныхъ[20] звѣрей. Мой другъ, опытный[21] охотникъ, показывалъ мнѣ тигровую шкуру[22], плодъ охоты, въ которой онъ принималъ участіе[23]. Такъ какъ онъ страстный[24] естествоиспытатель[25], то и привезъ[26] съ собою собраніе жуковъ[27], самыхъ чудныхъ формъ и собраніе бабочекъ, рѣдкихъ и блестящихъ.

2. Его собраніе растеній также живо заинтересовало меня, потому что я любитель ботаники. Большая часть растеній, которыя онъ привезъ, была (§ 58, 6) мнѣ неизвѣстна. Не одни растенія и животныя привезены имъ, но и дорогіе минералы, мамонтовы зубы и другіе ископаемые[28] остатки[29]. — Мой другъ отправился въ обратный путь[30] около половины мая, и былъ въ (en) дорогѣ болѣе трехъ мѣсяцевъ. Онъ съ удивленіемъ говоритъ объ озерѣ Байкалѣ, по которому онъ ѣздилъ[31] на пароходѣ. Воды этого озера такъ ясны[32] и прозрачны[33], что во многихъ мѣстахъ[34] можно ясно видѣть дно[35]. Къ несчастію, землетрясенія[36] опустошили[37] часть береговъ этого дивнаго озера, которое по большей части окаймлено[38] высокими и прекрасными горами. Многія рѣки, притоки[39] Енисея, вливаются[40] въ это озеро; такъ, рѣка верхняя Тунгузка, которая протекаетъ черезъ[41] Иркутскъ, главный городъ[42] восточной Сибири и мѣстопребываніе генералъ-губернатора. Городъ этотъ служитъ (de) складочнымъ мѣстомъ[43] для товаровъ, которые приходятъ черезъ Кяхту, изъ Китая. Тамъ ведутъ особенно большой торгъ[44] китайскимъ чаемъ и шелковыми тканями[45].

1 (des plus, II P. § 45, 2.); 2 entretien, m.; 3 (§ 53, 7); 4 bien des; 5 les bords; 6 enthousiasme; 7 traverser; 8 impénétrable à; 9 la cime; 10 mélèze; 11 délicat; 12 énorme; 13 robuste; 14 noueux; 15 tronc, m.; 16 feuillage; 17 s'abriter; 18 quantité; 19 vaste; 20 redoutable; 21 habile; 22 peau; 23 prendre

part à; 24 passionné; 25 naturaliste; 26 rapporter; 27 coléoptère, scarabée; 28 fossiles; 29 débris, m.; 30 se mettre en route pour revenir; 31 traverser un lac; 32 limpide; 33 transparent; 34 endroit, m.; 35 fond, m.; 36 tremblement; 37 ravager; 38 border, encadrer; 39 affluent; 40 se jeter dans; 41 traverser, baigner; 42 chef-lieu; 43 dépôt, m.; 44 faire un grand commerce de; 45 soieries.

CHAPITRE IV.

Du substantif.

I. Nombre.

§ 31. NOMS QUI ONT DEUX FORMES AU PLURIEL.

1. **Aïeul,** дѣдъ. Le mot *aïeul*, qui signifie *grand-père*, a un pluriel régulier, les *aïeuls*. Le pluriel *aïeux* signifie les *ancêtres*, предки: *Ses deux* AÏEULS *assistaient à son mariage.* ACAD. *Qui sert bien son pays n'a pas besoin* D'AÏEUX. VOLT.

2. **Ciel,** небо, fait ordinairement au pluriel *cieux*, небеса. *Les* CIEUX *annoncent la gloire de Dieu.* PASCAL.—Cependant on emploie *ciels*: 1) dans l'expression *ciels de lit*, балдахинъ надъ кроватью.—2) dans le sens de *climat: L'Italie est sous un des plus beaux* CIELS. (Cependant, même dans ce cas, l'Académie écrit *cieux*).—3) en peinture: *Ce peintre fait bien les* CIELS. ACAD.

3. **Oeil,** глазъ, fait *yeux* au pluriel non-seulement quand il désigne l'organe de la vue, mais encore toutes les fois que ce pluriel ne peut donner lieu à aucune équivoque: *Un pain qui a des* YEUX; *un fromage qui n'a point d'*YEUX. ACAD. *Ce bouillon est très-gras, il a beaucoup d'*YEUX. ACAD. — *Oeils* ne s'emploie que dans les substantifs composés: *œils-de-bœuf* (fenêtres rondes, lucarnes), *œils-de-chat*, *œils-de-serpent* (pierres précieuses), etc.

4. **Travail,** работа, трудъ, fait ordinairement *travaux*. Il fait *travails* dans les cas où il signifie: 1) machine de bois à quatre piliers entre lesquels les maréchaux attachent les chevaux fougueux pour les ferrer (станокъ).—2) rapport d'un ministre au roi, ou d'un commis au ministre (докладъ, отчетъ).

5. **Ail,** чеснокъ, fait ordinairement *aulx* au pluriel. *Il y a des* AULX *cultivés et des* AULX *sauvages.* ACAD. — Les botanistes emploient la forme moderne *ails*: *Il cultive des* AILS *de plusieurs espèces.* ACAD.

6. **L'appât,** прикормъ, fait au pluriel *appâts*. Il y a un autre pluriel, *les appas*, qui signifie *les charmes*, прелести.

§ 32. NOMS QUI CHANGENT DE SIGNIFICATION EN CHANGEANT DE NOMBRE.

Il y a des substantifs qui, outre la signification qu'ils ont au singulier, et que la plupart conservent au pluriel, en ont une autre dans ce dernier nombre. Les plus utiles à connaître sont :

L'aboi, лай.	les abois, послѣднее издыханіе, послѣдняя крайность.
l'arme, оружіе.	les armes, гербъ.
l'arrêt, приговоръ, приказъ.	les arrêts, арестъ.
l'auspice, предзнаменованіе.	les auspices, покровительство.
la bonne grâce, приличіе.	les bonnes grâces, милость, благосклонность.
le ciseau, рѣзецъ.	les ciseaux, ножницы.
la défense, оборона.	les défenses, клыки.
le denier, динарій.	les deniers, деньги.
l'esprit, духъ.	les esprits, жизненныя силы.
l'état, состояніе, государство.	les états, государственные чины (сеймъ).
le faste, чванство.	les fastes, лѣтописи.
le fer, желѣзо.	les fers, оковы, цѣпи.
le gage, залогъ.	les gages, жалованье.
l'herbe, трава.	les herbes, простыя лекарства, травы.
l'honneur, честь.	les honneurs, достоинства, почетная должность.
le jour, день.	les jours, дни, жизнь.
la lettre, письмо.	les lettres, словесность.
la lumière, свѣтъ.	les lumières, свѣдѣніе, познанія.
la lunette, зрительная трубка.	les lunettes, очки.
la mesure, мѣра, мѣрка.	les mesures, мѣры.
le neveu, племянникъ.	les neveux, потомки.
le papier, бумага.	les papiers, вѣдомости (бумаги).
la petite maison, маленькій домъ.	les petites maisons, домъ умалишенныхъ.
la pratique, практика.	les pratiques, козни.
la tablette, полка.	les tablettes, записная книжка.
la troupe, толпа.	les troupes, войска, полки.
la vacance, вакантное мѣсто.	les vacances, каникулы, вакаціи.
la veille, бдѣніе, бодрствованіе.	les veilles, ночные труды.
la viande, мясо.	les viandes, кушанья, пища.

§ 33. SUBSTANTIFS QUI NE S'EMPLOIENT QU'A L'UN DES DEUX NOMBRES.

I. Ne s'emploient qu'au singulier :

1. Les noms **abstraits**; *La raison*, разумъ; *la bonté*, доброта; *la volonté*, воля; *la crainte*, страхъ; *la peinture*, живопись.

Rem. Si ces mots s'emploient au pluriel, c'est dans un sens différent, ou pour désigner l'*effet* de la qualité ou de l'activité, ou les différents cas où se manifeste la qualité ou l'activité: *Les raisons*, доводы; *les bontés*, marques de bonté; *les volontés*, приказанія; *les peintures*, картины; *les sculptures*, статуи.

2. Les noms de **matière**: *L'eau, la neige, le fer, le bois, le marbre*, etc.

Rem. Si ces mots s'emploient au pluriel, c'est: 1) dans le style poétique: *Les eaux*, воды; *les neiges*, груды снѣга; *les airs*, etc. — 2) dans une signification différente: *les marbres* (du musée), c'est-à-dire les *sculptures* du musée; les *fers*, оковы, цѣпи, ou, dans la langue du commerce, *les fers, les blés*, etc. considérés comme marchandise; *les bois* (les forêts).

3. Les noms **propres**: *Pierre, Racine.* — Cependant ces noms s'emploient au pluriel:

1) Pour désigner plusieurs personnes portant le même nom: *Les deux* Caton, *les deux* Rousseau. — Dans ce cas le substantif ne prend pas la marque du pluriel.

Rem. Il faut en excepter certains noms considérés comme appartenant à toute une famille illustre, à une dynastie, et qui prennent la marque du pluriel: *Les Horaces, les Curiaces, les Gracques, les Scipions, les Césars, les Antonins, les Macchabées, les Stuarts, les Condés, les Guises, les Bourbons*, etc.

2) Lorsqu'ils deviennent noms *communs*, pour désigner: a) des personnes qui ressemblent à celle dont elles empruntent le nom: *Des Cicérons, des Démosthènes*, pour *des orateurs illustres*; — b) les *œuvres*, les *productions* d'un écrivain, d'un peintre, d'un graveur, d'un typographe célèbre: *Des Virgiles*, pour *Des œuvres de Virgile.* Boniface. *Des Raphaëls, des Elzévirs.*

Rem. Dans ce cas les noms prennent une *s*. Cependant on les écrira sans *s* dans les titres d'ouvrages: *Achetez-moi deux* Télémaque, *deux* Atala.

3) Lorsque, par emphase, l'on emploie un nom propre au pluriel, et que l'on n'a cependant en vue qu'un seul individu: *O Grèce, illustre patrie* des Homère, des Sophocle; c'est-à-dire *d'Homère, de Sophocle.* — Dans ce cas, le nom propre ne prend pas la marque du pluriel.

II. Ne s'emploient qu'au *pluriel*. — Un certain nombre de substantifs, dont les plus usités sont:

Les alentours, m., окрестности.
les ancêtres, m., предки.
les annales, f., лѣтопись.
les archives, f., архивы, письменные документы.
les armoiries, f., гербъ.
les confins, m., границы.
les décombres, m., щебень, мусоръ.
les denrées, f., съѣстные припасы.
les dépens, les frais, m., издержки.
les entrailles, f., внутренности, нѣдра.
les entrefaites, f., промежутокъ.
les environs, m., окрестности.
les fiançailles, f., сговоръ, помолвка.
les fonts, m., купель.
les funérailles, f., } похороны.
les obsèques, f., } погребеніе.
les gens, люди.
les hardes, f., платье, пожитки.
les mathématiques, f., математика.
les arrhes, f., задатокъ.
les atours, m., наряды, уборъ.

les balayures, f., соръ.
*) les broussailles, f., хворостникъ.
les mœurs, f., нравы.
les mouchettes, f., щипцы (для свѣчей).
les notables, m., знатные люди, знать.
les pénates, m., пенаты, домашніе боги.
les pierreries, f., драгоцѣнные камни, алмазы.
les pleurs, m., слезы.
les prémices, f., первые плоды.
les proches, m., родственники.
les ténèbres, f., потемки, мракъ.
les thermes, m., бани (у древнихъ).
les vêpres, f., вечерня.
les vivres, m., съѣстные припасы.

16.

I. Je n'ai pas comme vous le bonheur de posséder encore mes deux aïeuls. — Se glorifier de la noblesse de ses aïeux, c'est chercher dans les racines les fruits qu'on devrait trouver dans les branches. — Un des rois d'Égypte fit délivrer plus de six millions d'oignons[1], d'aulx[2] et de poireaux[3] aux ouvriers qui bâtirent la grande pyramide. — Ce jardinier cultive des ails de plusieurs espèces. — Il y a un proverbe espagnol qui dit qu'il faut choisir du fromage sans yeux, du pain qui ait des yeux, et du vin qui saute aux yeux. — Les œils-de-chat sont des pierres précieuses chatoyantes ; vues sous différents aspects, elles semblent changer de couleur comme les yeux du chat. — Les œils-de-serpent sont des agates-onyx taillées de manière à représenter un œil. — Chaque jour ce ministre a des travails importants à communiquer et à soumettre[4] au roi. — Ce cheval a rompu ses liens et brisé deux travails auxquels on l'avait mis pour panser[5] ses blessures. — Que la terre est petite à qui la voit des cieux ! — La Suède est sous un des ciels (cieux) les plus rigoureux de l'Europe. — Les ciels ne sont pas des parties si accessoires que les peintres puissent les traiter sans beaucoup de soin. — Il faut savoir résister aux appas du vice.

1 лукъ ; 2 чеснокъ ; 3 порей ; 4 подносить ; 5 завязать, перевязать.

II. Cette famille a de belles armes. La dynastie des Bourbons porte trois fleurs de lis dans ses armes. — L'Espagne s'honore d'avoir produit les deux Sénèque. — Les pyramides d'Égypte s'en vont en poudre, et les graminées du temps des Pharaons subsistent encore. — Lorsque Auguste eut conquis l'Égypte, il apporta à Rome le trésor des Ptolémées. — L'un des plus beaux Raphaëls se trouve à la galerie de Dresde. — Que de beaux parleurs qui se croient des Cicérons ! — Ce qu'il y a de plus certain, c'est que les plus savants des hommes, les Socrate, les Platon, les Newton, ont aussi été les plus religieux. — Voltaire a appelé les soldats des Alexandres à cinq sous par jour, il avait raison, ce n'est pas autre chose. NAPOLÉON. — Aux siècles des Midas on ne voit point d'Orphées. VOLT. — Je n'ai pu résister au plaisir de me louer de vos bontés. — Je lui ai dit ses vérités. — Les vaisseaux disparus du célèbre navigateur Franklin ont sans doute été brisés par les glaces des mers polaires. — Des voyages récents[1] nous ont appris qu'il y a au centre de l'Afrique des montagnes dont le sommet est couvert de neiges éternelles.

1 новый, недавній.

---

*) Quelques écrivains ont employé broussailles au singulier. Les sots sont la *broussaille* du genre humain. (Marmontel.)

17.

Когда мы достигли вершины[1] Альпъ, мы увидѣли передъ собою восхитительную Италію, лежащую подъ (l'un des) чудным небомъ, — Италію, родину Сципіоновъ, Помпеевъ, Гракховъ и той фамиліи Цезарей, подъ скипетромъ[2] которыхъ народы такъ долго преклоняли[3] колѣни. — Небо многихъ картинъ имѣетъ мало сходства съ настоящимъ (naturel) небомъ. — У моего отца золотые очки; у моей матери двѣ пары серебряныхъ. — Невинная забава (joie) любитъ ясный день; порокъ[4] — другъ сумрака. — Слава нашихъ предковъ не составляетъ[5] нашей [славы]. — Я приказалъ свезти[6] этотъ мусоръ; отчего не исполнили еще моихъ приказаній? — Завтра утромъ будетъ происходить погребеніе генерала Б., умершаго третьяго дня; его друзья и знакомые, равно и всѣ войска, которыя состояли подъ его начальствомъ, будутъ присутствовать[7] при погребеніи. — Эти князья были Несторами и Улиссами своего времени. — Сколько паръ щипцовъ купили вы? Я купилъ только одну пару, и вотъ они. — Принеси мои очки, которые я забылъ на моемъ столѣ. — Свѣтъ лампы предпочитается свѣту сальной[8] или восковой[9] свѣчи. Чтобы благополучно окончить[10] это предпріятіе, мнѣ нужны будутъ ваши познанія[11] и совѣты.

1 le sommet; 2 le sceptre; 3 ployer qch.; 4 le vice; 5 faire; 6 enlever; 7 assister à; 8 сало — le suif; 9 воскъ — la cire; 10 mener à bonne fin; 11 lumières.

18.

Человѣкъ этотъ дѣлаетъ все, чтобы пріобрѣсти милость своего повелителя. — Есть у сапожника мѣрка съ (de) твоей ноги? Нѣтъ, у него нѣтъ еще ея. — Если бы генералъ не принялъ[1] надлежащихъ мѣръ къ (pour) защитѣ города, непріятели, у которыхъ не было недостатка (manquer de) ни въ съѣстныхъ припасахъ, ни въ военныхъ снарядахъ, взяли бы городъ. — Лай этой собаки очень несносенъ[2]. — Когда олень лежалъ при послѣднемъ издыханіи, его окружили охотники и собаки. — Камни, которые называются рыбьими глазами, хотя они и рѣдки, не имѣютъ большой цѣнности. — Кто не знаетъ борьбы Гораціевъ съ Куріаціями? — Сколько жалованья платите вы своему слугѣ? Я плачу ему двѣнадцать рублей въ (par) мѣсяцъ. — Онъ одолжилъ (prêter) ему двѣсти рублей; должникъ[3] же оставилъ ему въ (en) залогъ свои часы. — Упрямый[4] солдатъ былъ посаженъ подъ арестъ на (pour) три дня. — Во французской литературѣ встрѣчаются (= есть) два Корнеля, два Руссо, два Шенье, два Тьери, которыхъ слѣдуетъ строго (bien) отличать другъ отъ друга. — Шиллеръ и Гете — Софоклы Германіи. — Не всѣ столѣтія производятъ[5] Гомеровъ и Виргиліевъ. — Въ его галлереѣ много прекрасныхъ [картинъ] Тиціана; въ его библіотекѣ многія рѣдкія [изданія сочиненій] Плинія. — Провансъ лежитъ подъ (l'un des) прелестнѣйшимъ небомъ въ Европѣ.

1 prendre; 2 importun; 3 débiteur; 4 récalcitrant; 5 produire.

§ 34. PLURIEL DES SUBSTANTIFS COMPOSÉS.

1. On appelle substantifs *composés* certaines expressions composées de plusieurs mots dont la réunion équivaut à un substantif. C'est ainsi que *grand-père* équivaut à *aïeul*, *hôtel-Dieu* à *hôpital*, *garde-manger* à *buffet*.

2. Quant à l'orthographe d'un substantif composé, tant au singulier qu'au pluriel, voici la règle à suivre:

«Il faut, en analysant le substantif et en le composant soi-même, voir à quel nombre doit figurer chacun des mots qui le composent, et écrire en conséquence».

Mais dans l'application de cette règle il faut observer que le *substantif* et l'*adjectif* sont les seules parties d'un mot composé qui prennent la marque du pluriel; le *verbe* et les mots *invariables* de leur nature, ne changent jamais. — Ainsi:

Un *sourd-muet*, глухо-нѣмой, fait au pluriel des *sourds-muets*. Ce sont des *sourds* qui sont *muets*.

Un *oiseau-mouche* (colibri), fait au pluriel des *oiseaux-mouches*. Ce sont des *oiseaux* qui sont petits comme des *mouches*.

Un *casse-noisettes*, des *casse-noisettes*; c'est un instrument qui *casse* les *noisettes*.

Un *essuie-mains*, des *essuie-mains*; c'est un linge qui *essuie* les *mains*.

Un *tête-à-tête*, des *tête-à-tête*, c'est un entretien où les interlocuteurs sont *tête à tête*.

Un *pied-à-terre*, des *pied-à-terre*; ce sont des logements où l'on met *pied à terre*.

Un *abat-jour*, абажуръ, des *abat-jour*; un appareil qui *abat* le *jour*, *la lumière*.

Un *coupe-gorge*, притонъ, des *coupe-gorge*; ce sont des endroits où l'on risque d'avoir la *gorge coupée*.

Un *passe-partout*, отмычка, des *passe-partout*. C'est une clef qui *passe partout*, qui va à toutes les serrures.

Un *chef-d'œuvre*, образцовое произведеніе, des *chefs-d'œuvre*, c'est-à-dire des *chefs*, des *modèles d'œuvre*, de *travail*.

Un *chef-lieu*, главный городъ, des *chefs-lieux*. Ce sont des *lieux* qui sont *chefs*.

Un *hôtel-Dieu*, больница, des *Hôtels-Dieu*. Ce sont des *hôtels*, des hôpitaux qui sont sous la protection *de Dieu*, *hôtels de Dieu*. Le mot *Dieu* a ici le sens du génitif.

Les remarques suivantes faciliteront l'emploi du principe général.

1) Si la seconde partie d'un substantif composé est unie à la première par une préposition, elle ne peut prendre la marque du

pluriel: *Un chef-d'œuvre, des chefs-d'œuvre; un arc-en-ciel, des arcs-en-ciel; une belle-de-nuit* (чудоцвѣтъ), *des belles-de-nuit.*

2) Il va sans dire que les substantifs composés de mots invariables de leur nature, ne changent pas au pluriel; tels sont: *un passe-partout*, отмычка, *un ouï-dire*, слухъ, людскія рѣчи; — plur.: des *passe-partout*, des *ouï-dire.*

3) *Garde*, dans un mot composé, est variable, quand il est *substantif*, et invariable quand il est *verbe*: *Un garde-champêtre, des garde*ES-*champêtre*S. Mais on écrira: *Un garde-fous, des garde-fous*, — *un garde-manger, des garde-manger*, etc., parce que dans ces mots, *garde* est un temps du verbe *garder*.

4) Dans les substantifs féminins où se trouve le mot *grand'* (au lieu de *grande)* cet adjectif reste invariable au pluriel: *Une grand'mère, des grand'mères. Une grand'tante, des grand'tantes. La grand'messe, des grand'messes.*

Obs. L'usage varie sur l'orthographe d'un assez grand nombre de substantifs composés, et les grammairiens eux-mêmes ne sont pas d'accord.—Un certain nombre au reste commencent à s'écrire en un seul mot, et rentrent ainsi dans la règle générale; tels sont: *Un contrevent*, ставень (у оконъ), *des contrevents; une garderobe, des garderobes; un chèvrefeuille*, жимолость; *un portefeuille, un passeport, un pourboire*, (деньги) на чай, etc.

§ 35. MOTS PRIS COMME SIGNES MATÉRIELS.

Les mots invariables de leur nature ne peuvent, quand on les emploie accidentellement comme substantifs, prendre la marque du pluriel On écrira donc: *Les oui, les non.* Il en est de même des *lettres* de l'alphabet, des *notes de musique* et des *noms de nombres cardinaux:*

Ces *a* sont trop larges. Un *ré*, des *mi*. Écrivez encore deux *quatre* et trois *cinq.*

§ 36. MOTS ÉTRANGERS.

La plupart des mots étrangers qui ont passé dans le français, y sont traités, quant à la pluralisation, comme des mots français.

Un bravo, браво! хорошо! — des bravo**s**.
Un numéro, нумеръ; des numéro**s**.
Un opéra, опера; des opéra**s**.
Un impromptu, des impromptu**s**.

Cependant ceux qui ont gardé leur physionomie étrangère restent invariables; tels sont: *Des te-deum, des in-folio, des fac-simile*, etc.

§ 37.

Dans les expressions telles que *odeur de violette*, фіалковый запахъ *bouquet de violettes*, букетъ изъ фіалокъ, — le substantif qui dépend d la préposition de, s'écrit au singulier, s'il n'a qu'un sens indéfini ; si au contraire le sens est particulier, et qu'on ait en vue des individus, des objets distincts, le mot s'écrit au pluriel :

Un lit de plume.	Un paquet de plumes.
Un panier de raisin.	Un panier de cerises.
De la fécule de pomme de terre.	Une mesure de pommes de terre.
Des habits de femme.	Des couvents de femmes.
Une marchande de *poisson*.	Une marchande de harengs.

On écrira, d'après la même analogie :

Un peintre rempli de *talent*.	Une jeune personne remplie de talents.
Un homme à *imagination*.	Un homme à préjugés.

19.

C'est dans les contrées les plus chaudes du nouveau monde que se trouvent toutes les espèces d'oiseaux-mouches. BUFFON. — Les belles-de-nuit sont des plantes exotiques [1], dont les fleurs, qui ressemblent à celles du liseron [2], ne s'épanouissent guère que le soir. — On aime à voir les perce-neige braver les rigueurs [3] de l'hiver et se couvrir de fleurs. — Nous avons vu des porcs-épics [4] vivants, et jamais nous ne les avons vus, quoique violemment excités, darder [5] leurs piquants [6]. BUFFON. — Les aigues-marines sont des pierres précieuses qui ont des reflets verts semblables à l'eau de mer. — Je voudrais avoir autant de pied-à-terre qu'il y a de saisons : l'hiver, j'habiterais l'Italie ; le printemps, l'Angleterre ; l'été, la France ; et l'automne, la Suisse, afin de ne contempler la nature que dans son éclat. — Mes arrière-neveux me devront cet ombrage, dit l'octogénaire de La Fontaine. — Nous découvrîmes de loin une troupe nombreuse d'habitants des Montagnes Bleues, qui descendaient dans la plaine armés de casse-tête [7]. — La plupart des gens font des coq-à-l'âne [8] comme Monsieur Jourdain, sans le savoir. — On dit que Sardanapale fut le premier qui fit usage de lits de plume. — Cette femme portait au bras un panier de beaux fruits. — En carême on ne mange guère que du poisson. — Comme nous, les anciens avaient plusieurs espèces de vins. — Plusieurs peu font un beaucoup. — Les têtes d'homme sont généralement plus expressives que celles de femme. — Que de têtes d'hommes coupables ont échappé au glaive de la justice ! — Des troncs d'arbre. — Des troncs d'arbres abattus par les vents. — Paris est une ville de plaisirs, où cependant les deux tiers des habitants meurent de chagrin. — Ce pays est riche en blé. — Ils sont riches en promesses. — Il voyage à pied. — Il saute à pieds joints. — Les zéros bien placés ont une grande valeur. — Les lazzaroni forment une grande partie de la population de Naples.

1 чужеземный, экзотическій ; 2 вьюнокъ ; 3 суровая стужа ; 4 дикобразъ ; 5 метать, бросать ; 6 иглы (щетина) ; 7 дубина, палица ; 8 нескладица, вздоръ.

20.

Мои обѣ бабушки умерли, дѣдушки же оба живы. — Плутъ разсказывалъ намъ всѣ свои маленькія хитрости [2], которыя онъ употреблялъ, чтобы увеличить деньги на водку. — Путешественники, которые плавали [3] по Атлантическому океану, видѣли тамъ часто летучихъ рыбъ. — Песчаныя пустыни [4] Африки, гдѣ нѣтъ полевыхъ сторожей (garde-champêtre), присылаютъ намъ весною множество [5] перепеловъ [6] и отлетныхъ (de passage) птицъ, которые осенью являются на нашихъ столахъ. — Не безъ справедливости говорятъ, что щеголи [7] похожи нѣсколько на павлиновъ и попугаевъ. — Рѣполовы [8], гнѣздятся въ трещинахъ старыхъ стѣнъ. — Цвѣтная капуста (pl.) и брюква [9] (pl.) — видоизмѣненія [10] капусты. — Эвротасъ! почему цвѣтутъ еще на (sur) твоихъ печальныхъ [11] берегахъ олеандры [12]? — Остроумныя женщины — (остроумный, un bel esprit) самыя несносныя [13]. — Посланникъ потребовалъ свои паспорты. — Ни одного образцоваго произведенія человѣка мы не приписываемъ [14] случаю; можетъ-ли быть, чтобы самъ онъ былъ дѣломъ (œuvre) случая! — Не удивляетесь-ли вы этой тысячѣ радугъ въ каплѣ росы! — Если къ какому-либо числу прибавить съ правой стороны нуль, два нуля, три нуля, то это число увеличится въ десять, въ сто, въ тысячу разъ. — Супъ этотъ имѣетъ рыбный вкусъ. — Безчисленное множество рыбъ населяетъ и оживляетъ моря. — Римляне часто воздвигали тріумфальныя ворота [15].

1 le coquin; 2 la ruse; 3 voyager, naviguer; 4 sables; 5 nuée; 6 caille; 7 petit-maître; 8 le rouge-gorge; 9 chou-rave; 10 variété; 11 en deuil; 12 le laurier-rose; 13 insupportable; 14 attribuer qch. à qn.; 15 un arc de triomphe.

21.

Шелковичныхъ червей кормятъ (réfl.) листьями тутоваго дерева [1] (шелковицы). — Я всякій день, послѣ обѣда, даже при самомъ жгучемъ зноѣ, ходилъ смотрѣть на эти дивные водометы [2], видъ которыхъ, такъ сказать, освѣжалъ меня. — Гремучая змѣя [3] одна изъ самыхъ ядовитыхъ змѣй. — Рѣзецъ ваятеля [4] и кисть [5] живописца прославили [6] Италію. — Въ одной книгѣ часто болѣе ума, чѣмъ въ огромныхъ фоліантахъ [7]. — Въ обѣихъ этихъ операхъ встрѣчается [8] очень много дуэтовъ [9]. — Невѣжливо въ письмѣ дѣлать много приписокъ [10]. Какъ пишете вы въ единственномъ числѣ сложныя существительныя имена: полотенце [11], колотушка [12] (для орѣховъ), зубочистка [13], перила на мостахъ [14], и во множественномъ числѣ существительныя имена: разбойничій притонъ [15], чуланъ для провизій [16], снѣжнянка [17], уличный точильщикъ [18] и будильникъ [19] (часы съ будильникомъ)? — Чудоцвѣтъ (pl.) въ Перу дѣйствительно цвѣтетъ только ночью. — Во Франціи, во всѣхъ главныхъ городахъ [20] департаментовъ префекты. — Орангъ-утанги чрезвычайно дики; однако они не очень злы, и ихъ легко пріучаютъ понимать все, что имъ приказываютъ. — Обѣ отмычки нигдѣ не нашлись. — Склоны [21] Альпъ покрыты прекрасными дубовыми, буковыми, еловыми и лиственичными лѣсами. — У насъ мебель изъ березоваго и дубоваго дерева. — Что за прекрасный букетъ изъ розъ! — Пойди и купи мнѣ розовой воды. — Долгіе переговоры [22] и взаимные упреки были предвѣстниками [23] этой войны. — Чтеніе и прогулка — вотъ мое любимое препровожденіе времени [24].

1 mûrier; 2 jet d'eau; 3 les serpents à sonnettes; 4 le sculpteur; 5 le pinceau; 6 illustrer qch.; 7 un in-folio; 8 il y a; 9 duo; 10 le post-scriptum; 11 les

essuie-mains; 12 les casse-noisettes; 13 les cure-dents; 14 les garde-fous; 15 le coupe-gorge; 16 le garde-manger; 17 la perce-neige; 18 le gagne-petit; 19 le réveille-matin; 20 le chef-lieu; 21 penchant, flanc; 22 un pourparler; 23 un avant-coureur; 24 un passe-temps.

II. Du genre des substantifs.

§ 38. SUBSTANTIFS QUI CHANGENT DE GENRE D'APRÈS LEUR SIGNIFICATION.

1. Les plus utiles à connaître sont :

Masculin.	*Féminin.*
L'aune, ольха.	l'aune, локоть (аршинъ).
Le carpe, запястье.	la carpe, карпъ.
Le greffe, канцелярія.	la greffe, прививокъ.
Le livre, книга.	la livre, фунтъ.
Le manche, ручка, рукоятка.	la manche, рукавъ.
Le mémoire, записки, сочиненіе, счетъ.	la mémoire, память, воспоминаніе.
Le merci, благодареніе.	la merci, милосердіе.
Le mode, наклоненіе, способъ.	la mode, мода.
Le mousse, юнга.	la mousse, мохъ.
Le moule, литейная форма.	la moule, ракушка.
L'office, долгъ, услуга, мѣсто, богослуженіе.	l'office, буфетная.
Le page, пажъ.	la page, страница.
Le parallèle, параллельный кругъ, сравненіе.	la parallèle, параллельная линія.
Le pendule, маятникъ.	la pendule, часы съ маятникомъ (стѣнные или столовые).
Le période, высочайшая степень.	la période, періодъ.
Le pivoine, снигирь.	la pivoine, піонъ.
Le poêle (poile), печь, гробовой покровъ.	la poêle, сковорода.
Le poste, постъ, мѣсто.	la poste, почта.
Le pourpre, багрецъ, красуха.	la pourpre, багряница.
Le relâche, ослабленіе, отдыхъ.	la relâche, якорное мѣсто.
Le solde, остатокъ.	la solde, жалованье, плата.
Le somme, сонъ.	la somme, сумма, итогъ.
Le tour, 1) кругъ, 2) шутка, 3) токарный станокъ, 4) путешествіе, etc.	la tour, башня.
Le vase, сосудъ.	la vase, илъ, тина.
Le voile, вуаль.	la voile, парусъ.

Le genre masculin exprime souvent *l'agent, la personne agissante,* tandis que le féminin désigne *l'action* exécutée, *l'instrument* manié par la personne qui agit :

L'aide, помощникъ.	l'aide, помощь; aussi: помощница.
Le critique, критикъ.	la critique, критика.

Le fourbe, плутъ, обманщикъ.	la fourbe, обманъ.
Le garde, сторожъ.	la garde, стража, присмотръ.
Le manœuvre, работникъ.	la manœuvre, маневръ.
L'enseigne, прапорщикъ.	l'enseigne, знамя, вывѣска.
Le guide, проводникъ.	la guide, вожжа.
Le trompette, трубачъ.	la trompette, труба.

2. Il faut remarquer encore les substantifs suivants qui offrent les deux genres:

1) **Amour, délice** et **orgue** (органъ), sont masculins au singulier et féminins au pluriel: *Un amour fidèle. De folles amours.* — *C'est un grand délice. Ce sont mes plus chères délices.* — *Un bel orgue; de belles orgues.*

Rem. Mais on dira, pour éviter le mélange des deux genres dans une même phrase: *L'orgue de St. Marc est* UN *des plus* BEAUX *orgues de l'Italie.* — *Amour*, divinité mythologique, est toujours masculin.

2) **Aigle**, орелъ, est masculin, excepté quand il est employé dans le sens *d'enseigne, d'armoiries*, et quand il désigne la femelle de l'oiseau de proie: *L'aigle royal. Les aigles impériales. L'aigle est remplie de tendresse pour ses petits.*

3) **Couple**, пара, чета. Ce mot est masculin quand il désigne des êtres intimement liés par la nature ou l'affection: *Un couple d'amis. Un couple de pigeons.*—Dans tous les autres cas, il est féminin: *Une couple d'écus.*

Rem. Pour exprimer l'union de deux choses qui vont ensemble par une nécessité d'usage, on emploie le mot *paire* (пара): *Une paire de gants, de souliers.*

4) **Enfant.** Ce mot est toujours masculin, excepté quand il désigne une fille: *L'aîné de vos fils est* UN *enfant plein d'intelligence. L'aînée de vos filles est* UNE *bonne enfant.* — Au pluriel, ce mot est toujours masculin: *Ces deux petites filles sont de* GENTILS *enfants.*

5) **Foudre**, молнія, громъ. Ce mot est ordinairement féminin: LA *foudre est tombée sur la tour.* Il s'emploie quelquefois au figuré, et dans ce cas il est masculin: *Un foudre de guerre, d'éloquence.* — On dit aussi: *Un foudre peint, sculpté.* — *Le foudre*, бочка, est également masculin.

6) **Gens**, люди. Ce mot est de sa nature masculin: *Il y a des gens fort dangereux. Méfiez-vous de ces gens,* ILS *vous tromperont.* — Cependant les adjectifs et autres déterminatifs qui précèdent immédiatement *gens*, se mettent au féminin: *Les vieilles gens aiment le calme et le repos. Quelles sottes gens!* Mais: *Ces gens sont tous dangereux.*

Rem. 1) Toutefois l'adjectif *tout* ne suit cette règle que quand il est suivi d'un autre adjectif qui a une terminaison différente pour les deux genres: Tous *les gens*, tous *ces honnêtes gens*. Mais: Toutes *ces bonnes gens*, toutes *ces vieilles gens*. — Il en est de même quand *tout* se trouve seul devant *gens*: *Il faut savoir s'accommoder de* tou-tes *gens*.

2) Dans les expressions *gens d'affaires*, дѣловые люди; *gens de guerre*, военные люди; *gens de lettres*, ученые; *jeunes gens*; *mes gens, nos gens* (слуги); *gens de bien*, честные люди, etc., *gens* est toujours masculin: *De bons gens d'affaires. Tous ces jeunes gens.*

7) **Hymne**, гимнъ. Ce mot est masculin, excepté quand il désigne un chant d'église: *Un hymne national. Un hymne guerrier. Une hymne sainte et pieuse.*

8) **Œuvre**, дѣло, трудъ. Ce mot est féminin, excepté quand il s'applique à des ouvrages de gravure ou de musique, et en terme d'architecture: *Faire une bonne œuvre. Les œuvres complètes de Molière.* Mais on dit: Tout *l'œuvre d'Albert Durer.* Le premier *œuvre d'un musicien.* Le *gros œuvre d'une bâtisse* (les murailles les plus grosses). — En alchimie on appelle *le grand œuvre* la recherche de la pierre philosophale.

9) **Orge**, ячмень, est féminin, excepté dans *orge mondé*, ячная крупа, *orge perlé*, перловая крупа.

10) **Pâques**, *la Pâque*, пасха. *Pâques* est masculin et s'emploie sans article, quand il désigne la fête chrétienne: *Quand Pâques sera venu.* On dit au féminin et au pluriel: *Pâques fleuries*, dimanche des Rameaux (вербное воскресенье); Pâques closes (Ѳомино воскресенье). *Faire de bonnes Pâques.* —

Quand ce mot désigne la fête que les Juifs célébraient en mémoire de leur sortie d'Egypte, il est féminin. Dans ce cas, il s'écrit sans *s*, et prend toujours l'article *la*: *Les Juifs célèbrent la Pâque.*

11) **Personne**, особа, лицо. **Chose**, дѣло, вещь. Ces mots sont féminins: *Une grande personne*, взрослый. *Une belle chose.* — Employés comme pronoms, ces mots sont masculins: *Personne n'est venu. Quelque chose de beau.*—*Autre chose*, другое дѣло, est aussi masculin: *Quelque chose est demandé, autre chose est accordé.* — Mais on dira: *Une autre chose*, et: *Quelque chose qu'il m'ait dite.*

22.

Le docteur M... a toujours soin d'avoir auprès de lui deux aides adroits, prudents et instruits. — Jeanne d'Arc fut une aide puissante suscitée [1] par Dieu au milieu des plus grandes calamités qu'eût éprouvées la France. — On dit l'aigle romaine, les aigles romaines pour les enseignes des légions romaines, parce que ces enseignes étaient surmontées de la figure d'un aigle. — L'aigle devenue mère a le plus grand soin de ses aiglons, et devient furieuse quand on les lui ravit. — Les premières orgues qui parurent en France furent données à Pépin par l'empereur Constantin Copronyme, l'an 757. — L'homme sensible en voyage est tenté de s'arrêter chez les premières bonnes gens qu'il trouve. — Tels patrons, tels gens. — Tous les honnêtes gens vous approuveront. Tous les gens gais ont le don merveilleux de mettre en train tous les gens sérieux. Les vieilles gens sont soupçonneux. — Comme les Juifs au festin de la Pâque, on assiste au banquet de la vie à la hâte, debout, les souliers aux pieds et le bâton à la main. — On appelle orge mondé de l'orge bien nettoyée, et orge perlé de l'orge réduite en petits grains. — J'ai les œuvres complètes de Racine. — Du côté de l'Asie, dit Bossuet, était Vénus, c'est-à-dire les folles amours et la mollesse; du côté de la Grèce était Junon, c'est-à-dire la gravité avec l'amour conjugal[2]. — Quelque chose que nous ayons imaginée pour lui plaire, jamais rien ne lui a fait plaisir. — O véritable religion, que tes délices sont puissantes sur le cœur! — Il y a certains gens de lettres même renommés dont personne ne connaît les ouvrages. — Les plus beaux hymnes composés en l'honneur des dieux et des héros, sont ceux de Callimaque, de Pindare et d'Horace. — Les anciennes hymnes de l'Église ont le mérite de la simplicité. — Le pendule, inventé par Galilée, fut appliqué par son fils aux grandes et aux petites pendules. — La pourpre de Tyr est la plus estimée. — Il y a des camélias d'un beau pourpre; il y en a aussi du blanc le plus pur. — La flotte déployait au soleil ses voiles resplendissantes.

1 вызвать, призвать; 2 супружескій.

23.

Русскій народный гимнъ одинъ изъ прекраснѣйшихъ (beau), какіе можно услышать (§ 71, 3). — Вскорѣ раздались звуки священныхъ гимновъ подъ сводами[1] церкви. — Мохъ обыкновенно гуще и сильнѣе покрываетъ (= мохъ есть обык... гуще...) ту сторону дерева, которая обращена къ сѣверу. — Корабельные юнги взлѣзли на мачту, чтобы спустить[2] парусъ. — Льстецы — опасные люди. — Всѣ эти люди были христіане? — Что же это за люди? — Удивляющіеся (= тѣ, которые...) всему, почти всегда глупые люди. — Удивительные люди! (они) обѣщали разбудить меня, и я нахожу ихъ спящими! — Всѣ эти старые люди кажутся еще сильными (robuste). — Маленькая Каролина спокойное и послушное дитя. — У этой дамы двѣ дочери, (qui) прекрасныя дѣти; старшая, кромѣ того[3], весьма разумный ребенокъ. — Графъ Сенъ-Симонъ оставилъ[4] весьма важныя записки о времени Людовика XIV. — Лжецъ долженъ имѣть хорошую память, если не хочетъ ежеминутно противорѣчить себѣ. — Корона и порфира составляли цѣль честолюбивыхъ кесарей. — Пурпуровая краска была открыта финикіянами. — Въ его конторкѣ (секретарь) нашли счеты, которые не были еще уплачены. — Гербъ французскаго государства — орелъ, держащій въ когтяхъ[5] молнію[6]. — Расинъ довелъ (porter à) до высшей степени благозвучіе[7] французскаго языка.

1 la voûte; 2 amener; 3 en outre; 4 laisser; 5 la serre; 6 foudre; 7 harmonie.

24.

Когда Наполеонъ, въ 1815 году, высадился (aborder) во Францію, опять появились французскіе орлы, которые были спрятаны старыми солдатами

— Большіе черные орлы, говоритъ Ламартинъ въ своемъ путешествіи на (en) востокъ, кажутся стражами несчастнаго Тира и исполнителями пророчествъ [1] (пророковъ). Божественная любовь есть источникъ всѣхъ добродѣтелей. — Мнѣ предложили нѣчто — я отказался; мнѣ предложили нѣчто другое — я опять отказался. — Въ этомъ году поздняя [2] святая (недѣля). — Іудеи (евреи) празднуютъ теперь [свою] пасху. — Около святой, т. е. около половины апрѣля, мой племянникъ посѣтитъ насъ; но онъ еще не знаетъ, проведетъ-ли онъ наступающую зиму въ Москвѣ. — Я оставилъ великолѣпную Геную [3] и восхитительную Италію, чтобы отправиться въ холодную Россію. — Бракъ этой счастливой четы (пары) былъ совершенъ (bénir) вчера. — Всѣ земныя радости [4] не могутъ принести счастія испорченному [5] человѣку. — Благодѣтельная осень наградила наконецъ земледѣльца за пролитый имъ потъ (pl.) — Молнія разрушила (détruire) строенія на моей мызѣ (métairie). — Громовой отводъ (paratonnerre) притягиваетъ къ себѣ молнію. — Прекрасная ольха возвышается у источника этого ручья. — Длинные рукава очень неудобны. — Пуля [6] раздробила рукоятку [7] моей сѣкиры. — Я дурно былъ вознагражденъ за мои услуги [8]. — Буфетная (office) была полна (de) слугъ. — Пурпуровый цвѣтъ этого цвѣтка по истинѣ ослѣпителенъ. — Онъ родился въ королевской багряницѣ. — Руль [9] вошелъ глубоко (enfoncé) въ тину (илъ). — Между наполненной чашею (vase) и губами есть (il y a) еще мѣсто для несчастія.

1 prophétie; 2 tardif; 3 Gênes; 4 délices; 5 corrompu; 6 balle, f.; 7 manche 8 bons offices; 9 gouvernail.

25. Récapitulation.

Наконецъ я могъ въ этомъ году исполнить одно изъ пламенныхъ (cher, ardent) моихъ желаній — посѣтить Швейцарію (= сдѣлать (gér.) поѣздку въ Швейцарію). Я выѣхалъ изъ Штутгардта въ (à) половинѣ іюня, и отправился прежде всего въ Шафгаузенъ [1], гдѣ посѣтилъ знаменитый рейнскій водопадъ, великолѣпіе котораго оковало [2] меня какимъ-то (dans une espèce de) восхищеніемъ, продолжавшимся часа два (couple). Всѣ, которые мнѣ говорили о немъ, утверждали, что зрѣлище это не соотвѣтствуетъ [3] ожиданіямъ (qu'on s'en fait). Я не испыталъ этого; могущественное впечатлѣніе, которое я почувствовалъ [4], не можетъ быть выражено словами, и повторилось только разъ еще, но совершенно при иныхъ обстоятельствахъ. Это случилось въ то время, когда я (c'est lorsque...) услышалъ въ Фрейбургѣ большой органъ. Въ звукахъ этого изумительнаго инструмента что-то неземное [5]; кажется, что (on croit) слышишь отдаленное эхо [6] небеснаго гимна; неизвѣстное до того упоеніе [7] наполняетъ сердце и заставляетъ предчувствовать [8] блаженство избранныхъ. Лучшіе органы, которые я когда-либо слышалъ, далеко [9] уступаютъ [10] фрейбургскому органу.

Что сказать вамъ о восхитительныхъ мѣстностяхъ, по которымъ я проѣзжалъ [11], объ очаровательныхъ видахъ, открывающихся съ вершины Риги и многихъ другихъ горъ, о чудныхъ озерахъ съ ихъ прозрачными водами, объ ослѣпительныхъ (éblouissant) ледникахъ [12], покрытыхъ вѣчными снѣгами? Всѣ эти чудеса такъ часто описывались искуснымъ перомъ, что я не хочу испытывать (mettre à l'épreuve) ваше терпѣніе.

Я долженъ еще вамъ сказать, что на дорогѣ изъ Берна въ Женеву я встрѣтилъ прежняго нашего друга, именно (c'est) Генриха Б., который поселился[13] въ Л. и женился на (épouser qn.) швейцаркѣ. Я пробылъ нѣсколько дней у этой счастливой четы; у нихъ двѣ миленькія маленькія дочки. Эти добрыя дѣти составляютъ всю радость родителей. Старшая, по своему возрасту, очень развитый[14] ребенокъ; у нея прекрасный голосъ, и она можетъ быть со временемъ отличною пѣвицею. Я слышалъ, какъ она пѣла (entendre chanter, § 60, 4) съ отцомъ своимъ, у котораго хорошій басъ, патріотическій гимнъ. Мать ея, бывшая ученица Песталоцци, хотя и не замѣчательная пѣвица, [за то] пріобрѣла извѣстную славу, какъ писательница. Тяжело мнѣ было разставаться (se séparer à regret) съ этимъ добрымъ, занимательнымъ семействомъ.

1 Schaffouse; 2 retenir; 3 répondre à.; 4 éprouver, ressentir qch.; 5 surhumain; 6 écho, m.; 7 délice; 8 faire pressentir qch.; 9 bien; 10 être inférieur, (I P. § 7, 4); 11 parcourir; 12 le glacier; 13 s'établir; 14 avancé.

CHAPITRE V.

De l'adjectif.

§ 39. ACCORD DE L'ADJECTIF.

1. L'adjectif s'accorde en genre et en nombre avec le substantif ou le pronom auquel il se rapporte: *Un arbre* VERT. *La feuille* VERTE. *Des arbres* VERTS. *Les feuilles* VERTES.

   Rem. Quand l'adjectif se rapporte aux pronoms *nous* et *vous* employés pour *je* et *tu*, il ne se met pas au pluriel: *Monsieur, vous êtes prudent. Nous sommes convaincu.*

2. Quand l'adjectif se rapporte à plusieurs substantifs, il se met au pluriel; et si les substantifs sont de différents genres, c'est le masculin qu'adopte l'adjectif: *J'y trouvai mon père et ma mère* MORTS. LE SAGE. *Leurs bras et leurs jambes étaient* NUS. CHAT.

   Rem. Quand les terminaisons des deux genres de l'adjectif sont sensiblement différentes, il vaut mieux, pour l'oreille, rapprocher le substantif masculin de l'adjectif. Ainsi on dira: *Elle avait une robe et un chapeau* BLANCS. *La bouche et les yeux* OUVERTS.

3. Cependant l'adjectif s'accorde avec le dernier substantif seul, dans les cas suivants:

   1) Quand les substantifs sont synonymes: *Les oiseaux construisent leurs nids avec un art, une adresse* ADMIRABLE.

      Rem. Dans ce cas, les substantifs ne doivent pas être liés par la conjonction *et*.

   2) Quand on veut particulièrement fixer l'attention sur le dernier de plusieurs substantifs placés par gradation: *Il m'a traité avec une réserve, une froideur* INEXPLICABLE.

3) Quand les substantifs sont unis par la conjonction *ou*, ce qui suppose l'exclusion du premier: *Servez-vous pour cela d'une plume ou d'un crayon bien* TAILLÉ. *Un penchant ou une répugnance* MARQUÉE.

Rem. Cependant l'adjectif peut aussi se rapporter aux deux substantifs: *Le frère ou la sœur* AÎNÉS. Mme DE CAMPAN.

4. L'adjectif précédé de deux substantifs unis par une des conjonctions *de même que, ainsi que, comme*, какъ и, etc. s'accorde avec le premier: *L'autruche a la tête, ainsi que le cou*, GARNIE *de duvet*. BUFFON.

5. Les adjectifs *nu*, нагой, et *demi*, полъ, sont invariables quand ils précèdent le substantif, et variables quand ils le suivent:

Nu-pieds, nu-tête (¹). Les pieds *nus*, la tête *nue*. } Съ босыми ногами, съ открытою головою.

Une *demi*-heure. Une heure et *demie*. Trois heures et *demie*.

Rem. 1) Employé substantivement, le mot *demie* est féminin et susceptible du pluriel: *La demie a sonné. Cette horloge sonne les demies.*

2) Sur les expressions *excepté, vu, passé, ci-inclus, y compris*, etc., qui suivent la même règle, voir § 88, 1.

6. *Plein*, полный, employé avec le verbe *avoir*, et précédant les objets qui sont censés remplis, reste invariable:

Il a du vin *plein* sa cave, de l'argent *plein* ses poches.	У него полный погребъ вина, полные карманы денегъ.

Rem. Les adjectifs *soi-disant*, такъ называемый, мнимый, et *ci-devant*, бывшій, précèdent toujours le substantif et restent invariables. *De soi-disant colporteurs. De ci-devant nobles.* — *Debout* est de même invariable dans des exemples comme le suivant: *Le jour paraît, la ville entière est* DEBOUT (на ногахъ). LAMARTINE.

7. L'adjectif *feu* (défunt, покойный, усопшій), qui précède toujours le substantif, reste invariable quand il en est séparé par l'article ou un déterminatif possessif: FEU *la reine. La* FEUE *reine.* — FEU *ma muse.* VOLTAIRE.

8. **Adjectifs composés.** Lorsqu'un adjectif composé est formé de deux adjectifs, ils varient l'un et l'autre: *Un homme* SOURD-MUET, *des hommes* SOURDS-MUETS, *des femmes* SOURDES-MUETTES. *Des enfants* AVEUGLES-NÉS.

Si le premier adjectif est employé adverbialement, le second varie seul: *Des enfants* NOUVEAU-NÉS. *Légère et* COURT-*vêtue elle allait à grands pas.* LA FONTAINE.

Rem. Cependant *frais-cueilli* et *tout-puissant*, font au féminin *fraîche-cueillie, toute-puissante.*

(¹) Les substantifs que *nu* peut ainsi précéder sans article, sont: *pied, jambe, bras, cou, tête.*

9. Certains substantifs employés comme adjectifs pour désigner des couleurs, restent invariables; tels sont *orange*, *carmin*, *marron*, *paille*, *noisette*, *aurore*, *ponceau*, etc. : *Une robe* MARRON, c'est-à-dire *couleur de marron*. *Des rubans* PAILLE, CERISE. — D'autres, tels que *rose*, *pourpre*, *cramoisi*, etc., ont passé à l'état d'adjectif : *Des fleurs* POURPRES.

10. Les adjectifs composés exprimant des nuances de couleurs, sont également invariables: tels sont: *gris-brun*, темно-сѣрый; *jaune-pâle*, свѣтло-желтый; *vert-clair*, свѣтло-зеленый; *vert-foncé*, темно-зеленый, etc. : *Néron avait les cheveux* CHÂTAIN-CLAIR, *les yeux* BLEU-FONCÉ, c'est-à-dire *d'un châtain clair*, *d'un bleu foncé*.

11. Les adjectifs employés adverbialement sont invariables: *Ces livres coûtent* CHER. *Mesdemoiselles, marchez* DROITES, c'est-à-dire en vous tenant *droites*. *Mesdames, marchez* DROIT, — directement devant vous. I. P. § 58, 1.

12. **Avoir l'air**, казаться, имѣть видъ. — On dit d'une femme: *Elle a l'air bon*, *l'air doux*, *l'air charmant*, *spirituel*, lorsque l'on ne considère que l'extérieur, la mine, le jeu de la physionomie ; mais si l'on a en vue le caractère même, l'âme ou l'esprit, si l'on juge de cette femme par ses paroles affectueuses, par ses raisonnements justes et ses actions, on dira : *Elle a l'air* BONNE, DOUCE, SPIRITUELLE. — *Cette femme a l'air* BON, *et elle est* MÉCHANTE.

En cas de doute, on peut dire: *Elle a l'air d'*ÊTRE FÂCHÉE, *d'*ÊTRE ÉTRANGÈRE. — Cette dernière tournure est de beaucoup préférable lorsqu'il est question de choses: *Ces fruits ont l'air d'être mûrs.*

13. On dit: *Des bas de soie* BLANCS, *des peaux de renards* NOIRS, *des boutons de métal* JAUNE, *des boutons en métal* RONDS, en accordant l'adjectif avec celui des deux substantifs auquel il se rapporte le plus naturellement. De même: *Des souliers de veau* CIRÉ, et *des souliers de veau* CIRÉS, selon le sens.

Le même principe s'applique au cas où le premier substantif est un substantif *collectif* (§ 58, 4), et l'on dira:

Une foule de gens *armés*.
Une armée de Barbares *mise* en déroute.
Une masse de neige *effrayante*.
Une masse de neiges *éblouissantes*.
Une troupe de soldats *formée* à la hâte.
Une troupe de soldats *formés* à la guerre.

14. Quand un substantif est accompagné de plusieurs adjectifs, et que ce substantif, par ellipse, désigne, non pas un seul, mais plusieurs objets, il y a, quand les adjectifs sont placés *après* le substantif, quatre constructions possibles:

La langue anglaise et la langue française, La langue anglaise et la française, La langue anglaise et française, Les langues anglaise et française,	Англійскій и французскій языки.

Les deux premières de ces tournures sont les plus usitées.—Quand les adjectifs précèdent le substantif, il n'y a que deux constructions possibles.

Le cinquième et le sixième siècle, }
Le cinquième siècle et le sixième, } пятое и шестое столѣтіе (я).

26.

Turenne eut le bras et le corps fracassés [1] du même coup. — Philippe montra partout un courage et une prudence supérieurs à son âge. — Paul et Virginie étaient ignorants comme des créoles, et ne savaient ni lire ni écrire.— Le petit Champboin, que je vous ai recommandé, ne demande qu'à travailler; nous sommes bon gentilhomme et bon enfant, mais nous sommes pauvre. Volt. — Il a montré un courage, une bravoure étonnante. — On aperçoit sur la montagne un château ou une forteresse ruinée. — Les Samoyèdes se nourrissent de chair ou de poissons crus. Buffon. — Il y a là une demi-heure d'enchantement auquel nul ne résiste. J. J. Rouss. — Il était nu-tête et nu-jambes, les pieds chaussés de petites sandales. Volt. — Il est bon d'habituer les enfants à coucher tête nue. — Il n'avait que des demi-talents en tout genre. J. J. R. — L'opération dura une heure et demie. — Passé trois mois, vos réclamations ne seront pas admises. — Je fis l'effort, ces jours passés, d'aller à la comédie. Volt. — J'ai ouï dire à feu ma sœur que sa fille et moi naquîmes la même année. Montesq. — Les yeux de ce poisson étaient jaune-pâle et d'une extrême petitesse. Montémont. — Cet oiseau a le bec et les pieds gris-brun. Buffon.—La chair de l'hermine sent très-mauvais. Regnard.— Les soies de l'éléphant sont très clair-semées sur le corps, mais assez nombreuses aux cils et aux paupières. Buffon. — Cette pendule sonne les demies. — Les croisades remplissent le douzième et le treizième siècle. — Il avait un chapeau relevé d'un bouquet de plumes feuille-morte. Le Sage. — Cette robe a l'air bien faite. Fabre.

1 раздробленный.

27.

Въ этомъ сраженіи офицеры и солдаты оказали удивительную храбрость и неустрашимость [1]. — Фенелонъ, въ спорѣ своемъ съ Боссюэтомъ, далъ свидѣтельство [2] изумительной (étonnant) умѣренности [3] и кротости [4]. — Способности и познанія этого мальчика превышаютъ [5] его возрастъ: онъ съ изумительною легкостію изучаетъ языки латинскій и греческій. — Этотъ несчастный человѣкъ укушенъ бѣшенымъ волкомъ или собакою. — Босые, съ непокрытою (nu) головою, пилигримы совершали (faire) странствія свои въ Іерусалимъ. — Этотъ мальчикъ и эта дѣвочка очень необразованы; они не умѣютъ ни читать, ни писать. — На нѣкоторыхъ изъ этихъ гренландцевъ были шкуры бѣлыхъ медвѣдей. — Я купилъ въ Ліонѣ очень хорошіе, но и очень дорогіе шелковые чулки. — Отрядъ конницы, вооруженный пиками и пистолетами, первый переправился черезъ [6] рѣку. — Бѣдная дѣвочка была полумертвая отъ (de) страха. — Нѣкоторые дикіе народы погружаютъ [7] новорожденныхъ дѣтей въ холодную воду. — Мертвый или взатый въ плѣнъ, этотъ неустрашимый воинъ дорого продастъ свою жизнь или свободу. — Поблеклые цвѣты уже не пахнутъ хорошо. — Милостивыя государыни, не говорите же такъ тихо. — Непріятели держались (tenir bon) едва полчаса. — У ученицы, которую я спрашивалъ, веселое и умное лицо; она казалась (avoir l'air) старше другой ученицы. — Слышите вы даму, которая такъ громко говорить въ сосѣдней комнатѣ? она, кажется (avoir l'air), сердита. — (Ну), вы, сударыня, кажется, въ затрудненіи [8].

1 intrépidité; 2 faire preuve de; 3 modération; 4 douceur; 5 être supérieur à; 6 passer à la nage (acc.); 7 plonger; 8 embarrassé.

28.

Геркулесъ и Тезей считаются [1] въ миѳологіи полубогами. — Бѣдныя дѣти босыя ходили по снѣгу. — Полумѣрами ничего не сдѣлаешь [2]. — У меня часы съ репетиціей [3], которые бьютъ часы и получасы. — Солнце обращается вокругъ своей оси въ двадцать пять съ половиною дней. — Двѣ съ половиною мили мы прошли [4] въ полчаса. Вся жизнь одинъ безпрерывный (continuel) трудъ и занятіе. — Когда пробило полчаса, работа моя была готова. — Все нравится намъ въ розѣ, за исключеніемъ [5] шиповъ. — На (à) (бортѣ корабля) кораблѣ мы всѣ были здоровы и веселы, за исключеніемъ двухъ пассажировъ, которые страдали морскою болѣзнію [6]. — Всѣ женщины были въ траурныхъ платьяхъ, за исключеніемъ Маріи, которая была въ бѣломъ [7]. — Простой розовый вѣнокъ былъ единственнымъ украшеніемъ ея прекрасныхъ свѣтло-каштановыхъ волосъ. — Карета императора была запряжена (de) шестью сѣрыми съ яблоками [8] лошадьми. — Воспитанницы заведенія были въ свѣтло-зеленыхъ кушакахъ (ceinture) въ этотъ праздникъ. — Его покойная тетка была женщина чрезвычайной доброты и кротости. — Я нашелъ благодѣтельницу въ покойной герцогинѣ Б. — Нѣмецкій и французскій языки весьма распространены въ Россіи.

1 avoir, porter le nom; 2 exécuter qch., venir à bout de; 3 à répétition; 4 faire; 5 excepté; 6 le mal de mer; 7 de blanc; 8 gris-pommelé.

29.

Облака.

Когда я былъ на (en) открытомъ морѣ [1] и не имѣлъ другаго зрѣлища передъ собою, какъ (un) спокойное небо и тихое море, я находилъ иногда удовольствіе [2] [въ томъ, что] (à) рисовалъ прелестныя свѣтло-сѣрыя облака, которыя, одно за другимъ, пробѣгали [3] по (sur) голубому небу. Въ особенности къ вечеру выказывали [4] они обворожительную (enchanteur) прелесть (beauté) и великолѣпіе, переливаясь чудными цвѣтами.

Въ одинъ изъ вечеровъ (un soir), спустя около получаса по захожденіи солнца, пассатный вѣтеръ [5] мало по малу стихъ [6]. Облака, которыя онъ гналъ въ (à) равныхъ другъ отъ друга разстояніяхъ, появлялись рѣже, и на западной части неба сгруппировались они такъ, что приняли (infin.) странный видъ и форму ландшафта. Они представляли обширную страну [7], образованную высокими горами, которыя были раздѣлены между собою глубокими долинами и увѣнчаны пирамидальными скалами. На ихъ вершинахъ и склонахъ [8] показывался прозрачный (léger) туманъ (pl.), подобный тому, который подымается надъ землею. Большая рѣка протекала по (= въ) ея долинамъ, и надъ нею (au-dessus) возвышался мостъ, покоясь на полуразвалившихся столбахъ [9]. — Можно было поклясться [10], что это настоящая земля, находящаяся отъ насъ на разстояніи (à) около полутора часа. Можетъ быть, это было отраженіе [11] на небѣ какого нибудь весьма отдаленнаго отъ насъ острова. Неопытныхъ моряковъ часто обманывали (tromper, induire en erreur) подобныя явленія [12].

1 la pleine mer; 2 prendre plaisir à; 3 glisser, passer; 4 déployer; 5 vent alizé; 6 se calmer; 7 terre; 8 flanc; 9 le pilier; 10 on aurait juré; 11 réverbération; 12 le phénomène.

§ 40. PLACE DE L'ADJECTIF.

1. En français l'adjectif se place tantôt avant, tantôt après le substantif. — Cette double position de l'adjectif dépend:

   a) de la *signification* de l'adjectif, — b) ou de l'*euphonie*.

§ 41. I. SIGNIFICATION.

1. On place *avant* le substantif les adjectifs qui désignent des qualités *générales* ou *essentielles*, c'est-à-dire des qualités qui sont tirées de la nature même du substantif, et qui conviennent à toute l'espèce indiquée par le substantif:

Un *brave* soldat.	Храбрый солдатъ.
Un *riche* capitaliste.	Богатый капиталистъ.
Un *savant* professeur.	Ученый профессоръ.
Un *vaillant* héros.	Мужественный герой.
Une *brillante* étoile.	Блестящая звѣзда.

2. On met *après* le substantif les adjectifs qui désignent une qualité *particulière, accidentelle,* c'est-à-dire une qualité qui ne convient pas à toute l'espèce marquée par le substantif, mais seulement à un individu, et qui distingue cet individu des autres individus de la même espèce.

Un homme *brave*.	Храбрый человѣкъ.
Un capitaliste *généreux*.	Великодушный капиталистъ.
Une femme *savante*.	Ученая женщина.
Un homme *riche*.	Богатый человѣкъ.
Une représentation *brillante*.	Блестящее представленіе.

3. Nous ajouterons aux deux principes généraux que nous avons posés, les règles suivantes, qui en sont la conséquence:

   A. On place *avant* le substantif:

   1) Les adjectifs qui accompagnent les noms propres, à moins qu'ils ne soient mis en apposition: *Le* VERTUEUX *Caton*. *Le* GRAND *Na-*

poléon. La BRÛLANTE *Afrique.* — Mais on dira: *Caton* L'ANCIEN. *Napoléon* LE GRAND.

2) Les adjectifs numéraux *ordinaux*, mais seulement quand ils sont accompagnés de l'article: *Le* PREMIER *jour. La* HUITIÈME *année.* — Mais on dira: *Page* TRENTE. *Acte* PREMIER, *scène* TROISIÈME. — De même: *François* PREMIER. *Henri* QUATRE.

3) Les adjectifs qui se placent d'ordinaire après le substantif, peuvent aussi le précéder, lorsqu'il s'agit de donner plus de mouvement et de force au discours, ce qui a lieu surtout dans les *exclamations*. Ainsi on dira:

Quelle *détestable* action! — L'*infortunée* princesse!
Voilà un *étrange* moyen! — Quelle *ravissante* soirée!

De même: *Une délicieuse fraîcheur, un aimable enfant, un sanglant combat*, dit plus que: *Une fraîcheur délicieuse, un enfant aimable*, etc.

4) Un grand nombre d'adjectifs, qui se placent ordinairement après le substantif, doivent le précéder lorsque des explications antérieures ont suffisamment indiqué que la qualité exprimée par l'adjectif doit être considérée comme essentielle. Ainsi, quoiqu'on dise ordinairement: *Une armée formidable, une nouvelle affligeante*, il vaudrait mieux dire: *Napoléon, en 1812, avait réuni six cent mille hommes sous ses ordres; cette* FORMIDABLE *armée menaçait la Russie.* — De même en parlant d'une nouvelle dont il a été fait mention: *Cette* AFFLIGEANTE *nouvelle se répandit bientôt dans la ville.* — Dans ce cas, l'adjectif est ordinairement précédé de l'article ou des déterminatifs *ce, cette, mon, ma*, etc.

5) Un grand nombre d'adjectifs qui se mettent *après* le substantif, quand ils sont employés au sens propre, se mettent ordinairement *avant* le substantif, quand ils sont employés au sens figuré:

Un homme *aveugle*.	Un *aveugle* désir (желаніе).
Des fruits *mûrs*.	De *mûres* réflexions (разсужденія).
Un cheval *noir*.	Un *noir* pressentiment (предчувствіе).
Une rivière *profonde*.	Une *profonde* ignorance (невѣжество).

B. On place *après* le substantif:

1) Les adjectifs qui expriment des qualités perceptibles par l'un des cinq sens, et surtout des couleurs:

Une pomme *rouge*. Un fruit *doux, amer*. Une odeur *suave*. Un vent *froid*. Un chapeau *rond*. Un instrument *sonore*.

Rem. Cependant on dira très-bien: *De longs cheveux, une haute tour, de profonds abîmes*, etc., parce que les adjectifs *longs, haute, profonds*, expriment une qualité essentielle des substantifs qu'ils qualifient. — On dira de même, surtout dans le style poétique: *Les* VERTES *prairies, les* BLONDS *épis, la* BLANCHE *aubépine, un* VERT *gazon*, etc., parce que la qualité exprimée par l'adjectif est inséparable du substantif.

2) Les adjectifs indiquant la *nation*, une *religion*, une *secte*, un *emploi*, une *dignité*:

La vivacité *française*.	Un pays *catholique*.
La musique *italienne*.	La garde *impériale*.
Un philosophe *allemand*.	Des maximes *stoïciennes*.

3) Les adjectifs susceptibles d'être employés substantivement:

Un homme *aveugle*, car on peut dire: Un aveugle.
Un homme *malade*. Un malade.

4) Les participes, et surtout les participes passés, employés adjectivement:

Un verre *cassé*. Une île *inconnue*. Un livre *ouvert*. Un enfant *obéissant*. Une maison bien *bâtie*.

Rem. 1) Dans certains cas le participe passé exprime une qualité essentielle et se place avant le substantif: *Votre* DÉVOUÉ *serviteur, votre* OBÉISSANT *fils, — un* RENOMMÉ *buveur*.

2) Les participes *le dit*, упомянутый (сказанный); *le prétendu*, мнимый; l'invariable *soi-disant*, такъ называемый, et souvent aussi *feint*, притворный, se placent avant le substantif. *La* DITE *maison. C'est un* PRÉTENDU *bel esprit*. ACAD. *De* SOI-DISANT *docteurs. Sa* FEINTE *bonhomie captait tous les cœurs*. LAMARTINE.

§ 42. II. EUPHONIE.

Obs. Les lois de l'harmonie sont souvent en contradiction avec les principes de construction dépendant de la signification de l'adjectif, et en rendent l'application difficile. Nous ne donnerons que quelques idées générales, pour servir de complément aux principes qui précèdent.

1. Les adjectifs courts, d'une syllabe, par exemple, précèdent d'ordinaire les substantifs de plusieurs syllabes; au contraire, les adjectifs longs, de deux syllabes et plus, se mettent d'ordinaire après le substantif. On dira donc de préférence:

Un *vif* repentir.	Une paix *éternelle*.
Un *sage* vieillard.	Les lois *imaginaires*.
Un *petit* vaisseau.	Les airs *champêtres*.

2. C'est surtout par raison d'euphonie que l'on place ordinairement *avant* le substantif les adjectifs suivants: *Bon, mauvais, méchant, grand, petit, gros, sot, beau, joli, vilain, digne, habile, jeune, vieux: Un* BON *livre. Une* BELLE *maison. Un* VIEUX *arbre*.

3. Le nombre des adjectifs féminins qui peuvent précéder le substantif est bien plus grand que celui des adjectifs masculins. Ainsi on dira

au besoin, et même avec élégance : *Une* VERTE *prairie, une* FLATTEUSE *espérance*, *son* ATTENTIVE *amitié;* mais on ne dirait pas : *Un* VERT *pré, un* FLATTEUR *espoir*, *un* ATTENTIF *amour*, quoiqu'il n'y ait rien de changé dans la pensée.

4. Les adjectifs en **al, el, il, if, ique, able, ible, esque,** et un grand nombre en **ile** et en **eux,** se mettent ordinairement après le substantif:

Un principe *général*.
La vie *éternelle*.
La guerre *civile*.
Un animal *craintif*.
Un ami *véritable*.

Un courage *héroïque*.
Un homme *capable*.
Une somme *considérable*.
Un esprit *romanesque*.
Un sentiment *douloureux*.

Rem. Cependant on pourra, pour s'exprimer plus vivement, dire : *Un véritable ami*, *un douloureux sentiment*.

5. On met de même après le substantif tout adjectif accompagné d'un régime ou modifié par un adverbe:

Un sujet FIDÈLE *à son roi*. *Une tour* HAUTE *de cent pieds*. *Un homme* DIGNE *de confiance*. *Un banquier extrêmement* RICHE.

Rem. Les adverbes *très*, *bien*, *fort*, *assez* et *si*, n'exercent aucune influence sur la place du participe : *Un* TRÈS-*grand nombre de personnes*. *Un* ASSEZ *bon souper*.

6. Si le substantif a un déterminatif, d'ordinaire l'adjectif le précède. *Le* CÉLÈBRE *auteur de l'Avare;* ou, si l'usage ne le permet pas, il suit ordinairement le déterminatif : *Des bas de soie* NOIRS. *Un point de vue* GÉNÉRAL. *Des façons de parler* BIZARRES.

7. Des adjectifs réunis par la conjonction *et* se placent, suivant les règles données, ou avant, ou après le substantif qu'ils modifient :

Une BELLE *et* VASTE *forêt*. *Voilà de* TENDRES *et* GÉNÉREUX *sentiments*. *Une ville* RICHE *et* COMMERÇANTE.

8. Quand un substantif est accompagné de deux adjectifs qui ne sont pas liés par la conjonction et, c'est la signification ou l'euphonie qui décide de la place que chacun d'eux doit avoir :

Un *joli petit* jardin. Une *jolie* maison *rustique*. Un *jeune* homme *maigre*. Un prince *étranger* très-*riche*.

9. Lorsque le substantif est accompagné de plus de deux adjectifs, ils doivent être regardés comme des appositions, qui se placent après le substantif :

Un roi *jeune*, *brave*, *adoré* de son peuple, *cher* à ses troupes, était à la tête de l'armée prussienne. LAMARTINE.

§ 43.

Certains adjectifs changent de signification selon qu'ils précèdent ou qu'ils suivent le substantif. Les plus usités sont:

Un brave homme, честный человѣкъ.	Un homme brave, храбрый человѣкъ.
Une certaine nouvelle, нѣкоторое извѣстіе.	Une nouvelle certaine, достовѣрное извѣстіе. (1)
Mon cher ami, мой любезный другъ.	Un livre cher, дорогая книга, (qui coûte beaucoup d'argent).
La dernière année, послѣдній годъ (какого-либо срока).	L'année dernière, послѣдній (прошлый) годъ (= l'année passée).
D'une commune voix, единогласно (unanimement).	Une voix commune, обыкновенный голосъ.
Faux, ложный (обманчивый).	Faux, ложный (невѣрный).
Un faux serment.	Un calcul faux.
Une fausse signature.	Une règle fausse.
Une fausse clef, воровской ключъ, отмычка.	Une clef fausse, не тотъ, не настоящій ключъ.
Un furieux menteur, отъявленный лгунъ.	Un lion furieux, свирѣпый левъ.
Un galant homme, учтивый, честный человѣкъ.	Un homme galant, франтъ.
Un grand homme, великій человѣкъ, (человѣкъ высокаго ума). (2)	Un homme grand, человѣкъ высокаго роста.
Une grande dame, важная (знатная) дама.	Une dame grande, высокая дама.
Le grand air, важный видъ.	L'air grand, благородная физіономія.
Le haut ton, высокомѣрный тонъ.	Un ton haut (en musique), громкій, высокій звукъ.
Un honnête homme, честный человѣкъ.	Un homme honnête, вѣжливый человѣкъ.
Un malhonnête homme, безчестный человѣкъ.	Un homme malhonnête, невѣжливый человѣкъ (невѣжа).
De méchants vers, une méchante épigramme, дурные стихи, плохая эпиграмма.	Des vers méchants, une épigramme méchante, злые стихи, злая эпиграмма.
Un nouvel habit, другое платье (un habit différent de celui qu'on portait auparavant).	Un habit nouveau, новомодное платье. Un habit neuf, новое платье.
De nouveau vin, другое вино.	Du vin nouveau, молодое вино.
Un pauvre poète, дурной поэтъ. (3)	Un poète pauvre, бѣдный поэтъ (pauvre en biens).
Mon propre habit, мое собственное платье. (4)	Mon habit propre, мое опрятное платье. Le sens propre, настоящій смыслъ.
Un plaisant conte, нелѣпый, вздорный разсказъ.	Un conte plaisant, веселый, остроумный разсказъ.
Un seul enfant, единственное дитя.	Un enfant seul, дитя одно.
Une triste voix, жалкій голосъ.	Une voix triste, жалобный, горькій голосъ.
Un vrai conte, настоящая сказка (rien qu'un conte).	Un conte vrai, вѣрная, истинная исторія.

Un *bon mot* signifie une pensée ingénieuse, une saillie, острота.

Mortel, signifiant *sujet à la mort*, ne se place qu'après le substantif : *L'homme mortel. Mortel* signifiant *grand, excessif*, précède ou suit le substantif : *Mortel ennemi, ennemi mortel*, смертельный врагъ.

Remarques. (1) En parlant de personnes, on dit *sûr : Un homme sûr, un guide sûr.*

(2) Si après *grand homme, grande dame*, on ajoute une qualité du corps, *grand* signifie aussi de *grande taille* : *Un* GRAND *homme blond, bien fait.* De même on peut dire au moral : *Un homme* GRAND *dans ses desseins.* — Remarquez que, s'il est question de la taille, on dit ordinairement : *Un* PETIT *homme* ; s'agit-il de sentiments, il faut dire : *Un homme* PETIT.

(3) *Le* PAUVRE *enfant, les* PAUVRES *orphelins*, sont des expressions de pitié. Quand on dit : *Assister une* PAUVRE *veuve, un* PAUVRE *vieillard*, c'est le ton employé qui indique le sens du mot *pauvre*.

(4) *Propre* ne s'emploie ainsi, dans le sens de собственный, qu'après un possessif. On dit : *Remettre quelque chose en main* PROPRE ; mais : *Il a écrit cela de sa* PROPRE *main*.

30.

Je n'habite point votre belle Italie. — Cette riche décoration ne se retire pas aussi vite que dans nos climats. CHAT. — Sachez, jeune étranger, qu'on ne vient point impunément dans mon île. — Les doux zéphyrs conservent dans ce lieu une délicieuse fraîcheur. — La cavalerie carthaginoise valait mieux que la romaine pour deux raisons : l'une, que les chevaux numides et espagnols étaient meilleurs que ceux d'Italie ; et l'autre, que la cavalerie romaine était mal armée. — Dans la lutte que le fier Caton soutint si longtemps pour sa patrie, il n'eut point d'abord César pour adversaire, mais le riche Crassus et le puissant Pompée. — Ce poète vient de publier un nouveau poème. — Mardi dernier, trois matelots et une femme couverts de blessures sont arrivés dans le port. — Ce que nous pouvons demander de mieux à l'Auteur de tout bien, c'est une âme saine dans un corps sain. — La voie lactée[1] est dans l'azur des cieux une bande blanche, où l'œil ne distingue pas une seule étoile. — Les montagnes du Spitzberg ne sont que des rocs nus ; et les plaines, des terres marécageuses[2] sans plantes et sans verdure. — L'orange est un fruit de forme ronde, de couleur jaune et d'odeur agréable. — On peut rapporter l'origine des principales nations de l'Europe à trois grandes races différentes : la race latine, la race germanique et la race slave. — J'ignorais où pouvait être cette prétendue bibliothèque. — L'aspect de ce paysage est d'une beauté sauvage et grandiose. — Ce sont des fruits aigres, dit-elle d'une voix criarde. — Le Tibre se dérobe[3] entre de méchantes maisons, qui le cachent, et court se jeter dans la mer, honteux de s'appeler le Tevere. — Les voleurs se servent souvent de fausses clefs. — On peut dire, écrit Beaumarchais dans ses Mémoires, que j'ai été quelquefois un homme malhonnête, mais personne n'osera soutenir que je sois un malhonnête homme. — Croyez-moi, une mémoire active et fidèle est une possession inestimable. — Quand cette dure et cruelle mort fut annoncée à la pauvre fille (Jeanne d'Arc), elle se prit à pleurer et à s'arracher les cheveux. — Partout nous vîmes de grandes landes[4] tristement parées de bruyères[5] roses et de diverses plantes jaunes. — J. J. Rousseau dit quelque part : Sur le penchant[6] de quelque colline bien ombragée, j'aurais une petite maison rustique (si j'étais riche).

1 млечный путь; 2 болотистый; 3 скрываться; 4 пустынныя мѣста; 5 верескъ; 6 склонъ.

31.

Слонъ — величайшее четвероногое животное; онъ живетъ въ жаркихъ странахъ[1] Азіи и Африки, и пребываетъ[2] въ густыхъ лѣсахъ, на берегахъ рѣкъ и въ сырыхъ мѣстностяхъ. — Человѣческая жизнь, какъ прелестный цвѣтокъ, продолжается только одно мгновеніе. — Есть люди, которые любятъ блѣдный цвѣтъ; однако блѣдная смерть страшитъ ихъ. — Японцы надѣваютъ (porter) бѣлыя платья, если хотятъ показать[3] печаль, и черныя платья, если хотятъ обозначить радость. — Я не могъ отворить двери, потому что ты далъ мнѣ не тотъ ключъ. — Воры должны были употребить отмычку, чтобы открыть эти хорошо замкнутыя двери. — Маршалъ Мортье былъ очень высокъ ростомъ. — Наполеонъ былъ величайшій человѣкъ новаго времени. — Этотъ молодой человѣкъ женился на (épouser qn.) богатой наслѣдницѣ. — Богатые люди тогда только счастливы, когда дѣлаютъ достойное употребленіе изъ своего богатства. — Вторая и четвертая книги Энеиды заключаютъ [въ себѣ] великія красоты. — Не предавайтесь слѣпому гнѣву. — Бѣдный слѣпецъ, котораго велъ маленькій мальчикъ, просилъ у меня милостыни. — Зеленыя змѣи, голубыя цапли[4], розовые фламминги[5] помѣстились (s'embarquer) на этихъ пловучихъ островахъ. — Справедливое небо не оставитъ безъ наказанія этой черной клеветы. — Черная и испорченная (corrompu) кровь текла изъ моей раны. — Этотъ нѣкогда (autrefois) столь богатый и столь гордый городъ теперь только грязное и бѣдное мѣстечко[6]. — Какую невѣроятную исторію вы разсказываете!

1 région; 2 rechercher qch.; 3 indiquer, annoncer; 4 héron; 5 flammant; 6 bourg.

32.

Солдаты этого полка почти всѣ высокіе и стройные (bien faits) люди[1]. — Княгиня имѣетъ высокій и прекрасный ростъ, довольно красивыя черты лица и пріятный голосъ (§ 21, 2). — Съ этого мнимаго философа была сорвана личина[2], и онъ былъ узнанъ. — Хорошая книга — добрый другъ. — Этотъ вѣрный другъ никогда не оставлялъ меня. — Надежный-ли и вѣрный слуга этотъ человѣкъ? — Вотъ уже полтора года, что мы не имѣемъ никакихъ вѣрныхъ извѣстій о нашемъ сынѣ; черныя предчувствія тревожатъ насъ день и ночь. — Какое-то (certain) безпокойство овладѣло мною. — Градъ въ прошлое лѣто опустошилъ[4] всѣ поля въ окрестности; мы не скоро[5] забудемъ это ужасное событіе. — Добрый человѣкъ не всегда храбрый человѣкъ, и честный человѣкъ не всегда вѣжливый человѣкъ. — Разскажите намъ забавную (plaisant) сказку, а не нелѣпую (plaisant)[6] исторію, какъ вчера. — Копенгагенъ, столица Даніи, лежитъ на островѣ Зеландіи, среди прелестной равнины, на берегу Балтійскаго моря. — У этой пѣвицы весьма обыкновенный голосъ. — Статскій совѣтникъ Н. былъ единогласно избранъ президентомъ собранія. — Жаворонокъ поднимается въ воздухъ (pl.), чтобы сладкими и пріятными звуками [6] привѣтствовать раждающійся [7] день. — Человѣкъ — смертное существо. — Ганнибалъ былъ смертельнымъ (заклятымъ) врагомъ римлянъ. — Густавъ Ваза [8] былъ знаменитый король Швеціи, который, въ 1523 году, освободилъ свое отечество отъ датскаго владычества. — Дорога, по которой мы шли (suivre une route), сначала [9] печальная и однообразная, становилась постепенно красивѣе [10]; веселая [11] и плодоносная долина, которая открылась передъ нами, напомнила [12] мнѣ извѣстные ландшафты моего любезнаго отечества; все зеленѣло, хотя май былъ только въ первыхъ числахъ.

1 hommes; 2 démasquer qn.; 3 pressentiment; 4 ravager qch.; 5 de sitôt 6 accent, pl.; 7 naissant; 8 Vasa; 9 au départ; 10 s'embellir; 11 riant; 12 rappeler qch.

33.

Развалины Пальмиры.

Блестящее солнце только что [1] закатилось; длинная, красноватая полоса [2] на (à) далекомъ горизонтѣ [3] сирійскихъ горъ показывала его слѣдъ [4]; съ востока поднялась, на голубомъ фонѣ (fond), надъ плоскими [5] берегами Евфрата полная луна и отразила свои блѣдные лучи въ чистыхъ водахъ прекрасной рѣки; блѣдный [6] свѣтъ (éclat) дня умѣрялъ [7] ужасъ мрака; самый внимательный глазъ не усмотрѣлъ бы никакого движенія на безпредѣльной (vaste) равнинѣ; тяжелое безмолвіе царствовало въ безграничной пустынѣ; только, послѣ (à) долгихъ промежутковъ времени [9], слышались страшные [10] крики нѣсколькихъ ночныхъ птицъ и шакаловъ. Эти пустынныя мѣста, этотъ мирный вечеръ, это высокое [11] зрѣлище влили въ (inspirer à) мою душу набожное (pieux) благоговѣніе [12]. Видъ большаго, пустыннаго города, воспоминаніе протекшихъ временъ, сравненіе съ (de) настоящимъ состояніемъ, все возносило мое сердце къ высокимъ мыслямъ. Я предался (s'abandonner à) глубокой задумчивости [13].

Здѣсь, говорилъ я себѣ, здѣсь процвѣталъ нѣкогда богатый [14] городъ, здѣсь было мѣсто [15] могущественнаго государства. Эти покинутыя (abandonné) мѣста были нѣкогда населены оживленными [16] массами (foule), дѣятельный (actif) народъ двигался [17] по (dans) этимъ нынѣ уединеннымъ улицамъ. А теперь отъ этого сильнаго города остался только страшный остовъ [18]; отъ обширнаго владычества (domination) — темное и суетное воспоминаніе. Печальное безмолвіе гробовъ заступило мѣсто [19] шума общественныхъ площадей; великолѣпные дворцы превратились (devenir) въ берлоги (гнѣздилище) [20] дикихъ звѣрей, и пресмыкающіяся животныя [21] гнѣздятся въ святынѣ [22] боговъ. Такъ [23] погибаютъ [24] творенія людей, такъ исчезаютъ государства и народы!

1 (II P. § 66); 2 bandeau; 3 horizon; 4 la trace; 5 plan; 6 mourant; 7 tempérer; 8 horreur; 9 intervalle, m.; 10 lugubre; 11 sublime; 12 recueillement; 13 rêverie; 14 opulent; 15 le siége; 16 animé; 17 circuler; 18 squelette, m., 19 succéder à; 20 le repaire; 21 reptile; 22 sanctuaire; 23 ainsi donc; 24 périr.

§ 44. REMARQUES SUR LE COMPARATIF.

A ce qui a été dit dans la première partie, § 14, nous ajouterons les remarques suivantes :

1. Pour exprimer le comparatif d'égalité, on emploie :

a) dans les propositions affirmatives, *aussi* devant les *adjectifs* et les *adverbes*, et *autant* avec les *substantifs* et les *verbes*.

b) dans les propositions négatives *aussi*, *autant*, ou, quoique plus rarement, *si* et *tant* :

Il est *aussi* riche que vous.	Онъ также богатъ, какъ и вы.
Il travaille *autant* que toi.	Онъ работаетъ столько же, какъ и ты.
Il n'est pas *aussi* riche que vous. Il n'est pas *si* riche que vous.	Онъ не такъ богатъ, какъ вы.
Il ne travaille pas *autant* que toi. Il ne travaille pas *tant* que toi.	Онъ работаетъ не такъ много, какъ ты.

Rem. Au lieu de : *Il est* AUSSI *riche que généreux*, on peut dire : *Il est riche* AUTANT *que généreux*.

2. On emploie *tant* au lieu de *si*, et le verbe le sépare de l'adjectif, toutes les fois que l'adverbe commence la proposition :

Tant il est crédule !	Такъ онъ легковѣренъ !
Tant la mort est prompte !	Такъ быстра смерть !

Rem. Sur l'emploi de *ne* dans le second membre de la comparaison, ainsi qu'après *autre* et *autrement*, voir § 93, 8 : *Il est plus riche qu'on* NE *pense*, (ou *qu'on* NE LE *pense*). *Il n'est pas si riche qu'on pense* (ou *qu'on* LE *pense*). *Il parle autrement qu'il* NE *pense*.

§ 45. REMARQUES SUR LE SUPERLATIF.

1. Quand on compare différents objets entre eux, l'article qui sert à former le superlatif est variable ; mais si l'on ne fait qu'exprimer une comparaison entre les différents degrés de la qualité dans le même objet ou dans plusieurs, la comparaison porte sur l'adjectif et non sur le substantif, et l'article est invariable. Ainsi on dira :

De toutes ces rivières, celle-ci est *la* plus large.	Изъ всѣхъ этихъ рѣкъ эта самая широкая.
Mais : C'est ordinairement près de leur embouchure que les rivières sont *le* plus larges.	Рѣки обыкновенно шире всего при своемъ впаденіи. (Устьѣ.)

De même: C'est l'actrice *la* plus admirable qu'on puisse voir; et : C'est dans ce rôle que cette actrice est *le* plus admirable. — Cette ville est *la* mieux fortifiée du pays. C'est du côté de la mer que cette ville est *le* mieux fortifiée.

Rem. 1) Il est bien entendu qu'on dira: *C'est elle qui travaille* LE *plus,* LE *mieux,* LE *moins,* le superlatif modifiant un verbe.

2) Le haut degré de la qualité peut être en outre exprimé: a) par le verbe *pouvoir* et l'adjectif *possible,* сколько возможно: *Je reviendrai aussi vite que je* POURRAI, ou *aussi vite que* POSSIBLE.

b) par *on ne peut (pas) plus),* какъ нельзя болѣе: *Il m'écrivit une lettre* ON NE PEUT PAS PLUS INGÉNIEUSE. LE SAGE.

c) En mettant le superlatif au génitif: *Une contrée* DES PLUS RIANTES! въ высшей степени обворожительная страна!

d) Par *d'un*: *C'est* D'UN *ridicule!* въ высшей степени смѣшно!

§ 46. REMARQUES SUR L'ADJECTIF EMPLOYÉ SUBSTANTIVEMENT.

1. En russe tout adjectif peut passer à l'état de substantif: прекрасный, прекрасное, истинный, истинное, etc. En français on peut bien dire aussi: *Le beau, le bon, le vrai, l'utile, le rouge,* etc., mais seulement pour exprimer la qualité en général:

Il faut préférer *l'utile* à *l'agréable.*	Полезное слѣдуетъ предпочитать пріятному.

2. Mais dès qu'il s'agit non de la qualité en général, mais d'un cas particulier, déterminé, on remplace cet adjectif par une locution formée au moyen de *ce qu'il y a de, ce qui est, ce que.*

Ce qu'il y a de triste dans cette affaire, c'est que....	Что печально въ этомъ дѣлѣ, такъ это....
Ce qu'il y a de remarquable, ou: *Ce qui est* remarquable dans cette affaire, c'est que....	Что замѣчательно въ этомъ дѣлѣ, такъ это....

De même au superlatif:

Ce qu'il y a de plus beau.	Самое прекрасное.
Ce qu'il y a de plus difficile, c'est....	Самое трудное.
Ce que la terre offre de plus beau.	Самое прекрасное, что представляетъ земля.
Il a perdu ce qu'il avait de plus cher au monde.	Онъ потерялъ самое дорогое на землѣ.

Rem. Il y a cependant des exceptions; on dit, même pour un cas déterminé; *Le meilleur, le mieux,* лучшее; *le pire, le pis,* худшее; *le beau, le plus beau,* прекрасное, самое прекрасное; *le drôle, le plus drôle,* забавное, самое забавное; *le plus sûr,* самое вѣрное:

Le pire de l'affaire, c'est qu'ils furent obligés de payer l'écot. *Le plus sûr* est de se taire. Le *mieux* est de n'en point parler.

34.

Les Espagnols ne sont pas aussi riches qu'ils pourraient l'être, parce qu'ils ne sont pas laborieux. FRÉDÉRIC II. — Cette qualité est estimable autant que rare. — Rien n'empêche tant d'être naturel que l'envie de le paraître. — Il n'y a point d'homme si vicieux qu'il n'ait quelque bonne qualité. — L'utilité de la vertu est si manifeste[1] que le méchant la pratique par intérêt. VAUVENARGUES. — Les pays septentrionaux étaient alors (du temps des Goths) beaucoup plus peuplés qu'ils ne le sont de nos jours. VOLT. — Il est plus instruit que vous ne pensez. — Il n'est pas si instruit que vous le pensez. — L'existence de César ne sera pas plus douteuse dans dix siècles qu'elle ne l'est aujourd'hui. — L'aigle et le condor s'élèvent à perte de vue[2], tant est puissant le vol de ces oiseaux de proie! — Il montra tant de regret, que je lui pardonnai. — C'est l'homme du monde le plus égoïste. — Il conçut un dessein des plus grands, mais en même temps des plus difficiles à exécuter. — Le Mont-Blanc n'est pas si élevé que l'Himalaya. — La saison avancée nous força de quitter Féroë plus tôt que nous ne l'aurions voulu. MARMIER. — Cette chambre est moins grande que je ne l'avais cru. — On n'est jamais ni si heureux ni si malheureux qu'on se l'imagine. — Mercure est la planète la moins éloignée du soleil. — On dit que la lune est à son périgée[3] lorsqu'elle est le moins éloignée de la terre. — Les oiseaux dont l'aile et la queue sont les plus longues et le corps le plus petit, sont ceux qui volent le plus vite et le plus longtemps. — Ce sont souvent ceux qui ont le plus besoin d'indulgence[4] qui en ont le moins pour les autres. — Le matin était le temps de la journée où nous étions le plus tranquilles. J. J. R. — Le beau, le bon, le juste, l'honnête, émanent de Dieu et font partie de son essence. KÉRATRY. — Ne croyez pas ceux qui justifient l'invraisemblable, l'outré, le gigantesque. LAHARPE. — Le bon n'est que le vrai mis en action. J. J. R. — Le vrai peut quelquefois n'être pas vraisemblable. — Ce qu'il y eut de plus merveilleux, c'est qu'un myrte naquit au milieu du tombeau. FÉNELON. —

1 явный; 2 необозримо; 3 перигей; 4 снисхожденіе.

35.

Азія больше Европы, но менѣе населена. — Есть ученые, которые лучше пишутъ, чѣмъ говорятъ; большая же часть (§ 57, 16) людей говоритъ лучше, чѣмъ пишетъ. — Со времени (depuis) изобрѣтенія пороха, битвы менѣе кровопролитны, чѣмъ были прежде. — Всѣ тѣ, которые не вполнѣ[1] изучили французскій языкъ, считаютъ[2] его болѣе легкимъ, чѣмъ онъ есть въ дѣйствительности. — Никогда не говорите иначе, какъ думаете; потому что презираютъ[3] всѣхъ тѣхъ, которые иначе говорятъ, какъ думаютъ. — Альпы — самыя прекрасныя горы въ Европѣ. — Всего лучше Альпы вечеромъ (C'est le soir, lorsque le soleil...), когда заходящее солнце золотитъ ихъ своими лучами. — Хорошіе пловцы, при купаньѣ[4], всегда ищутъ такихъ мѣстъ[5], въ которыхъ самая глубокая вода. — Самыя быстрыя[6] рѣки не всегда самыя глубокія и самыя опасныя. — Король помиловалъ[7] многихъ преступниковъ[8] и наказалъ только самыхъ виновныхъ. — Извѣстные подители такъ ослѣплены [9], что считаютъ дѣтей своихъ невиновными даже и тогда, когда они всего болѣе заслуживаютъ наказанія (être punissable). — Чѣмъ образованнѣе (instruit) человѣкъ, тѣмъ менѣе будетъ онъ смѣяться [10] надъ необразованностію (ignorance) другихъ. — Часто судятъ [11] о предметахъ (chose), которые всего менѣе понимаютъ. — Гораздо чаще находятъ высокое [12] въ величественныхъ картинахъ природы, чѣмъ въ самомъ прекрасномъ, что произвели [13] люди. — Въ Пизѣ всего замѣчательнѣе (remarquable) наклоненная [14] колокольня. — Состояніе его здоровья хуже, чѣмъ вы думаете; но чѣмъ болѣе опасность, тѣмъ менѣе обращаетъ онъ на нее вниманія [15]. — Гаврская гавань больше, чѣмъ она кажется съ перваго взгляда [16]. — На сколько скромна [17] и опрятна твоя сестра, на столько ты нерадивъ и неопрятенъ.

1 imparfaitement; 2 croire; 3 mépriser qn.; 4 au bain; 5 l'endroit; 6 rapide; 7 faire grâce à; 8 le condamné; 9 aveugle; 10 se moquer de; 11 juger de; 12 le sublime; 13 produire; 14 penché; 15 faire attention à; 16 au premier abord; 17 sage, rangé.

36.

Роза самый прекрасный цвѣтокъ. Она всего прекраснѣе утромъ (C'est le matin...), когда окроплена еще росою. — Фонтенель утверждаетъ, — безъ сомнѣнія, несправедливо, — что все прекрасное въ Расинѣ встрѣчается уже въ Корнелѣ. — Всего замѣчательнѣе въ испанской войнѣ то, что выигранное сраженіе ничего не рѣшило [1]. — Вчерашній опытъ [2] не долженъ пропасть (être perdu) для завтрашняго. — Твой младшій братъ работаетъ болѣе, чѣмъ ты работаешь. — Ничто не убѣждаетъ [3] такъ легко извѣстныхъ людей, какъ то, что они всего менѣе понимаютъ. — Никогда полководецъ не покорялъ обширнаго государства съ столь незначительнымъ числомъ воиновъ, какъ Фердинандъ Кортецъ. — Каждый любилъ этого чужестранца: такъ вѣжливъ и предупредителенъ былъ онъ ко (envers) всѣмъ. — Я сознаюсь, что нельзя быть искреннѣе [4], какъ былъ твой другъ. — Май теплѣе, чѣмъ, можетъ быть, будетъ августъ. — Этотъ господинъ старше, чѣмъ онъ говоритъ. — Вы требуете больше, чѣмъ я обѣщалъ вамъ. — Здоровье его на дачѣ не лучше, чѣмъ было въ городѣ. — Со славою [5] бываетъ тоже (il en est de), что и съ остроуміемъ: чѣмъ болѣе ищешь ея, тѣмъ менѣе находишь. — Гіена не такъ свирѣпа, какъ ее обыкновенно представляютъ. — Это дерево не приноситъ столько плодовъ, сколько приноситъ то дерево. — Столь-же безстрашный [6], какъ всадникъ, конь презираетъ [7] величайшія опасности. — Самое прекрасное не всегда самое лучшее. Сколько нравится мнѣ вашъ домъ, столько не нравится домъ вашего дяди.

1 décider qch.; 2 expérience, essai, m.; 3 persuader, convaincre qn.; 4 sincère; 5 réputation; 6 intrépide; 7 braver qch.

37. Récapitulation.

Отвѣты мудреца [1] *Ѳалеса.* Что всего прекраснѣе? — міръ, потому что онъ твореніе [2] Бога. Всего больше? пространство [3], потому что въ немъ заключается [4] все (оно обнимаетъ). Всего сильнѣе? судьба, потому что она побѣждаетъ [5] все. Всего труднѣе? знать самого себя. Всего легче? давать совѣты [6].

Лѣса южной Америки. Въ тѣхъ странахъ [7] южной Америки, гдѣ болѣе дѣятельная природа низвергаетъ [8] съ высотъ Кордильеръ величайшія въ свѣтѣ рѣки, изъ которыхъ нѣкоторыя протекаютъ нѣсколько тысячъ верстъ, возвышаются неизмѣримые лѣса, столь же древніе, какъ и самая земля [9], которую они покрываютъ; эта столь теплая влажность [10], которою они проникаются, служитъ неизсякаемымъ [11] источникомъ все болѣе свѣжей и болѣе прекрасной зелени. Здѣсь (§ 89, 9) повсюду, особенно же въ самыхъ отдаленныхъ [12] странахъ [13], въ (dans) мѣстахъ, гдѣ царствуетъ самое глубокое уединеніе, лѣса эти служатъ убѣжищемъ для (à) множества животныхъ, которыя, по (par) разнообразію [14] ихъ формъ и, еще болѣе, по изумительной прелести (beauté) ихъ цвѣта, представляютъ въ этихъ обширныхъ странахъ такое зрѣлище, которое великолѣпнѣе всѣхъ, представляющихся [15] намъ въ нашей Европѣ, — это (c'est une) столь же прекрасная какъ и перемѣняющаяся [16] сцена. Здѣсь всего легче и всего лучше человѣкъ можетъ наблюдать [17] дикихъ звѣрей въ ихъ естественномъ состояніи, потому что здѣсь они всего свободнѣе предаются [18] своимъ инстинктамъ [19] и страстямъ.

1 sage; 2 œuvre, § 38, 2, 8; 3 espace, m.; 4 comprendre; embrasser; 5 triompher de; 6 le conseil; 7 la contrée; 8 faire descendre; 9 le sol; 10 l'humidité; 11 intarissable; 12 éloigné; 13 terre; 14 variété, diversité; 15 s'offrir; 16 changeant; 17 observer; 18 s'abandonner à; 19 instinct, m.

§ 47. RÉGIME DES ADJECTIFS.

1. Certains adjectifs sont suivis d'un régime ou complément. Ce régime est ou *facultatif*, comme après *content*, *convenable*, — ou *indispensable*, comme après *conforme*, *enclin*, etc.

Il est content. Il est content DE SON SORT.
Il est enclin (porté) A LA NÉGLIGENCE.

2. Le complément d'un adjectif est toujours un complément *indirect*, précédé le plus souvent de la préposition **de** ou de la préposition **à**, plus rarement d'une autre préposition.

3. On construit avec la préposition **de** (génitif) les adjectifs exprimant l'*origine*, la *cause*, le *moyen*, l'*effet*, le *résultat*, l'*état*, le *sentiment*, la *séparation*, la *différence*, la *distance*, etc. Tels sont:

Absent, affamé, altéré, aise, épris, avide, capable, incapable, charmé, enchanté, certain, incertain, confus, honteux, consterné, couronné, content, mécontent, curieux, digne, indigne, économe, ennuyé, las, envieux, étonné, fâché, faible, fier, orgueilleux, fort, furieux, heureux, impatient, inconsolable, innocent, inquiet, insatiable, jaloux, malade, mourant, natif, originaire, pâle, pauvre, plein, prodigue, reconnaissant, sobre, surpris, sûr, synonyme, tributaire, vide, victorieux, voisin, éloigné, etc.

Rem. Heureux veut au figuré, dans le sens d'habile, la préposition **à**: esprit heureux à exprimer ce qu'il conçoit.

De même aussi les adjectifs qui expriment une *dimension*, une *mesure de temps*, une *quantité*:

large, haut, profond, } DE six pieds, шесть футовъ въ ширину, въ вышину, въ глубину.

âgé DE dix ans, десяти лѣтъ отъ роду.
une armée forte DE vingt mille hommes.
riche DE plusieurs millions.

On dit aussi: Six pieds DE large ou DE largeur, etc.

Rem. *Riche* régit *de* seulement quand il s'agit de qualités morales: *Riche* DE *bonheur*, DE *joie*, etc.; mais ordinairement cet adjectif est suivi de la préposition EN: *L'Espagne est riche* EN *vins*, EN *fruits*. — On dit aussi: *Riche* EN *vertus*; mais aussi: *Cette contrée est riche* DE *ses forêts*, DE *ses prés*, DE *ses eaux*.

4. Avec la préposition **à** (datif), les adjectifs qui indiquent une *tendance*, un *penchant*, une *destination*, une *résistance*, une *ressemblance*, une *analogie*, etc. Tels sont:

Agréable, antérieur, apte, habile, attentif, comparable, difficile, facile, docile, égal, enclin, porté, exact, impénétrable, favorable, fidèle, indifférent, inexorable, inférieur, insensible, sensible, opiniâtre, pareil, postérieur, prêt, prompt, propre, rebelle, sévère, sourd, supérieur, ultérieur.

Rem. Comparable prend la préposition *avec* quand il s'agit d'objets de nature différente.

5. L'adjectif se construit plus rarement avec d'autres prépositions, telles que: *envers*, *avec*, *en*, *dans*, *pour*, *sur*, etc.

a) avec **en, dans**, въ.
abondant en vin.
fécond en blé.
fertile en fruits.
fidèle en amitié.
ignorant en histoire.
prodigue en promesses.
riche en espérance.
versé dans les sciences.

b) avec **envers**, къ, противъ.
affable envers (avec) tout le monde.
charitable envers les pauvres.
clément envers les sujets.
cruel envers les animaux.
ingrat envers ses parents.
miséricordieux envers les pécheurs.
officieux, complaisant } envers ses camarades.
reconnaissant envers Dieu.
responsable envers l'état.

c) avec **pour**, для, къ.
alarmant pour sa santé.
bienveillant pour nous.
consolant pour eux.
dangereux pour la santé.
indulgent pour les faiblesses.
ingénieux pour s'amuser.
injurieux pour toi.
nécessaire pour la vie.
sévère pour (envers) tout le monde.

d) avec la préposition **avec**, съ.
affable avec (envers) ses inférieurs.
commun avec le voisin.
inconciliable avec mes opinions.
compatible avec le devoir.
incompatible avec l'ordre.

e) avec **sur**: fort sur (dans) cette partie, сильный въ этомъ предметѣ.

6. Tout adjectif employé impersonnellement avec *il est*, *il était*, etc., est suivi de la préposition *de*; au contraire, tout adjectif précédé de *c'est*, *c'était*, *cela est*, *cela était*, etc., veut la préposition *à*: (§ 78, 2).

Il est facile **de** deviner son intention. — Легко угадать его намѣреніе.

C'est (cela est) facile **à** deviner. — Это легко угадать.

7. Le même adjectif peut avoir des régimes différents:

L'air est nécessaire **à la vie**. L'air est nécessaire **pour vivre**. Il est nécessaire **de** travailler.

8. Deux ou plusieurs adjectifs exigeant des régimes différents ne peuvent avoir un régime commun: il faut donner à chacun le régime qui lui convient. En conséquence on ne peut dire: *Il est attentif et content* DE *ses leçons*; il faut dire: *Il est attentif à ses leçons et il* EN *est content*.

38.

Ce n'est pas être avide de gloire que d'être affamé de carnage et altéré de sang. — C'est un pauvre homme, faible de corps et d'esprit. — Combien je suis sensible à vos procédés[1] délicats! — Il est beau de mourir pour la défense de son pays. — On peut être tranquille sur l'avenir d'un jeune homme assidu à l'étude. — Il s'est de tout temps montré rebelle à vos conseils et mécontent de nos avis. — Cet homme est utile et cher à sa famille. — Il n'y a rien de plus honteux que d'être inutile au monde, à soi-même, et que d'avoir de l'esprit pour n'en rien faire. — Le cœur de l'homme ingrat est semblable à un désert, qui boit avidement une douce pluie, l'engloutit[2] et ne produit rien. — Je rencontrais de temps en temps des touffes[3] obscures, impénétrables aux rayons du soleil. — L'esprit n'est pas comparable avec la matière. — Étonné, indigné d'une telle audace, je ne pus lui répondre sur-le-champ. — Amoureux de la langue et du pays d'Homère. — Fier de sa noblesse, jaloux de sa beauté, le cygne semble faire parade de[4] tous ses avantages. — Il est fou de la musique. — Impatient du frein[5], le cheval vole et bondit. — Cette colline est voisine de la mer. — Chose étrange! cet homme est affamé d'éloges et y est insensible!

1 поступокъ, поведеніе; 2 поглощать; 3 кустарникъ; 4 хвастать, гордиться чѣмъ; 5 узда, удила.

39.

I. Жертвы[1], увѣнчанныя цвѣтами, медленно шли къ (vers) храму. — Лебедь[2], кажется, завидуетъ (être jaloux) своей красотѣ и ослѣпительной[3] бѣлизнѣ. — Среднее пространство[4] въ церкви (gén.) имѣетъ 140 футовъ въ длину и 60 въ ширину. — Всѣ друзья Вольтера были пристыжены (confus) и опечалены поступкомъ (la conduite) его съ Ж. Ж. Руссо, и говорили объ этомъ всегда съ опущенными внизъ[5] глазами. — Здоровье не уживается (être incompatible) съ полнымъ[6] спокойствіемъ. — Человѣкъ отъ природы склоненъ (enclin) хвалить прошедшее на счетъ[7] настоящаго. — Листья райской смоковницы[8] своими изгибами[9] (gér.) образують восхитительную бесѣдку[10], непроницаемую (impénétrable) для солнца и дождя. — Какъ многіе горды своимъ богатствомъ, такъ какъ имъ нечѣмъ болѣе гордиться! — Будьте внимательны къ голосу долга и чести! — Это обстоятельство случилось послѣ[11] вступленія союзниковъ въ Парижъ. — Петръ Великій былъ неумолимъ къ нарушителямъ (faute) дисциплины. — Въ (en) это время многіе греческіе города платили дань (être tributaire) аѳинянамъ.

II. Тюрень, внимательный ко всѣмъ движеніямъ врага, недоступный (sourd, inaccessible) для страха, двинулся на него. — Холмы, лежащіе близъ Финскаго залива, покрыты прекрасными деревьями. — Нашъ садъ имѣетъ 500 футовъ въ длину и 65 футовъ въ ширину; стѣна, окружающая его, въ 6 футовъ вышиною. — Войско, съ которымъ Наполеонъ, въ 1812 году, напалъ на Россію, состояло (être fort) изъ 600,000 человѣкъ. — Я сегодня недоволенъ твоею работою: она дурно написана и полна ошибокъ. — Эти двои часы идутъ невѣрно: одни 10 минутъ впереди[12], а другіе четверть часа назади[13]. — Моцартъ такъ былъ преданъ (être épris) своему искусству, что пожертвовалъ[14] ему своимъ здоровьемъ и, вѣроятно, своею жизнію. — Развѣ вы не восхищены (enchanté) этимъ образцовымъ произведеніемъ? — Почва (sol) Россіи богата всевозможными произведеніями. — Устыженный (confus) поведеніемъ моего сына, я дѣлалъ ему сильные (vif) упреки[15]. — Расинъ былъ безутѣшенъ (inconsolable), [вслѣдствіе] немилости къ нему[16]; онъ до того былъ чувствителенъ (sensible) къ ней, что мало по малу впалъ въ меланхолію[17], которая сопровождала его до могилы.

1 la victime; 2 le cygne; 3 éblouissant; 4 la nef; 5 baissé, abattu; 6 complet; 7 aux dépens de; 8 bananier; 9 se courber; 10 berceau; 11 être postérieur à; 12 en avant; 13 en retard; 14 sacrifier qch.; 15 le reproche; 16 disgrâce; 17 mélancolie.

CHAPITRE VI.

Pronom.

§ 48. SUR L'EMPLOI DES PRONOMS EN GÉNÉRAL.

Le pronom ne peut se rapporter au substantif que quand ce dernier est pris dans un sens déterminé, individuel. Le pronom ne peut donc représenter un substantif employé sans article ou sans déterminatif équivalent, surtout lorsque le substantif fait partie d'une locution telle que *livrer bataille*, *rendre justice*, *avoir peur*, etc., ou *avec raison*, *sans peine*, etc. (§ 29, 11, 4, 5). — Ainsi on ne dirait pas : *Le général livra* BATAILLE *et* LA *perdit*, ni : *Je vous rends* SERVICE, *quoique vous ne m'*EN *rendiez point*. — Dans ce cas, il faut ou rétablir l'article devant les mots *bataille*, *service*, ou bien chercher un autre tour, comme par exemple: *Le général livra bataille et fut vaincu. Je vous rends service, quoique vous n'en usiez pas de même à mon égard.*

Rem. Cependant l'emploi du pronom en rapport avec un substantif sans article peut être toléré dans les cas où il est impossible ou difficile de s'exprimer autrement. On trouve des exemples de cet emploi dans les meilleurs auteurs. Ainsi Rousseau dit, dans le tableau qu'il fait de l'aurore :

L'Orient paraît tout en FLAMMES ; *à* LEUR *éclat on attend l'astre longtemps avant qu'il se montre ;* et, quelques lignes plus bas : *Il y a là une demi-heure d'*ENCHANTEMENT AUQUEL *nul homme ne résiste.* — De même : *Une âme noble rend* JUSTICE, *même à ceux qui* LA *lui refusent.* CONDORCET. — *Il ne suffit pas d'avoir* RAISON ; *c'est* LA *gâter, c'est* LA *déshonorer que de* LA *soutenir d'une manière brusque et hautaine.* FÉNELON. — *Tandis que nous voguions à pleines* VOILES, *tout à coup le vent tombe, et nous* LES *voyons s'abaisser.* MARMONTEL.

I. *Pronoms personnels.*

(I. P. §§ 22—28).

§ 49. REMARQUES SUR L'EMPLOI DES PRONOMS CONJOINTS.

1. Lorsqu'un verbe est suivi d'un infinitif sans préposition, le pronom régime peut se placer devant le premier ou devant le second verbe : *Je veux* LUI *parler* ou *je* LUI *veux parler.*

La première construction est préférable, surtout quand le premier verbe est à un temps composé : *Il a voulu* LUI *persuader.* Elle est de rigueur lorsque la dernière amènerait une équivoque. Ainsi : *Il faut* M'*écrire* signifie : *Il faut qu'on* M'*écrive* ; mais : *Il* ME *faut écrire* signifie : *Il faut que j'écrive.*

Quand le premier des deux verbes est *faire, laisser,* заставить, велѣть, *voir, entendre, sentir,* le pronom régime le précède toujours : *Je* LUI *ai fait dire de venir. Je* LE *vois venir. J'aurai un accès de fièvre, je* LE *sens venir. Il* M'*a laissé passer.*

2. On ne peut réunir deux pronoms conjoints devant un verbe que quand l'un d'eux est un des accusatifs *le, la, les* : *Je* LE LUI *dis.* Dans les autres cas, on est obligé de renvoyer après le verbe comme pronom absolu celui des deux pronoms qui est au datif : *Il me présentera* à LUI. *Il* SE *soumettra* à VOUS. De même à l'impératif : *Ouvrez-vous* à LUI. *Ne vous fiez pas* à EUX.

3. Le pronom **le** reste toujours invariable quand il remplace un *adjectif* ou un substantif employé adjectivement :

Madame, êtes-vous malade?	Oui, je *le* suis ; я нездорова.
Ces dames sont-elles parentes?	Non, elles ne *le* sont pas ; нѣтъ, не родственницы.
Êtes-vous veuve, madame?	Oui, je *le* suis.
Zaïre, es-tu chrétienne?	Oui, seigneur, je *le* suis. VOLT.

Mais si le pronom se rapporte à un *substantif* ou à un adjectif employé substantivement, le pronom *le* prend le genre et le nombre du mot auquel il se rapporte :

Êtes-vous la mère de cet enfant ? — Oui, je *la* suis ; да, я его мать.
Êtes-vous la malade qui m'a fait appeler ? — Oui, je *la* suis : да, я.
Êtes-vous les héritiers du défunt ? — Oui, nous *les* sommes ; да, мы наслѣдники.

4. Dans le second membre d'une comparaison, l'adjectif peut être remplacé par le pronom *le*, qui cependant n'est pas de rigueur : (§ 93, 8).

Elle est plus âgée qu'elle ne *le* semble (*ou* qu'elle ne semble). Она старше, чѣмъ она кажется.

5. Le pronom *le* peut aussi remplacer une proposition précédente :

Si le public a eu quelque indulgence pour moi, je *le* dois à votre protection.

6. Dans le style familier, on emploie le datif des pronoms conjoints dans des phrases telles que :

Chasse-*moi* cette bête ! прогони мнѣ это животное ! Corrige-*moi* ce drôle ! — Le père mort, les fils *vous* retournent le champ. LA FONT.

§ 50. REMARQUES SUR L'EMPLOI DES PRONOMS ABSOLUS.

1. Comme nous l'avons vu, ces pronoms s'emploient partout où le pronom personnel n'est pas immédiatement joint à un verbe : *Ils sont partis sans* MOI. — MOI, *je n'irai pas !* — EUX *aussi le savaient.* — TOI, *qui sais tout.*

2. Quand un verbe a plusieurs sujets ou plusieurs régimes, et que ces sujets ou ces régimes sont des pronoms personnels, ils prennent la forme absolue :

Toi et *moi*, nous sommes amis. *Toi* et *lui*, vous êtes amis. Nous sommes partis, *lui* et *moi*. On le condamna, *lui* et ses complices. Je vous ai vus, *toi* et *lui*, à Moscou. Je vous l'ai dit, *à toi* et *à lui*. Il a promis de venir vous prendre, *toi*, tes parents, ton oncle et ta sœur.

Rem. Comme on le voit par ces exemples, si les sujets ou les régimes sont de différentes personnes, on les résume ordinairement par un pronom de la personne qui a la priorité.

3. Les pronoms absolus **lui, elle, eux, elles,** surtout quand ils sont régis par des prépositions, ne se disent que des personnes ; on ne les emploie pour des choses que quand il est impossible d'en éviter l'emploi : *C'est* LUI, это онъ. *Parlez-nous* DE LUI. *Il s'approche* D'ELLE. *Je compte sur* EUX. — Mais en parlant d'une chose, on dira : *Est-ce votre chapeau ?* — *Oui, ce* L'*est* ; ou plutôt : *Oui, c'est mon chapeau* ; *oui, c'est le mien* ; — mais non *c'est* LUI.

4. Quand il s'agit d'une *chose* ou d'un *animal*, les pronoms absolus se remplacent de différentes manières:

1) Par **en** et par **y**, lorsque le pronom personnel dépend de la préposition **de** ou de la préposition **à**: *Quand on aime une chose, on* Y *pense souvent et on* EN *parle avec plaisir.*

2) Lorsque le pronom dépend d'autres prépositions, on fait usage des adverbes qui correspondent à ces prépositions: *dehors, dedans, dessus, dessous, devant, derrière,* etc., ou l'on a recours à une circonlocution:

L'oiseau n'est plus sur l'arbre, il est *dessous* (Et non: *sous lui*).	Птица уже не на деревѣ; она подъ нимъ.
L'enfant ne se trouva plus dans son lit, le drôle s'était couché *dessous* (Et non: *sous lui*)	Ребенокъ не былъ уже болѣе въ своей кровати; шалунъ легъ подъ нее.
Voilà une ville, et non loin *de là* une forêt. (Au lieu de: loin *d'elle*).	Вотъ городъ; не далеко отъ него лѣсъ.
Cette canne lui fait tant de plaisir, qu'il ne sort jamais *sans l'avoir*. (Et non: sans *elle*).	Эта трость доставляетъ ему столько радости, что онъ никогда не выходитъ безъ нея.

Rem. Cependant, quand on ne peut aisément s'exprimer autrement, on fait usage des pronoms absolus en parlant de choses, surtout quand il s'agit de choses en quelque sorte personnifiées: *Au lieu de sacrifier tout pour arriver à la victoire, c'est par* ELLE *qu'il voulut arriver à tout.* SÉGUR. *Tous ces fleuves arrivent à l'angle du golfe Adriatique, amenant avec* EUX *les terres qu'ils ont entraînées.* DARU.

5. On emploie parfois les pronoms conjoints du datif au lieu des pronoms absolus précédés des prépositions *en, dans:*

Je *vous* connais deux défauts (= je connais *en vous*). Il ne *se* sentait pas le talent de remplir une telle place.

§ 51. EMPLOI DU PRONOM SOI.

Soi est la forme absolue du pronom réfléchi *se*, ся, себя. Ce pronom s'emploie:

1. Lorsque le sujet de la proposition est *indéfini*, c'est-à-dire quand il est représenté par l'une des expressions indéfinies *on, chacun, personne, aucun, quiconque, celui qui, ceux qui,* — ou lorsque le verbe est à l'infinitif et qu'il n'y a pas de sujet indiqué:

On doit rarement parler de *soi*. ACAD. Chacun pour *soi* et Dieu pour tous, dit l'égoïste. Aucun n'est prophète chez *soi*. Heureux qui vit chez *soi !* Il est toujours bon d'avoir quelque argent sur *soi*.

2. En parlant de choses et d'animaux dans des phrases d'une signification générale. Au féminin cependant *elle* est préférable :

Le chat ne paraît sentir que pour *soi*. BUFFON. Le printemps ramène avec *soi* la verdure et les fleurs. La vertu est aimable en *soi*. L'aimant attire le fer à *soi*. — Hélas, s'écriait Télémaque, voilà donc les maux que la guerre entraîne après *elle !* FÉNELON.

3. Mais si le pronom réfléchi se rapporte à une *personne* déterminée, et d'ordinaire aussi à une *chose* déterminée, il se traduit par *lui*, *elle*, *eux*, *elles* :

Le roi le fit paraître devant *lui*.	Король приказалъ ему явиться къ себѣ.
Mon frère a de l'argent sur *lui*.	Мой братъ имѣетъ деньги при себѣ.
Cette femme ne songe qu'à *elle*.	Эта женщина думаетъ только о себѣ.
Mes parents sont chez *eux*.	Мои родители у себя (дома).
Le torrent entraîna tout après *lui*.	Ручей унесъ все съ собою.

§ 52. EMPLOI DES ADVERBES PRONOMINAUX EN ET Y.

1. Ces deux adverbes ne s'emploient qu'en liaison avec un verbe ou avec les deux impératifs *voici*, *voilà*. Ils s'emploient surtout pour les choses, rarement en parlant de personnes.

2. **En** s'emploie partout où le mot qu'il sert à remplacer est censé précédé de la préposition **de** (génitif), savoir :

1) Au lieu des pronoms absolus *de lui*, *d'elle*, *d'eux*, *d'elles*, qui, ainsi que nous l'avons vu, ne s'emploient que pour les personnes:

Que dit-on de cet accident ? On n'*en* parle plus. — Prêtez-moi ce livre, j'*en* ai besoin. — Chasse ce chien, j'*en* ai peur.

2) En rapport à un substantif pris dans un sens partitif : *Tombe-t-il de la neige ? Oui, il* EN *tombe.*

3) Accompagné d'*adjectifs*, de *noms de nombre*, d'*adverbes* ou d'autres mots marquant une *quantité*, pour remplacer un substantif précédent :

Vous mangez des cerises rouges, et moi j'*en* mange *de* noires. — Combien de frères avez-vous ? J'*en* ai deux. — Donnez-moi quelques fleurs. *En* voici quelques-unes.

4) Au lieu des pronoms démonstratifs *de ceci*, *de cela*, lorsqu'ils se rapportent à une proposition précédente : *Il vous a pardonné, j'*EN *suis charmé* (= *je suis charmé* DE CELA).

5) Lorsqu'il se rapporte à un circonstanciel de lieu, à la question *d'où ?* откуда ? : *Venez-vous de l'église ? Oui, j'*EN *viens.*

Rem. En s'emploie en outre avec le comparatif dans la signification de еще болѣе, тѣмъ болѣе : *Soyez modeste et docile, je vous* EN *aimerai davantage.*

3. L'adverbe pronominal **y** s'emploie pour remplacer un substantif précédé des prépositions **à** (datif), **en**, **dans**, savoir :

1) Au lieu des pronoms personnels absolus *à lui*, *à elle*, *à eux*, *à elles*, et des pronoms conjoints *lui*, *leur*, quand il s'agit de *choses*, très-rarement en parlant de personnes :

Croyez-vous à cette nouvelle ? Oui, j'*y* crois. — Vous attendiez-vous à cette affaire ? Non, je ne m'*y* attendais pas. — Cette affaire est importante, j'*y* consacre tous mes soins. — Quoique je parle beaucoup de vous, ma fille, j'y pense encore davantage. (Sév.)

2) Au lieu de *à ceci*, *à cela*, lorsque ces pronoms se rapportent à une proposition précédente :

N'avez-vous pas oublié de lui remettre cette lettre ? Non, j'*y* ai pensé (= j'ai pensé *à cela*).

3) En réponse à la question *où ?* гдѣ? куда?

Est-il à la chasse ? Oui, il *y* est encore. — Va-t-il à la chasse ? Oui, il *y* va.

4. Les pronoms *en* et *y* se trouvent, sans aucun rapport avec un mot précédent ou sous-entendu, dans beaucoup de tournures propres à la langue française. Voici les plus usités de ces gallicismes :

J'en appelle à votre témoignage.	Я ссылаюсь на ваше свидѣтельство.
Vous m'en contez de belles.	Вы разсказываете мнѣ чудныя вещи.
En croirai-je mes yeux ?	Могу-ли я вѣрить моимъ глазамъ.
Ils n'en demeurèrent pas là.	Они не остались при этомъ ?
J'en suis.	Я съ вами.
Où en sommes-nous ?	Гдѣ остановились мы ?
Il ne sait plus où il en est.	Онъ не знаетъ болѣе, гдѣ у него голова.
Il en fut quitte pour la peur.	Онъ отдѣлался однимъ страхомъ.
C'en est fait de lui.	Все кончилось съ нимъ, онъ пропалъ.
Il nous en impose.	Онъ насъ обманываетъ.
Il faut en passer par là.	Должно согласиться на это.
Nous n'en pouvons plus de lassitude.	Мы не выдержимъ болѣе отъ усталости.
Je n'en puis mais.	Это не моя вина.
Je m'en rapporte à vous.	Я ссылаюсь на васъ.
Il en a mal usé avec nous.	Онъ дурно поступилъ съ нами.
On en vint aux injures, aux coups.	Дошли до брани, до драки.
Je sais où vous voulez en venir.	Я знаю, чего вы добиваетесь.
Il m'en veut.	Онъ золъ на меня.
On y va, j'y vais.	Тотчасъ, я иду уже.
Il y va de mon honneur.	Дѣло идетъ о моей чести.
On n'y voit plus.	Ничего уже не видно.
Madame n'y est pas.	Госпожи нѣтъ дома.
Vous y êtes !	Вы отгадали !
Je n'y suis pas encore.	Я не понялъ еще этого.
Je n'y peux rien.	Я ничего не могу сдѣлать.

Le pronom *le* s'emploie de la même manière avec les verbes *emporter*, *disputer*, *céder*.

Le naturel *l'*emporte.	Характеръ сильнѣе, пересиливаетъ.
Il *le* lui dispute en valeur.	Онъ споритъ съ нимъ въ храбрости.
Elle ne *le* cède pas à sa sœur en intelligence.	Она не уступаетъ сестрѣ въ умѣ.

40.

En quelque pays que j'aie été, j'y ai vécu comme si j'avais dû y passer ma vie. — Cette maladie est dangereuse, il pourrait en mourir. — Le roi se fia à lui, et il ne fut pas trompé. — Êtes-vous les trois Romains qu'on a choisis pour le combat? — Nous les sommes. — Pourquoi les riches sont-ils si durs envers les pauvres? C'est qu'ils ont peur de le devenir. J. J. R. — Heureuse mère, vos enfants sont la gloire de la patrie! Ils la sont en effet. — Je ne sais si Bossuet et Fléchier furent rivaux[1] dans leur siècle, mais aujourd'hui ils ne le sont plus. — On ne peut vous estimer et vous aimer plus que vous ne l'êtes du vieux solitaire. VOLT. — Il a été reçu comme il méritait de l'être (*ou* d'être reçu). G. N. — Il est plus riche qu'on ne le croit. — Comme vous le voyez, c'est lui qui a tort. — Le temps est le rivage de l'esprit: tout passe devant lui, et nous croyons que c'est lui qui passe. — J'emporte mon livre; je ne puis sortir sans l'avoir (*et non* sans lui). — J'ajouterai à ma terre une forêt qui n'en est pas éloignée. — Votre père et moi, nous avons été longtemps ennemis. FÉN. — On n'attend plus rien que ta signature[2]; presse-moi donc cette tardive allure[3]. VOLT. — On a souvent besoin d'un plus petit que soi, a dit La Fontaine. — On peut juger des lecteurs de Tacite, par le mérite qu'ils lui trouvent. — Être trop mécontent de soi est une faiblesse, en être trop content est une sottise. — Je vous parle comme à une grande fille, parce que je sais que vous en avez l'esprit. Mme DE MAINT. — Confucius, en parlant des hommes, a dit: J'en ai vu qui étaient peu propres aux sciences, mais je n'en ai point vu qui fussent incapables de vertus. — Il m'en avait imposé par son air de douceur. — Aidons-nous mutuellement, la charge[4] des malheurs en sera plus légère. FLOR. — Il s'en retourne dans son pays. — Ce qui est sous la table, mettez-le dessus.

1 соперникъ; 2 подпись; 3 ходъ; 4 бремя, тягость.

41.

Тибръ, говоритъ Шатобріанъ, течетъ теперь въ углу[1] Рима, какъ-бы его и не было здѣсь (§ 89, 9); на него не глядятъ, о немъ не говорятъ, водъ его не пьютъ, и даже женщины не пользуются[2] имъ для мытья (infin.) своего бѣлья. — Всякій разъ, когда я съ удивленіемъ разсматриваю розу, я нахожу въ ней (dat.) новую прелесть. — Римъ привлекъ (attirer) къ себѣ богатства Александріи. — Одна только добродѣтель принадлежитъ намъ, и черезъ нее мы что-нибудь значимъ (être quelque chose). — Воображеніе[3] — обширная страна; кто странствуетъ[4] по ней, тотъ легко можетъ заблудиться, если разумъ[5] не служитъ ему проводникомъ. — Я три года жилъ въ этой прелестной странѣ и такъ полюбилъ[6] ее, что теперь еще сожалѣю[7], что оставилъ (infin.) ее. — Испанецъ носитъ плащъ, не смотря на солнечный зной, и почти никогда не выходитъ безъ него. — Знаете-ли вы, съ чьимъ слогомъ (style) сравниваютъ[8] вашъ [слогъ], и какъ хвалятъ (donner des éloges) его? — Предѣлы (bornes) наукъ подобны горизонту: они отодвигаются[9] назадъ, по мѣрѣ того какъ[10] приближаешься къ нимъ. — Нарбалъ и я удивлялись благости боговъ, которые спасли и его, и меня отъ такой большой опасности. — Я знаю, что твой братъ и ты имѣете одну волю; ты и онъ — два тѣла, но одна душа. — Коннетабль Бурбонъ обязанъ[11] былъ для себя самого щадить Францію, королемъ которой онъ могъ сдѣлаться современемъ. — Рейнскій водопадъ при (de) Шафгаузенѣ не кажется такимъ высокимъ, каковъ онъ въ дѣйствительности.

1 le coin; 2 se servir; 3 imagination; 4 parcourir; 5 raison; 6 prendre goût à; 7 regretter qch; 8 comparer à; 9 reculer; 10 à mesure que; 11 se devoir.

42.

Когда Фердинандъ женился[1] на Изабеллѣ, онъ и она владѣли большею частію Испаніи. — Эта дама не вдова, но болѣзнь ея мужа заставляетъ меня опасаться[2], что она скоро будетъ ею (§ 70, 2). — Вы тѣ путешественники, о прибытіи которыхъ извѣщали меня? — Да, это мы. — Вы русскіе? Да, мы [русскіе]. — Моя сестра не невѣста[3] г. Б., и никогда не будетъ ею. — Турецкій султанъ менѣе могуществен, какъ обыкновенно думаютъ. Сладкая[4] мелодія раздавалась изъ липовой бесѣдки: соловей скрывался въ ней. — Здѣсь на землѣ (ici-bas) всякій думаетъ о себѣ, но добрый человѣкъ чаще думаетъ о другихъ, чѣмъ о самомъ себѣ. — Всѣ животныя имѣютъ инстинктъ (въ себѣ), который никогда не обманываетъ ихъ. — Каждый порицаетъ въ другихъ то, что порицаютъ въ немъ самомъ. — Любить только самого себя, не значитъ (ce n'est pas) любить много (grand'chose). — Тщетно злодѣй хочетъ показать неустрашимость[5], — преступная (coupable) совѣсть всегда выдаетъ себя. — Я увижу, дѣйствительно-ли вы такъ безжалостны, какъ (que) говорятъ. — Безъ сомнѣнія вы знаете г. Н.? — Нѣтъ, я не знаю его. Если вы хотите, я васъ представлю ему. — Филиппъ писалъ къ Аристотелю: «Увѣдомляю тебя, что у меня родился сынъ. Я благодарю боговъ не столько за то, что они даровали мнѣ его, какъ за то, что онъ родился во времена (du vivant) Аристотеля».

1 se marier à (avec); 2 faire craindre; 3 fiancée; 4 doux; 5 intrépidité.

§ 53. PRONOMS POSSESSIFS.

1. **En** *remplaçant le pronom possessif.* — Quand le mot possesseur est un nom de *chose* figurant dans une proposition précédente, on remplace ordinairement les adjectifs possessifs *son, sa, ses, leur, leurs* par *en.* — Mais pour pouvoir faire usage de *en,* il faut:

a) que l'objet possédé figure comme *sujet* ou comme régime *direct.*

Cette contrée me plaît, l'air *en* est doux (ея воздухъ пріятенъ), le sol *en* est fertile (ея почва...).

Cette contrée est fertile, j'*en* connais le sol et les productions (ея почву...).

b) que le membre de phrase où doit figurer *en* contienne un verbe autre qu'un participe passé, vu que *en* ne peut se construire avec un participe passé:

Avez-vous, comme ce vieux marin, vu la mer en furie, entendu *ses* vagues se briser contre les flancs d'un navire, bravé *ses* périls, etc.?

c) que l'emploi de *en* ne donne lieu à aucune équivoque. Ainsi on dira: *Entendez-vous le vent?* SA *violence ébranle l'édifice où nous nous trouvons*, — car l'emploi de *en* amènerait une construction louche et équivoque.

Rem. 1) Cependant, même quand les conditions précédentes sont remplies, le principe ne peut être considéré comme absolu, témoin les exemples suivants: *La patience est amère, mais* SON *fruit est bien doux.* J. J. R. — *La terre, cette bonne mère, multiplie ses dons selon le nombre de ses enfants qui méritent* SES *fruits par leur travail.* FÉNELON.

2) Le pronom possessif doit être employé quand il y a en quelque sorte personnification de l'objet possesseur:

Quand on a vu les feux dont *son* golfe étincelle (de Venise),
Connu *ses* bords charmants, respiré *son* air doux. C. DELAVIGNE.

Ceux qui ont cru anéanti le christianisme ont méconnu son esprit.

2. L'article remplace le pronom possessif:

1) Quand il est question des parties du corps dans des expressions telles que: LA *tête*, LES *yeux*, LES *dents me font mal*; ou: *J'ai mal à* LA *tête*, AUX *yeux*, AUX *dents*. — Cependant en parlant d'un mal habituel, on dira: SON *pied*, SES *yeux le font toujours souffrir*.

2) Après le verbe *changer* dans le sens de перемѣнять: *Changer* D'*avis*, D'*état*, DE *place*, D'*habit*, перемѣнять свое мнѣніе, состояніе, мѣсто, платье.

Rem. Changer SON *logement*, SON *jardin*, signifie: Передѣлать квартиру, садъ.

3. Pour fortifier l'idée de possession, on emploie quelquefois *mien*, *tien*, *sien*, *nôtre*, *vôtre*, sans article: *Cette maison est* MIENNE (= *est à moi*). *Ces effets sont* nôtres (= *sont à nous*).

4. Avec l'adjectif *propre*, собственный, on se sert du pronom absolu: *Il a sacrifié la fortune de ses associés et la* SIENNE *propre*.

5. Dans le langage familier, pour donner plus de force à l'adjectif possessif, on y ajoute souvent *à moi*, *à toi*, *à lui*, etc.: *C'est mon tour* à MOI. Это *моя* очередь. *C'est votre faute* à VOUS. *Вы* виноваты!

6. Dans l'apostrophe, le pronom possessif s'emploie fréquemment devant le substantif: *Bonjour*, MON *frère! Adieu*, MES *amis!* — et surtout dans le langage des militaires: *Bonjour*, MON *capitaine!* — MON *général!* MON *colonel!*

7. Il faut remarquer les locutions suivantes, où figure le pronom possessif:

C'est un de mes amis qui, etc.	Это мой другъ, который.....
Il est de mes amis.	Онъ мой другъ.
Il est de nos parents.	Онъ нашъ родственникъ.
Il m'a donné de ses nouvelles.	Онъ сообщилъ мнѣ о себѣ.
J'ai couru de toutes mes forces.	Я бѣжалъ, сколько было у меня силъ.
Saluez-le de ma part.	Кланяйтесь ему отъ меня.
J'allai à sa rencontre.	Я пошелъ ему на встрѣчу.
Nous courûmes à son secours.	Мы побѣжали къ нему на помощь.
Je l'aime de tout mon cœur.	Я люблю его отъ всей души.
C'est mon tour, votre tour.	Моя очередь, ваша очередь.
Il se jeta à mes pieds.	Онъ бросился къ моимъ ногамъ.
J'ai parlé de mon mieux.	Я говорилъ, какъ умѣлъ (могъ).
Je m'y opposai de tout mon pouvoir.	Я противился этому всѣми силами.
Accorde-moi mon pardon!	Прости меня!
Nous parlâmes de la maison, de son toit, de ses fenêtres, etc.	Мы говорили о домѣ, о крышѣ, объ окнахъ, и пр.
Il est mon aîné, et moi je suis le vôtre.	Онъ старше меня, а я старше васъ.
Il est mon égal et non pas mon supérieur.	Онъ равный мнѣ, а не начальникъ мой.

43.

Lorsque Malesherbes entra dans la chambre, Louis XVI alla vers lui, le serra dans ses bras, et, les yeux humides, il lui dit: Votre sacrifice[1] est d'autant plus généreux, que vous exposez votre vie, et que vous ne sauvez pas la mienne. MIGNET. — A force de louvoyer, nous arrivâmes le 30 assez près de l'île du Prince-Charles, pour pouvoir en mesurer l'étendue et en distinguer les formes. MARMIER. — Les Carthaginois se servaient de troupes étrangères, et les Romains employaient les leurs. — Oui, mon colonel, répondit le vieux soldat, c'est moi qui ai pris ce drapeau. — Mais la mollesse est douce et sa suite est cruelle. VOLT. — Quand on est dans un pays, il faut en suivre l'usage. MONTESQ. — Le roi rappela l'ambassadeur qu'il avait à Madrid. — Ne vois-tu pas que j'ai la fièvre, que la tête me brûle, que le sang me bout? — Je ne crois pas qu'il ait changé d'opinion par des motifs d'intérêt. — J'ai vu Rome et j'ai été enchanté de ses monuments et de ses ruines. — Impatients d'attendre l'ennemi derrière nos retranchements, nous allâmes à sa rencontre. — J'ai bien plus travaillé à son avantage qu'au mien propre. — Je trouvais de mes portraits partout. MONTESQ. — La sincérité est le visage de l'âme, comme la dissimulation[2] en est le masque. — Mentor remarqua un de leurs vaisseaux qui était presque semblable au nôtre, et que la tempête avait écarté. La poupe[3] en était couronnée de certaines fleurs. FÉNELON.

1 жертва; 2 притворство; 3 корма.

44.

Нева — широкая и прекрасная рѣка; берега ея во многихъ мѣстахъ представляютъ восхитительный видъ [1]; вода ея превосходна. — Я видѣлъ это озеро; берега его очаровательны; воды его прозрачны и глубоки. — Когда раскаявшійся [2] сынъ увидѣлъ своего отца, онъ поспѣшилъ ему на встрѣчу, бросился къ его ногамъ, схватилъ его руку, съ жаромъ [3] прижалъ ее къ своей груди, и молилъ (supplier) его простить ему, увѣряя [4] его, что онъ никогда не переставалъ любить его отъ всего сердца. — Мой любезный Генрихъ! печальныя извѣстія, которыя получилъ я изъ Парижа, обманываютъ и ваши, и мои надежды: здоровье нашей тетушки все хуже и хуже; она чувствуетъ сильную боль въ груди, и у нея постоянно болитъ голова; дядя обѣщалъ вскорѣ опять извѣстить меня о ней; мы надѣемся, что получимъ болѣе успокоительныя (rassurant) свѣдѣнія. Примите отъ него и отъ меня поздравленіе, по случаю [5] полученія почетнаго (honorable) мѣста, которое доставили вамъ ваши заслуги. — Я очень удивился [6], когда узналъ, что вы не получили письма, которое я писалъ къ вамъ, и посылки, отосланной вмѣстѣ съ нимъ въ прошлое воскресенье. Въ пакетѣ былъ вашъ паспортъ и мой (собственный), которые должны быть прописаны [7] въ прусскомъ и французскомъ посольствахъ; я очень опасаюсь, чтобы мое и ваше путешествіе не замедлилось отъ этого непріятнаго обстоятельства [8]. — Когда вы будете писать къ вашему отцу, кланяйтесь ему отъ меня и отъ моего брата.

1 charmant; 2 repentant; 3 ardeur; 4 protester; 5 à l'occasion de; 6 être étonné, apprendre avec étonnement; 7 viser; 8 le contre-temps.

45.

Рука [1] времени, говоритъ Вольней, донынѣ была безсильна противъ пирамидъ; ихъ твердость [2] сохранила ихъ отъ всякаго разрушенія [3]; когда находишься отъ нихъ еще на разстояніи цѣлаго часа, думаешь, что находишься уже у ихъ подошвы (pied), и такъ какъ онѣ возвышаются среди необозримой равнины, видишь ихъ вершины [4] на (à) разстояніи 18 часовъ. — Юпитеръ, какъ и наша земля, имѣетъ свои дни, ночи и годы. — Многія звѣзды подвергаются удивительнымъ періодическимъ измѣненіямъ въ ихъ свѣтѣ и блескѣ. — Христіанская религія принесла дикимъ народамъ Африки нравы Европы и ея законы. — Посмотрите на солнце: его свѣтъ освѣщаетъ міръ, его теплота заставляетъ цвѣсти [5] цвѣты и зрѣть плоды. — Нашъ дядя былъ такъ благороденъ, что болѣе радовался (de) успѣхамъ (succès) своихъ друзей, чѣмъ своимъ собственнымъ. — Все на этомъ свѣтѣ имѣетъ свою хорошую и дурную сторону. — Въ томъ состояніи, котораго мы желаемъ, все кажется намъ прекраснымъ; мы видимъ его цвѣты, но не чувствуемъ его шиповъ [7]. — Должно-ли бояться смерти, говоритъ Бюффонъ, если жилъ такимъ образомъ, что не нужно страшиться ея слѣдствій? — Не смотря на то, что мы бѣжали, сколько было нашихъ силъ (de toutes forces), мы всетаки прибыли поздно: поѣздъ [8] только что ушелъ. — Вашъ племянникъ обѣщалъ написать ко мнѣ, какъ только онъ пріѣдетъ въ Парижъ; но вотъ уже болѣе трехъ недѣль, какъ онъ уѣхалъ, а я не получалъ отъ него никакого извѣстія.

1 la main; 2 solidité; 3 destruction; 4 le sommet; 5 subir; 6 faire fleurir; 7 épine, f.; 8 le convoi.

46.

Récapitulation.

(Sur les pronoms personnels et les pronoms possessifs.)

ДЕШЕВАЯ[1] СЛАВА.

(Изъ піесы Скриба.)

Оскаръ. Не ошибся-ли я? Ты-ли это, мой школьный сотоварищъ[2] Эдмундъ?

Эдмундъ. Разумѣется[3], я. Долго-же мы не видались (§ 93, 5).

О. Со времени выпуска изъ (depuis le) гимназіи[4], гдѣ ты постоянно былъ первымъ, а я — послѣднимъ. Помнишь-ли ты еще это? При (dans) латинскихъ и греческихъ урокахъ[5], нуждаясь (quand j'avais....) въ помощи[6], я прежде всего думалъ о тебѣ. Я любилъ тебя отъ всей души; въ промежуткахъ между классами[7], когда мы представляли[8], въ живыхъ картинахъ[9], битвы грековъ и римлянъ, я всегда приходилъ къ тебѣ на помощь[10].

Э. Ты самъ! какъ я могу не помнить этого? (condit.) Я часто думаю о томъ, что не одинъ[11] толчокъ[12] получилъ ты, который предназначался мнѣ.

О. Я былъ тогда сильнѣе всѣхъ, но не очень остроуменъ[13]; по крайней мѣрѣ учители часто позволяли[14] себѣ (I, § 51, 9) напоминать мнѣ объ этомъ... Я очень измѣнился[15]; ты не находишь?

Э. Я? я не могу сказать тебѣ; ты долженъ лучше меня знать объ этомъ.

О. Бѣдные молодые люди! Какую несправедливость оказываютъ (faire tort) имъ, судя о нихъ по[16] ихъ занятіямъ въ гимназіи... Я только что узналъ, мой бѣдный другъ, что тебѣ совершенно не удалась[17] вчерашняя защитительная рѣчь въ судѣ[18].

Э. Что знаешь ты объ этомъ? кто сказалъ тебѣ?

О. Моя газета; сознаюсь, я не былъ самъ въ засѣданіи[19]. Но утѣшься, — ты говорилъ такъ хорошо, какъ могъ. Сегодня не удалось адвокату[20], удастся ему завтра (I, § 53, 6, 6). Но какъ это случилось[21], что видишь тебя здѣсь, у Монлюкара (Montlucar)? онъ — другъ тебѣ?

Э. Я представлялся (pl. parf.) ему, чтобы просить его объ одолженіи въ извѣстномъ случаѣ (affaire particulière); но мнѣ опять не удалось... Мнѣ вездѣ несчастіе (avoir du malheur).

О. Мой бѣдный другъ! нуждаешься ты въ деньгахъ? Располагай[22] мною, я могу одолжить тебѣ нѣсколько.

Э. Благодарю; не нуждаюсь.

О. Но чего-же тебѣ не достаетъ[23]? скажи мнѣ, не скрывай отъ меня ничего, обращайся[24] со мною, какъ (en) со старымъ другомъ.

1 à bon marché; 2 un camarade d'école; 3 mais oui; 4 le collége; 5 le thème; 6 le secours; 7 un intervalle; 8 représenter; 9 tableau vivant; 10 venir au secours de qn.; 11 plus d'un; 12 la tape; 13 spirituel; 14 prendre la liberté; 15 changer; 16 d'après; 17 échouer; 18 le plaidoyer; 19 la séance; 20 avocat; 21 comment se fait-il? 22 disposer de; 23 qu'as-tu? 24 traiter qn.

Э. Ни въ чемъ мнѣ нѣтъ удачи (réussir), не смотря [1] на всѣ мои усилія [2], на всѣ мои труды.

О. Какъ? ты трудишься? Я.. я ничего не дѣлаю [3], и мнѣ все удается.

Э. Это доказываетъ (prouver) или большое счастіе, или большое дарованіе.

О. Совершенно нѣтъ [4].. это очень просто. Я никогда не трудился, все идетъ само собою. Я не домогаюсь [5] никакого мѣста; мнѣ его даютъ, безъ моего содѣйствія (sans que...)

Э. Дѣйствительно? такія вещи со мною (dat.) не случаются [6], увѣряю тебя.

О. Я не говорю о моихъ успѣхахъ [7], какъ адвоката, хотя они и значительны, но я думаю бросить это поприще (carrière), совершенно [8] отказаться отъ него. Я сдѣлался (se faire) поэтомъ.

Э. Ты сдѣлался поэтомъ? Это талантъ, котораго я еще не зналъ въ тебѣ (§ 50, 5); поздравляю [9] тебя отъ всего сердца.

О. Благодарю тебя, мой другъ. Вотъ экземпляръ моихъ стихотвореній [10]; просмотри ихъ, прочти, если ты такъ несчастливъ, что не знаешь (infin.) еще ихъ.

Э. Я стыжусь признаться, что никогда не слыхалъ, чтобы говорили (entendre parler) о нихъ. Я прочту по крайней мѣрѣ заглавіе [11] ихъ. Какъ? «Катафалкъ [12], или надгробныя пѣсни [13], Оскара Риго!» Ты, отъѣвшійся [14], веселый [15] гуляка [16], такъ молодъ и богатъ, — ты пишешь надгробныя пѣсни?

О. Да, если позволишь (avec ta permission). Я воздѣлываю (cultiver) это поле (genre); я нашелъ (inventer) этотъ родъ. Всѣ другіе роды были уже разобраны (заняты) [17] нашими друзьями, товарищами нашего общества.

1 malgré; 2 un effort; 3 je n'en fais rien; 4 point du tout; 5 briguer qch.; 6 arriver; 7 le succès; 8 tout à fait; 9 faire son compliment à qn. de qch.; 10 poésie; 11 le titre; 12 le catafalque; 13 le chant funèbre; 14 gros; 15 réjoui; 16 gaillard; 17 occupé.

Э. Какое общество? Кого называешь ты нашими?

О. Да, теперь я вспомнилъ, что ты ничего не знаешь объ этомъ. Слушай. Насъ дюжина добрыхъ пріятелей, хвалящихъ и превозносящихъ [1] взаимно другъ друга [2]; мы образовали общество акціонеровъ, основанное на взаимномъ удивленіи; успѣхъ общества огромный. Когда одинъ изъ насъ издаетъ [4] книгу, остальные бѣгутъ [5] ко всѣмъ книгопродавцамъ [6] въ Парижѣ, у которыхъ, — они это знаютъ, — нѣтъ этой книги, и требуютъ дюжины экземпляровъ; во всѣхъ обществахъ говорятъ они о ней; они останавливаютъ прохожихъ [7] на улицахъ и спрашиваютъ ихъ, извѣстно-ли имъ вновь вышедшее образцовое произведеніе.

Э. И, разумѣется (cela va sans dire), они хвалятъ книгу въ журналахъ?

О. Нѣтъ, мой другъ; это клевета [8]. Въ журналахъ каждый изъ насъ самъ хвалитъ себя, остальные не сдѣлаютъ этого для него. Развѣ онъ не лучше ихъ знаетъ всѣ красоты своего сочиненія? и развѣ сочинитель можетъ всегда быть такъ (assez) нескроменъ (indiscret) и требовать отъ нихъ, чтобы они читали его сочиненія? — Если ты хочешь быть принятъ въ число соучастниковъ (camarade), я представлю тебя имъ.

Э. Благодарю тебя, мой другъ. Эта слава слишкомъ дешева для меня; я отказываюсь [9] отъ нея.

O. Ты еще измѣнишь свое мнѣніе [10], мой любезный. Дѣлать нечего! нельзя принуждать тебя; я по крайней мѣрѣ и не думаю объ этомъ. Прощай; посѣти [11] меня когда нибудь (une fois); впрочемъ, я рѣдко бываю дома.

1 prôner; 2 mutuel; 3 un actionnaire; 4 publier qch.; 5 courir; 6 le libraire; 7 un passant; 8 la calomnie; 9 renoncer à; 10 opinion; 11 venir voir qn.

§ 54. PRONOMS DÉMONSTRATIFS (I P. §§ 30, 31).

1. **Remarques** sur l'emploi de **celui, celle, ceux, celles.**

1) Après ces pronoms, les auteurs se permettent quelquefois la suppression du pronom relatif et du verbe *être* devant le déterminatif qui suit.

Apportez-moi ces fleurs et surtout *celles* cueillies ce matin. (Pour: celles qui ont été cueillies ce matin). BONIFACE. Les Athéniens ont trois espèces de monnaie; *celles* en argent sont les plus communes. BARTHÉLEMY. J'ai joint à ma lettre *celle* écrite par le prince. RACINE. — Les instruments à vent et *ceux* à corde.

2) Devant la préposition **de** on supprime quelquefois *celui*, *celle*, etc.:

Cette conduite est *d'*un honnête homme; c'est-à-dire: *celle* d'un honnête homme. Vos procédés ne sont pas *d'*un chef, mais *d'*un ennemi.

Rem. Mais on ne dira pas, pour indiquer un rapport de possession: *Ce jardin est de mon cousin*, mais: CELUI *de mon cousin.*

2. **Celui-ci, celui-là,** etc. Ces pronoms ne peuvent être immédiatement suivis d'un pronom relatif que dans deux cas:

1) Quand ils sont précédés de *c'est*, *ce sont*, ou de *ne—que*, (§ 18).

C'est *celui-là qui* me l'a dit, *тотъ* сказалъ мнѣ это.
C'est de *celle-ci que* je parle, *объ этой* я говорю.
Il n'y a que *celui-là qui* me plaise, только *этотъ* мнѣ нравится.

2) Quand le pronom relatif commence une proposition déterminative accessoire:

Voyez-vous ces deux chevaux? *Celui-ci*, *qui* a coûté deux cents louis, ne vaut pas *celui-là*, *que* j'ai eu pour quatre-vingts.

3. *Emploi du pronom* **ce**, это. — *Ce*, pronom absolu, ne s'emploie que dans les trois cas suivants:

1) Comme sujet du verbe *être*: C'*est moi*. C'*est vrai*. C'*est beau*. — Pour indiquer l'objet avec plus de précision, on dirait: CELA *est vrai*. CECI *est beau*.

2) Comme sujet des expressions *devoir être*, должно быть, *pouvoir être*, можетъ быть, et des propositions intercalées formées au moyen des verbes *dire* et *sembler*: CE *peut être vrai*. CE *doit être faux*. *Vous avez tort*, CE *me semble*. — *Je devais*, CE *dis-tu*, *te donner quelque avis*. LA FONT.

3) Joint au pronom relatif: *Ce* QUI *est beau. Ce* DONT *je parle.*

4. **Ce** *mis pour le pronom personnel* **il, ils, elle, elles.** — Après le verbe *être* il faut employer *ce* au lieu de *il, ils,* etc.

1) Quand le verbe *être* est suivi d'un substantif accompagné d'un article, ou d'un adjectif possessif ou démonstratif : *C'est un Français.* CE *sont mes sœurs.* — Mais on dira : IL *est Français.*

2) Dans des phrases comme les suivantes : *Plaignons les criminels,* CE *sont des hommes égarés,* et non : ILS *sont des hommes égarés,* они заблудившіеся люди. *Je connais ces dames,* CE *sont des Anglaises.*

3) Quand le verbe *être* est suivi d'un adjectif, on emploie *ce* quand l'adjectif se rapporte à ce qui précède, et *il* quand l'adjectif se rapporte à ce qui suit : *Vous avez tort,* C'*est évident,* ou : CELA *est évident*; — mais : IL *est évident que vous avez tort.*

Rem. 1) *Il est vrai,* dans le sens de *à la vérité,* peut se rapporter à ce qui précède; *c'est vrai* renforce l'expression: *Je suis jeune,* IL *est vrai*; *mais aux âmes bien nées, la valeur n'attend pas le nombre des années.* CORNEILLE. *Vous êtes dévoué à vos amis,* C'*est vrai,* CELA *est vrai.* Il *est vrai que vous êtes dévoué à vos amis.* BONIFACE.

2) Il y a une différence entre *Quelle heure est-*CE ? et *Quelle heure est-*IL ? Le premier signifie : *Quelle est l'heure qui sonne en ce moment?* — *Quelle heure est-il?* peut se dire en toute circonstance où l'on ignore l'heure. A la première question, on répond : *C'est deux heures*; à la seconde : *Il est deux heures.* GRAM. NAT.

5. **Ce** *répété par pléonasme.* — 1) Quand le premier membre d'une phrase commence par *ce qui, ce que, ce dont,* le pronom *ce* doit ordinairement être répété dans le second membre, si toutefois ce dernier renferme le verbe *être.* Cette répétition rend l'expression plus vive et plus énergique :

Ce qui me rend la vie douce, *c*'est votre attachement. *Ce* que je désire, *c*'est de vous voir.

Dans ces exemples, la répétition de *ce* n'est pas de rigueur, mais l'emploi en est indispensable quand le substantif qui suit est au pluriel :

Ce que je blâme, *ce* sont vos indiscrétions. *Ce* qui m'attire dans ce pays, *c*'est vous, *ce* sont les agréments de votre société.

Rem. L'emploi de *ce* a lieu d'ordinaire aussi avant le verbe *être* quand le sujet est d'une certaine étendue: *Un éloge particulier que mérite la Grèce,* c'*est d'avoir produit les plus grands hommes dont l'histoire doive conserver le souvenir.* MABLY.

2) L'emploi de *c'est, c'était,* etc., est de rigueur devant le prédicat, si ce prédicat est un infinitif :

Ne citer qu'une traduction d'un poète, *c*'est ne montrer que l'envers d'une belle étoffe. B. DE ST. PIERRE. — Végéter, *c*'est mourir ; beaucoup penser, *c'est* vivre. FRÉDÉRIC II. — Épargner les plaisirs, *c'est* les multiplier. FONTENELLE. — Savoir commander, *c'est* beaucoup.

Remarquez qu'on pourrait dire: *C'est multiplier les plaisirs* QUE *de les épargner. C'EST beaucoup* QUE *de savoir commander!* ACAD. *C'est un crime à Tyr* QUE *d'avoir de grands biens!* FÉN. — *C'est une belle ville* QUE *Moscou!* (§ 18).

6. Après le verbe *être*, on emploie *là ce qui*, *là ce que*, *là ce dont*, au lieu de *cela qui*, *cela que*, *cela dont*: *C'est* LÀ *ce qui m'afflige*, это именно огорчаетъ меня. *Est-ce* LÀ *ce que vous m'avez dit?* — Devant un substantif, on emploie seulement *là*: *Sont-ce donc* LÀ *les pensées qui doivent agiter le cœur du fils d'Ulysse?* FÉN.

7. **Cela**, en parlant de personnes, s'emploie quelquefois comme terme de familiarité ou plus souvent de mépris:

Cela parle, *cela* se vante et *cela* ne sait rien. — J'ai vu M. de Pomponne, Mme de Bessons, Mme de Villars; tout *cela* vous fait mille compliments. Mme DE SÉVIGNÉ.

8. *Obs.* Le génitif des adjectifs démonstratifs s'emploie quelquefois dans un sens partitif: *Mon frère François a toujours eu* DE *ces rêves-là (des rêves pareils).* SCRIBE. *Buvez* DE *ce vin*, DE *cette liqueur. Il est (il y a)* DE *ces hommes qui s'aveuglent sur leurs propres défauts.*

47.

Ne dites pas toujours ce que vous pensez, mais pensez toujours ce que vous dites. — Le premier commandement [1] de la religion, c'est d'aimer Dieu. — Les voyageurs disent que certaines tribus [2] de nègres peignent le diable en blanc; cela peut bien être. — Le génie de Gustave Vasa formait de ces entreprises que le vulgaire croit téméraires. VOLT. — Ce qu'il y avait de plus funeste pour la maison et l'empire d'Alexandre le Grand, dit Montesquieu, c'est qu'il laissait des capitaines [3] à qui il avait appris à ne respirer que l'ambition et la guerre. — Ce n'est pas à Rome, dévastée [4] et défigurée, qu'il faut aller étudier les mœurs des Romains, c'est à Pompéi. — Corneille nous assujettit à ses caractères et à ses idées, Racine se conforme aux nôtres. Celui-là peint les hommes comme ils devraient être; celui-ci les peint tels qu'ils sont. LA BRUYÈRE. — On voyait à la cour d'Attila les ambassadeurs des Romains d'Orient et de ceux d'Occident. — Il fera beau temps, ce me semble. — Une autre singularité de la ville de Rome, ce sont les troupeaux de chèvres, et surtout ces attelages de grands bœufs aux cornes énormes. CHAT. — Je ne me serais pas attendu à cela, c'est vraiment indigne d'un honnête homme. — Celui-là est heureux, dont la conscience est tranquille. — Un tiens vaut mieux, ce dit-on, que deux tu l'auras. LA FONTAINE.

1 заповѣдь; 2 племя; 3 полководецъ, военачальникъ; 4 опустошенный.

48.

Помните-ли вы еще басню Лафонтена, подъ заглавіемъ (intitulé) «Откупщикъ [1] и сапожникъ» [2]? Одинъ (= тотъ), имѣя все въ изобиліи [3], былъ постоянно печаленъ и мраченъ [4]; другой (= этотъ), заработывая [5] въ день едва нѣсколько су, пѣлъ и смѣялся съ утра до вечера. — Тотъ спокоенъ, кто живетъ въ неизвѣстности (obscurité). — Я не устану читать Пушкина и Крылова; это мои любимые писатели. — Что истинно, то не всегда вѣроятно. — Чему справедливо удивляются въ драмахъ Шекспира, это — характерамъ, которые всегда вѣрны природѣ. — Какъ можете вы, въ присутствіи этихъ господъ и дамъ, такъ говорить [6]? идетъ-ли это (convenir)? я не могу скрыть [7] отъ васъ, что это меня удивляетъ и огорчаетъ. — Не говорите всегда о томъ и о другомъ; развѣ вы не знаете, что молодой дѣвушкѣ ничто такъ не приличествуетъ [8], какъ скромность и осторожность [9]? Вотъ о чемъ я такъ часто говорила и повторяла вамъ. — Это-то обѣщанія, которыя вы мнѣ дали? — Который часъ? ... Подождите, сейчасъ пробьютъ (sonner) соборные [10] часы. ... Который же часъ? ... Десять часовъ. — Нужно взвѣсить на вѣсахъ [11] справедливости его доводы (raison) и доводы его противника. — Что поддерживаетъ людей среди величайшихъ несчастій, это — надежда.

1 le financier; 2 le savetier; 3 en abondance; 4 sombre; 5 gagner; 6 tenir un tel langage; 7 taire; 8 convenir; 9 retenue; 10 de la cathédrale; 11 la balance.

49.

Вольтеръ много написалъ (p. ind.) — это правда; но сколько заблужденій [1] въ его сочиненіяхъ! — Чему справедливо удивляются въ трагедіяхъ Расина, это — благородной простотѣ и прелести языка! — Страсть [2] большей части французовъ, говоритъ Монтескьё, показать остроуміе, а страсть тѣхъ, которые считаютъ себя остроумными, — писать книги. — Великая тайна [3] быть счастливымъ, состоитъ въ томъ, чтобы довольствоваться тѣмъ, что имѣешь. — Тѣ ошибаются, которые думаютъ пріобрѣсти богатство безъ работы, или славу безъ трудовъ. — Тотъ одержалъ величайшую побѣду, кто преодолѣлъ свои страсти. — Истиннаго счастія нѣтъ на землѣ; но чего можно по крайней мѣрѣ избѣжать [4], это — быть несчастнымъ по своей собственной волѣ. — Одинъ умеръ среди [5] счастія и наслажденій жизни, другой испустилъ духъ [6] среди нужды и душевной скорби [7]; между тѣмъ оба лежатъ въ одной и той-же землѣ, другъ подлѣ друга. — Тотъ вдвойнѣ (deux fois) великъ, кто, обладая [8] всѣми совершенствами [9], не имѣетъ (какъ бы) языка, чтобы говорить объ этомъ (нихъ). — Я получилъ вчера вечеромъ ваше письмо и письмо вашего брата. — Твое поведеніе, мой сынъ, не есть поведеніе хорошо воспитаннаго дитяти.

1 erreur; 2 la manie; 3 le secret; 4 éviter qch.; 5 au milieu de; 6 rendre son dernier soupir; 7 amertume, f.; 8 avoir; 9 perfection.

§ 55. PRONOM RELATIF. I P. § 32.

1. Le pronom relatif transmet au verbe le nombre et la personne de son antécédent: *C'est moi qui* SUIS *malade. Toi qui* AS *peur. C'est vous qui* AVEZ *raison.*

2. **Place du pronom relatif.** — Il faut autant que possible rapprocher le pronom relatif de son antécédent, ou du moins ne pas l'en séparer par un substantif ou un pronom, à cause de l'équivoque qui pourrait en résulter. Ainsi on ne dira pas: *J'ai remis la* LETTRE *à votre sœur* QUE *vous m'aviez confiée;* mais, avec inversion des régimes: *J'ai remis à votre sœur* LA LETTRE QUE *vous m'aviez confiée.* (§ 14).

Si ce rapprochement ne peut se faire, ou si l'on veut indiquer le rapport avec plus de précision, on fait usage du pronom *lequel, laquelle,* etc., qui a sur *qui, que, dont,* etc., l'avantage d'indiquer le genre et le nombre de l'antécédent.

Un homme s'est levé au milieu de l'assemblée, *lequel* a parlé d'une manière extravagante. ACAD. Vous savez, Madame la Maréchale, qu'il y a une édition contrefaite de mon livre, *laquelle* doit paraître ces fêtes. J. J. R. Voici un exemple tiré des papiers anglais, *lequel* je ne puis m'empêcher de rapporter. BUFFON.

Toutefois quand la construction ne manque ni de clarté, ni d'harmonie, on peut séparer *qui, que, dont,* de l'antécédent:

Les *mâts* des vaisseaux *qui* s'élevaient et se confondaient de toutes parts. CHAT. Un *loup* survint à jeun, *qui* cherchait aventure. LA FONT. Des *ombres* apparurent, *qui* nous effrayèrent. GR. NAT.

3. Plusieurs propositions relatives ne peuvent commencer par le même pronom que quand elles sont coordonnées, c'est - à - dire de même nature:

Un auteur *qui* est sensé, *qui* sait bien sa langue, et *qui* médite bien son sujet, est presque sûr de plaire.

4. *Remarques sur l'emploi de* **qui, que: 1) Qui,** précédé d'une préposition, ne se dit en général que des personnes; cependant, quand il y a personnification, surtout dans le style poétique, *qui* peut aussi être en rapport avec un nom de chose:

Je me repose sur la Providence, en *qui* je mets toute ma confiance. — O rochers escarpés! c'est à vous que je me plains, car je n'ai que vous *à qui* je puisse me plaindre. FÉNELON.

2) **Qui** s'emploie aussi sans antécédent exprimé: *Je sais* QUI *vous préférez,* à QUI *vous donnez la préférence.* — Cet emploi est fréquent surtout dans les sentences, les proverbes:

Qui se ressemble s'assemble. *Qui* se loue, s'emboue. *Qui* dort dîne. On ne sait ni *qui* vit, ni *qui* meurt. — De même: Sauve *qui* peut! Travaille *qui* voudra!

Qui s'emploie seul au lieu de *ce qui*: a) après *voici, voilà,* surtout quand il y a exclamation: *Voilà* QUI *serait merveilleux*! Это было бы чудесно! — *Voilà* QUI *est beau!* Вотъ прекрасно! — b) dans les locutions: *Qui pis est,* что еще хуже! *Qui plus est,* что еще болѣе, и при томъ.

3) **C'est à qui** s'emploie pour exprimer une sorte d'empressement, d'émulation (взапуски):

C'est à qui courra le plus vite, въ перегонку. *C'était à qui* crierait le plus fort, всякій хотѣлъ перекричать другаго. — De même: Ils travaillent *à qui mieux mieux*, наперерывъ другъ передъ другомъ.

4) **Qui** sert aussi à énumérer, et signifie *l'un, l'autre, les uns, les autres*; mais cet emploi est rare:

Ils étaient dispersés *qui* çà, *qui* là; *qui* d'un côté, *qui* de l'autre. ACAD. — *Qui* lui présente des gâteaux, *qui* des châtaignes, *qui* des noisettes. Mme DE SÉVIGNÉ.

5) Après les verbes *dire, espérer, penser, croire, savoir*, etc. (§ 70, 3) on emploie quelquefois *que* suivi de l'infinitif:

La déclaration de Charles XII, *qu*'on savait *n'avoir* jamais *manqué* à sa parole, fit revenir en foule tous ceux que la peur avait écartés. VOLT. — Voilà des îles *qu*'on dit avoir été découvertes par les Portugais.

6) **Que** figure fréquemment comme sujet devant le verbe *être*, dans des phrases telles que:

Traître *que* tu es! Ты, измѣнникъ! Insensé *que* j'étais de croire à leur bonne foi! Безумецъ, какимъ я былъ, повѣривъ ихъ честности!

7) **Que** s'emploie aussi comme régime d'une préposition sous-entendue; dans ce cas, il doit être considéré comme régime indirect:

Je sortis un jour *qu*'il faisait fort chaud, (que = pendant lequel, où...). C'était l'année *qu*'il fit si froid (въ которомъ). Nous voit-il du même œil *qu*'il nous voyait autrefois? (которымъ). Au moment *qu*'il partit. — Les deux heures *que* j'ai couru (= pendant lesquelles) (§ 88). Il y a six mois *que* j'habite ce pays.

Rem. Dans ce cas le pronom *que* a une signification abstraite, qui peut le faire considérer comme conjonction (§ 96).

5. *Remarque sur l'emploi de* **quoi**. — *De quoi* indique la cause, le moyen: *Il n'y a pas* DE QUOI *se fâcher*, нѣтъ никакой причины сердиться. *Elle n'a pas* DE QUOI *vivre*, ей нечѣмъ жить.

6. *Remarques sur l'emploi de* **lequel, laquelle**, etc. 1) Après la préposition *parmi*, между, среди, on emploie toujours *lequel, laquelle*, etc. au lieu de *qui*, même quand il est question de personnes: *Voilà les rois et les princes parmi* LESQUELS *on placera ce monarque*. BOSSUET.

2) On trouve quelquefois *lequel, laquelle*, etc. joint à un substantif qu'il précède:

Prêtez-moi deux mille francs, *laquelle* somme je vous rendrai l'été prochain. — ... *lequel* chevalier d'Aubigny devait épouser dans trois jours mademoiselle de Belle-Isle. DUMAS.

Rem. Cet emploi est peu fréquent, et il vaut mieux dire: *Prêtez-moi deux mille francs*, SOMME *que*... etc.

Lequel, *laquelle*, etc. s'emploie quelquefois aussi au nominatif au lieu de *qui*; il met le rapport plus en évidence et rend la phrase plus soutenue: *Je rencontrai un homme*, LEQUEL, *comme je vous dis, me parut suspect*. GR. NAT.

Il ne faut pas confondre d'où avec dont: *d'où* est toujours pris dans un sens *local* d'extraction, de sortie, de départ, tandis que *dont* n'indique qu'une simple relation. Ce dernier est seul employé quand il s'agit d'indiquer l'extraction de famille, l'origine des personnes:

Comment avez-vous pu entrer dans cette île *d'où* vous sortez? FÉN. — La maison *d'où* je sors est à vendre. — La maison *dont* je sors (descends) est illustre.

Rem. Sur l'emploi de la virgule devant les propositions relatives, voir § 97. Nous citerons seulement les exemples suivants, qui démontrent clairement le principe:

L'arbre dont vous parlez est un chêne. (Sans virgule). La fleur que vous tenez est une tulipe. (Sans virgule). — Ces arbres, dont le feuillage est si magnifique, ont été plantés par mon père. (Avec une virgule). Cette fleur, qui est un muguet, répand un parfum délicieux. (Avec une virgule).

50.

Le Tasse naquit à Sorrente; la maison dont il sortait était une des plus illustres de l'Italie. — Qui sert bien son pays n'a pas besoin d'aïeux! — Les Japonais supportent avec une constance admirable toutes les incommodités de la vie, de laquelle ils ne font pas grand cas[1]. — Qui a bu boira. — L'inconstance des choses humaines prouve qu'il n'y a rien à quoi on puisse se fier sûrement. — Le paresseux ne sait jamais à quoi s'occuper; l'irrésolu[2] ne sait à quoi se résoudre. — Le bonheur est le but où tout mortel aspire[3]. — J'étais ce matin dans ma chambre, laquelle, comme tu sais, n'est séparée des autres que par une cloison fort mince. MONTESQUIEU. — Quant au marchand, il se défit[4] de tous ses esclaves, à la réserve d'un grammairien, d'un chantre et d'Ésope, lesquels il alla exposer en vente à Samos. LA FONT. — Les hommes renoncent rarement à ce à quoi ils ont réfléchi toute leur vie. MONTESQUIEU. — J'arrive de Naples, mon cher ami, et je vous apporte un fruit de mon voyage, sur lequel vous avez des droits: quelques feuilles du laurier du tombeau de Virgile. CHAT. — Dans la solitude des mers, on salue une étoile comme un ami dont on aurait été séparé depuis longtemps. A. HUMBOLDT. — Quand on eut gagné l'autre bord, il vit de loin les flammes au milieu desquelles périssaient cinq ou six cents montagnards dans une grange à laquelle le vainqueur avait mis le feu, et il entendait leurs cris. VOLTAIRE.

1 цѣнить что-нибудь; 2 нерѣшительный; 3 стремиться къ чему; 4 продавать, отдѣлываться.

51.

Нилъ, воды котораго оплодотворяютъ Египетъ, беретъ начало[1] въ Абиссиніи и изливается[2] въ Средиземное море. — Я благодарю васъ за заботы и участіе, которое вы принимали во мнѣ. Не за что (il n'y a pas de quoi); это составляло для меня удовольствіе (= я сдѣлалъ это...) — Домъ, изъ котораго происходятъ[3] Бурбоны, по всей вѣроятности, древнѣйшій въ Европѣ. — Вѣкъ, въ которомъ мы живемъ, былъ свидѣтелемъ событій, въ дѣйствительности которыхъ, легко можетъ быть, усомнится потомство[4]. — Рудники[5], изъ которыхъ добываютъ лучшую ртуть[6], находятся въ Испаніи, не далеко отъ Альмадени. — Этотъ историкъ написалъ исторію Петра Великаго, которую очень высоко цѣнятъ. — Когда генералъ Б. пользовался благосклонностію своего короля, всѣ наперерывъ другъ передъ другомъ льстили ему (acc.) и поклонялись[7]; съ того же времени, какъ онъ впалъ въ немилость[8], всѣ взапуски порицаютъ и клевещутъ на него. — Небо, къ которому возсылалъ пламенныя[9] молитвы этотъ несчастный, наконецъ услышало[10] его мольбы[11] и дозволило ему мало по малу отыскать (faire trouver) спокойствіе, котораго онъ такъ страстно желалъ[12]. — Кто молчитъ, тотъ соглашается. — Эти молодые люди, нерадѣніе (paresse) которыхъ я ежедневно порицалъ, трудятся теперь наперерывъ другъ передъ другомъ. — Практическая геометрія извлекла много пользы изъ компаса[13], который, какъ полагаютъ, былъ изобрѣтенъ (§ 55, 4, 5) Флавіо Джойя, неаполитанцемъ.

1 prendre sa source; 2 se jeter; 3 descendre, être issu; 4 la postérité; 5 la mine; 6 le mercure; 7 encenser qn.; 8 disgrâce; 9 fervent, ardent; 10 exaucer; 11 supplication; 12 soupirer après, aspirer à; 13 la boussole.

52.

Одинъ только разъ пользуется (avoir) человѣкъ юностію, которая непродолжительна, значеніе которой онъ рѣдко сознаетъ вполнѣ, а отъ хорошаго употребленія[1] ея зависитъ все счастіе остальной его жизни. Вотъ о чемъ должны постоянно думать молодые люди. — Кювье (Cuvier), когда онъ былъ еще ребенкомъ, представляли принцессѣ виртембергской, бабкѣ императора Александра I, которая пребывала[2] тогда въ замкѣ Монбельярѣ[3]. — Безъ насѣкомыхъ, птицы не могли бы выкормить своихъ птенцовъ[4], въ то время года, въ которое еще нѣтъ зерноваго хлѣба и зрѣлыхъ плодовъ. — Имѣетъ-ли эта вдова достаточно средствъ для жизни? — Не все то золото, что блеститъ. — Цензоры могли изгонять[5] изъ сената, кого хотѣли. — Кто хочетъ быть любимымъ, долженъ быть самъ любезенъ. — На что часто жалуются[6] люди, такъ это память; рѣдко встрѣчаешь людей (en), которые бы жаловались на свой умъ. — Кто платитъ свои долги, тотъ богатѣетъ. — Страна, въ которой я жилъ въ то время, весьма богата (en) красотами природы[7]; но печаль, въ которую я былъ погруженъ[8], не дозволила мнѣ насладиться[9] ими. — Я тотчасъ-же увѣдомилъ дядю, о которомъ я зналъ, что онъ (inf.) въ Москвѣ. — Эдуардъ III, король англійскій, опустошилъ Францію, которая, какъ онъ утверждалъ, принадлежала ему

(§ 55, 4, 5). — Наше посѣщеніе было весьма пріятно нашимъ родственникамъ, такъ что каждый хотѣлъ угостить [10] насъ лучше другаго. — Эти двѣ дѣвочки очень прилежны; каждая хочетъ приготовить свои уроки лучше другой. — Манера какъ (gén.) онъ принялъ меня, тотчасъ поразила [11] меня. — Скажите мнѣ наконецъ, чего вы хотите и что вамъ нужно.

1 emploi, m.; 2 faire sa résidence; 3 Montbéliard; 4 le petit; 5 bannir, expulser; 6 se plaindre; 7 beautés naturelles; 8 plonger; 9 jouir de; 10 régaler, faire bonne chère à qn.; 11 frapper.

§ 56. PRONOMS INTERROGATIFS. I P. § 33.

1. A ce qui a été dit sur ce sujet dans la première partie, nous n'ajouterons que les remarques suivantes:

1) Comme *lequel*, *laquelle*, etc., est presque toujours suivi de la préposition *de*, l'usage de cette préposition s'est étendu par analogie à des cas où il semble superflu. Ainsi on emploie ordinairement *de* après *qui*, *lequel*, *quel*, lorsque plusieurs objets sont réunis par la conjonction *ou*.

Tu nous diras qui a raison, **de** ma fille ou **de** moi. MOL.	Ты скажешь, кто правъ: дочь моя или я.
Quel était le plus grand homme, **de** César ou **d'**Alexandre?	Кто болѣе (выше) великъ: Цезарь или Александръ?
Qui remporta la victoire, **des** Grecs ou **des** Romains?	Кто побѣдилъ: греки или римляне?
Lequel est le plus riche, **du** comte ou **du** marquis?	Кто богаче: графъ или маркизъ?

Cependant la préposition *de* peut être supprimée dans ce cas, et l'on peut dire: *Lequel est le plus riche, le comte ou le marquis? Qui remporta la victoire, les Grecs ou les Romains?* etc.

Laquelle de ces deux républiques, *de* Sparte ou *de* Sybaris, fut subjuguée par une poignée de paysans, et laquelle fit trembler l'Asie? J. J. R. Après cela, tu jugeras toi-même lequel vaut le mieux *de* ce que tu dis ou *de* ce que tu fais. J. J. R.

Mais l'emploi de la préposition *de* est nécessaire quand *qui* est immédiatement suivi des noms de personnes et de choses entre lesquels le choix doit avoir lieu:

Qui **de** vous ou **de** moi remportera le prix?
ou: Qui remportera le prix, (de) vous ou (de) moi?
Qui **de** vous ou **de** moi y sera le premier? Кто? вы или я...?

Que vous semble, mes sœurs, de l'état où nous sommes?
D'Esther, **d'**Aman, qui le doit emporter? RACINE.

Qui passera **de** nous deux? qui cèdera sa place à l'autre? PASCAL.

53.

Récapitulation.

(Sur les pronoms relatifs et les pronoms interrogatifs.)

Сервилій, обвиненный[1] въ потерѣ войска, при преслѣдованіи[2] непріятеля послѣ побѣды, оправдывается передъ римскимъ народомъ.

I. Если призвали[3] меня сюда, чтобы потребовать[4] отъ меня отчета о томъ, что случилось во время послѣдней битвы, когда (= въ которой) я командовалъ войсками, — я готовъ дать вамъ нужныя свѣдѣнія[5]; если же это одинъ только предлогъ[6], чтобы погубить[7] меня, что я и подозрѣваю, — увольте (dispenser de) меня отъ напрасныхъ словъ. Я предаю[8] вамъ мою кровь и жизнь, которыми вы можете вполнѣ распоряжаться[9].

Я, вмѣстѣ съ Виргиліемъ, былъ избранъ въ консулы въ то время, когда въ городѣ былъ раздоръ[10] и голодъ[11]. Государство, для защиты котораго я былъ призванъ, находилось въ отчаянномъ положеніи. Я выступилъ[12] противъ непріятеля, котораго разбилъ въ двухъ сраженіяхъ, и принудилъ его заключиться (se réfugier) въ крѣпости[13], гдѣ и скрывался онъ долгое время, страшась нашего оружія. Это обстоятельство дозволило мнѣ занять[14] его область (territoire), гдѣ я добылъ[15] несмѣтные запасы[16] хлѣба и отправилъ ихъ въ Римъ, чѣмъ и возстановилъ тамъ вновь изобиліе[17].

Вы упрекаете[18] меня въ потерѣ нѣсколькихъ солдатъ, которую я претерпѣлъ[19], преслѣдуя враговъ. — Вотъ преступленіе, въ которомъ вы обвиняете меня! Осудите меня, если смѣете! Свобода, съ которою я говорю, можетъ быть, оскорбитъ васъ; но я не боюсь смерти, опасности которой я такъ часто презиралъ[20] на поляхъ брани. Впрочемъ, жизнь можетъ быть только въ тягость[21] для полководца, который принужденъ оправдываться въ (de) своей побѣдѣ, и который видитъ, что спорятъ[22] между собою о странной чести обвинить его въ воображаемомъ[23] преступленіи.

1 accuser de; 2 poursuivre qn.; 3 faire venir; 4 demander compte à qn. de qch.; 5 instruire qn. de qch.; 6 un prétexte; 7 faire périr; 8 abandonner; 9 disposer de qch.; 10 la discorde; 11 la famine; 12 marcher contre; 13 place forte; 14 occuper qch.; 15 tirer; 16 provision; 17 rétablir l'abondance; 18 reprocher; 19 subir (une perte); 20 braver le danger; 21 être à charge; 22 se disputer qch.; 23 imaginaire.

II. Вы обвиняете меня, римляне, что я потерялъ (inf.) много солдатъ въ послѣдней битвѣ. Но какой полководецъ можетъ вести борьбу безъ потери съ опытнымъ въ военномъ искусствѣ[1] народомъ? Въ чемъ-же мое преступленіе? какую ошибку еще сдѣлалъ[2] я? въ какой упрекаютъ меня? который изъ нашихъ боговъ обязался[3] передъ римскимъ народомъ посылать ему побѣду, не проливая крови его солдатъ? кого можно увѣрить, что слава пріобрѣтается безъ опасности? Я напалъ на враговъ, [которые были] многочисленнѣе, нежели войска, ввѣренныя вами мнѣ; я обратилъ ихъ въ бѣгство[4]. Что оставалось[5] мнѣ дѣлать? я долженъ былъ преслѣдовать ихъ, чтобы истребить[6] вполнѣ. Кто-бы изъ васъ отказался[7] отъ совершенной побѣды, которая представлялась мнѣ? Было-ли даже въ моей власти[8] остановить вашихъ солдатъ, которыхъ мужество увлекало впередъ[9]? Что говорю я? если бы я приказалъ трубить на отступленіе[10], въ чемъ бы не обвинили меня? который изъ вашихъ трибуновъ (tribun) одобрилъ[11] бы мой поступокъ? не стали-ли бы всѣ утверждать, что я былъ въ сношеніяхъ[12] съ непріятелемъ? Въ чемъ же не исполнилъ[13] я обязанностей полководца? Пусть (que) встанутъ ваши трибуны и скажутъ мнѣ въ глаза[14] вину мою!

1 aguerri; 2 commettre une faute; 3 s'engager; 4 mettre en fuite; 5 rester; 6 anéantir qn.; 7 renoncer à; 8 pouvoir; 9 emporter; 10 sonner la retraite; 11 approuver qch.; 12 être d'intelligence avec; 13 manquer à; 14 franchement.

§ 57. PRONOMS INDÉFINIS. I P. §§ 34—37.

Obs. L'emploi des pronoms indéfinis offrant aux étrangers d'assez graves difficultés, nous ajouterons les remarques suivantes à ce qui a été dit dans la première partie.

1. **On, l'on.** Ce pronom est masculin singulier: ON *fut bien étonné*.

Cependant si *on* se rapportait bien évidemment à un nom féminin ou à un nom pluriel, l'adjectif ou le substantif correspondant en adopterait le genre et le nombre.

A votre âge, ma fille, *on* est bien *curieuse*. MARMONTEL. *On* a peu de temps à être *belle*, et longtemps à ne l'être plus. Aujourd'hui *on* est *amis*, demain *on* est *rivaux*. — Ici l'*on* est *égaux*. (Paroles inscrites à l'entrée d'un cimetière.)

On se répète devant chaque verbe:

On cherche Vatel, *on* va à sa chambre, *on* heurte, *on* enfonce la porte, *on* le trouve baigné dans son sang. Mme DE SÉV.

Rem. On figure quelquefois pour d'autres pronoms: Qu'*on* appelle la reine, et *vous*, qu'*on* se retire. VOLT.

2. **Maint**, многіе. Cet adjectif n'est guère usité que dans la conversation et dans la poésie familière. Il se répète quelquefois pour plus d'énergie:

Maint homme se conduit en enfant. — Il était là *maintes* filles savantes. GRESSET. — Ils y parvinrent par *maints* et *maints* travaux; многими и многими трудами.

3. **Tel,** *telle, tels, telles*. Les différentes significations de ce mot sont:

1) *Иной. Tel* croit prendre qui est pris. PROV. *Tel* fait des libéralités, qui ne paye pas ses dettes. — *Tel* homme cherche ce que *tel* autre méprise.

2) *Такой-то, тотъ-то; такъ и такъ*: Il est tantôt chez *un tel*, tantôt chez *une telle*, то тамъ, то здѣсь. — Cela me fut raconté par *un tel*, это разсказывалъ мнѣ тотъ-то. — Monsieur *un tel*, господинъ такой-то. Ce tableau est de *tel* peintre, такого-же живописца. — J'arriverai à *telle*

époque, въ такое-то время. Il m'a dit *telle* et *telle* chose, то-то и то-то. — Un *tel* a fait des paroles sur un *tel* air. MOL. — N'est-ce pas vous, Monsieur, qui vous nommez *un tel?* REGNARD. (такъ и такъ).

3) *Такой*, такого рода, такъ великъ, подобный, etc.: Une *telle* conduite vous fait honneur. De *telles* raisons ne peuvent me satisfaire. Sa mémoire est *telle* qu'il n'oublie jamais rien. — *Tel* fut le résultat, такого рода. — *Telle* est sa bonté qu'il se fait chérir de tout le monde. — Il est *tel* que son père, онъ таковъ, какъ и отецъ его. — Un homme *tel* que vous, человѣкъ подобный вамъ. Cette étoffe est *telle* que vous la désirez.

4) **Tel** sert aussi à établir une comparaison:

Tel qu'un aigle qui fend la nue, подобно орлу, который разрѣзаетъ облака.
Telle une onde limpide se répand dans les campagnes, *tel*.... какъ.... такъ...., *Tel* maître, *tel* valet — каковъ господинъ, таковъ и слуга.

5) **Tel quel** signifie *de peu de valeur, de médiocre qualité:*

Du vin *tel quel*, вино не особенное. — Des gens *tels quels*, люди, въ которыхъ не много проку.

4. **Certain, e;** *certains, es*, извѣстный: *A* CERTAINES *époques de l'année*, въ извѣстное время года. — Il est quelquefois précédé de *un*: UN CERTAIN *nombre*, нѣкоторое число. — Placé après le substantif, il signifie *sûr, indubitable*: *Des nouvelles* CERTAINES, достовѣрныя.

5. **Plusieurs,** нѣкоторые, нѣсколькіе, est invariable. Quand il s'agit de choses, il ne s'emploie guère absolument que comme régime direct:

Plusieurs vinrent me voir. *Plusieurs* prétendent le contraire. *Plusieurs* de ces dames sont parties. — Avez-vous cueilli des fleurs? J'*en* ai cueilli *plusieurs*.

6. **Même.** — *Le même, la même*, тотъ самый, тотъ же:

Les mêmes plantes, *les mêmes* fruits. Cet homme est toujours *le même*. — Ce vin était délicieux, en voici *du même*. — On dit aussi sans article: Deux plantes *de même* espèce (= *de la même* espèce). — Un *même* jour, тотъ самый день. — Ce n'est qu'une *seule et même* chose, это то же самое дѣло.

2) **Même,** employé sans article, est tantôt *adjectif*, tantôt *adverbe*.

a) *Même* est adjectif et variable quand il signifie самъ, et qu'il est placé après un seul substantif ou un seul pronom:

Les princes *mêmes* (eux-*mêmes*) ont été ici. Allons-y nous-*mêmes*.

b) *Même* est adverbe et invariable quand il signifie даже:

Même ses ennemis lui rendent justice. — Leurs vertus et *même* leurs noms étaient ignorés. — Ses amis, ses parents *même* le blâment. On me délaisse; je suis abandonné de mes amis *même*,

(= *même* de mes amis). Ceux-*même* qu'il servit ne le défendront pas. GRESSET. Ils se sont *même* bravement battus. Ils font les fautes *même* les plus grossières.

3) Il faut remarquer encore les expressions suivantes:

Ne pas même, даже не: Je ne l'ai pas même vu. — **De même,** такимъ же образомъ: Agissez de même. — **La même chose,** то же самое: Je soutiens la même chose. — **Être à même,** быть въ состояніи: Il est à même de le faire, car il est riche.

7. **Tout.** Ce mot peut être: 1) adjectif, — 2) pronom (substantif), — 3) adverbe.

1) **Tout, toute;** *tous, toutes,* adjectif. — a) Placé *seul* devant le substantif, *tout* signifie всякій, et n'est usité qu'au singulier:

Tout don parfait vient de Dieu. — *Toute* vérité n'est pas bonne à dire, не всякая истина... *Toute* autre place me conviendrait mieux que celle-là.—A *tout* moment, à *toute* heure, всякую минуту, всякій часъ.

b) Employé avec l'article ou un autre déterminatif, *tout* signifie au singulier весь, цѣлый, *entier* et au pluriel всѣ:

Les oiseaux ont réuni autour de leurs petits *toute* l'intelligence et *toute* la bienveillance dont ils étaient capables. B. DE ST. P. — *Tous* les arts et *toutes* les sciences. B. DE ST. P. — *Tous* ces fruits.

Rem. 1) Il y a entre *tout* et *chaque* la différence que *tout* a un sens collectif, général, qui exclut toute exception, tandis que *chaque* a un sens distributif, individuel: TOUT *homme est mortel* (всякій). *On a donné une livre de pain à* CHAQUE *soldat* (каждому).

2) *Tout* précédant un nom de ville, reste invariable et s'emploie sans article: TOUT *Venise est dans la joie.* C. DELAV.

3) *Tous,* au pluriel, se met sans article: 1) Quand il forme avec le substantif une locution adverbiale: *A tous moments,* во всякую минуту. — *En tous sens,* во всѣхъ направленіяхъ. — *De toutes parts,* со всѣхъ сторонъ. — 2) Dans le sens de все только: TOUS *gens bien connus.*—TOUS *gens bien endentés.* LA FONT.

2) **Tout,** pronom absolu. *Tout,* все; *tous, toutes,* всѣ.

Tout ce qui reluit n'est pas or. Не все то золото что блеститъ. — Je lui dirai *tout.*—*Tous* sont venus. — *Toutes* sont venues. —*Tous (toutes)* tant que nous sommes, всѣ, сколько насъ есть. — Nous *tous,* elles *toutes.*

Rem. 1) Ce mot *tout* peut être un véritable substantif: LE TOUT *est plus grand que la partie,* цѣлое больше части.

2) *Tout le monde* signifie всѣ, весь свѣтъ. L'expression russe весь міръ, se traduit d'ordinaire par *le monde entier.*

3) **Tout,** adverbe, signifie *tout à fait, entièrement,* совсѣмъ. — *Tout* est adverbe et par conséquent invariable:

a) Quand il modifie un adjectif ou un adverbe. — Cependant *tout,* adverbe, est variable devant un adjectif féminin qui commence par une consonne ou une *h* aspirée:

Elle est *tout* étonnée. *Tout* heureuses que vous paraissent ces dames, elles éprouvent bien des chagrins. Elle est *tout* autre qu'elle n'était. (§ 93, 8). — Mais on dira: Cette jeune fille est *toute* déconcertée, *toute* triste, *toute* honteuse. *Toutes* savantes que sont ces dames, elles ignorent encore bien des choses.

Rem. 1) Au masculin, *tout*, adverbe, est toujours invariable: *Ces vins sont* TOUT *purs*, совершенно чисты. Mais: *Ces vins sont* TOUS *purs*, всѣ чисты. — 2) *Elles sont* TOUTES *contentes* a donc un double sens, selon que *toutes* est considéré comme adverbe ou comme adjectif.

b) Quand il modifie un substantif employé adjectivement:

Le chien est *tout* zèle, *tout* ardeur, *tout* obéissance. Nous sommes *tout* yeux, *tout* oreilles. — Nous étions *tout* vue, *tout* odorat. B. DE ST. P.

Rem. Certains écrivains écrivent d'après la règle: *Elle était* TOUTE *grâce*, TOUTE *gentillesse*. — *A vingt ans, nous sommes* TOUTE *générosité*, TOUTE *chaleur*. H. BALZAC. — On écrit également: *Elle était* TOUT *en larmes*, et *Elle était* TOUTE *en larmes*: — *Je suis* TOUT *à vous*, et *Je suis* TOUTE *à vous*, avec une nuance dans le sens facile à saisir.

8. **Autre,** другой, иной. 1) Accompagné de l'article, ce mot s'emploie adjectivement et substantivement. *Un autre*, другой; au pluriel: *d'autres*, другіе. — Il faut remarquer qu'on dit: *Bien d'autres*. C'est le seul cas où *bien* soit suivi de la préposition *de* sans article:

Je cherche une *autre* place. Donnez-moi *d'autres* raisons. *Un autre* vous aurait rendu ce service avec plaisir. *D'autres* vous diront le contraire. Une première victoire doit *en* amener *d'autres*.

On remarquera les gallicismes suivants:

Vous en verrez bien d'autres! вы увидите совершенно другое! — Va le dire à d'autres! разсказывай это другимъ! — Il n'en fait pas d'autres! онъ часто дѣлаетъ такія штуки! — Il va de côté et d'autre, туда и сюда.

2) Второй Цезарь se rend par: *Un* AUTRE *César*. De même: *Paris est une* AUTRE *Athènes. C'est un* AUTRE *moi-même (alter ego)*, второй я.

3) *Autre*, employé sans article, se répète quelquefois avec inversion du sujet:

Autre est promettre, *autre* est tenir. Иное — обѣщать, иное — сдержать. — *Autre* est la ville de Valence, en France, et *autre* est la ville de Valence, en Espagne. — De même: *Autres* temps, *autres* mœurs.

4) *Autre*, sert aussi à fortifier le sens des pronoms *nous*, *vous*, employés devant un substantif:

NOUS AUTRES *Grecs*. Мы Греки. Vous êtes singuliers, VOUS AUTRES *Anglais*.

5) L'expression иное дѣло, нѣчто иное, se rend par *autre chose*, *une autre chose*: *Aujourd'hui c'est autre chose, c'est une autre chose.*

9. Au pronom autre se rattachent:

1) **L'un l'autre,** тотъ, другой: L'UN *dort, tandis que* L'AUTRE *travaille. Où* L'UN *voit des chardons,* L'AUTRE *aperçoit des roses. L'épée* D'UNE *main, le pistolet* DE L'AUTRE.

Dans les parallèles ou comparaisons, *l'un* a rapport au premier substantif, *l'autre* au second:

Osons opposer Socrate même à Caton: *l'un* était plus philosophe *l'autre* plus citoyen. J. J. R.

Quand l'énumération dépasse deux termes, on répète indéfiniment *l'autre, les autres, d'autres:* LES UNS *rient,* LES AUTRES *chantent,* D'AUTRES *jouent,* etc.

2) **L'un l'autre,** другъ друга. — Ces deux pronoms ne peuvent être séparés que par une préposition:

Ils *se* haïssent *l'un l'autre, les uns les autres.* Ils *se* souviennent *l'un de l'autre.* Ils *se* nuisent *l'un à l'autre.* Ils sont fâchés *l'un contre l'autre, les uns contre les autres.*

Rem. Il faut remarquer que quand *l'un l'autre* figure comme régime, les pronoms réciproques *nous, vous, se,* doivent précéder le verbe. — Le pronom corrélatif se supprime devant le verbe *penser*: *Nous pensons toujours l'un à l'autre.*

3) **L'un et l'autre** *(tous les deux, tous deux),* оба, тотъ и другой. — Employé comme régime direct, ce pronom est ordinairement accompagné de *les,* qui précède le verbe: *Je* LES *ferai taire* L'UN ET L'AUTRE, TOUS LES DEUX, TOUS DEUX.

L'un et l'autre demande la préposition deux fois: *Cela servira à l'un et à l'autre (à tous deux). Il se sert également* DE *l'une et* DE *l'autre main (des deux mains).*

Comme pronom, *l'un et l'autre* demande le verbe indifféremment au pluriel ou au singulier, et comme adjectif, le substantif qui le suit, au singulier: *L'un et l'autre* VIENNENT. *L'une et l'autre* SAISON *a ses agréments.* (§ 58, 4).

10. **Autrui** *(les autres, le prochain),* другіе, чужіе. Ce pronom ne se dit que des personnes, et n'a pas de pluriel. Il ne s'emploie que précédé d'une préposition:

Par soi-même on peut juger *d'autrui* (о другихъ). Il ne faut pas désirer le bien *d'autrui* (чужаго добра). Cet auteur s'est paré des plumes *d'autrui* (чужими перьями). Ne faites pas *à autrui* ce que vous ne voudriez pas qui vous fût fait à vous-même.

Rem. En rapport avec *autrui,* on dit plutôt: *Prenez*-EN *les intérêts,* que: *Prenez* SES *intérêts.* Cependant M. Littré écrit: *En épousant les intérêts d'autrui, nous ne devons pas épouser* SES *passions.*

11. **Quiconque,** кто; тотъ, кто; всякій, кто. Pronom substantif.
Quelconque, какой нибудь. Pronom adjectif.

1) **Quiconque** ne se dit que des personnes; il est singulier et de genre masculin. Cependant, s'il se rapporte évidemment à une femme, on met au féminin l'adjectif qui le qualifie:

Quiconque n'observera pas cette loi, sera puni. *Quiconque* de vous, mesdemoiselles, se montrera *envieuse* et *jalouse*, perdra les bonnes grâces de la princesse.

2) **Quelconque.** Cet adjectif est toujours précédé de son substantif.

Donnez-moi *un* livre *quelconque* (quel qu'il soit). Deux points *quelconques* étant donnés. Acad. Je prendrai *un* prétexte *quelconque*.

Rem. Dans une proposition négative, *quelconque* a le sens de *nul, aucun: Il* N'*y a raison* QUELCONQUE *qui puisse m'y obliger* (§ 91, 1).

12. **Quelqu'un,** *quelqu'une; quelques-uns, quelques-unes;* нѣкто, кто-нибудь; какой-нибудь; нѣкоторые, я. 1) Employé sans rapport à un substantif exprimé, ce pronom est du genre masculin et ne se dit que des personnes: QUELQU'UN *me l'a dit.* QUELQUES-UNS *sont d'avis qu'il faut rester.*

2) En rapport avec un nom exprimé, il se dit des choses aussi bien que des personnes: QUELQU'UNE *de vos servantes vous trompe. Dieux! s'il en reste encore* QUELQU'UN *d'assez juste, punissez, punissez Ulysse!* Fén. *Prêtez-moi* QUELQU'UN *de vos livres.* Gr. Nat. *Adressez-vous à* QUELQU'UN *de ces messieurs.*

13. **Quelque,** какой-нибудь, нѣсколько; *quelques,* нѣкоторые.

Si cela était, *quelque* historien en aurait parlé. Recommandez-moi *quelque* livre intéressant. Il y a *quelque* temps, il y a *quelques* années. Prêtez-moi *quelque* argent. *Quelques* messieurs sont venus. Adressez-vous à *quelque* autre personne.

Rem. Quelque signifie aussi quelquefois *environ,* около: dans ce cas il est adverbe et invariable: *Il y a* QUELQUE *soixante ans que cela est arrivé.*

14. **Quelque chose,** нѣчто, что-нибудь. — Ce pronom est masculin: *Voilà* QUELQUE CHOSE *de beau!* (§ 38, 11).

15. **Chacun,** каждый, всякій. Pronom substantif.
Chaque, каждый, всякій. Pronom adjectif.

1) **Chacun** peut s'employer: a) Absolument, en parlant de personnes. Dans cette signification il est masculin singulier. CHACUN *a sa manière de penser. Rendez à* CHACUN *ce qui lui est dû.* — b) En rapport à un terme qui précède ou qui suit. Dans ce cas il est des deux genres, se dit des personnes et des choses; mais il est toujours singulier: CHACUNE *de ces dames.* CHACUN *d'eux a refusé. Ces vases coûtent cent francs* CHACUN. CHACUN *n'est pas capable de tout faire,* не всякій въ состояніи...

2) **Chaque** n'a pas de pluriel, et se répète devant chaque substantif: CHAQUE *pays*, CHAQUE *degré de température a ses plantes particulières*. BUFFON.

Rem. Après un pluriel et un verbe transitif, *chacun* est suivi de *son, sa, ses*, lorsque le régime direct le précède, et de *leur, leurs*, lorsque le régime direct le suit, et que *chacun* n'est qu'un terme isolé, intercalé dans la phrase: *Les deux rois firent chanter des te-deum chacun dans* SON *camp*. VOLT. *Le vainqueur et le vaincu se retiraient, chacun dans* SA *ville*. MONTESQ. *Les langues ont, chacune,* LEURS *bizarreries*. BOILEAU. *Les abeilles bâtissent, chacune,* LEUR *cellule*. — Quand il n'y a pas de régime direct, on emploie ordinairement *son, sa, ses*, — mais aussi *leur, leurs*: *Ils s'en sont allés chacun de* SON *côté*, ou *chacun de* LEUR *côté*.

16. **La plupart,** большая часть. — Ce pronom exige *du, de la, de l', des* devant le substantif qui le détermine:

La plupart *des* hommes *emploient* une partie de leur vie à rendre l'autre misérable. La plupart *du* temps (le plus souvent). La plupart le *savent* (§ 56, 6).

17. **Nul, aucun, pas un.** — Ces pronoms s'emploient ordinairement avec la négation *ne*:

1) **Nul** (ne), никакой, никто: *Nul n'*est immortel (= Personne n'est immortel). — *Nul n'*est content de sa fortune, ni mécontent de son esprit. — *Nul* bien sans mal, *nul* plaisir sans mélange (= Pas de bien...). *Nulle* paix pour l'impie; il la cherche, elle fuit. RACINE.

Rem. Nul signifie aussi *d'aucune valeur*, ничтожный, пустой: *Ce testament est* NUL. *Des paroles* NULLES.

2) **Aucun,** e (ne), никакой: Il *ne* prend *aucun* soin de ses affaires. Je *ne* le veux en *aucune* manière.

Ce pronom ne figure au pluriel que devant les substantifs qui ne s'emploient qu'à ce nombre (§ 33).

Je n'ai eu *aucuns* frais. *Aucunes* troupes ne résistaient au choc de la phalange macédonienne. Ils lisent quantité de livres, et ne profitent *d'aucun*.

Rem. 1) *Aucuns* signifiait anciennement *quelques-uns*: *Phèdre était si succinct qu'*AUCUNS *l'en ont blâmé*. LA FONT.

2) Il y a entre *aucun* et *nul* la différence que *aucun* appelle l'attention sur une personne ou un objet particulier, tandis que *nul* a un sens général: NUL *ne connaît l'instant de sa mort. Il n'y a* NULLE *clarté dans ses idées,* NULLE *grâce dans ses expressions*. — Mais on dira: *Je ne veux* AUCUNE *de ces fleurs,* AUCUN *de ces fruits*.

3) **Pas un,** *pas une (ne)*, ни одинъ. Ce pronom nie plus énergiquement que *aucun* et *nul*. On s'en sert de préférence dans le langage familier. PAS UN NE *l'a vu*.

18. **Personne** *(ne)*, никто. — Ce pronom est toujours masculin singulier: PERSONNE N'*est téméraire, s'il* N'*est vu de* PERSONNE. PERSONNE N'*est plus spirituel que cette dame*.

Rem. Cependant, dans des exemples analogues au dernier, on trouve aussi l'adjectif au féminin: PERSONNE *n'est plus* JOLIE *ni plus* COQUETTE *que cette demoiselle.* BONIFACE.

19. **Rien** *(ne)*, ничто, ничего. — Ce mot est toujours masculin singulier: RIEN *n'est certain ici-bas.*

Rem. Ce mot est quelquefois un véritable substantif, qui signifie *chose de nulle importance, bagatelle: Dire des* RIENS. *Ce sont des diseurs de* RIENS, пустые болтуны. UN RIEN *lui fait peur.*

20. *Remarques sur l'emploi de* **personne, rien, aucun, nul.**

1) Ces pronoms figurent sans *ne*, quand ils sont employés sans verbe:

Qui m'appelle? — *Personne.* — Qu'apportez-vous? — *Rien.* — Qui croira une pareille nouvelle? — *Aucun, nul* homme au monde.

2) *Personne, rien, aucun,* avaient dans l'origine un sens affirmatif ([1]): et ils s'emploient encore dans leur signification primitive, sans *ne:*

a) Dans l'interrogation employée comme tour oratoire pour nier avec plus d'énergie.

Y a-t-il *personne* d'assez hardi? — c'est-à-dire: Personne n'est assez hardi. — Y a-t-il *rien* de plus beau? — Qui vous reproche *rien?*

b) Après la négation:

Je n'ai jamais *rien* refusé à personne. Nulle part vous ne verrez *rien* de si beau.

c) Dans les propositions subordonnées, dépendant d'un verbe employé négativement, ou d'un verbe qui a par lui-même un sens négatif, tel que *nier, douter, défendre, empêcher, prendre garde,* etc.:

Je ne crois pas que *personne* ose le nier. Il défendit qu'*aucun* étranger *entrât* dans la ville. VOLT. Empêchez que *rien* se gâte (§ 93, 9).

d) Après les prépositions et les conjonctions qui ont un sens négatif ou dubitatif, telles que *sans, sans que, avant, avant que:*

J'ai passé dans la ville sans voir *personne*. Il s'en alla sans *rien* dire. Sans que, avant que *personne* l'aperçût. Avant de *rien* dire. Sans *aucune* précaution, sans précaution *aucune*.

e) Après *si* commençant une proposition conditionnelle exprimant un doute, une incertitude:

Si jamais *personne* est assez hardi pour l'entreprendre, il réussira.

([1]) *Personne* vient de *persona* (une personne); *rien* de *res (rem), chose*; et *aucun*, de *aliquis unus*, какой-нибудь.

f) Dans le second membre d'une comparaison:

Cette place lui conviendrait mieux qu'à *personne*. Un malheur instruit mieux qu'*aucune* remontrance.

3) *Quelqu'un, quelque chose*, ne peuvent s'employer avec la négation. Ainsi on traduira:

Нѣтъ-ли у васъ *чего* довѣрить мнѣ? Не знаете-ли вы *кого-нибудь* въ городѣ? — par: N'avez-vous *rien* à me confier? Ne connaissez-vous *personne* dans la ville?

Cependant, pour exprimer un soupçon, on dirait bien aussi: N'avez-vous pas *quelque chose* à me confier? etc.

4) Les mots *quelqu'un, quelque chose, personne, rien* et *aucun*, exigent la préposition *de* devant l'adjectif qui le suit:

Il n'y a parmi eux personne *de* plus juste que nous. MONTESQ. Je ne connais rien *de* plus beau.

21. Aux pronoms indéfinis se rattachent les expressions suivantes, qui demandent le subjonctif:

1) **Qui que, qui que ce soit,** кто-бы ни, кто-бы ни былъ.
Quoi que, quoi que ce soit, что-бы ни, что-бы ни было.

Qui que ce soit qui vous l'*ait* dit, il s'est trompé. Qui que vous *blâmiez*, faites-le sans amertume et sans injustice. Quoi que vous *fassiez* (ou: Quoi que ce soit que vous *fassiez*), songez que Dieu est votre témoin. Quoi qu'elle *dise*, elle ne me persuadera pas.

Employées avec *ne*, ces expressions équivalent à *personne, rien:*

Il ne communique ses projets à *qui que ce soit* (à personne). (§ 91, 1). *Ne* dites *quoi que ce soit* (= rien) qui puisse blesser les autres.
Remarquez encore: *Quoi qu'il en soit*, что-бы ни было.

2) **Quel que, quelque — que,** какой-бы ни, какъ-бы ни.

a) **Quel que,** *quelle que, quels que, quelles que*. — Cette locution est ordinairement suivie du verbe *être* au subjonctif, et *quel* s'accorde en genre et en nombre avec le sujet du verbe *être*:

Je partage vos chagrins, *quels* qu'ils soient. — Une femme, *quelle* qu'elle puisse être, est une déesse pour des prisonniers. Mme DE STAËL. — Mais *quels* que soient ton culte et ta patrie, Dors sous ma tente avec sécurité. CAMPENON.

b) **Quelque — que** s'emploie avec un substantif, un adjectif ou un adverbe, qui se place entre *quelque* et *que*.

1) Devant un substantif, *quelque* est adjectif et prend l'*s* au pluriel.

En *quelque* endroit que l'on vive (въ какомъ-бы мѣстѣ...) *Quelques* efforts que vous fassiez. *Quelques* vertus qu'il ait.

2) Modifiant un adjectif (participe) ou un adverbe, *quelque* est adverbe et reste invariable:

Quelque aimables que soient ces dames, какъ-бы ни были любезны эти дамы. — *Quelque* élevés que soient ces arbres. *Quelque* bien écrits que soient ces ouvrages.

Rem. Mais on écrira: QUELQUES *grands biens que vous possédiez.* QUELQUES *faux bruits qu'on ait répandus*, parce que, dans ces exemples, *quelques* se rapporte au substantif qui suit l'adjectif. — Par contre on écrira: QUELQUE *bons écrivains que soient Racine et Boileau*, — parce que l'on a en vue la *qualité* de ces écrivains.

3) **Si — que** s'emploie dans le même sens que *quelque — que*: Si *vertueuses* QU'*elles soient.*

Rem. Si celui qui parle veut exprimer qu'il est convaincu que la qualité se trouve réellement à un haut degré, on fait usage de *tout — que*, suivi de l'indicatif: TOUT *infaillibles qu'ils* SONT, *les géomètres eux-mêmes se trompent souvent.* PASCAL. — Cependant, des écrivains modernes, négligeant la nuance que nous venons d'indiquer, mettent le subjonctif aussi après *tout — que*: TOUT *intéressante* QUE SOIT *cette question.* CHAT.

54.

On n'est jamais si heureux ni si malheureux que l'on pense. LA ROCH. — Tel qui rit vendredi, dimanche pleurera. PROV. — Nous sommes perdus si l'on en décide autrement. Nous sommes perdus si l'on n'en décide autrement. GR. NAT. — Mainte pistole se glissait dans l'escarcelle[1] de notre homme. LA FONT. — Tels sont les desseins de Dieu. X. DE M. — Un certain loup, dans la saison Que les tièdes zéphyrs ont l'herbe rajeunie, Aperçut un cheval. LA FONT. — Frappez et Tyriens et même Israélites! RACINE. — Les divertissements même de Pierre le Grand furent consacrés à faire goûter le nouveau genre de vie qu'il introduisit parmi ses sujets. VOLT. — Toute nation est capable de grandes choses sous un grand prince. — La Fable raconte que Minerve est sortie tout armée et toute parée de la tête de Jupiter. — La valeur, tout héroïque qu'elle est, ne suffit pas pour faire des héros. MASSILLON. — Cicéron préféra à toute autre gloire celle d'être appelé le père de la maîtresse du monde: Catilina avait une tout autre ambition. — En toute chose, il faut considérer la fin. LA FONT. — Elle est tout autre qu'elle n'était. — Nous autres Grecs, nous révérons la mémoire de ce solitaire autant que celle d'aucun homme. VOLT. — A la mort de César, tout Rome fut consterné. — L'on ne peut aller loin dans l'amitié, si l'on n'est pas disposé à se pardonner les uns aux autres ses petits défauts. LA BRUY. — Le fat[2] est entre l'impertinent et le sot; il est composé de l'un et de l'autre. LA BR. — Ni l'un ni l'autre n'a jamais vu, ni ne verra jamais le petit coin de terre dont il s'agit. VOLT. — L'un et l'autre, à mon sens, ont le cerveau troublé. BOILEAU. — J'ai satisfait à l'une et à l'autre objection[3]. — Repoussez l'injustice faite à autrui avec la même fermeté, la même constance que si elle l'était à vous-même. LAMENNAIS. — Il ne lui est demeuré chose quelconque. ACAD. — Quiconque est né envieux, est méchant et naturellement triste. — Cherchons quelque lieu pour nous asseoir. MOL. — Socrate était fils d'un sculpteur nommé Sophronisque; il quitta la profession de son père, après l'avoir suivie pendant quelque temps. BARTH. — Nul brouillard ne flottait sur notre tête, nul vent n'agitait notre navire. MARMIER. — Nul ne sut de quelle main venait le coup fatal. V. HUGO. — Je n'ai trouvé ici aucun de mes amis. J. J. R. — Il y gèle dès le mois d'octobre, sans aucune de ces gradations insensibles qui amènent ailleurs les saisons. VOLT. — Il n'est plus temps de me rien dissimuler. J. J. R. — Avant que je les montre à personne, je veux vous les réciter. LE SAGE. — Gardez-vous d'en rien dire à qui que ce soit! — Quelle que soit votre infortune, dit le voyageur, je ne m'éloignerai point. X. DE M. — Quoi qu'en dise Aristote et sa docte cabale, Le tabac est divin, il n'est rien qui l'égale. TH. CORNEILLE. — Quelques services qu'on lui ait demandés, il les a toujours rendus. — Quelle que fût votre intention, vous avez eu tort d'agir ainsi. — Quelque fins politiques que fussent Burrhus et Sénèque, ils ne purent deviner le cœur de Néron. — Les ennemis ont tiré plus de neuf mille coups de canon, et nous, quelque cinq ou six mille. RACINE.

Tel donne à pleines mains qui n'oblige personne:
La façon de donner vaut mieux que ce qu'on donne. P. CORNEILLE.

1 мошна, кошелекъ; 2 франтъ, нахалъ; 3 возраженіе; 4 скрывать, скрытничать.

55.

Не жалуйся, моя бѣдная Марія; ты (on, l'on) должна считать (sentir) себя счастливою, что ты дочь такого достойнаго отца, какъ твой. — Между знатными господами[1], которые читали произведеніе Бернардена-де-Сенъ-Пьера, были нѣкоторые, которые такъ (tellement) желали познакомиться съ сочинителемъ, что предлагали ему письменно избрать который нибудь изъ ихъ замковъ своимъ (pour) мѣстопребываніемъ[2]. — Антоній и Лепидъ соединились другъ съ другомъ, и предоставили[3] другъ другу жизнь своихъ друзей и враговъ. — У насъ, говоритъ Ларошфуко, довольно душевной силы[4], чтобы переносить страданія другихъ. — Каждый, у котораго завистливый и злой характеръ, печаленъ отъ природы; но нельзя сказать, чтобы каждый, который обыкновенно печаленъ, имѣлъ дурной характеръ. — Милостивыя государыни (Mesdemoiselles), каждая изъ васъ, которая будетъ разсѣяна и невнимательна, теряетъ всякое право[5] на (dat.) награды, которыя будутъ раздаваться по (à) окончаніи курса. — Если имѣешь сказать только незначительныя вещи[6], лучше молчать. — Открывалъ кто-нибудь эту книгу? — Никто; по крайней мѣрѣ я не видѣлъ, чтобы кто-нибудь дотрогивался (subj.) до нея (toucher qch.). — Находите вы что-нибудь, что заставляетъ васъ такъ думать (faire croire, subj.)? Ничего, — кромѣ того (sinon), что она не на своемъ мѣстѣ. — Найдется-ли кто-нибудь, который бы былъ болѣе естественъ, какъ неподражаемый[7] Лафонтенъ? есть-ли что-нибудь плѣнительнѣе[8] для чтенія (peut-on... lire), какъ его восхитительныя басни? и могъ-ли кто-нибудь подумать (cond.), что изо всѣхъ знаменитыхъ писателей, которые жили въ его время, былъ одинъ, ничего не получавшій изъ благодѣяній [9], которыми осыпалъ [10] другихъ Людовикъ XIV, и что этотъ одинъ, былъ именно (justement) Лафонтенъ? — Кто бы вы ни были, и что бы вы ни дѣлали, — дѣлайте все во (pour) славу Божію. — Какіе бы лавры [11] ни приносила война, она не можетъ покрыть ими (gén.) всѣ раны, которыя наноситъ [12]. — Нѣтъ ничего выше добраго друга (rien de tel que). — Нигдѣ не встрѣчаешь большихъ рѣкъ, какъ въ Америкѣ. — Оба эти писателя прославились, каждый въ своемъ родѣ (genre). — Каждый (Ces deux...) изъ этихъ двухъ поэтовъ имѣетъ свои достоинства и свои недостатки. — Каждая изъ этихъ обѣихъ матерей вела за (par) руку своего ребенка.

1 seigneur; 2 le séjour, le domicile; 3 abandonner qch.; 4 force d'âme; 5 le droit; 6 un rien; 7 inimitable; 8 attrayant; 9 les largesses; 10 combler qn. de; 11 laurier; 12 faire une blessure.

56.

Корнель, говоритъ Лабрюйеръ, недосягаемъ [1] въ своихъ прекрасныхъ мѣстахъ [2], но онъ не вездѣ ровенъ (être inégal); Расинъ, напротивъ, вездѣ одинаково прекрасенъ; одинъ рисуетъ (peindre) людей, какими они должны быть, другой — какими они суть. — Легко сожалѣть о несчастіяхъ другихъ, но совсѣмъ другое дѣло — облегчить (soulager) ихъ. — Оба генерала приписывали [3] себѣ побѣду, но вѣрно то (la vérité est....), что она осталась нерѣшенною [4]. — Ничего такъ не боятся извѣстные люди, какъ показаться (paraître) смѣшными; многихъ видишь, которые, вслѣдствіе того, отклоняются [5] даже отъ хорошаго. — Надежда, какъ ни обманчива (trompeur) она, усыпаетъ [6] цвѣтами путь [7] жизни. — Какъ ни дика и какъ ни безплодна Лапландія, все же ея обитатели оставляютъ ее неохотно [8]. — Въ Сибири встрѣчаются совершенно бѣлыя и совершенно черныя лисицы. — Послѣ битвы при Каннахъ, никому не было дозволено, даже женщинамъ и дѣтямъ, проливать слезы. — Какъ можемъ мы требовать, чтобы другой сохранилъ [9] нашу тайну, когда (si) мы сами не можемъ сохранить ее? — Эти два друга были одновременно привлечены [10] передъ кровавый трибуналъ [11] Робеспьера; они хотѣли умереть другъ за друга, но оба были осуждены на смерть, и не имѣли даже того утѣшенія, чтобы умереть вмѣстѣ. — Есть-ли что возвышеннѣе (sublime), какъ борющаяся (lutter avec (contre), en lutte) съ несчастіями добродѣтель? — Честный человѣкъ исполняетъ свою обязанность, что бы ни подумалъ и ни сказалъ о немъ свѣтъ; онъ знаетъ, что никто, кто бы онъ ни былъ, не могъ бы оправдать его передъ Богомъ, если бы онъ, въ чемъ бы то ни было, поступилъ [12] противъ нея. Онъ ничего не дѣлаетъ, что бы то ни было, не помышляя, что онъ нѣкогда долженъ будетъ отдать въ этомъ отчетъ (rendre compte de) Богу. — Вы, молодые люди, думаете, что уже все знаете. — Нѣкоторые изъ спутниковъ Колумба начали уже громко роптать на (murmurer de) слишкомъ продолжительное плаваніе.

1 ne pouvoir être égalé; 2 le passage; 3 s'attribuer qch.; 4 indécis; 5 détourner de; 6 semer, joncher; 7 le chemin, le sentier; 8 à regret; 9 garder un secret; 10 traîner qn.; 11 tribunal sanglant; 12 manquer à son devoir.

57.

Какъ ни краснорѣчивы эти ораторы [1], все-таки они не могутъ быть и сравниваемы съ (à un) Демосѳеномъ или Цицерономъ. — Трудно было Телемаку жить въ добромъ согласіи [2] со столькими князьями, которые всѣ завидовали (être jaloux, § 47, 3) другъ другу. — Какова бы ни была слава сильнаго (le puissant) земли, онъ всегда долженъ страшиться зависти, которая старается потемнить ее. — Пчелы лѣпятъ ячейки [3], каждая свою, или (soit) въ ульѣ [4], или въ пустомъ (creux) стволѣ дерева. — Хотя жители этой деревни не богаты, все-же всѣ они послали вспоможеніе [5] погорѣльцамъ [6], сосѣдямъ, каждый по (selon) своимъ средствамъ. — Послѣ довольно продолжительнаго свиданія [7], каждый изъ полководцевъ возвратился въ свой лагерь. — Князья присутствовали при этомъ великолѣпномъ зрѣлищѣ, каждый со своимъ дворомъ. — Привычка и новизна (nouveauté), какъ ни противоположны онѣ между собою, одинаково нравятся намъ. — Какъ ни любезны эти дамы, какими способностями ни одарило [8] ихъ небо, и каковы бы ни были ихъ другія качества, — все-же имъ не удалось (I P. § 53, 6, 6) снискать благосклонность [9] княгини, которая предпочитаетъ достоинства [10] души достоинствамъ ума, каковы бы они ни были. — Когда говорятъ о другихъ (autrui), всегда человѣкъ болѣе склоненъ [11] исчислять [12] ихъ недостатки, нежели возвышать [13] ихъ хорошія качества. — Какія бы огромныя богатства ни принесла въ домъ жена, она скоро разоритъ [14] его, если введетъ (introduire) въ немъ роскошь. — Когда эти двѣ сестры жили вмѣстѣ, онѣ часто ссорились; теперь же, послѣ того какъ (à présent que..) разъѣхались другъ съ другомъ, думаютъ постоянно одна о другой и пишутъ другъ къ другу самыя нѣжныя письма. — Сократа, какъ ни невиненъ онъ былъ, присудили аѳиняне къ смерти. Есть-ли что величественнѣе, какъ позлащенныя лучами восходящаго солнца вершины Альпъ?

1 orateur; 2 en bonne intelligence; 3 la cellule; 4 la ruche; 5 des secours; 6 incendié; 7 entrevue; 8 douer; 9 gagner les bonnes grâces; 10 qualité; 11 porté, enclin; 12 énumérer qch.; 13 relever; 14 ruiner qch.

Récapitulation. (Sur tous les pronoms.)

58. Паровыя машины и желѣзныя дороги.

Что изумительнѣе [1] паровыхъ машинъ и желѣзныхъ дорогъ, этихъ великихъ изобрѣтеній новѣйшаго времени [2]! Какія перемѣны произвели (amener) онѣ въ цѣломъ мірѣ! Ни одна двигательная сила [3], которую человѣкъ знаетъ и имѣетъ въ своей власти [4], не можетъ сравниться съ силою пара; сила (= эта) воды и вѣтра, (= эта) человѣка и животныхъ ниже [5] ея во всѣхъ отношеніяхъ [6]. Всякій знаетъ, что изобрѣтеніе паровыхъ машинъ предшествовало [изобрѣтенію] желѣзныхъ дорогъ, и что пароходство [8] извѣстно было уже нѣсколько лѣтъ, когда наконецъ удалось примѣнить [9] паръ къ желѣзнымъ дорогамъ. Но если человѣкъ удивлялся уже скорости пароходовъ, то тѣмъ болѣе удивился онъ, когда на желѣзныхъ дорогахъ локомотивы заступили мѣсто [10] лошадей, посредствомъ которыхъ передвигали[11] передъ тѣмъ[12] поѣзды[13]. Какое бы значеніе ни имѣло уже изобрѣтеніе желѣзныхъ дорогъ для торговли, и особенно для горнаго дѣла[14], со времени примѣненія пара значеніе это приняло совершенно другой характеръ. Вскорѣ никто уже не сомнѣвался болѣе, что этотъ способъ перевозки кладей[15] затмитъ[16] всѣ прочіе, и кто будетъ теперь отрицать[17], что желѣзныя дороги предназначены вполнѣ и совершенно замѣнить всѣ другіе способы сообщенія[18], по крайней мѣрѣ между большими городами всѣхъ материковъ? Какія гигантскія[19] работы были приведены въ исполненіе, со времени изобрѣтенія локомотивовъ? Какъ бы велико ни было удивленіе наше къ исполинскимъ сооруженіямъ[20] древности, мы должны сознаться, что мы, со времени постройки желѣзныхъ дорогъ, превзошли[21] даже и древнихъ въ этомъ отношеніи (point). Кто не знаетъ, что римляне были первые, которые провели эти безчисленныя дороги по (à travers) всему государству, — а ихъ государство заключало въ себѣ весь тогдашній міръ, — дороги, остаткамъ (les restes) которыхъ удивляются еще до сихъ поръ въ нѣкоторыхъ странахъ? Но какъ бы изумительны ни были эти работы, что все это въ сравненіи[22] съ сѣтями[23] желѣзныхъ дорогъ, которыя уже теперь покрываютъ часть Европы и Америки, съ тѣми безчисленными[24] дорогопроводами[25] и тоннелями, которые пересѣкаютъ[26] долины и прорѣзываютъ[27] горы, чтобы провести (établir) нескончаемыя линіи, которыя ведутъ отъ Москвы въ Марсель, отъ Гамбурга въ Тріестъ, и которыя пересѣкаютъ[28] во всѣхъ направленіяхъ Англію и Соединенные штаты?

1 merveilleux; 2 le temps moderne (pl.); 3 force motrice; 4 gouverner qch.; 5 inférieur à (§ 47, 4); 6 le rapport; 7 précéder qch.; 8 la navigation à vapeur; 9 appliquer à; 10 remplacer qch.; 11 traîner; 12 d'abord; 13 le convoi, le train; 14 la mine; 15 le moyen de transport; 16 éclipser (§ 70, 3); 17 nier qch. (§ 70, 3); 18 une voie de communication; 19 gigantesque; 20 construction; 21 surpasser qn.; 22 en comparaison; 23 le réseau; 24 innombrable; 25 le viaduc; 26 traverser; 27 percer; 28 parcourir.

59. Шесть путешественниковъ на пять матрацовъ[1]! (А. Дюма).

I. Въ десять часовъ вечера пришли мы, наконецъ, въ гостинницу. Всякій, кто когда-нибудь путешествовалъ пѣшкомъ[2], знаетъ, что значитъ надежда на (de) хорошую постель, послѣ шестимильной дороги. И такъ каково было мое горе (chagrin, douleur), когда хозяинъ объявилъ мнѣ, что онъ не можетъ предложить (avoir à offrir) ни одной комнаты, ни одного чулана[3]. Въ вознагражденіе[4] сказалъ онъ мнѣ, что цѣлый сѣновалъ[5] въ моемъ распоряженіи[6]. Мы, мой проводникъ[7] и я, поглядѣли другъ на друга. — Нѣтъ-ли другой гостинницы на этой горной вершинѣ[8]? спросилъ я его. Ни одной. — И ни одной деревни, которая бы лежала по близости? — Ни одной. Вы забываете, что вы находитесь на высотѣ 8,000 футовъ надъ поверхностію моря. — Что [можетъ быть] печальнѣе моего положенія[9]! воскликнулъ я. — Но что, сударь, возразилъ хозяинъ гостинницы, приводитъ васъ въ отчаяніе[10], смѣю спросить (je vous en prie)? на сѣнѣ спать прекрасно; правда, иные предпочитаютъ солому. Если вы принадлежите къ этой сектѣ[11], скажите мнѣ; я дамъ вамъ нѣсколько соломы.

Не отвѣчая на его плохую шутку[12], я сказалъ ему: нѣтъ у васъ ни одной комнаты, которая была бы занята французами? я увѣренъ, что они сжалятся[13] надъ несчастнымъ землякомъ и дадутъ ему мѣсто въ своей комнатѣ. — Дѣйствительно, вскричалъ онъ, я только что отдалъ послѣднюю комнату, которую имѣлъ, пяти молодымъ людямъ изъ Парижа. Если вы удовольствуетесь, какъ они, постланнымъ на полу матрацомъ, то можете его получить, предположивъ, что эти господа позволятъ. — Хорошо, сказалъ я, ведите меня.

Но что же это? вскричалъ я, остановившись[14] передъ дверьми одной комнаты, изъ которой раздавался[15] ужасный[16] шумъ[17].

1 le matelas; 2 faire un voyage à pied; 3 le cabinet; 4 en revanche; 5 le grenier à foin; 6 être à la disposition de; 7 le guide; 8 le sommet; 9 la situation; 10 désespérer; 11 la secte; 12 mauvaise plaisanterie; 13 avoir pitié de; 14 s'arrêter; 15 partir; 16 épouvantable; 17 tapage.

II. Это пять молодыхъ людей, о которыхъ я говорилъ вамъ. Они производятъ адскую[1] возню. Что находите вы въ этомъ удивительнаго[2]? развѣ я вамъ не говорилъ, что они изъ Парижа? — Какъ ни мало льстило[3] мнѣ это замѣчаніе, — такъ какъ я самъ парижанинъ, — ничего нельзя было отвѣтить на это. — Мы [стали] слушать. Эти господа занимались бросаніемъ (inf.) другъ въ (à) друга подушекъ и [стараніемъ] завоевать столько мѣста, сколько нужно было для матраца. Мнѣ казалось, что минута выбрана довольно неудачно (mal choisi), чтобы просить ихъ о принятіи[4] въ свой союзъ[5] еще шестаго. Я тихонько отворилъ двери и увидѣлъ, что борьба происходитъ (avoir lieu) въ темнотѣ[6]. Я быстро рѣшился[7]. Загасивъ свѣчу у (de) моего хозяина, я приказалъ ему, что бы ни случилось, ни подъ какимъ предлогомъ не находить другаго ключа отъ комнаты и тихо удалиться[8]. Онъ сдѣлалъ, что я ему приказалъ (dire). Пять бойцовъ[9] производили (faire) такой шумъ, смѣялись такъ громко, что никто не замѣтилъ, какъ (quand) я вошелъ, замкнулъ дверь и спряталъ ключъ въ карманъ.

Едва сдѣлалъ я два шага въ комнатѣ, какъ былъ пораженъ[10] подушкою. Я нагнулся, чтобы поднять[11] ее, и принялъ такое сильное[12] участіе[13] въ сраженіи, что эти господа должны бы были догадаться (présumer, deviner) о прибытіи новаго бойца; но каждый былъ слишкомъ занятъ собою. Такъ удалось мнѣ вскорѣ занять положеніе[14] въ углу, овладѣть матрацомъ и побѣдоносно защитить его. Плащъ, который въ жару боя, потерялъ своего хозяина[15], какъ мнѣ казалось, могъ прекрасно замѣнить одѣяло[16]; я спокойно улегся и завернулся[17] поплотнѣе, какъ только могъ (de mon mieux).

1 infernal; 2 étonnant; 3 être flatteur; 4 réception; 5 une alliance; 6 sans lumière; 7 prendre un parti; 8 s'éloigner; 9 combattant; 10 frapper; 11 ramasser; 12 vigoureux, adj.; 13 prendre part à; 14 position; 15 le propriétaire; 16 couverture; 17 s'envelopper.

III. Между тѣмъ возстановилась[1] мало по малу тишина. Одинъ за другимъ овладѣвалъ своимъ матрацомъ, каждый ложился и устраивался[2] по обстоятельствамъ[3]. Одинъ только остался [лишній]; тщетно ощупывалъ[4] онъ полъ и, бранясь[5], искалъ пятаго матраца. Вдругъ пришла ему въ голову свѣтлая[6] мысль. Онъ остановился и съ негодованіемъ[7] вскричалъ: господа! одинъ изъ васъ лежитъ на двухъ матрацахъ! — Ура[8]! въ которомъ я, впрочемъ, не принималъ никакого участія, — раздалось въ отвѣтъ на это гнусное[9] обвиненіе. — Мы тотчасъ увидимъ это, сказалъ путешественникъ, лишенный[10] своего матраца. Наконецъ онъ нашелъ колокольчикъ[11] и началъ звонить съ неистовствомъ[12]. Кельнеръ[13], со свѣчой, подошелъ къ дверямъ. Въ эту минуту я инстинктивно[14] схватился за свой карманъ[15], чтобы убѣдиться, тамъ-ли еще ключъ. — Я не могу отворить, закричалъ кельнеръ; двери заперты изнутри[16]. — Человѣкъ безъ матраца старательно[17] искалъ ключа, ощупывалъ замокъ[18], шарилъ на каминѣ, вездѣ, гдѣ только могъ, — нѣтъ ключа! — Кельнеръ! закричалъ онъ, наконецъ, сходите къ хозяину; во всякой гостинницѣ есть (on a) второй ключъ для каждой комнаты. — Кельнеръ ушелъ; онъ вернулся едва черезъ десять минутъ, между тѣмъ какъ № 5 бранился, а остальные хохотали.

1 se rétablir; 2 s'arranger; 3 d'après les circonstances; 4 tâtonner; 5 jurer, pester; 6 lumineux; 7 indignation; 8 un hourra; 9 abominable; 10 privé; 11 la sonnette; 12 en furieux; 13 le garçon; 14 par instinct; 15 mettre la main dans la poche; 16 de dedans; 17 soigneusement; 18 la serrure.

IV. Господинъ! закричалъ кельнеръ, хозяинъ не можетъ найти другаго ключа. — Я уже торжествовалъ[1], какъ вдругъ нужда[2], мать всѣхъ изобрѣтеній, вдохнула[3] новую мысль человѣку безъ матраца. — Кельнеръ! закричалъ онъ, просуньте[4] нѣсколько зажигательныхъ спичекъ[5] въ замочную скважину[6]. — При (à) этихъ ужасныхъ словахъ я задрожалъ[7], и не безъ причины. Въ одну секунду[8] человѣкъ безъ матраца зажегъ[9] (p. ant.) свѣчу; я слышалъ, какъ каждый подымался[10] съ ложа, между тѣмъ какъ я закутывался плотнѣе, и вдругъ раздались[11] восклицанія: насъ шестеро! что это значитъ? кто прокрался[12] сюда? — Господа! я требую (именной) переклички[13]! вскричалъ одинъ. — Каждый слышалъ, какъ произносили его имя и отвѣчалъ: здѣсь[14]! Я видѣлъ уже приближеніе минуты, когда буду позорно выброшенъ за дверь, какъ вдругъ ухо мое было поражено именемъ *Сюсси*, одного изъ моихъ знакомыхъ. — Господинъ Сюсси! вскричалъ я поспѣшно; (значитъ), я между знакомыми[15]. При этомъ новомъ голосѣ, взоры всѣхъ обратились въ мою сторону. Сюсси, который узналъ меня, воскликнулъ: какъ! Дюма, вы здѣсь! — За этимъ послѣдовалъ взрывъ хохота[16]; мой другъ представилъ меня остальнымъ. Всѣ, даже человѣкъ безъ матраца, простили мнѣ великодушно шутку, а послѣ того, какъ я передалъ ключъ[17], кельнеръ помѣстилъ, не безъ труда, шестой матрацъ въ комнатѣ, законнымъ[18] обладателемъ котораго я могъ назвать себя.

1 triompher; 2 la nécessité; 3 donner, inspirer; 4 passer; 5 une allumette (chimique); 6 le trou de la serrure; 7 trembler; 8 la seconde; 9 allumer; 10 se lever; 11 retenir; 12 se glisser; 13 l'appel nominal; 14 présent; 15 en pays de connaissance; 16 un éclat de rire; 17 livrer; 18 légitime.

CHAPITRE VII.

Du verbe.

§ 58. DE L'ACCORD DU VERBE AVEC SON SUJET.

Nous étudierons l'accord du verbe avec son sujet: 1) dans les propositions simples qui n'ont qu'un seul sujet, — 2) dans les propositions qui ont plus d'un sujet.

A. *Accord du verbe dans les propositions qui n'ont qu'un seul sujet.*

1. Le verbe s'accorde en nombre et en personne avec son sujet. *Ma fin* APPROCHE; *vous ne* REVERREZ *plus mon visage.* CHAT.

   Obs. Par exception, on trouve l'impératif *vive* mis en rapport avec un sujet pluriel qui suit: *Parbleu,* VIVE *les gens pleins d'imagination!* REGNARD.

2. Si le verbe a pour sujet grammatical le pronom impersonnel *il,* оно, le verbe se met toujours au singulier: *Il se* PASSE *les choses les plus étranges.*

3. Si le verbe a pour sujet grammatical le pronom *ce,* il se met au singulier, excepté quand il est suivi d'un substantif pluriel faisant la fonction de sujet, ou d'un pronom de la troisième personne du pluriel employé également comme sujet. Ainsi on dira:

   C'*est* moi, c'*est* toi, c'*est* lui, c'*est* nous, c'*est* vous, c'*est* mon frère et ma sœur. C'*est* des Français que nous vient la mode. — Mais on dira: Ce *sont* eux. Ce *sont* elles. Ce *sont* là mes oracles? RACINE. C'*étaient* des Russes qui combattaient.

4. Quand le sujet du verbe est exprimé par un collectif ou par un mot exprimant une idée de nombre, suivi d'un déterminatif pluriel, le verbe se met au pluriel, si l'idée exprimée par le verbe appelle l'attention sur les objets ou les individus distincts que comprend le mot collectif:

   Une centaine d'hommes *payèrent* de leur vie cette folle entreprise. Une multitude d'animaux placés dans ces belles retraites y *répandent* l'enchantement et la vie. CHAT. Un petit nombre s'*échappèrent* et se *sauvèrent* dans les marais. J. J. R.

   Si au contraire l'idée exprimée par le verbe appelle l'attention sur le mot collectif considéré comme unité, le verbe se met au singulier:

   Ce groupe d'îles *est* devenu la ville de Venise. DARU. Une partie des troupes se *trouvait* en Arcadie. BARTH. Une société d'hommes bienfaisants *a* établi une caisse d'épargne. LEMONTEY. Ici finit le recueil de lettres qui m'*a* servi de guide. J. J. R.

5. Quand le sujet du verbe est un nombre fractionnaire, l'accord du verbe se fait d'après le même principe:

La moitié de ces enfants *sont* morts. BONIF. La moitié *sont* morts. Le tiers des enfants *est* mort au bout de dix ans. VOLT.—Mais on dira: Un tiers de ces enfants *sont* orphelins.

6. **La plupart.** Ce collectif, employé comme sujet, veut le verbe au pluriel, excepté quand il est suivi d'un déterminatif au singulier. Il en est de même pour les adverbes de quantité:

La plupart *croient* que le bonheur est dans la richesse, ils se trompent. La plupart des sots *ont* beaucoup de vanité. La plupart du monde *prétend*. ACAD. Assez de gens *courent* après la fortune, mais bien peu *réussissent*.

7. **Plus d'un.** Quoique réveillant une idée de pluralité, cette expression exige le verbe au singulier: *Plus d'un charmant ouvrage* ÉTAIT *perdu pour moi.* DELILLE. Mais on dira: *Plus d'un fripon se* DUPENT *l'un l'autre*, parce que l'idée de réciprocité amène nécessairement le pluriel.

8. Le pronom relatif **qui** transmet au verbe le nombre et la personne de son antécédent:

C'est moi qui *suis* Guillot. LA FONT. Est-ce nous qui *avons* fait cela? ACAD. C'est vous qui, le premier, *avez* rompu mes fers. VOLT. Conscience! c'est toi qui *fais* l'excellence de ma nature et la moralité de mes actions. J. J. R.

Si le pronom *qui* est séparé du sujet de la proposition principale par un attribut tel que *le premier*, *le dernier*, *le seul*, etc., ou par un *substantif*, l'accord se fait avec cet attribut, qui est le véritable antécédent du pronom relatif:

Je suis le premier qui *ait* fait connaître en France la poésie anglaise. VOLT. Tu étais le seul qui *pût* me consoler de l'absence de Rica. MONT. Nous sommes les deux hommes qui *ont* échappé au naufrage. — Mais on dira: Nous sommes deux qui *avons* échappé au naufrage; — et avec un nom propre: Je suis Diomède, roi d'Étolie, qui *blessai* Vénus au siége de Troie. FÉN.

Mais dans une phrase interrogative ou négative, ou quand le nom propre est déterminé par un pronom démonstratif ou possessif, on dira, en mettant le verbe à la troisième personne:

Es-tu Alexandre (tu n'es pas Alexandre, tu es cet Alexandre) qui *a* fait trembler l'Asie. GR. DES GR. Je suis ce Tancrède qui *a* ceint l'épée pour Jésus-Christ.

Quand le pronom relatif a pour antécédent un substantif placé en apostrophe, le verbe dont ce pronom est le sujet se met à la deuxième personne:

O Dieu! qui *sondes* le cœur des hommes, tu sais mon innocence. — Déesses qui *vengez* les morts, écoutez-moi! LA HARPE.

B. *Accord du verbe dans les propositions qui ont plusieurs sujets.*

9. Si le verbe a pour sujets plusieurs substantifs ou pronoms singuliers, le verbe se met au pluriel:

Elle et lui *sont* en France. Vivre et mourir *seront* pour lui la même chose. J. J. R.

10. Si les sujets sont unis par **ou** ou par **ni,** il faut distinguer deux cas: 1) ou les deux sujets concourent à l'action exprimée par le verbe, 2) ou un seul fait l'action, à l'exclusion de l'autre. Dans le premier cas le verbe se met au pluriel, dans le second au singulier:

a) Le temps ou la mort *sont* nos remèdes. J. J. R. La peur ou le besoin *font* tous les mouvements du lièvre. BUFFON. Ni l'or ni la grandeur ne nous *rendent* heureux. LA FONT. J'ai lu ces deux livres, ni l'un ni l'autre ne me *plaisent.*

b) Mais on dira: L'un ou l'autre *viendra.* Le bien ou le mal se *moissonne,* selon qu'on sème ou le mal ou le bien. LAMOTTE. Ni l'une ni l'autre de ces dames n'*est* la reine. Ni M. le Comte ni M. le Baron F. ne *sera* nommé ambassadeur.

Rem. Si les sujets liés par *ou* sont de différentes personnes, il faut mettre le verbe au pluriel et à la personne qui a la priorité: *Lui ou toi* ÊTES *l'auteur de cet accident.*

11. **L'un et l'autre** demande d'ordinaire le verbe au pluriel: *L'un et l'autre* VIENNENT. Cependant l'Académie dit indifféremment: *L'un et l'autre* EST *bon, l'un et l'autre* SONT *bons.*

12. Si deux sujets singuliers sont joints l'un à l'autre par l'une des conjonctions *comme, ainsi que, de même que, aussi bien que, non plus que, non moins que,* ou par la préposition *avec,* le verbe s'accorde seulement avec le premier, vu que le second est sujet d'un verbe sous-entendu.

L'autruche, comme (ainsi que, de même que, aussi bien que) le castor, *aime* la société de ses semblables. BONIFACE. L'âme, comme le corps, ne se *développe* que par l'exercice. B. DE ST. P. Presque toute la Livonie, avec l'Esthonie entière, *avait* été abandonnée par la Pologne au roi de Suède. VOLT.

On écrira d'après le même principe:

L'or, plutôt que les honneurs, le *séduira.* Non-seulement toutes ses richesses, mais toute sa vertu *s'évanouit.* BONIF.

Rem. Cependant on trouve aussi le pluriel: *Bacchus, ainsi qu'Hercule,* ÉTAIENT *reconnus pour demi-dieux.* VOLT. *Le comte Piper, avec quelques officiers,* ÉTAIENT *sortis du camp.* VOLT.

13. Le verbe se met par contre au singulier, si, malgré la pluralité des sujets, l'idée d'unité prédomine. C'est ce qui a lieu:

1) Lorsque les sujets sont synonymes, et qu'ils ne sont pas liés par la conjonction *et:*

Le zèle, l'ardeur que cet écolier met à l'étude, lui *fera* surmonter tous les obstacles.

2) Quand les sujets sont placés par gradation, de manière que le dernier sujet fixe seul l'attention :

Un cri, un mouvement, la chute même d'une feuille, *met* en fuite le lièvre. — Un seul mot, un soupir, un coup d'œil vous *trahit*. VOLT.

3) Quand les sujets sont résumés par un mot singulier tel que *chacun*, *nul*, *aucun*, *personne*, *rien*, *tout*, qui les comprend tous :

Hommes, dieux, animaux, *tout* y fait quelque rôle. LA FONT. Conseils, prières, menaces, *rien* n'a pu l'ébranler. — De même : *Tout le monde*, noble, bourgeois, artisan, laboureur, *devint* soldat. MONT.

Rem. Quand le verbe précède les sujets, il arrive quelquefois qu'il ne s'accorde qu'avec le premier : TOMBE *Argos et ses murs* ! LEMERCIER. *Qu'*IMPORTE *sa pitié, sa joie et sa vengeance !* VOLT. On trouve même : *Le bien et le mal* EST *en ses mains.* LA BRUYÈRE. *La grandeur et la simplicité de cette idée* ÉLEVA *mon âme.* THOMAS.

14. **Accord de personne.** Quant à la *personne*, le verbe suit les principes suivants :

1) Si les sujets sont tous de la même personne, le verbe prend la personne des sujets :

Paul et Virginie *étaient* ignorants. B. DE ST. P.

2) Si les sujets sont de différentes personnes, le verbe se met à la personne qui a la priorité : la première a la priorité sur les deux autres, et la seconde sur la troisième :

Lui, toi et moi, (nous) *ferons* ce voyage ensemble. Lui et toi, (vous) *auriez* dû venir à mon secours. Albert et moi *sommes* tombés d'accord. MOL. Vous et les siens *avez* mérité pis. LA FONT. Il faut que toi et ceux qui sont ici *fassiez* les mêmes serments. VERTOT.

60.

L'hirondelle et le rossignol nous annoncent le retour des beaux jours. — La douceur, la bonté du grand Henri, a été célébrée de mille louanges. PÉLISSON. Le ciel, tout l'univers est plein de mes aïeux. RACINE. — Avant tout, compte sur toi. Voisins, amis, parents, chacun préfère son intérêt à celui de tout autre. VOLT. — Le soleil ni la mort ne se peuvent regarder fixement. LA ROCHEF. — Il n'est ni rang, ni naissance, ni fortune, qui ne disparaisse devant une âme comme la tienne. MARIVAUX. — La vivacité ou la langueur des yeux fait un des principaux caractères de la physionomie. — Si vous ou monsieur votre frère avez le temps, ayez la bonté de venir me voir aujourd'hui. — Une troupe d'assassins entra dans la chambre de l'amiral Coligny, le reste garda toutes les issues de la maison. — Au milieu des horreurs de la Saint-Barthélemy, même un grand nombre de catholiques périrent assassinés par leurs ennemis personnels. — A force d'audace, plus d'un ignorant a réussi à se faire passer pour un homme instruit. — Il n'y a rien que la crainte et l'espérance ne fassent croire aux hommes. — L'armée ennemie fut à peu près détruite; artillerie, drapeaux, bagages, provisions, tout fut enlevé. — On cite des femmes spartiates une foule de mots qui annoncent le courage ou la force. — La Fontaine fut oublié, ainsi que Corneille: ni l'un ni l'autre n'était courtisan. LA HARPE. — C'est le bon ordre, et non certaines épargnes sordides[2], qui fait le profit. VOLT. — L'infinité des perfections de Dieu m'accable. ACAD. — La moitié de vos concitoyens, épars[3] dans le reste de l'Europe et du monde, vivent et meurent loin de la patrie. J. J. R. — Par tous pays, la plupart des fruits destinés à la nourriture de l'homme, flattent sa vue et son odorat. B. DE ST. P. — Personne n'oublie ses plaisirs; mais peu se souviennent de leurs devoirs. — L'empereur Antonin est un des meilleurs princes qui aient régné. ROLLIN. — Ce furent les Phéniciens qui, les premiers, inventèrent l'écriture. BOSSUET. — Nous croyons que tout change, quand c'est nous qui changeons. — Quelles sont les cinq parties du monde? Ce sont l'Europe, l'Asie, etc.

1 томность; 2 грязный, скупой; 3 разсѣянный.

61.

Мы ждемъ каждую зиму, чтобы ласточка и соловей возвѣстили намъ возвращеніе прекрасныхъ дней. — Мольера можно сравнить съ Расиномъ: оба (l'un et l'autre) въ совершенствѣ знали человѣческое сердце. — Алчное желаніе[1], какъ и другія страсти, какъ (comme) повозка[2], которая спускается[3] съ горы. — Это Фалантъ, со своими лакедемонянами, который основалъ новое царство. — Мой братъ и моя сестра были неутѣшны. — Мы два монаха[4] изъ монастыря св. Бернарда, которые ѣздимъ по (pour) своимъ дѣламъ. — Ты-ли, спросилъ Миносъ, тотъ Александръ, который опустошилъ часть свѣта? — Да, отвѣчалъ онъ, я тотъ Александръ, котораго чтили на землѣ, какъ бога, и который теперь ясно видитъ, что всѣ смертные равны. — Это скупость и тщеславіе, которыя навлекаютъ[5] на насъ наибольшія непріятности[6]. — Ты или я долженъ умереть, сказалъ Дамонъ Питію: живи для жены и дѣтей; это я, который пожертвуетъ[7] собою. — Осторожность[8] и скромность Тюреня поражали всѣхъ тѣхъ, которые были свидѣтелями, что его мужество, (равно какъ и) безстрашіе (intrépidité) въ битвахъ преодолѣвали[9] всѣ препятствія. — Знатные (grands) и незнатные (petits), богатые и бѣдные, никто не можетъ избѣжать смерти. — Во всякомъ возрастѣ, трудолюбіе и прилежаніе составляютъ (être) счастіе (pour) людей. — Истина, какъ и свѣтъ, неизмѣнна[10] и вѣчна. — Августъ или Людвигъ получитъ первую награду (prix); между тѣмъ какъ ни одинъ изъ нихъ не могъ пользоваться частными уроками, которые были даваемы (recevoir, prendre) большей части учениковъ. — Ораторъ, поэтъ, (en) однимъ словомъ — геніальный человѣкъ[11], избѣгаетъ городовъ и ищетъ величественныхъ зрѣлищъ природы, чтобы возбудить въ себѣ вдохновеніе[12]

1 la convoitise; 2 chariot; 3 descendre (une montagne); 4 le religieux; 5 attirer qch.; 6 désagrément; 7 sacrifier; 8 la réserve; 9 surmonter un obstacle; 10 inaltérable; 11 l'homme de génie; 12 l'inspiration.

62.

Толпы галловъ вторглись [1] въ Италію и овладѣли даже Римомъ; но этому сонмищу (ce grand nombre) враговъ не удалось взять Капитолій. — Что бы ни говорилъ Руссо, большая часть путешественниковъ единогласно говоритъ [2], что дикіе народы несчастнѣе образованныхъ. — Невѣжество или глупость (erreur, sottise) могутъ (de) извинять нѣкоторыя ошибки. — Поклонъ, слово, улыбка — должны быть достаточны, чтобы примирить разставшихся (brouillé) друзей. — Баронъ Ф. или графъ N. будетъ сопровождать принца, въ качествѣ [3] секретаря? — Кто долженъ заботиться [4] о престарѣломъ и больномъ отцѣ, какъ не (si ce n'est) дѣти его? — Это ты, дорогой другъ, который первый, спасъ меня отъ отчаянія; ты былъ единственный человѣкъ, который вырвалъ меня, виновнаго, изъ этой пропасти [5], гдѣ я погибъ бы непремѣнно (§ 66). — Едва вошелъ Цезарь въ сенатъ, какъ обступила его большая часть заговорщиковъ. — Моя сестра и я были первыми учениками этого новаго англійскаго учителя. — Ягуаръ, какъ и кугуаръ, живетъ въ самыхъ жаркихъ странахъ южной Америки. — Этотъ человѣкъ или я — должны оставить городъ. — Аѳиняне! не удивляйтесь, что Демосѳенъ и я — не одного мнѣнія [7]. — Какъ прекрасенъ видъ возрождающейся [8] природы! можетъ-ли это быть, чтобы я одинъ только въ эту минуту имѣлъ удовольствіе [9] удивляться ей! — Болѣе половины французскихъ войскъ, которыя хотѣли перейти черезъ Березину, погибло при этомъ: большая часть бросилась (précipiter) въ рѣку и не могла достичь берега. — Болѣе чѣмъ одинъ честолюбецъ загораживаютъ [10] другъ другу дорогу къ (de) высшимъ почестямъ.

1 envahir (un pays); 2 s'accorder à dire; 3 en qualité de; 4 prendre soin de; 5 un abîme; 6 conjuré; 7 être du même avis; 8 renaissant; 9 prendre plaisir; 10 barrer le chemin.

63. Récapitulation.

Людовикъ IX, которому египетскій султанъ грозитъ (menacer) смертію, пишетъ къ сыну.

Это ты, мой сынъ, который говоришь мнѣ; я узнаю тебя по (à) твоимъ словамъ. Для твоего мужества, для твоей храбрости нѣтъ ничего невозможнаго. Мой народъ чтитъ [1] въ тебѣ эти добродѣтели; но Франція, какъ и отецъ твой, требуетъ отъ тебя большаго. Ты будешь теперь королемъ: ты будешь нести тяжесть (fardeau, poids) скипетра. Да (pouvoir, § 73, 3) впечатлѣются [2] въ твоемъ сердцѣ мой послѣдній совѣтъ и моя послѣдняя просьба! Подумай, что теперь угрожаетъ тебѣ множество подводныхъ камней [3]; избѣгай ихъ, мой сынъ, и присоедини [4] къ тому немногому доброму, что сдѣлалъ [5] я, то, чего я не въ состояніи былъ сдѣлать.

Ты знаешь свои обязанности къ твоей матери; ты видишь, куда привели ее любовь и нѣжность къ (pour) намъ; это ты, который долженъ утѣшить ее, когда меня не станетъ. Чти (vénérer) твою бабку: мой народъ, которымъ она управляла съ мудростію въ мое отсутствіе, и особенно я, многимъ ей обязаны. Франція, вся Европа удивляется ея добродѣтелямъ, ея уму. Изгони [6] отъ твоего двора толпу льстецовъ, которая осаждаетъ [7] уши королей. Это льстецы и безбожники, которые были причиною погибели[8] стольких князей; это они, которых ты долженъ избѣгать прежде всего. Чти права папы; но если бы онъ предложилъ (ordonner) тебѣ несправедливую войну, то воспротивься[9] ему, и будь христіаниномъ, не переставая быть королемъ. Пусть (souffrir que) безбоязненно[10] приближается къ тебѣ бѣдный, угнетенный (opprimé), каждый изъ твоихъ подданныхъ. Сострадай[11] ихъ горестямъ, гордись ихъ любовью; однимъ словомъ, властвуй для твоего народа. Если ты осчастливишь (gér.) его, будешь и самъ счастливъ.

1 vénérer, honorer; 2 graver; 3 écueil; 4 joindre à; 5 faire, accomplir; 6 bannir (de); 7 assiéger qch.; 8 causer la perte; 9 résister à qn; 10 sans alarmes; 11 compâtir à.

§ 59. REMARQUES SUR L'EMPLOI DES AUXILIAIRES. (I P. § 52).

Certains verbes intransitifs changent d'auxiliaires en changeant d'acception. Nous citerons les plus importants.

1. **Demeurer** prend *avoir* dans le sens de *habiter, loger*, et *être* dans le sens de *rester, s'arrêter*, оставаться.

   J'*ai* demeuré six mois à Paris. On voulait me faire sortir, mais je *suis* demeuré à ma place. Mille hommes *sont* demeurés sur le champ de bataille.

2. **Échapper,** убѣжать. Ce verbe prend *avoir* ou *être*, selon qu'il exprime *l'action* ou *l'état:*

   L'un des coupables *a* échappé à la gendarmerie. ACAD. Ce voleur *est* échappé de prison. FÉN.

   Rem. On dit: *Ce mot m'*A *échappé,* pour indiquer qu'on n'a pas remarqué, entendu ou retenu ce mot; et: *Ce mot m'*EST *échappé,* pour indiquer qu'on l'a prononcé par inadvertance ou par imprudence. — On dit de même: *Cette faute m'*A *échappé* (la faute d'un autre, *sens objectif),* et: *Cette faute m'*EST *échappée.* (Il s'agit d'une faute que j'ai faite moi même, *sens subjectif).*

3. **Convenir** prend *avoir* dans le sens de *être à la convenance*, приличествовать, et *être* dans le sens de *faire une convention, demeurer d'accord, avouer,* согласиться, сознаться: *Ce prix m'*A *convenu. Nous* SOMMES *convenus du prix. Il* EST *convenu de sa faute.*

4. **Expirer** prend *avoir* dans le sens de *mourir. Il* A *expiré sans me reconnaître.* — Quand il se dit des choses, dans le sens de *finir, prendre fin*, il prend *avoir* ou *être* selon qu'il marque l'*action* ou l'*état: Mon bail* A *expiré à la St. Jean. La trève* ÉTANT *expirée, on reprendra les armes.*

5. **Partir** se conjugue toujours avec *être*, excepté quand il se dit d'une arme à feu dont le coup part. *Le fusil* A *parti tout à coup.* ACAD.

6. **Tomber**. Quelques écrivains ont conjugué ce verbe avec *avoir. S'il eût tombé dans le piége.* VOLT. *La foudre* A *tombé sur ma tête.* A. CHÉNIER. — Cet emploi est très-rare.

64. (I P. § 52.)

Déjà dans les forêts voisines, les pins, les ormes[1] touffus, l'antique érable[2], le chêne superbe sont tombés de toutes parts sous le fer des Castillans. FLORIAN. — A l'époque du déluge la pluie a tombé du ciel pendant quarante jours et quarante nuits. — Ils sont convenus d'attaquer l'ennemi le même jour. LAVEAUX. — Vous devez pardonner à votre ami, il est convenu de tous ses torts, et il a promis de les réparer. — La place qu'on a proposée à votre père et qu'il n'a pas voulu accepter, m'aurait bien convenu. — Votre cousin, qui a été secrétaire d'ambassade, a demeuré trois ans à Madrid. — Sa plaie a demeuré trois mois à se fermer. ACAD. — J'ai retenu le chant, les vers m'ont échappé. J. B. ROUSSEAU. — Le microscope nous découvre dans chaque objet connu mille objets qui ont échappé à notre connaissance. — Ce mot m'est échappé, excusez ma franchise. VOLT. — Cette différence ne m'a pas échappé. J. J. ROUSSEAU. — Midi a sonné à Notre-Dame quand le premier coup de canon a parti. Midi est sonné depuis plus de dix minutes. — J'ai demeuré plus d'un an en Italie, où je n'ai vu que les débris de cette Italie, si fameuse autrefois. — Les Tartares sont demeurés errants dans leurs vastes déserts. — Le malheureux a expiré au milieu des plus horribles souffrances. — La trêve[3] n'était pas expirée au moment où ils ont commencé l'attaque.

1 вязъ; 2 клёнъ; 3 перемиріе.

65. (I P. § 52.)

Послѣднія слова, которыя произнесъ ораторъ, ускользнули отъ моего вниманія (échapper, *p. indéf.*). — Простите мнѣ выраженіе, которое я употребилъ (se servir) вчера; оно вырвалось (échapper, *p. ind.*) у меня, безо (sans que) всякаго желанія съ моей стороны оскорбить васъ. — Вы первый разъ были (p. ind.) во французскомъ театрѣ? все вы поняли? — Нѣтъ[1], смыслъ многихъ выраженій ускользнулъ (p. ind.) отъ меня. — Сегодня утромъ выпало много снѣгу. — Мы сошлись (convenir) уже въ цѣнѣ за эту лошадь. — Мы жили (demeurer) въ этой улицѣ почти три года. — Истинный смыслъ этого мѣста (passage) ускользнулъ отъ всѣхъ переводчиковъ. — Процессія[2] проходила (p. ind., passer) по нашей улицѣ; но когда пришла твоя тетка, процессія уже кончилась. — Извѣстно, что малое число путешественниковъ проникало (pénétrer) во внутренность Африки. — Я убѣжденъ, что его сестра проникнута стыдомъ (honte) и раскаяніемъ. — Мой отецъ умеръ[3] (p. ind.) на моихъ рукахъ. — Срокъ моего займа[4] кончится[5] (fut. ant.) на святой недѣлѣ. — Перемиріе кончилось вчерашняго числа. — Онъ сознался[6] во всѣхъ своихъ проступкахъ. — Эти условія очень понравились[7] бы (condit. pas.) ему.

1 pas du tout; 2 la procession; 3 expirer; 4 le bail; 5 expirer; 6 convenir de; 7 convenir.

§ 60. RÉGIME DES VERBES.

Sur la nature et les formes du régime, tant direct qu'indirect, voir § 5. — Sur la place du régime, voir §§ 14 et 17.

1. Deux verbes ne peuvent avoir un complément commun que lorsqu'ils régissent le même cas. Ainsi on dira : *Je connais et j'estime* CE MONSIEUR, car *connaître* et *estimer* demandent l'un et l'autre l'accusatif. Mais on ne dira pas : *J'ai rencontré et parlé* CE MONSIEUR ; mais : *J'ai rencontré ce monsieur et je lui ai parlé*, parce que *rencontrer* demande l'accusatif et *parler* le datif.

2. Quand un verbe est accompagné de plusieurs compléments coordonnés par les conjonctions *et*, *ou*, *ni*, il convient que les régimes soient exprimés par des mots de même nature. Ainsi on ne dira pas : *Il aime la musique et à peindre. Il s'amuse à dessiner et à la lecture* ; mais bien : *Il aime la musique et la peinture. Il s'amuse à dessiner et à lire.*

3. Un verbe transitif ne peut avoir deux régimes directs. Quand un verbe transitif est accompagné de deux régimes, l'un de *personne* et l'autre de *chose*, le régime de personne se met au datif :

J'enseigne le français *à ces enfants.*	Я учу этихъ дѣтей французскому языку.
Qui *leur* apprend l'anglais ?	Кто учитъ ихъ англійскому языку ?

Rem. On peut toutefois considérer comme régissant un double accusatif les verbes transitifs tels que *créer*, *faire*, *proclamer*, *nommer*, etc., dans des phrases telles que : *Ils* LE *firent* JUGE. *Ils* LE *proclamèrent* ROI. *Il s'avoue* COUPABLE. — Le passif de ces verbes, ainsi que les auxiliaires *être*, *devenir*, *sembler*, etc., peut être considéré comme étant construit avec un double nominatif : IL *fut couronné* ROI. IL *est né* POÈTE. Que *deviendra-t-*IL ?

4. Quand les verbes *faire*, *laisser*, *voir*, *entendre*, *ouïr*, sont suivis d'un régime direct de chose, le régime de personne se met au datif :

Faites souvent répéter ces règles *à vos écoliers.*	Заставляйте своихъ учениковъ часто повторять эти правила.
Je *lui* ai fait avouer la vérité.	Я заставилъ его признаться въ истинѣ.
Cela fit croire *au roi* que le danger était passé.	Это заставило короля подумать, что опасность миновала.
J'ai souvent entendu dire cela *à mon père.*	Я часто слышалъ, какъ говорилъ это мой отецъ.
Le singe imite ce qu'il voit faire *aux hommes.*	Обезьяна подражаетъ тому, что дѣлаютъ люди.

J'ai ouï dire *à feu ma sœur* que sa fille et moi naquîmes le même jour. MONTESQ. J'ai pris vos vieux habits à l'un et à l'autre, je les ai fait flairer *à Fidèle.* B. DE ST. P.

Cette construction est de rigueur pour le verbe *faire*. Mais avec les verbes *laisser*, *entendre*, *ouïr*, *voir*, l'emploi du régime direct est permis et souvent même préférable, et l'on peut très-bien dire:

Je l'*ai* entendu raconter cette histoire (Au lieu de: Je lui ai...)	Я слышалъ, какъ онъ разсказывалъ эту исторію.
Je *les* ai laissés boire mon vin. (Au lieu de: Je *leur* ai...)	Я позволилъ имъ пить мое вино.

L'accusatif est même de rigueur lorsque l'emploi du datif pourrait occasionner une équivoque. C'est ainsi que le sens des phrases suivantes change complètement selon qu'on emploie le datif ou l'accusatif:

Je *l'*ai vu donner l'aumône. (Je l'ai vu qui donnait l'aumône).
Je *lui* ai vu donner l'aumône. (J'ai vu qu'on lui donnait...).
Je *l'*ai vu remettre une lettre. (Je l'ai vu qui remettait...).
Je *lui* ai vu remettre une lettre. (J'ai vu qu'on lui...).

Rem. 1) Il y a cependant des cas où l'emploi de l'accusatif n'est pas possible. C'est surtout quand les deux régimes sont exprimés par des pronoms personnels, ou quand le régime de personne est antécédent d'une proposition relative: *Je* LE LUI *ai entendu dire. S'il veut voir les tableaux, nous* LES LUI *laisserons regarder.* — *Fénelon entendait avec douleur répéter ces calomnies* à DES COURTISANS *qui craignaient pour leur faveur l'influence de ses vertus.*

2) Le datif peut aussi être remplacé par la préposition *par*: *Parny laissa cueillir la pomme d'or de son île natale* PAR *un étranger.* SAINTE-BEUVE.

5. On dit avec le verbe *être*:

C'est *à vous que* je m'adresse, къ вамъ я обращаюсь. § 18.
C'est *de vous que* je parle, о васъ говорю я.
ou: C'est *vous à qui* je m'adresse.
C'est *vous dont* je parle.
Rem. La première de ces constructions est la plus usitée.

§ 61.

La question de savoir quel est le régime (le cas) que demande tel ou tel verbe, est une des plus grandes difficultés que rencontrent les Russes qui étudient la langue française, vu que les deux langues ne s'accordent pas toujours sur le régime à donner au même verbe. En effet, certains verbes sont transitifs en français, tandis qu'ils sont intransitifs en russe, et réciproquement. De plus, les deux langues diffèrent souvent aussi dans l'emploi des régimes indirects.

Obs. Il est très-utile d'habituer les élèves à ajouter à l'infinitif le mot *quelqu'un* ou *quelque chose*, *de quelqu'un*, *de quelque chose*, *à quelqu'un*, *à quelque chose*, etc., afin de les familiariser avec le régime du verbe. — Dans ce qui suit, nous ne pouvons donner que quelques indications; pour le reste, il faut consulter le dictionnaire.

1. **Régime direct** (*accusatif*). — On remarquera les verbes suivants, qui, en français, sont transitifs, tandis qu'en russe ils demandent presque tous un régime indirect :

Admirer, administrer, adorer, apprendre, attaquer, attendre, avouer qch. à qn., braver, briguer, calomnier, chercher, concerner (regarder), conduire (diriger), craindre, désirer, deviner, égaler, empêcher, envier, flatter, imiter, mentionner, nier, nommer (appeler), plaindre, posséder, précéder; prier, se rappeler qch. *(se souvenir de qch.)*, refuser, regarder, rencontrer, reprocher, rêver qch., saluer, sentir, servir, suivre qn., trahir, traiter, venger qn. de qch., vouloir, etc.

Admirez le soleil qui se couche ! — Mais attendons la fin ! La Font. — Le singe imite l'homme. — Ne *les* empêchez pas de passer. — Il flatte tout le monde. — Il passe les nuits à prier Dieu. Acad. — Vous rappelez-vous ce fait ? (Vous souvenez-vous *de* ce fait ?) — Saluer quelqu'un de la main, du geste, de la voix. Acad. — Je l'ai suivi de rue en rue. — Vous avez rêvé cela, mon ami ! — Venger quelqu'un d'un affront. Acad.

Rem. Tous ces verbes sont par conséquent susceptibles d'être employés passivement : *Il* A ÉTÉ TRAHI *par son compagnon*, ему измѣнилъ товарищъ. *Le roi* ÉTAIT SUIVI *de toute sa cour*.

2. **Régime indirect** exprimé au moyen de la préposition **de** (*génitif*).

La préposition **de** sert à indiquer le *motif*, la *cause*, l'*origine de* l'état ou de l'action exprimée par le verbe. On l'emploie :

1) Après les verbes qui expriment un *état*, une *émotion* de l'âme (crainte, joie, bonheur, tristesse, honte, etc.). Tels sont :

S'affliger, s'alarmer, s'inquiéter, s'amuser, avoir envie, se contenter, s'étonner, se plaindre, être fâché de, se repentir, se réjouir, etc.

2) Après les verbes qui expriment l'action de *louer*, de *blâmer*, de *récompenser*, de *punir*, d'*accuser*, d'*excuser*, ou quelque idée analogue. Tels sont :

Accuser, bénir, blâmer, châtier, dédommager, s'excuser, se féliciter, remercier, soupçonner, gronder, etc.

3) **De** sert aussi à exprimer l'*instrument* de l'action, le *moyen* dont elle s'effectue. C'est ce qui a lieu après les verbes :

Accabler, arroser, battre, border, charger, combler, couronner, courir, entourer, honorer, menacer, mourir, nourrir, orner, parer, planter, régaler, semer, se servir de, etc.

4) Après les verbes qui expriment l'action d'*éloigner*, de *séparer*, de *délivrer*, de *défendre*, de *défaire*, etc., dont un grand nombre sont composés au moyen des particules *dé*, *dis*, *ré*, — et en outre, après les verbes qui expriment l'action d'*approcher*. Tels sont :

S'acquitter, approcher, se dédire, délivrer, désabuser, désaccoutumer, déshabituer, désespérer, se défendre, se garder, profiter de, se passer de, s'apercevoir de, séparer, sortir, etc.

Ex: Ayez pitié des malheureux. Ne vous étonnez de rien. J'ai remercié mon oncle de sa bonté. Son père l'a blâmé de sa conduite. Auguste dit à Cinna: Je t'avais comblé de mes bienfaits, je t'en veux accabler. La ville était entourée de murs. On voyait de belles collines plantées d'arbres fruitiers. Éloignez-vous de ce cheval. Savez-vous distinguer une planète d'une étoile fixe? De tout ce que j'ai dit, je m'en dédis ici. VOLT.

3. **Régime indirect** exprimé au moyen de la préposition **à** (*datif*).

La préposition **à** exprime une *direction*, une *tendance*, un *penchant* vers un objet, la *destination*, et d'autres rapports analogues: *Écrire à, dire à, aspirer à, s'adresser à, destiner à, préférer à*, etc.

On remarquera les verbes suivants qui demandent le datif:

Apprendre, enseigner, montrer qch. à qn.; s'attendre à, avoir égard à, consentir à, se décider à, se résoudre à, emprunter qch. à qn. (= de qn.), se fier à, se marier à (avec), parler à (avec), penser à qn., à qch., porter envie à qn., prendre garde à, prendre part à, réfléchir à, renoncer à, ressembler à, survivre à, etc.:

Il montre le dessin à mes enfants. Ayez égard à sa situation. J'ai emprunté cette somme à un de mes amis. ACAD. J'ai emprunté de mon oncle dix mille francs. ACAD. Il se marie avec (à) cette dame. Prenez garde à ce cheval. Louis XIV survécut à son fils et à son petit-fils.

4. Plusieurs verbes changent de signification en changeant de régime. Les plus importants à connaître sont:

Abuser qn., обманывать: Vous m'avez abusé, je ne vous croirai plus.
Abuser de qch., употреблять во зло: Vous abusez de ma patience.
Aider qn., } помогать: { Aider (secourir) les pauvres.
Aider à qn., } { Aidez-moi à porter cette table!
Assister qn., помогать: Assister les malheureux.
Assister à, присутствовать: J'ai assisté à cette représentation.
Changer qch., перемѣнить, промѣнять: Le tailleur a changé cet habit. J'ai changé ce cheval gris contre ce cheval brun.
Changer de, измѣнить: Il a changé d'idée, d'habit, de place. (§ 53, 2).
Croire qn., qch., вѣрить кому: Croyez cet homme. Croyez ce que je vous dis.
Croire à qch., вѣрить во что, вѣровать: Croire aux revenants.
Rem. On dit: *Croire* EN *Dieu*, EN *Jésus-Christ*, AU *Saint-Esprit*.
Convenir à, приличествовать: Cette place m'a convenu.
Convenir de, соглашаться, сознаться: Il convient de ses torts.
Demander qn., qch., спрашивать, требовать: Dites à Monsieur votre père qu'on le demande. L'enfant demande du lait.
Demander qch. à qn., спросить: Je lui demandai son adresse.
Hériter de qch., de qn., наслѣдовать: Il a hérité d'une somme considérable. Il a hérité de son oncle.
Hériter qch. de qn., получить въ наслѣдство: Il n'a rien hérité de son père.

Jouer qch., играть что: Jouer un écu. Jouer un rôle, une comédie. Jouer un air sur le violon, sur le piano. — Jouer la surprise, разыграть роль изумленнаго.

Jouer qn., обманывать кого.

Jouer d'un instrument de musique, играть на инструментѣ: Jouer de la flûte, du violon, du piano, de la harpe; et quelquefois dans le style familier: Jouer du bâton, des jambes. — *Toucher*, dans le sens de *jouer d'un instrument*, se construit de la même manière: Toucher du piano.

Jouer à un jeu, играть во что: A quoi jouerons-nous? Jouons à la balle, au cheval, au billard, aux échecs.

Manquer qch., упускать: Manquer une bonne occasion.

Manquer de qch., не имѣть (чего): Ces pauvres gens manquent de pain, d'argent, de tout.

Manquer à qn., à qch., нарушать, погрѣшать: Vous avez manqué à votre père, au respect que vous lui devez.

Participer de qch., имѣть сходство съ чѣмъ: Son système participe de celui des anciens. ACAD.

Participer à qch., участвовать въ чемъ: Il participe à tous les profits et à toutes les pertes de la société. ACAD.

Répondre à qn., à qch., отвѣчать, соотвѣтствовать: Répondez à ma question. Le succès ne répondit pas à mon attente.

Répondre de qn., de qch., поручиться за: Je réponds de lui. Le médecin répond de sa vie, de sa guérison. ACAD.

Se mêler à (avec) qch., смѣшиваться: L'huile ne se mêle pas avec l'eau. ACAD. Mêler la sagesse à la plaisanterie. ANDRIEUX.

Se mêler de qch., вмѣшиваться во что, заниматься: Je ne me mêlerai plus de vos affaires. ACAD. Il se mêle de poésie.

S'occuper de se dit d'une occupation suivie et constante. Mon frère est naturaliste: il s'occupe de zoologie et de botanique.

S'occuper à se dit d'une occupation passagère: Je m'occupe à écrire une lettre, à lire cet ouvrage.

Servir qn., qch., служить; подавать: Il a servi son Dieu, son roi, sa famille. Servir le dîner, le souper.

Servir à qn. de qch., замѣнять (tenir lieu de): Il leur servit de domestique. L'air de la campagne lui servira de remède. ACAD.

Servir à qch., годиться: Ce bateau sert à passer la rivière. A quoi sert-il (que sert-il) de crier? — Cela ne sert à rien (de rien).

Se servir de qch., употреблять: Il se sert de mes meubles. ACAD.

Satisfaire qn., удовлетворять кого: On ne peut satisfaire tout le monde. ACAD.

Satisfaire à, удовлетворять чему: Satisfaire à la loi. ACAD.

Suppléer qch., добавлять, дополнять: Le génie supplée l'expérience (= complète l'expérience).

Suppléer à qch., замѣнять: Dans les arts, le travail ne peut suppléer au génie (= tenir lieu de génie).

Tenir à qn., à qch., любить: Tenir à la vie, à l'argent. ACAD.

Tenir de qn., de qch., походить: Il tient beaucoup de son père, il en a tous les traits. ACAD. Cet événement tient du prodige. ACAD.

Toucher qn., qch., трогать: Ne me touchez pas!

Toucher à qch., приближаться: Toucher à sa fin. ACAD. Il touchait à cinquante ans. LAMARTINE.

User qch., изнашивать, портить: Il use peu; ses habits sont éternels. SCRIBE. — Les enfants usent beaucoup d'habits et de souliers. ACAD.

User de qch., употреблять, пользоваться: User de remèdes. Je n'en use pas. ACAD.

66.

Les Athéniens passaient leur temps à écouter leurs orateurs, et à assister aux jeux, aux courses et aux spectacles. — On représente souvent Apollon jouant de la lyre. — Si vous jouez aux échecs, nous ferons une partie. — C'est un devoir d'aider les pauvres. — Aidez à cet homme à se relever. — Suivez les traces de vos ancêtres, imitez-les dans tout ce qui est noble et grand, tâchez de les égaler en bravoure et en probité. — Sous le règne de Marc-Aurèle, Carthage a remercié les dieux d'être romaine. — Votre frère, que j'ai rencontré, a eu la bonté de me changer mon billet de mille francs. — La fable raconte que Daphné fut changée en laurier. — La diligence change de chevaux à tous les relais. — Annibal demanda du secours aux Carthaginois, mais il ne put rien obtenir. — Le pauvre prisonnier leur demanda la vie, mais ils ne l'écoutèrent pas. — On demande ce monsieur; dites-lui de sortir un instant. — Ton frère contredit tout le monde, et ne souffre jamais qu'on le contredise. — Dites au domestique d'éclairer la personne qui descend l'escalier. — En français le sujet précède ordinairement le verbe, et le régime direct le suit. — On le voit parler tout seul, et on le voit faire des gestes qui font peur. G. SAND. — On lui fit lire le testament en vertu duquel un étranger héritait de tous les biens de son oncle. — Ces sortes de talents ne servent à rien dans la vie. — Les murmures contre les décrets de la Providence ne nous servent de rien. — Ne l'abusez pas sur le sort qui l'attend. J'empruntai vingt-cinq louis d'un ami de mon père. LAMARTINE. — J'ai parlé anglais avec lui. — Comment! il touche du piano? — Singulier intendant! — On peut toucher du piano et être honnête homme. OCTAVE FEUILLET.

67.

Служи отечеству, подражай примѣру твоихъ предковъ и старайся сравняться съ ними. — Императоръ Константинъ, перемѣнивъ самъ свою (§ 53, 2, 3) религію, обратилъ[1] многіе языческіе храмы въ христіанскія церкви. — Послѣ несчастной битвы при Каннахъ, сенатъ отправился на встрѣчу консулу и благодарилъ его за то, что онъ не отчаявался въ спасеніи[2] республики. — Августъ пережилъ всѣхъ своихъ дѣтей и внуковъ, за исключеніемъ только одного. — Наконецъ вчера я говорилъ съ вашимъ отцомъ; я встрѣтилъ его, когда я шелъ въ академію, чтобы присутствовать въ засѣданіи. Я благодарилъ его за старанія[3] обо мнѣ и просилъ его о снисхожденіи[4]. — Къ вамъ, милостивый государь, обращаюсь я съ просьбою объ услугѣ (demander un service), отъ которой, можетъ быть, зависитъ все будущее счастіе мое; отъ васъ однихъ ожидаю я ея. — Заставьте этого ученика вслухъ прочесть еще нѣсколько строкъ. — Императрица Жозефина не могла пережить паденія [5] Наполеона; у нея не достало душевной силы перенести это новое несчастіе. Императоръ Александръ посѣтилъ (aller voir) ее, когда она была на смертномъ одрѣ [6]. Она благодарила его за эту прекрасную черту его характера и просила его о покровительствѣ для тѣхъ, которые были дороги ея сердцу. Она умерла безъ жалобъ; ея долгое несчастіе научило ее терпѣнію и не могло побѣдить [7] ея безропотности [8].

1 changer, transformer; 2 le salut; 3 la démarche; 4 indulgence; 5 la chute; 6 le lit de mort; 7 l'emporter, § 52, 4; 8 résignation.

68.

Расинъ заимствовалъ [1] предметы для своихъ трагедій по большей части у древнихъ. — Шиллеръ не умѣлъ хорошо читать вслухъ; по крайней мѣрѣ тѣ лица, которыя слышали, какъ онъ читалъ (entendre lire) нѣкоторыя изъ своихъ образцовыхъ произведеній, раздѣляютъ это мнѣніе [2]. — Опытные учители наставляли (enseigner) этого молодаго человѣка въ языкѣ и наукахъ древнихъ грековъ. — Римскіе проконсулы часто злоупотребляли (abuser) властію, которую довѣрялъ имъ сенатъ; вмѣсто того, чтобы заботиться о благѣ провинцій, которыми они управляли [3], они пользовались временемъ проконсульства для своего обогащенія (infin.), и всѣ источники доходовъ цѣлой провинціи употребляли для того только, чтобы наполнить свою казну (trésor). — Когда Цезарь приблизился къ городу Риму, Помпей перемѣнилъ свое рѣшеніе [4]; вмѣсто того, чтобы презрѣть опасностію, онъ бѣжалъ, не довѣряя своимъ собственнымъ силамъ. Переправившись черезъ море, онъ отправился въ Грецію; большая часть сенаторовъ послѣдовала за нимъ. — Благоразумный человѣкъ не довѣряетъ тѣмъ, которые льстятъ ему. — Не вѣрьте ему: онъ льститъ всѣмъ тѣмъ, которыхъ хочетъ просить о чемъ-нибудь. — Едва оставили мы гавань, какъ вѣтеръ перемѣнилъ свое направленіе и принудилъ насъ предаться (suivre) теченію (courant). — Фридрихъ Великій наслѣдовалъ отъ своего отца полную казну и хорошо обученное войско. — Ты скоро раскаешься въ своемъ поведеніи.

1 emprunter; 2 porter un jugement, partager une opinion; 3 administrer; 4 résolution.

69.

I. Чего ищете вы въ этомъ лѣсу, дѣти? — Мы ищемъ цвѣтовъ, грибовъ и дикихъ плодовъ. — Кого ждете вы? Я жду мою сестру, которая пошла наверхъ, чтобы проститься [1] съ моею теткою. — Древніе египтяне обожали животныхъ, растенія, солнце, луну и звѣзды. — Кому можетъ наскучить [2] удивляться природѣ и наслаждаться ею? — Онъ не предчувствуетъ [3] несчастія, которое ждетъ его. — Я надѣюсь, что вы припомните объ обѣщаніи, которое вы дали мнѣ, посѣтить [4] насъ, когда мы будемъ въ деревнѣ. — Лучше спасти хотя одного гражданина, нежели убить тысячу враговъ: этому училъ уже императоръ Антонинъ сына своего Марка Аврелія. — Людовикъ XII, король французскій, носившій, до вступленія своего на престолъ, имя герцога орлеанскаго, отвѣчалъ тѣмъ, которые хотѣли, чтобы онъ преслѣдовалъ [5] оскорбившихъ его въ правленіе его предшественника, [слѣдующее]: неприличествуетъ королю французскому мстить за тѣ оскорбленія, которыя были нанесены [6] герцогу орлеанскому.

II. Я очень обрадовался (se réjouir de), когда получилъ ваше письмо. Произведеніе нашего друга, о которомъ вы упоминаете [7] и такъ настоятельно (chaudement) рекомендуете мнѣ, прочелъ я съ истиннымъ (véritable) наслажденіемъ. На прошедшей недѣлѣ сочинитель самъ былъ здѣсь. Я слышалъ, какъ онъ читалъ (entendre lire) нѣкоторыя лучшія свои стихотворенія, и просилъ его повторить (faire répéter) многія изъ нихъ, — столь восхитительными нашелъ я ихъ. Я слышалъ даже, какъ хвалили (entendre louer) ихъ люди, которые вполнѣ непріятели его; между ними (entre autres) и оба брата Н., которымъ я далъ прочесть (faire lire) ихъ, умолчавъ [8] предварительно (d'abord) объ имени сочинителя, которое, можетъ быть, вызвало [9] бы совершенно другое сужденіе (jugement). Когда я сообщилъ [10] имъ объ этомъ, я видѣлъ, какъ велико было ихъ изумленіе. Къ этому столь лестному для нашего друга свидѣтельству я могу присовокупить еще много [свидѣтельствъ] друзей нашей литературы, истинныхъ знатоковъ. Они всѣ согласны въ великихъ заслугахъ поэта. Я убѣжденъ въ томъ (que), что вы, какъ и я, раздѣлите радость, которую доставитъ (causer) нашему другу этотъ блестящій успѣхъ.

1 prendre congé de; 2 se lasser; 3 se douter de; 4 venir voir; 5 persécuter; 6 faire une offense; 7 faire mention de; 8 taire, cacher qch.; 9 faire porter; 10 faire connaître qch.

70. Марій въ минтурнскихъ болотахъ (de Minturnes).

Природа, кажется (La nature semble), сговорилась (inf. passé) съ Римомъ, чтобы погубить [1] одного человѣка. Напрасно пытаюсь я переправиться черезъ (passer) море, — оно отталкиваетъ [2] меня: и земля отказывается носить меня. Я прошу ночь покрыть меня своею тѣнью, — но разражается [3] гроза, сверкаетъ молнія и извѣщаетъ міръ, что Марій бѣжитъ. Небо хочетъ, чтобы мое несчастіе сравнялось съ (égaler) изумительнымъ счастіемъ, которое предшествовало ему; оно хочетъ, чтобы потомство [4] столько же дивилось настоящему моему несчастію, сколько прежнему торжеству (= тріумфу, pl.).

Я не ѣду далѣе; я не хочу пережить моей власти; не сегодня [3] только презираю я смерть. Долженъ-ли я просить боговъ о болѣе славной смерти? сорокъ лѣтъ боевой жизни (de combats) освобождаютъ (dispenser, épargner) меня отъ этой заботы: я не нуждаюсь въ ней, чтобы быть безсмертнымъ. Умирая вдали отъ Рима, которому я такъ долго служилъ, я наказываю его этимъ самымъ за его неблагодарность. Тевтоны, кимвры, галлы! соединитесь теперь и заставьте (faire) Римъ почувствовать мою смерть; воспользуйтесь моимъ отсутствіемъ, чтобы напасть на него; никто не защититъ его: онъ лишенъ (privé) моей руки.

Что я говорю? кто поручится (répondre) мнѣ за Суллу? Не воспользуется-ли онъ моей смертію, чтобы овладѣть верховною властію (pouvoir)? Мое отчаяніе поможетъ [6] его гордости; онъ будетъ благодарить за то боговъ. Его вѣрнѣйшій другъ не могъ бы оказать ему лучшей услуги (servir). Нѣтъ! какъ бы велики ни были страданія (§ 57, 21, 2), отъ которыхъ освобождаетъ насъ смерть, я покажу міру, что я Марій, и что я дерзаю еще жить. Я хочу жить, пока не услышу, что сенатъ отмѣнилъ (entendre rappeler) свое осужденіе[7], пока не заставили Суллу раскаяться въ его преступленіи. Я хочу жить и предаюсь (suivre) моей судьбѣ. Я хочу испытать, болѣе-ли непоколебимо (constant) несчастіе, чѣмъ я!

1 perdre; 2 repousser; 3 éclater; 4 la postérité; 5 ce n'est pas d'aujourd'hui; 6 seconder; 7 condamnation.

§ 62. EMPLOI DES TEMPS.

La théorie de l'emploi des temps est un sujet qui exige de la part des élèves russes la plus grande attention. La difficulté porte essentiellement sur deux points: 1) la distinction que la langue française établit entre les temps *simples* ou *imparfaits*, et les temps *composés* ou *parfaits*; 2) la différence de signification et d'emploi qui existe entre les temps passés de l'indicatif.

1. Il y a trois temps généraux, le *présent*, le *passé* et le *futur*.

2. Le mode *indicatif* seul peut exprimer ces trois divisions de la durée par des formes particulières; le mode *impératif* n'a que le présent, et quant aux autres modes, le *conditionnel*, le *subjonctif*, l'*infinitif* et le *participe*, ils n'ont de formes que pour le *présent* et le *passé*. Le futur de ces modes s'exprime soit au moyen de leur présent, soit au moyen de périphrases.

3. *Temps* **imparfaits,** *temps* **parfaits.** — Les temps *simples* représentent l'action comme *non achevée, non accomplie*, несовершенно, c'est-à-dire comme se faisant encore au moment dont il est question. Les temps *composés* au contraire expriment une action qui, par rapport au moment présent, passé ou futur dont il s'agit, est *achevée, accomplie, parfaite*. C'est pour cette raison que les temps simples sont nommés *imparfaits*, несовершенныя, tandis que les temps composés sont nommés *parfaits*, совершенныя ([1]).

Le mode indicatif, par exemple, a quatre temps imparfaits et quatre temps parfaits. Le *passé indéfini* n'est que la forme parfaite, совершенный видъ, du présent. De même le *plus-que-parfait*, le passé *antérieur*, le futur *antérieur*, sont les formes parfaites de l'*imparfait* (descriptif), du *passé défini* (narratif), et du *futur simple*.

Sonne-t-il midi? Non, il *a* déjà *sonné*. — *Dînait*-on quand vous êtes arrivé? Non, on *avait* déjà *dîné* avant mon arrivée. — Il *reçut* ma lettre à quatre heures, et aussitôt qu'il l'*eut reçue*, il partit. — Nous *dînerons* à cinq heures, et quand nous *aurons dîné*, nous irons en visite.

([1]) Les temps simples sont aussi nommés *absolus*, et les temps composés *antérieurs*.

Il faut établir la même distinction entre les deux temps du conditionnel :

Je lui *écrirais* ce soir, si j'avais son adresse. Je lui *aurais écrit* (eusse écrit) hier, si j'avais eu son adresse.

De même au *subjonctif*, dont deux temps sont imparfaits et deux parfaits :

Il veut que j'*écrive* ce soir.
Il veut que j'*aie écrit* ma lettre quand il arrivera.
Il attendait que j'*écrivisse* ma lettre (= que je me misse à l'écrire).
Il attendait que j'*eusse écrit* ma lettre (= qu'elle fût achevée, écrite).

La même distinction se retrouve à l'infinitif et au participe :

Il paraît *arriver* à l'instant même.
Il paraît *être arrivé* il y a un instant.
Étant malade, il ne peut (il ne pouvait) sortir. (Sa maladie dure ou durait encore.)
Ayant été malade, il n'a pu sortir. (Il a été malade, mais il ne l'est plus.)

Rem. Cette relation intime entre les temps imparfaits et les temps parfaits correspondants est très-importante à noter, car les temps parfaits s'emploient généralement dans les mêmes cas que les temps imparfaits correspondants. C'est ainsi, par exemple, que le *plus-que-parfait* de l'indicatif s'emploie presque toujours dans les mêmes cas que l'*imparfait* du même mode, et le *passé antérieur*, dans les mêmes cas que le *passé défini*, à la différence près qui existe entre les formes *parfaites* et les formes *imparfaites*.

§ 63. EMPLOI DES TEMPS DE L'INDICATIF.

I. **Présent.** Le présent s'emploie pour exprimer : 1) une action qui s'accomplit au moment de la parole, 2) une vérité générale, ou quelque chose d'habituel :

Il *demeure* à la campagne. Dieu *est* éternel. L'ours *vit* dans les forêts.

2. En français comme en russe, le présent s'emploie au lieu du passé défini, pour donner au discours plus de vivacité ; c'est ce qu'on appelle le *présent historique*.

César *s'écrie :* Scélérat, que fais-tu ? Casca *appelle* son frère à son secours... César, atteint de plusieurs coups à la fois, *porte* ses regards autour de lui..; mais dès qu'il *voit* Brutus lever le poignard sur lui, il *quitte* la main de Casca, qu'il tenait encore, et se couvrant la tête de sa robe, il *livre* son corps au fer des conjurés. MICHELET. — Charles XII ouvrit lui-même la porte..; il *entre* et *fait* feu sur ceux qui pillaient. VOLT.

3. Le présent s'emploie aussi au lieu du futur, mais seulement quand il s'agit d'un avenir prochain, et que le temps est déterminé d'une autre manière.

Je *suis* de retour dans un moment. MOLIÈRE. Je *pars* ce soir pour Moscou. Son procès se *juge* demain, cette semaine. ACAD.

4. Après les verbes *penser*, *croire*, *dire*, *annoncer*, *mander*, etc. (§ 70, 3), on emploie ordinairement l'imparfait au lieu du présent. Ainsi en écrivant à quelqu'un que l'on sait malade, on dira :

On m'a dit que vous ne *pouviez* vous tenir debout. De même : Mme de Coulange m'a mandé que vous m'*aimiez* et que vous *parliez* de moi. Mme DE SÉVIGNÉ.

Rem. Cependant le présent s'emploie aussi dans ce cas; et quand il s'agit d'une maxime, d'une vérité générale, le présent est de rigueur : *On a dit depuis longtemps que les extrêmes se* TOUCHENT. SÉGUR. *Louis XVIII disait que l'exactitude* EST *la politesse des rois.*

II. **Passé indéfini.** Ce temps exprime une action *accomplie*, au moment où l'on parle. Il s'emploie :

1. Pour indiquer des événements qui viennent d'avoir lieu, ou dont l'effet et l'importance se font encore sentir au moment où l'on parle :

Je me repose maintenant, car j'*ai fait* ce que j'avais à faire. — Il *a pris* des manières insupportables. (Il les a encore.) — Ce remède *a rendu* la vie au malade. (Il vit encore). — Cette ville *a été bombardée*. (Les suites du bombardement sont peut-être encore visibles.)

Rem. C'est ainsi que, dans un rapport de vive voix ou par écrit concernant des événements récents, on dirait : *Mon général, conformément à vos ordres, nous* AVONS ATTAQUÉ *l'ennemi à quatre heures. Il nous* A OPPOSÉ *une vive résistance*, etc.

2. Pour exprimer une action accomplie dans un espace de temps où l'on se trouve encore, tel que *aujourd'hui*, *cette semaine-ci*, *ce mois-ci*, *cette année-ci*, etc.

Je lui *ai écrit* deux fois cette année-ci. Nous *avons eu* un été pluvieux. (On sous-entend : *Cette année-ci.*) — J'*ai eu* des moments pénibles en ma vie. — J'*ai quitté* ma chambre au jour naissant, pour fuir la fatigue qui commençait à alourdir mes paupières. J'*ai passé* mon panier à mon bras, j'y *ai mis* mon portefeuille, mon encrier, un morceau de pain, et j'*ai pris* le chemin de la colline. G. SAND.

3. Le passé indéfini sert aussi à raconter ce qui s'est passé *hier*, *avant-hier*, la *semaine passée*, le *siècle dernier*, etc., c'est-à-dire dans une époque qui se rattache immédiatement à celle où l'on se trouve :

J'*ai tenu* hier ma seconde séance..., j'*ai été comblé* d'applaudissements. B. DE ST. P. — Je vous *ai écrit* il y a une quinzaine de jours. B. DE ST. P. — Ces événements se *sont passés* au siècle dernier.

Rem. Il en résulte que le passé indéfini est le temps le plus fréquemment employé pour rapporter les faits de la vie ordinaire.

4. Le passé indéfini s'emploie aussi pour rapporter des événements historiques, mais seulement quand ces événements sont considérés en eux-mêmes, isolément, indépendamment de tout autre événement qui précède ou qui suit :

Dieu *a créé* le ciel et la terre ; *c'est-à-dire :* Dieu est le créateur du ciel et de la terre. — La ville de Troie *a été détruite* par les Grecs. — César *a gagné* bien des batailles, il *a pris* un grand nombre de villes.

Rem. Mais si ces phrases faisaient partie d'un récit, si les faits étaient considérés comme se suivant et résultant en quelque sorte l'un de l'autre, l'enchaînement historique s'exprimerait par le passé défini : *César* ENTRA *dans la Gaule à la tête de ses légions,* GAGNA *plusieurs batailles,* PRIT *un grand nombre de villes et* SOUMIT *bientôt tout le pays.*

5. Le passé indéfini s'emploie aussi au lieu du *futur antérieur,* surtout dans le langage familier :

Avez-vous bientôt *fait ?* — Attendez, j'*ai fini* dans un instant. *C'est-à-dire : Aurez*-vous bientôt *fait ?* — *J'aurai fini,* etc.

III. Imparfait et passé défini. Ces deux temps expriment l'un et l'autre une action passée, mais une action que celui qui parle ne veut pas mettre en rapport avec le présent. C'est là ce qui distingue surtout le passé défini du passé indéfini employé comme temps historique.

Voici la distinction à poser entre ces deux temps :

1. **L'imparfait** désigne une action considérée comme *présente* par rapport à une autre action ou à une époque passées. Il présente l'action comme *durant, existant* déjà et *continuant,* sans en indiquer par lui-même ni le *commencement* ni la *fin.*

L'imparfait est le temps essentiellement *descriptif.* Il répond à la question : *Qu'est-ce qui était déjà ?* Что уже было ?

2. Le **passé défini,** au contraire, marque l'*origine,* le *commencement* d'une action de courte ou de longue durée, considérée comme *arrivant* dans le passé à une époque déterminée, qui en indique le *commencement.*

L'action exprimée par le passé défini *n'est arrivée qu'une fois ;* elle est considérée comme un *moment historique, passager* dans le passé.

Le passé défini est le temps essentiellement *narratif* ou *historique.* Il répond à la question : *Qu'est-ce qui arriva ?* Что случилось ?

3. Il en résulte que l'*imparfait* s'emploie :

a) Pour indiquer une action passée qui *durait* encore lorsqu'une autre action commença et l'interrompit en quelque sorte [1].

---

[1] C'est pour cette raison que l'imparfait s'appelle aussi *présent relatif* ou *passé simultané.*

Elle *était* prête à épouser le sultan, lorsque le jeune Français arriva. VOLT. La reine Elisabeth, qui aimait beaucoup la danse, *figurait* à un quadrille, lorsque cette nouvelle lui parvint. A. DUMAS. Charles XII *avait* onze ans lorsqu'il perdit sa mère. VOLT.

b) Pour indiquer deux ou plusieurs actions *simultanées*, dont on n'indique ni le point de départ ni la durée :

Il *dormait* tranquillement pendant qu'on le *cherchait*. — Pendant que nous *errions* à travers la plaine déserte, une brume épaisse s'*étendait* sur les flots et *commençait* à nous envelopper. MARMIER.

c) Pour décrire un *état déjà existant*, les *paysages*, les *qualités* des personnes et des choses, les *mœurs*, les *coutumes*, ainsi que les actions *répétées*, *habituelles*.

La scène sur la terre n'*était* pas moins ravissante : le jour bleuâtre et velouté de la lune *descendait* dans les intervalles des arbres et *poussait* des gerbes de lumière jusque dans l'épaisseur des plus profondes ténèbres. La rivière qui *coulait* à mes pieds tour à tour se *perdait* dans les bois, tour à tour *reparaissait* brillante des constellations de la nuit. CHAT. — Les Égyptiens *embaumaient* leurs morts, les Grecs et les Romains les *brûlaient*. — Newton ne *prononçait* jamais le nom de Dieu sans ôter son chapeau. — Le père Caton *avait* de l'esprit, *faisait* des vers, *parlait* bien, *chantait* mieux, *avait* la voix belle, *touchait* l'orgue et le clavecin. J. J. ROUSSEAU.

d) Si l'imparfait figure dans le récit, ce n'est qu'à titre de temps *descriptif*, pour donner des *détails*, des *circonstances accessoires*, des *réflexions*, des *jugements* du narrateur, nécessaires à l'intelligence et à l'intérêt des faits principaux exprimés par le passé défini.

L'imparfait annonce toujours une *halte*, une *pause* dans la narration, tandis que le passé défini marque toujours *un progrès*, *un pas en avant*.

La lune se leva derrière la redoute de Chévérino, située à deux portées de canon de notre bivouac. Elle *était* large et rouge, comme elle est d'ordinaire à son lever. Mais ce soir-là elle me parut d'une grandeur extraordinaire. Pendant un instant la redoute se détacha en noir sur le disque éclatant de la lune. Elle *ressemblait* au cône d'un volcan au moment de l'éruption. P. MÉRIMÉE.

Rem. C'est pour cette raison que les récits, les contes de fées, par exemple, commencent invariablement par : *Il y* AVAIT *une fois* ; *il* ÉTAIT *une fois*.

e) Même pour exprimer une action qui n'a eu lieu qu'une fois, on emploie l'imparfait pour peindre l'action plus vivement. Quelquefois on réunit ainsi, comme en un seul tableau, une série d'événements successifs.

Moi, je me *noyais* un beau jour dans la Tamise, tu me tiras de l'eau. V. HUGO. Je lui en *parlais* encore l'autre jour. SCRIBE. — A Wagram, Bernadotte ayant laissé percer notre ligne, il *arrêtait* avec cent bouches à feu le centre victorieux de l'archiduc Charles, et *rétablissait* le combat, que Davout *terminait* en enlevant le plateau de Wagram. THIERS.

f) C'est de même pour donner plus de vivacité au discours que l'imparfait s'emploie quelquefois au lieu du conditionnel passé :

Il *tombait*, si je ne l'eusse retenu ; *c'est-à-dire :* Il *serait tombé*, etc. Si j'avais dit un mot, on vous *donnait* la mort. VOLT.

g) L'imparfait exprime aussi une action commencée ou sur le point de commencer, mais empêchée par un événement inattendu :

Pour le coup je *quittais* le monde, et vingt brasses d'eau m'en *allaient* séparer, lorsqu'un Dieu bienfaisant me rappelle à la vie. BEAUMARCHAIS.

Rem. Cet imparfait, qui exprime en quelque sorte une *intention*, se retrouve dans des phrases telles que les suivantes, où celui qui parle emploie, par modestie, l'imparfait au lieu du présent : *Qu'y a-t-il ?* — Je VENAIS *annoncer que j'avais vu entrer dans la cour la voiture de la duchesse.* SCRIBE. — *C'est vous !* — *Oui, j'*APPORTAIS *à madame la Comtesse cette romance d'Othello.* SCRIBE.

4. **Le passé défini**, nommé aussi *passé historique* ou *narratif*, s'emploie:

a) Dans la narration historique, pour exprimer l'un après l'autre, les faits qui composent un récit :

A neuf heures du matin la bataille (de Pultava) *recommença* : une des premières volées du canon moscovite *emporta* les deux chevaux du brancard de Charles : il en *fit* atteler deux autres ; une seconde volée *mit* le brancard en pièces et *renversa* le roi : de vingt-quatre trabans qui se relayaient pour le porter, vingt et un *furent tués*. Les Suédois consternés *s'ébranlèrent*, et, le canon ennemi continuant à les écraser, la première ligne se *replia* sur la seconde et la seconde *s'enfuit*. Ce ne *fut*, en cette dernière action, qu'une ligne de dix mille hommes de l'infanterie russe qui *mit* en déroute l'armée suédoise ; tant les choses étaient changées ! VOLT.

b) Le passé défini sert aussi à exprimer un fait historique *isolé*, — un *résultat*, une *conclusion* :

Louis XIV *mourut* en 1715. — Vers la fin du dixième siècle, l'Évangile *pénétra* chez tous les peuples d'origine slavonne. SALVANDY. — César *fut* un grand homme. — Telle *fut* cette sanglante bataille de Marengo, qui *exerça* une immense influence sur les destinées de la France et du monde. THIERS.

c) Le passé défini sert encore à exprimer une action arrivée dans un espace de temps entièrement écoulé, tel que *hier*, *la semaine passée*, *l'année dernière*, etc.

Cet événement se *passa* vers la fin du siècle dernier. Le roi *arriva* le jeudi au soir. Mme DE S. — Je *vis* hier les Villars, dont vous êtes révérée. Mme DE S.

Obs. Quand il s'agit d'événements plus ou moins récents, surtout dans le langage familier, le passé indéfini est presque uniquement employé dans ce cas : J'AI ÉTÉ *au théâtre hier, la semaine dernière, il y a quelques jours.*

Rem. 1) **Infinitif historique.** On nomme ainsi l'infinitif précédé de la préposition *de*, et employé au lieu du passé défini (§ 82):

Ainsi dit le renard, et flatteurs D'APPLAUDIR! LA FONT.

2) La différence qui existe entre le passé défini et l'imparfait est surtout frappante dans la forme *passive*, où l'imparfait exprime l'*état*, et le passé défini l'*action*:

La forteresse ÉTAIT *prise*. Крѣпость была взята.
La forteresse FUT *prise*. Крѣпость взяли.

De même les phrases suivantes ont une signification toute différente, selon qu'on emploie l'imparfait ou le passé défini:

Je SAVAIS *cette nouvelle*. Я зналъ (уже) это извѣстіе.
Je SUS *cette nouvelle*. Я узналъ это извѣстіе.

Il CONNAISSAIT *la chose à fond*. *Il* CONNUT *la chose à fond*. — *Il* S'APPELAIT *(se nommait) Ganganelli*. *Il* S'APPELA *(se nomma, prit le nom de) Clément XIV*. — *Ils* OCCUPAIENT *une hauteur*. *Ils* OCCUPÈRENT *une hauteur*.

3) La différence est également frappante dans les propositions relatives. Ainsi la phrase russe: Мы напали на врага, который отступалъ, se traduit en français par: *Nous attaquâmes l'ennemi, qui se* RETIRAIT; — l'ennemi se retirait déjà avant notre attaque. Au contraire: Мы напали на врага, который отступилъ, se traduira par: *Nous attaquâmes l'ennemi, qui se* RETIRA; — la retraite de l'ennemi est la suite, le résultat de notre attaque.

4) Le passé défini peut très bien exprimer une *durée*, pourvu qu'il s'agisse d'une époque dont on voie le commencement et la fin: *Mon oncle* PASSA *toute sa vie à Paris*. *L'empire romain* DURA *mille ans*.

5) Une action répétée, mais considérée comme arrivée dans un espace de temps achevé, doit se mettre au passé défini ou au passé indéfini: *Il* VINT *me voir quatre fois pendant les huit jours qu'il passa ici*. Ou: *Il* EST VENU *me voir*, etc.

IV. **Plus-que-parfait et passé antérieur.** Ces deux temps marquent l'un et l'autre une action antérieure non-seulement au moment de la parole, mais antérieure aussi à une autre action passée. — Il y a du reste entre ces deux temps la même différence qu'entre l'imparfait et le passé défini.

1. Lorsque l'intervalle qui sépare les deux actions reste indéterminé, on met le plus-que-parfait.

Le spectacle *avait* déjà *commencé* lorsque le feu éclata. Quand j'*avais achevé* mes affaires, j'allais passer la soirée chez un de mes amis. (Action habituelle, répétition.) Des herbes grimpantes *avaient tapissé* tous les murs du château, et lui *avaient donné* l'aspect d'une ruine. (Description.) CHAT.

2. Si au contraire la transition d'une action à l'autre est déterminée, on emploie le passé antérieur, qui se construit ordinairement dans les propositions adverbiales avec les expressions:

Aussitôt que, dès que,	какъ только.	quand, lorsque,	когда.
après que,	послѣ того какъ.	bientôt,	скоро.
à peine ... que, ne-pas plus tôt... que,	едва.	en un moment, à l'instant,	въ одно мгновеніе. тотчасъ.

Dès qu'il m'*eut aperçu*, il vint à moi. — Quand j'*eus terminé* mon travail, j'allai passer la soirée chez l'un de mes camarades. (*Fait narratif, arrivé une seule fois.*) Mila n'*eut* pas plus tôt *appris* cette nouvelle qu'elle dit... CHAT. Il n'*eut* pas plus tôt *dit*. LITTRÉ. D'un coup d'œil le général *eut jugé* le terrain et la position de l'ennemi. J'*eus fini* en un moment.

Rem. 1) Comme on le voit par les deux derniers exemples, le passé antérieur peut figurer dans une proposition principale pour exprimer un fait rapidement accompli.

2) Cependant le plus-que-parfait s'emploie aussi dans ce cas pour donner à l'expression plus de vivacité: *A peine* AVAIENT-*ils* ACHEVÉ *leur prière, qu'ils entendirent un chien aboyer.* B. DE ST. P.

Obs. En parlant d'événements qui ont eu lieu dans un temps récent, *aujourd'hui, hier*, etc., on se sert quelquefois, dans le style familier, d'un temps doublement composé: *Après que vous* AVEZ EU PARLÉ, *il s'est retiré. — Quand nous* AVONS EU TRAVERSÉ *la vallée.* G. SAND. — Dans le style soutenu, on dirait: *Après que vous* EÛTES PARLÉ, *il se retira. Quand nous* EÛMES TRAVERSÉ, *ou: Après* AVOIR TRAVERSÉ *la vallée.*

V. **Futur.** 1. Le *futur simple* représente une action comme *s'accomplissant* dans l'avenir. Le futur antérieur au contraire représente une action comme *accomplie* dans l'avenir.

Il *arrivera* dans huit jours. Dans huit jours il *sera arrivé*. — J'*aurai fini* mon travail avant que vous soyez de retour. — Qu'on m'avertisse quand les chevaux *seront arrivés!* BEAUMARCHAIS.

2. Le futur s'emploie fréquemment au lieu de l'impératif, pour exprimer un *ordre*, un *commandement*, une *prière*, une *exhortation*, une *nécessité*.

Tu *honoreras* ton père et ta mère! чти отца своего и мать! — Si l'on vient me demander, vous *direz* que je n'y suis pas. — Saint-Paul, tu *prépareras* mon épée de bal. A. DUMAS.

Cet emploi est surtout fréquent dans les phrases interrogatives:

Qui *annoncerai*-je? demanda le valet de chambre; *c'est-à-dire*: Qui dois-je annoncer? — Vous *offrirai*-je une tasse de thé? — *c'est-à-dire*: Permettez que je vous offre une tasse de thé. — Ces dames *voudront* bien m'excuser?

3. Le futur exprime souvent aussi une *supposition*, une *conjecture*, une *probabilité*:

Ma sœur n'est pas venue; il lui *sera arrivé* quelque accident. Cet écolier a été puni, c'est qu'il *aura* mal *écrit*. (Онъ, *вѣроятно*, худо написалъ). — Ces lieux sont solitaires. Elle est rentrée au camp... Oui, j'*aurai* trop *tardé*. CHAT.

4. Il faut remarquer l'emploi du futur dans la proposition subordonnée, quand l'action de la proposition principale ne s'accomplit que dans l'avenir:

Faites ce que vous *voudrez* (что хотите). Vous direz ce qui vous *plaira*. Comme vous *voudrez*, comme il vous *plaira*, какъ вамъ угодно.

5. Le futur se joint naturellement au présent dans la narration d'un fait historique :

Déjà la ligne de défense est tracée sur ses cartes : l'artillerie de siége marche sur Riga ; à cette ville forte *s'appuiera* la gauche de l'armée. SÉGUR.

Obs. On rencontre aussi un futur doublement composé. *Il sera sorti dès qu'il* AURA EU ÉCRIT *sa lettre.*

§ 64. EMPLOI DU CONDITIONNEL.

1. Le conditionnel exprime ordinairement une action dépendante d'une condition. L'action exprimée peut être *imparfaite* ou *parfaite* :

Si je n'étais pas malade, j'*irais* le voir ce soir. Si je n'avais pas été malade, je *serais allé* le voir hier.

2. Les deux conditionnels passés s'emploient l'un pour l'autre, sans différence sensible dans le sens. Le premier est plus usité dans le langage familier, le second dans le style soutenu :

Ce traité, s'il *eût été exécuté*, *eût pu* être fatal au roi de Suède. VOLT. Au lieu de : Ce traité, s'il *avait été* exécuté, *aurait pu* être fatal au roi de Suède. — O Fabricius ! qu'*eût pensé* votre grande âme, si, pour votre malheur, rappelé à la vie, vous *eussiez vu* la face pompeuse de cette Rome sauvée par votre bras ? J. J. R.

3. Le conditionnel exprime souvent aussi un *souhait*, un *désir*, un *doute*, une *conjecture* :

Je *voudrais* que vous fussiez attentif. J'*aurais* bien *voulu* le voir.—D'après les dernières nouvelles, l'ennemi *serait* en pleine retraite. D'après le journal d'hier, l'ennemi *aurait essuyé* une défaite considérable.

Cet emploi du conditionnel est surtout fréquent dans les phrases interrogatives et exclamatives :

Serait-il vrai (правда-ли это) ? A. DUMAS. *Serais*-tu assez fou pour croire cela ? — Quoi ! Monsieur, vous *auriez* l'audace et l'impudence...! REGNARD.

4. Dans les propositions subordonnées, le conditionnel s'emploie pour exprimer un futur dans le passé, c'est-à-dire une action passée par rapport au moment présent, mais future par rapport à un moment passé :

On assure qu'il *viendra* demain. On assura qu'il *viendrait* le lendemain. Nous convînmes que nous *partirions* le lendemain. CHAT.

5. Il faut remarquer encore l'emploi du conditionnel dans le verbe DIRE :

On *dirait* le printemps ! должно думать, что наступила весна ! — On *dirait* d'un fou ! какъ будто онъ сумасшедшiй ! — Ce soir on *dirait* la madone de pierre. V. HUGO. — A travers le brouillard et les vents, on n'aperçoit que les deux sachems, pilote et augure : on *dirait* les dieux de ces lacs. CHAT.

6. Le conditionnel du verbe *savoir* employé avec la demi-négation *ne*, a le sens de *je ne puis (pas)*.

Je ne *saurais* me contenter de ces raisons; *c'est-à-dire:* Je ne puis, etc. — Ne *saurais*-tu trouver quelque moyen de me tirer d'embarras? MOLIÈRE. *Sauriez*-vous me dire quelle heure il est? — Non, Monsieur, je ne *saurais* vous le dire.

Rem. Mais on dira, avec la négation complète: *Si je n'avais pas appris ces choses, je* NE LES SAURAIS PAS.

§ 65. EMPLOI DES TEMPS APRÈS LA CONJONCTION SI.

1. **Si,** если, marquant la condition, ne peut jamais être suivi ni d'un *futur* ni d'un *conditionnel:* au lieu des futurs, on emploie le *présent* et le *passé indéfini;* au lieu des conditionnels, l'*imparfait* de l'indicatif et le *plus-que-parfait* de l'indicatif ou du subjonctif:

Si vous *partez* demain, il partira aussi. S'il *est parti* quand vous arriverez, faites-le-moi savoir. Si vous *partiez* maintenant, il vous accompagnerait. Si vous *étiez parti* hier, il vous aurait accompagné; ou: Si vous *fussiez parti* hier, il vous eût accompagné. — Si quelque fête champêtre *rassemblait* les habitants du lieu, j'y serais des premiers avec ma troupe. J. J. R. — Il serait venu hier, s'il *avait fait* beau temps.

2. Après **si,** ли, exprimant le *doute* et non la *condition*, le futur et le conditionnel peuvent s'employer:

Je ne sais *si* votre espoir se *réalisera*. — Hier, je ne savais pas encore s'il *arriverait* aujourd'hui.

Rem. 1) Il ne faut pas confondre *si* et *quand*: *Je lui parlerai* QUAND *il* VIENDRA, *когда* прійдетъ. *Je lui parlerai, s'il* VIENT, *если* прійдетъ.

2) Après *quand, quand même*, если бы даже, хотя бы, il faut le conditionnel: *Quand vous me* HAÏRIEZ, *je ne m'en* PLAINDRAIS *pas. Quand même il* SERAIT MORT. — De même après *que*, dans des phrases comme la suivante: *Les avares auraient tout l'or du Pérou,* QU'*ils en* DÉSIRERAIENT *encore.*

3) La conjonction **si**, если, peut aussi exprimer un fait positif: Si *je pleure, ce n'est pas sans raison.* Si *je suis gai, c'est que j'ai lieu de l'être.*

§ 66. PASSÉ IMMÉDIAT, FUTUR IMMÉDIAT.

Venir de et **aller,** placés devant un infinitif, s'emploient souvent comme auxiliaires de temps, pour exprimer, le premier, un passé, le second, un futur très-rapprochés du présent. C'est ce qu'on appelle *passé immédiat,* et *futur immédiat.* Dans ce sens *aller* et *venir de* ne s'emploient qu'au présent et à l'imparfait de l'indicatif:

1) Je *viens de* rentrer, я только что пришелъ домой.
Le soleil *venait de* se coucher, солнце только что закатилось.

2) Il *va* pleuvoir, сейчасъ пойдетъ дождь.
Je *vais* vous raconter la chose, сейчасъ я разскажу вамъ это дѣло.
Le soleil *allait* se coucher lorsque nous arrivâmes sur la colline.

§ 67. Impératif.

1. L'emploi de ce mode n'offre pas de difficulté. Seulement il faut remarquer que le respect et la politesse exigent souvent qu'on adoucisse l'impératif au moyen de certaines locutions, dont les plus ordinaires sont: *Daignez*, благоволите, соизвольте; *veuillez*, *ayez la bonté*, будьте такъ добры; *ayez l'obligeance*, *la complaisance*, сдѣлайте одолженіе, etc.

Veuillez l'entendre avant de le condamner. — *Daignez* à mon amour accorder cette grâce! RACINE.

2. La première personne du pluriel s'emploie fréquemment pour se commander à soi-même:

Tout ému que je suis, *restons* maître de moi! C. DELAVIGNE.

3. On renforce le sens impératif d'un verbe en l'employant à l'infinitif précédé du verbe *aller*:

Ne *va* pas tomber! не упади же! — N'*allez* pas croire!, не вѣрьте же! — N'*allez* pas vous imaginer que je serai votre dupe!

4. Comme nous l'avons vu, l'impératif s'exprime aussi par le futur, qui, loin d'ôter au commandement son énergie, semble au contraire en fortifier le sens: (§ 63).

Vous *ferez* ce que je vous ai ordonné, et vous vous *dispenserez* de toute observation. — Tu ne *tueras* point! Не убей!

71.

En 1743, un marchand russe qui demeurait à Mesen, équipa pour le Spitzberg un bâtiment monté par quatorze hommes. Ils se dirigèrent vers l'est et pénétrèrent jusqu'au-delà du 77e degré de latitude. Là ils furent tellement cernés par les glaces, qu'ils perdirent tout espoir de franchir cette barrière avant la fin de l'hiver. Quatre d'entre eux prirent une embarcation pour explorer la côte, trouvèrent une cabane et y passèrent la nuit. Pendant ce temps, le navire fut écrasé par les glaces; les quatre matelots, en s'éveillant, n'en virent plus aucun vestige. Mais leur destinée n'était guère moins effrayante que celle de leurs compagnons. Ils n'avaient de provisions que pour un jour ou deux; ils n'avaient pour toutes armes qu'un couteau, une hache, un fusil, de la poudre pour douze coups, et pour ustensiles une chaudière et un briquet. Cependant ils ne se laissèrent pas décourager: ils commencèrent par enlever la neige de la cabane qui devait leur servir de refuge. Avec leurs douze coups de fusil, ils tuèrent douze rennes; avec les débris d'un navire dispersés sur la côte, ils se fabriquèrent les meubles les plus nécessaires. Ils eurent le bonheur de tuer un ours, prirent ses nerfs pour en faire une corde, et se façonnèrent un arc. Dès que leurs provisions commençaient à diminuer, ils allaient à la chasse du renne, du renard et de l'ours. La chair de l'ours était une de leurs friandises; pour se préserver du scorbut, ils la mangeaient crue, buvaient du sang de renne tout chaud et faisaient une ample consommation de cochléaria. Après six années passées dans cet abandon, ils aperçurent enfin un navire, et, par bonheur, c'était un navire russe, qui se dirigea vers eux aux signaux qu'ils lui firent, et qui les reconduisit à Archangel. X. MARMIER.

71 a. Источникъ.

Маленькій Ваня былъ въ деревнѣ. Было чрезвычайно жарко; бѣдный мальчикъ умиралъ отъ жажды. Вдругъ подходитъ онъ къ (près) прекрасному источнику, который протекалъ подъ тѣнью большаго дуба. Ваня съ жадностію сталъ пить[1] воду изъ (à) холоднаго[2] источника. Онъ заболѣлъ[3]. Во время страданій говорилъ онъ: «кто могъ бы подумать, что такая чистая вода содержитъ въ себѣ ядъ?» — Отецъ его, который услышалъ это, сказалъ ему: «не вода (§ 18) источника причиною твоей болѣзни, а твоя неосторожность[4]».

1 se hâter de; 2 glacé; 3 tomber malade; 4 imprudence.

72. Яблоки.

Въ одно утро Эмиль увидѣлъ прекрасныя яблоки въ саду сосѣда. Онъ тотчасъ-же вышелъ[1], чтобы (достать) взять[2] ихъ. Онъ пролѣзъ[3] въ садъ сосѣда сквозь дыру, которая была въ заборѣ[4], и наполнилъ карманы яблоками. Вдругъ въ садовой калиткѣ показался сосѣдъ, съ палкою въ рукѣ (§ 95, 15, c.). Маленькій воръ спѣшилъ уйти[5]. Онъ хотѣлъ опять пролѣзть[6] сквозь дыру въ заборѣ, но былъ пойманъ, такъ какъ слишкомъ нагрузилъ свои карманы. Онъ принужденъ былъ возвратить яблоки и былъ строго наказанъ за свое воровство[7].

1 sortir; 2 aller prendre; 3 entrer; 4 la haie; 5 se hâter de se sauver; 6 repasser; 7 larcin.

73. Фермерша[1] изъ Шамуни.

Господинъ Соссюръ (de Saussure), знаменитый естествоиспытатель[2] изъ Женевы, въ Швейцаріи, отправился[3] пѣшкомъ, съ нѣсколькими изъ своихъ друзей, осматривать ледники[4] Шамуни. Такъ какъ солнце пекло[5] невыразимо, они вошли въ фруктовый садъ (verger), чтобы отдохнуть тамъ въ тѣни. Совершенно (bien) спѣлыя вишни, которыя, вслѣдствіе жажды путешественниковъ и зноя, были такъ соблазнительны (séduisant), манили[6] ихъ къ себѣ, и они только хотѣли (§ 66) сорвать ихъ, какъ показалась владѣтельница[7] фруктоваго сада и направилась[8] прямо къ нимъ. Тотчасъ же одинъ изъ путешественниковъ пошелъ ей на встрѣчу и сказалъ, чтобы она не безпокоилась[9], что ей заплатятъ за ея вишни. «Кушайте только», отвѣчала она, «я не для того пришла сюда (§ 18). Тотъ, который произвелъ (faire) эти плоды, послалъ ихъ не (pour) одному только.»

1 fermière; 2 le naturaliste; 3 faire un voyage; 4 le glacier; 5 être ardent; 6 tenter; 7 la maîtresse; 8 s'avancer; 9 ne pas s'inquiéter, inf.

74.

Петръ Великій оказалъ[1] (passé indéf.) своей странѣ неисчислимыя услуги: онъ уничтожилъ[2] стрѣлецкій корпусъ, который возставалъ[3] противъ его власти[4]; онъ путешествовалъ по своему государству, сколько[5] позволяли ему это веденныя имъ войны; онъ построилъ въ дикой странѣ городъ Петербургъ; онъ во всемъ насиловалъ[6] природу, но насиловалъ для того, чтобы украсить ее; онъ (de) собственными руками насадилъ[7] искусства въ странахъ, изъ которыхъ многія въ то время были въ дикомъ состояніи; создалъ законы, полицію, военную дисциплину[8], мореходство[9], торговлю, мануфактуры[10], науки, изящныя искусства (§ 29, 4), — все усовершенствовалъ онъ по (selon) своимъ намѣреніямъ[11], и хотя онъ любилъ славу, но полагалъ (mettre) ее только въ томъ, чтобы творить добро.

Въ 1698 году, Петръ Великій оставилъ Россію и отправился[12] въ Голландію. Тамъ работалъ онъ на корабельныхъ верфяхъ[13], какъ и прочіе плотники. Въ свободное отъ работы время[14] онъ изучалъ тѣ части математики (§ 33, II), которыя могли бы быть полезны для государя, искусство укрѣпленія городовъ[15], мореплаваніе. Онъ ходилъ въ мастерскія[16] работниковъ, осматривалъ[17] всѣ мануфактуры; ничто не ускользало (échapper) отъ его наблюденій. Изъ Голландіи отправился онъ въ Англію, гдѣ совершенствовался въ кораблестроеніи (art de...); потомъ возвратился[18] въ Голландію, гдѣ осматривалъ все, что могъ бы обратить[19] въ пользу своего государства. Наконецъ, послѣ двухлѣтнихъ путешествій и трудовъ, которыхъ не подъялъ (se soumettre) бы, кромѣ Петра, ни одинъ человѣкъ (aucun autre que), явился онъ въ Россію. За нимъ слѣдовали ремесленники всякаго рода. Въ (pour) первый разъ увидѣли большіе русскіе корабли на Черномъ, Балтійскомъ морѣ и въ Океанѣ. Красивыя зданія воздвигались[20] въ городахъ, и было основано множество полезныхъ учрежденій. Петръ Великій умеръ въ 1725 году.

1 rendre; 2 détruire; 3 se révolter; 4 pouvoir; 5 autant que; 6 forcer; 7 transplanter; 8 la discipline militaire; 9 la marine; 10 manufacture; 11 vue; 12 aller; 13 le chantier; 14 dans les intervalles de son travail; 15 fortifications, pl.; 16 boutique, atelier; 17 examiner; 18 repasser; 19 tourner; 20 élever.

75.

Сегодня утромъ я всталъ очень рано; я взялъ книги и отправился въ нашъ садъ, гдѣ занимался[1] съ большимъ рвеніемъ нѣсколько часовъ. Въ половинѣ перваго я обѣдалъ; послѣ обѣда, я отправился гулять въ паркъ императорскаго дворца, гдѣ встрѣтилъ многихъ друзей. — Какъ только Константинъ принялъ[2] бразды[3] правленія, тотчасъ же повелѣлъ (faire) онъ прекратить преслѣдованіе[4] христіанъ, продолжавшееся (= qui... avoir lieu) во время господства его предшественниковъ. — Едва получено было, по телеграфу, это извѣстіе, какъ войско наше двинулось и пошло на встрѣчу непріятелю. — Іоанна д'Аркъ лишь только (ne — pas plutôt) рѣшилась на отважное предпріятіе — избавить Францію отъ ея враговъ, какъ стала во главѣ французскаго войска и разбила англичанъ въ нѣсколькихъ стычкахъ[5]. — Если бы Генрихъ IV прожилъ еще двадцать лѣтъ, то, безъ сомнѣнія, измѣнилась бы политическая система въ Европѣ. — Если побѣда и дала все Александру, однако должно сознаться, что онъ сдѣлалъ все, чтобы одержать[6] побѣду. — Сколько есть бѣдныхъ, которыхъ отталкиваютъ отъ себя, какъ будто они не [бѣдны]. — Если бы земля была плотнѣе, человѣкъ не могъ бы воздѣлывать ее; если бы она была рыхлѣе (tendre, mou), то не могла бы носить его. — Я навѣщу васъ завтра, если позволитъ мое здоровье; но я еще не знаю, проведу-ли я у васъ весь вечеръ. — Вчера не были еще увѣрены, состоится-ли праздникъ; сегодня не сомнѣваются уже въ этомъ.

1 étudier; 2 saisir qch.; 3 la rêne; 4 persécution; 5 la rencontre; 6 remporter; 7 avoir lieu.

76.

По смерти госпожи де-ла-Саблїеръ, которая приняла къ себѣ безпомощнаго[1] тогда Лафонтена, посѣтила[2] его госпожа Гервартъ. «Я только что узнала», сказала она ему, «о несчастіи, которое поразило[3] васъ. Вы теперь (§ 66) безъ пристанища[4]; я прихожу предложить вамъ поселиться[5] у меня». «Я именно такъ и хотѣлъ (§ 66) сдѣлать», отвѣчалъ онъ наивно. — Александръ сказалъ Діогену: «если бы я не былъ Александромъ, я желалъ (vouloir) бы быть Діогеномъ». — Если я окончу письмо, то буду въ состояніи отправиться съ вами. — Не знаете-ли вы, возвратится-ли завтра вашъ братъ? — Я не буду отвѣчать, даже если онъ еще разъ напишетъ ко мнѣ. — Если бы даже и побѣдилъ Наполеонъ при Лейпцигѣ, все-таки силы союзниковъ преодолѣли-бы[6] его наконецъ. — Если бы я сказалъ хоть одно слово (§ 63, III, 3, f), онъ погибъ бы. — Если бы не былъ сожженъ городъ Москва, то не имѣли бы мѣста многія достопримѣчательныя событія. — «Удостойте (daignez) выслушать меня», сказала Анна Болень (Boulen) Генриху VIII: «прикажите (faire) соблюдать справедливость въ (dans) моемъ процессѣ; не дозволяйте[7], что бы обвинители[8] мои были вмѣстѣ и судьями моими; впрочемъ, что бы ни случилось, не думайте-же (n'allez...), что я когда-нибудь сознаюсь въ преступленіи, котораго не совершила. Не льстите-же себя этою недостойною надеждою!»

1 sans ressource; 2 aller trouver; 3 frapper; 4 un asile; 5 s'établir; 6 succomber à; 7 souffrir; 8 accusateur.

77.

I. Въ 1835 году случилось[1] на южномъ берегу Шпицбергена[2] происшествіе, имѣющее сходство съ тѣмъ, которое мы только что разсказали (§ 66). Четыре норвежскіе матроса были посланы, въ ботѣ, на берегъ[3], чтобы изслѣдовать (examiner) бухту[4], въ которой (où) корабль ихъ стоялъ на якорѣ. Они были застигнуты (surprendre) врасплохъ тѣмъ внезапнымъ[6] туманомъ, который въ одно мгновеніе покрываетъ и небо, и море. Не смотря на всѣ усилія[7], они не достигли своего корабля, который, нѣсколько дней спустя, ушелъ[8] [въ море]. Несчастные матросы нашли на берегу[9] три хижины, и рѣшились (de) провести въ нихъ зиму. Всякій день отправлялись они въ (sur) своей лодкѣ на (à) рыбную ловлю. Они питались мясомъ моржей[10] и рыбъ, которыхъ излавливали. Когда приблизилась зима, они сдѣлали себѣ лампу изъ дна бутылки[11]; моржовый жиръ[12] служилъ имъ вмѣсто (de) масла, а веревка вмѣсто свѣтильни[13]. Они сдѣлали себѣ иглы изъ (avec) старыхъ гвоздей, нитки изъ (avec) остатковъ[14] каната[15], и сшили[16] себѣ одежду изъ (avec) звѣриныхъ шкуръ. Обезпеченные[17] въ первыхъ потребностяхъ жизни, искали они средствъ, какъ бы разсѣяться[18], такъ какъ (car) время тянулось (sembler) для нихъ ужасно долго. Они сдѣлали[19] карты изъ деревянныхъ досчечекъ [20], на которыхъ вырѣзали знаки, и — странное дѣло [21]! — при своемъ безпомощномъ состоянiи [22], при своей страшной нуждѣ (misère), часто до того [23] увлекались страстями [24] во время игры въ эти досчечки, что нерѣдко дѣло доходило до (en venir à) драки [25].

1 se passer; 2 le Spitzberg; 3 à terre; 4 la baie; 5 être à l'ancre; 6 subit; 7 un effort; 8 partir; 9 la plage, la grève; 10 le morse; 11 le fond d'une bouteille; 12 la graisse; 13 la mèche; 14 le bout; 15 le câble; 16 façonner; 17 pourvoir à; 18 se divertir; 19 fabriquer, façonner; 20 une planchette de bois; 21 chose étrange; 22 abandon; 23 tellement; 24 se passionner; 25 se battre.

II. Уже въ ноябрѣ одинъ изъ нихъ былъ пораженъ [1] скорбутомъ [2] и умеръ черезъ три недѣли. Въ послѣдующiе мѣсяцы они часто должны были бороться [3] съ бѣлыми медвѣдями [4], мясо которыхъ было для нихъ лакомствомъ [5]. Часто эти звѣри приходили къ самымъ дверямъ ихъ хижинъ, и они убили многихъ изъ нихъ ударами копья [6]. Въ апрѣлѣ мѣсяцѣ они убили послѣдняго медвѣдя. — Наконецъ, двадцатаго iюня, увидѣли они, въ (à) далекомъ (grand) разстоянiи, корабль, который приближался къ нимъ. Они дѣлали [7] всевозможные сигналы, но разстоянiе было слишкомъ велико, и ихъ не замѣчали. Они тотчасъ побѣжали къ своей лодкѣ [8], чтобы догнать [9] корабль. Двадцать перваго, они отвалили отъ берега, гребли почти цѣлые два дня, и корабль взялъ уже другое направленiе, когда они, наконецъ, двадцать втораго числа, догнали его. Капитанъ далъ имъ все, въ чемъ они нуждались въ своемъ плачевномъ [10] состоянiи, и они возвратились съ нимъ въ Норвегiю, гдѣ считали ихъ уже погибшими. Они привезли (rapporter) съ собою, въ (comme) воспоминанiе о своемъ пребыванiи на Шпицбергенѣ, деревянныя карты, которыя были причиною [11] такихъ сильныхъ душевныхъ волненiй [12], и разсказывали о своей зимовкѣ [13] пастору Аалю, который былъ такъ любезенъ [14], что передалъ мнѣ ихъ разсказъ [15]. (Изъ Мармье).

1 atteindre; 2 le scorbut; 3 soutenir un combat; 4 ours blanc; 5 le régal; 6 à coups de lance; 7 faire un signal; 8 la barque; 9 rejoindre qch.; 10 déplorable; 11 causer, donner; 12 émotion; 13 hivernage; 14 vouloir bien; 15 transmettre un récit.

78. Фердинандъ Кортецъ.

I. Фердинандъ Кортецъ былъ сынъ испанскаго дворянина [1]. Отецъ отправилъ его въ (à) университетъ, но онъ вскорѣ оставилъ [2] занятiя и поступилъ (se faire) въ солдаты. Испанская храбрость [3] славилась тогда въ Италiи и въ Америкѣ. Кортецъ избралъ [4] новооткрытую землю и отправился, въ 1504 году, на (à) Санъ-Доминго. Позже перешелъ онъ на Кубу. Едва вступилъ онъ въ службу [5], какъ (que) оказалъ (далъ доказательство [6]) замѣчательную неустрашимость [7]. Вскорѣ прiобрѣлъ онъ славу [8] отличнаго офицера. Въ 1519 году, когда губернаторъ [9] Кубы, Веласкуецъ, составилъ планъ [10] завоеванiя Мексики [11], только что открытой (= которая...), главное начальство [12] надъ экспедицiей было поручено [13] Кортецу, которому было въ то время 34 года. Но едва облекли [14] Кортеца этимъ достоинствомъ, какъ враги оклеветали [15] его передъ (auprès de) губернаторомъ, и просили объ отрѣшеніи его отъ званія начальника (démission). Какъ только Кортецъ узналъ, что Веласкуецъ думаетъ о томъ, чтобы остановить (retenir) его, тотчасъ же сѣлъ на корабли и отправился [16] къ берегамъ Мексики.

1 un gentilhomme; 2 abandonner; 3 bravoure; 4 choisir; 5 entrer au service; 6 faire preuve, montrer; 7 intrépidité; 8 la réputation; 9 gouverneur; 10 concevoir, former le projet; 11 le Mexique; 12 commandement en chef; 13 conférer; 14 revêtir; 15 calomnier; 16 s'embarquer pour.

II. Небольшое войско, которымъ командовалъ Кортецъ, состояло [1] изъ 508 человѣкъ. Шестнадцать человѣкъ составляли [2] кавалерію; остальные, вооруженные пиками [3], пѣхоту [4]; тринадцать воиновъ имѣли ружья; но главную силу войска составляли шестнадцать маленькихъ пушекъ. Страна, на которую намѣревался (§ 66) напасть Кортецъ съ этою толпою [5] искателей приключеній [6], имѣла нѣсколько милліоновъ жителей, большіе и многолюдные города. Когда Кортецъ высадился на берегъ, войско еще разъ провозгласило его своимъ предводителемъ. Вслѣдъ за тѣмъ онъ отправилъ одинъ корабль въ Европу, къ Карлу V, чтобы донести [7] ему обо всемъ, что случилось, и испросить у него разрѣшеніе [8] на предпріятіе. Когда корабль этотъ уѣхалъ, Кортецъ уничтожилъ всѣ остальные корабли, которые еще оставались у него (dat.). Онъ не сжегъ ихъ, какъ часто разсказывали, но посадилъ [9] ихъ на мель, вѣроятно для того, чтобы лишить (ôter) приверженцевъ [10] Веласкуеца всѣхъ средствъ возвратиться на Кубу. Во всякомъ случаѣ, благоразуміе [11] принимало въ этомъ рѣшеніи столько же участія, какъ и геройство. Дѣйствительно, солдаты лишились теперь всякой другой (n'avoir de...) надежды, кромѣ побѣды. Если бы имъ не удалось побѣдить, они погибли бы всѣ. Но эта небольшая толпа не страшилась числа враговъ; она поклялась [12] слѣдовать за своимъ предводителемъ, который пошелъ прямо [13] на главный городъ страны.

1 se composer de; 2 former; 3 la pique; 4 un fantassin; 5 la troupe; 6 aventurier; 7 rapporter; 8 approbation; 9 faire échouer; 10 le partisan; 11 la prudence; 12 jurer; 13 marcher droit sur qch.

III. Кортецъ не былъ только храбръ, но также (encore) предусмотрителенъ (prévoyant) и хитеръ. Онъ воспользовался неудовольствіемъ Тласкалановъ, одного изъ подвластныхъ (soumis) мексиканцамъ [1] племенъ [2]. Послѣ того какъ онъ показалъ имъ превосходство [3] испанскаго оружія, они покорились (se soumettre), заключили миръ [4] и послѣдовали за Кортецомъ, въ (dans) походѣ [5] его на Мексику. Городъ этотъ былъ резиденціею монарха. Государь, который управлялъ тогда мексиканцами, назывался Монтецума. Какъ только донесли ему о прибытіи врага, о новомъ и страшномъ оружіи его, тотчасъ же отправилъ онъ къ Кортецу пословъ и подарки, и требовалъ [6], чтобы онъ оставилъ страну. Но Кортецъ отвѣчалъ, что онъ посланъ Карломъ австрійскимъ (d'Autriche), могущественнѣйшимъ государемъ восточныхъ земель, и требовалъ (demander), чтобы они свели его къ Монтецумѣ. Если бы этотъ несчастный государь предчувствовалъ тѣ страданія, которыя должны были принести [7] ему испанцы, то воспретилъ бы Кортецу вступленіе въ городъ и защищалъ бы его, не смотря на тысячи храбрыхъ индѣйцевъ, которые сопровождали Кортеца и увеличивали [8] его войско до (à) такихъ значительныхъ размѣровъ.

1 le Mexicain; 2 la peuplade; 3 la supériorité; 4 faire la paix; 5 expédition; 6 sommer qn.; 7 amener des malheurs; 8 porter.

IV. Наконецъ испанцы увидѣли городъ, который лежалъ на островѣ, среди большаго озера, и былъ соединенъ съ твердою землею посредствомъ трехъ плотинъ [1]. Они удивились его величинѣ и красотѣ. Монтецума вышелъ ему на встрѣчу и долго разговаривалъ съ нимъ. Испанецъ повторилъ мексиканскому государю, что онъ посланникъ Карла V, короля восточныхъ странъ. Такъ какъ мексиканцы, по древнему религіозному преданію [2], вѣрили, что явятся нѣкогда [3] чужестранцы съ востока и сдѣлаются повелителями страны [4], Монтецума объявилъ, что онъ отдастъ всю страну во власть восточнаго короля, и пригласилъ Кортеца вступить [5] въ городъ. Кортецъ согласился (obéir) на приглашеніе и вступилъ въ Мексику. Монтецума назначилъ [6] Кортецу для жительства огромный каменный дворецъ, гдѣ Кортецъ тотчасъ же взялъ всѣ необходимыя мѣры предосторожности [7], которыхъ требовало [8] его опасное положеніе среди многолюднаго города. При всѣхъ входахъ во дворецъ, въ которомъ онъ жилъ, поставлены [9] были заряженныя пушки. Многочисленные караулы [10] день и ночь оберегали (veiller à) безопасность небольшаго войска Кортеца.

1 la digue; 2 tradition; 3 un jour; 4 s'emparer d'un pays; 5 entrer; 6 assigner; 7 une mesure de précaution; 8 exiger; 9 placer; 10 sentinelle.

§ 68. EMPLOI DU MODE INDICATIF.

1. L'indicatif est le mode de la *certitude*, de la *réalité;* il exprime un fait considéré comme *positif*, *réel* par celui qui parle. Il s'emploie en français de la même manière qu'en russe.

§ 69. EMPLOI DU SUBJONCTIF.

1. Le subjonctif est le mode de l'incertitude; il sert à l'expression de faits *possibles*, mais dont la réalisation n'est pas considérée comme certaine par celui qui parle.

2. Le subjonctif s'emploie presque exclusivement dans la proposition secondaire. Ce n'est qu'exceptionnellement qu'il s'emploie dans la proposition principale.

3. Nous examinerons l'emploi du subjonctif dans *quatre* cas, savoir:

   1) Dans les propositions subordonnées *substantives*, après la conjonction que: *Je désire que tu* VIENNES.

   2) Dans les propositions secondaires *adjectives (relatives): Prêtez-moi un livre qui* SOIT *intéressant.*

   3) Dans les propositions secondaires *adverbiales* (ou *circonstancielles): Venez me voir avant que je* PARTE.

4) Dans la proposition principale : *Je* NE SACHE PAS *qu'il y ait eu d'hommes blancs devenus noirs.* BUFFON.

I. SUBJONCTIF DANS LES PROPOSITIONS SUBORDONNÉES APRÈS QUE.

§ 70. **Quatre classes de verbes** exigent le subjonctif après **que** dans la proposition subordonnée. Ce sont :

1. Les verbes qui expriment un acte de la **volonté**, tel que le *commandement*, la *défense*, la *prière*, le *désir*, la *permission*, l'*intention*, etc. Tels sont :

Vouloir, хотѣть.	permettre, дозволять.
désirer, souhaiter, желать.	souffrir, терпѣть, дозволять.
aimer, любить.	consentir, соглашаться.
aimer mieux, préférer, } предпочитать.	approuver, одобрять.
	désapprouver, не одобрять.
demander, exiger, } требовать.	empêcher, препятствовать.
	avoir soin, заботиться.
prier, просить.	mériter, заслуживать.
supplier, умолять.	valoir bien, стоить чего.
commander, ordonner, } приказывать.	trouver bon, одобрять.
	trouver mauvais, не одобрять.
défendre, запрещать.	trouver singulier, находить страннымъ.
éviter, избѣгать.	attendre, ожидать.

Obéis, si tu veux qu'on t'*obéisse* un jour. VOLT. Que voulez-vous que je *fasse*, Monsieur? MOL. Mais le ciel a permis qu'il *ait été* la victime de son attentat. LE SAGE. Il souffrait rarement qu'on lui *parlât*, et jamais qu'on *osât* le contredire. VOLT. J'aime mieux qu'il *s'en aille* sur-le-champ. Cela n'empêche pas qu'il ne *soit* mon ami. La chose mérite (vaut bien) qu'on y *réfléchisse*. — Ils n'entendaient pas que leur fille *fût* mauvaise figure à Paris. Elle savait coudre et même broder; son père aurait voulu en outre qu'elle *sût* lire et écrire, et qu'elle *apprît* l'orthographe, un peu de grammaire et de géographie. A. DE MUSSET. Je trouve bon que vous *alliez* le voir. ACAD. Je trouve singulier que vous *ayez fait* cette démarche. ACAD. Trouvez bon que je me *plaigne* de cette indiscrétion. J. J. R. — Je prétends (j'exige) qu'il m'*obéisse*. J'entends (je veux) qu'il *soit* soumis à vos ordres.

Rem. 1) Mais on dira, dans un autre sens : *Je prétends qu'il* A *tort. J'entends qu'il y* A *du monde au salon.*

2) Après les verbes *ordonner*, *commander*, *exiger*, *arrêter*, *décider*, *résoudre*, *déterminer*, *convenir*, on emploie aussi le futur et le conditionnel, quand il est question d'*édits*, d'*ordres* émanant du souverain, d'une autorité, et dont l'exécution peut être considérée comme un fait certain : *La cour a ordonné que ce témoin* FÛT *entendu*, SERAIT *entendu.* ACAD. *Le gouverneur ordonna que nous* IRIONS *jusqu'à Thèbes pour être présentés au roi.* FÉN. *Enfin, après avoir examiné le fort et le faible des sciences, il fut décidé que monsieur le marquis* APPRENDRAIT *à danser.* VOLT.

2. Les verbes qui expriment un mouvement, une émotion de l'âme, un sentiment, tel que la *joie*, l'*affliction*, la *tristesse*, la *douleur*, le *chagrin*, le *repentir*, l'*étonnement*, l'*admiration*, la *crainte*, etc. — Les plus fréquemment employés sont :

a) se réjouir, être bien aise, — радоваться, быть раду.
être charmé, ravi, être enchanté, — быть очень раду.
se féliciter, радоваться.

b) être triste, печалиться.
regretter, сожалѣть.
je suis fâché, мнѣ жаль.
je suis désolé, я очень сожалѣю.
s'affliger, сокрушаться.
être affligé, быть огорчену.
avoir honte, стыдиться.

c) s'étonner, удивляться.
être étonné, être surpris, — быть изумлену.
s'indigner, сердиться, негодовать.
craindre, avoir peur, appréhender, — бояться, опасаться.
trembler, трепетать.
redouter, страшиться.
prendre garde, garder, — остерегаться.

d) se plaindre, жаловаться.

Je suis bien aise que la force vous *revienne* un peu, et que ma visite vous *fasse* du bien. MOL. La nuit est avancée, et j'ai peur qu'il ne *soit* trop tard. MOL. Ils s'indignaient que l'ennemi ne *fût* pas *livré* à leurs bouillants courages. SALVANDY. Polycrate fut ravi que je *voulusse* passer ma vie auprès de lui. FÉN. Je crains que la fatigue n'*ait épuisé* votre santé. J. J. R. Prenez garde que cet enfant ne *tombe* et ne se *fasse* du mal.

Rem. 1) Au lieu de *que* suivi du subjonctif, on peut, après les verbes qui expriment la *joie*, la *tristesse*, l'*étonnement*, la *plainte*, employer *de ce que*, suivi de l'indicatif: *Je suis étonné qu'il ne* RÉPONDE *pas. Je suis étonné de ce qu'il ne* RÉPOND *pas.*

2) Sur l'emploi de la négation après les verbes qui expriment la *crainte*, et après *empêcher*, *prendre garde*, *garder*, *éviter*, voir § 93, 9, 10.

3. Les verbes et les locutions qui expriment un *acte de la pensée* ou *un acte de la parole*, mais seulement lorsqu'ils sont employés négativement ou interrogativement, ou lorsqu'ils sont accompagnés d'une expression qui a un sens négatif ou interrogatif. Tels sont:

Croire, вѣрить.
penser, думать.
s'imaginer, se figurer, — представлять себѣ.
espérer, надѣяться.
savoir, знать.
soupçonner, подозрѣвать.
supposer, présumer, — предполагать.
se rappeler qch., se souvenir de qch., — вспоминать.
promettre, обѣщать.
être sûr, certain, быть увѣрену.
trouver, находить.
voir, видѣть.
dire, сказать.
assurer, affirmer, увѣрять.
avouer, сознаваться.
prétendre, soutenir, — утверждать.
déclarer, объявлять.
convenir, признаться.
écrire, писать.
remarquer qch., s'apercevoir de qch., — замѣчать, увидѣть.
etc.,

auxquels il faut ajouter les verbes de cette classe qui ont par eux-mêmes un sens négatif, et qui demandent toujours le subjonctif. Tels sont:

Douter, сомнѣваться. désespérer, отчаяваться.
nier, отрицать. disconvenir, не соглашаться.
ignorer, не знать. contester, оспаривать.

Je crois qu'il *viendra*. Je ne crois pas qu'il *vienne*. Croyez-vous qu'il *vienne?* Si tu crois qu'il *vienne*. C'est une erreur de croire qu'il *ait eu* cette intention. Je ne savais pas que cela *fût* défendu. — T'imagines-tu que je n'*aie* point *pensé* à tout cela? SOUVESTRE. Trouvez-vous qu'il *soit* aussi distingué qu'on le dit? — Je ne vois pas que les choses *aient* beaucoup *changé*. — Je doute qu'il *vienne*. Je doutais qu'il *arrivât* à temps. Il nie que cela *soit*. ACAD. J'ignorais qu'il *fût* parti.

Rem. 1) Après *douter si*, il faut l'indicatif. *Il doute si la chose* EST *vraie*. — *Ne pas ignorer*, знать навѣрно, demande l'indicatif: *Je n'ignore pas qu'il* EST *parti*. — Il n'en est pas de même des verbes *douter, nier, désespérer, disconvenir*, qui demandent le subjonctif, même quand ils sont employés négativement. *Je ne doutais pas qu'il ne* VINT. — Cependant, après *ne pas douter*, on trouve l'indicatif sans *ne*: *Ne doutez pas que j'*IRAI.

2) Sur l'emploi de la particule *ne* après les verbes *douter, nier*, etc., voir § 93, 11.

3) *Supposer*, dans le sens de *faire une supposition*, предположить, допустить, régit ordinairement le subjonctif: *Je suppose que vous* AYEZ *raison*; *est-ce un motif pour vous échauffer de la sorte?* — Dans le sens de *présumer*, il suit la règle générale: *Je suppose qu'il m'*ÉCRIRA *demain*.

4) *Comprendre, concevoir*, dans le sens de *trouver naturel, ne pas s'étonner*, demandent le subjonctif: *Je comprends (conçois) que cette manière d'agir vous* AIT *déplu*. — Dans leur sens ordinaire, ils suivent la règle générale: *Je comprends (conçois) qu'il n'*A *pu agir autrement*.

5) L'idée de négation peut être exprimée par les adverbes *rarement, difficilement*: *On voit rarement qu'un enfant étourdi* DEVIENNE *un homme distingué*.

6) Le verbe de la proposition principale peut être négatif ou interrogatif, sans qu'il y ait incertitude dans le sens de la proposition subordonnée; dans ce cas, il faut employer l'indicatif. C'est ce qui a lieu:

a) Quand la proposition subordonnée exprime un fait positif, évident: *Je ne lui dirai pas que tu* ES *arrivé. Cet ignorant ne veut pas croire que la terre* EST *ronde, que le soleil* EST *immobile. Il ne sait pas que son père* EST *malade*; c'est-à-dire: *Son père est malade, il ne le sait pas*. Mais on dira: *Il ne sait pas que son père* SOIT *malade*, si celui qui parle ignore lui-même si le père est malade ou non.

b) Quand la forme interrogative a un sens positif, et qu'elle n'est qu'une forme oratoire pour affirmer avec plus d'énergie: *Croyez-vous que je* SUIS *aveugle!* — *Oubliez-vous que je* SUIS *le frère de celui dont vous parlez!* — On dira de même, avec une nuance dans le sens facile à saisir: *Croyez-vous qu'il le* FERA? et *Croyez-vous qu'il le* FASSE? *Croyez-vous que la lune* EST *habitée? Croyez-vous que la lune* SOIT *habitée?* LA FAYE.

L'interrogation négative a presque toujours un sens positif. *Ne trouvez-vous pas qu'il* FAIT *bien froid dans cette chambre?* VITET.

7) Quand les verbes *croire*, *dire*, etc., sont employés avec la conjonction *si*, le verbe de la proposition subordonnée se met à l'indicatif ou au subjonctif, selon qu'il exprime pour celui qui parle un fait *certain* ou un fait *douteux*: *Si vous croyez qu'il* EST *coupable, pourquoi ne le punissez-vous pas?* — *Si vous croyez qu'il* SOIT *coupable, pourquoi ne le punissez-vous pas?* BONIFACE.

4. Les verbes impersonnels et les locutions impersonnelles qui expriment: a) une *volonté*, un *désir*, une *nécessité*, etc. b) un *sentiment*, c) une *négation*, un *doute*, une *possibilité*, etc. Tels sont:

Il faut, / Il est nécessaire, } надо, нужно.	Il ne se peut (pas), / Il est impossible, } невозможно.
Il convient, прилично.	Il suffit, довольно, достаточно.
Il vaut mieux, лучше.	Il est facile, легко.
Il importe, надлежитъ.	Il est difficile, трудно.
Il n'importe, нужды нѣтъ.	Il est bon, хорошо.
Qu'importe? что за нужда?	Il est juste, справедливо.
Il est temps, пора.	Il est rare, рѣдко.
Il semble, кажется.	Il est douteux, сомнительно.
Il est possible, / Il se peut, } можетъ быть, возможно.	Il est fâcheux, досадно.
	etc.,

auxquels il faut joindre les locutions:

C'est dommage, жаль.	C'est beaucoup que, много.
C'est assez que, довольно.	C'est peu que, мало.

Il faut qu'il *parte*. Il importe que vous *gardiez* ce secret. Il est rare qu'un cœur droit ne *soit* pas un cœur élevé. MARMONTEL. Il était temps que je *revinsse*. A. DUMAS. Il est bon qu'un jeune seigneur *puisse* briller dans l'occasion. VOLT. C'est assez qu'il *ait fait* pour vous un tel sacrifice, n'exigez rien de plus.

5. Après les verbes impersonnels et les locutions impersonnelles qui expriment une *certitude*, une *vraisemblance*, on emploie l'indicatif. Tels sont:

Il est vrai, вѣрно.	Il est évident, очевидно.
Il est vraisemblable, / Il est probable, } вѣроятно.	Il est visible, видимо.
	Il paraît, кажется.
Il est à présumer, надо предполагать.	Il me (te, lui, nous, vous, leur) semble, мнѣ кажется.
Il est sûr, / Il est certain, } достовѣрно.	Il arrive, случается.
Il est clair, ясно.	Il résulte, / Il s'ensuit, } слѣдуетъ, проистекаетъ.

Ces expressions doivent être considérées comme exprimant un acte *de la pensée* ou *de la parole*. Elles demandent par conséquent l'indicatif quand elles sont employées affirmativement; mais lorsqu'elles sont employées négativement ou interrogativement, ou avec la conjonction *si*, если, elles sont suivies du subjonctif:

Il est vrai que vous *êtes* mon ami. Il n'est pas vrai que vous *soyez* mon ami. C. DUVIVIER. — Mais est-il bien vrai qu'il *soit* si habile que

10*

vous le dites? MOL. Sans être trompé au jeu, il arrive qu'on *perd* toujours. Mᵉ DE S. Il n'arrive pas souvent qu'on *soit trompé* par ses amis. G. DUV. Il est probable que les nébuleuses *sont* des groupes d'un grand nombre d'étoiles. LAPLACE. S'il est vrai qu'Homère *ait fait* Virgile, c'est son plus bel ouvrage. DELILLE.

Rem. Après *il semble* on emploie ordinairement le subjonctif; cependant l'indicatif est aussi en usage quand la proposition secondaire énonce un fait *positif*, *certain*. La même remarque s'applique aux expressions *on dirait, on croirait,* signifiant *il paraît, il semble.* — *Il* ME *semble, il* TE *semble*, etc., est presque toujours suivi de l'indicatif : — *Il semble qu'on* AIT *là rassemblé l'univers.* BOILEAU. *Il me semble que tu* ES *pâle.* A. DE MUSSET. *Il me semble que* C'EST *bien assez.* A. DUMAS. *Il me semble que* C'EST *un rêve.* FOURNIER. *Il semblait en effet que ce* FÛT *un rêve.* FOURNIER. *On dirait qu'il* VA *pleuvoir. On dirait que le livre des destins* AIT ÉTÉ *ouvert à ce prophète.* BOSSUET.

§ 71. SUBJONCTIF DANS LES PROPOSITIONS ADJECTIVES.

Le subjonctif s'emploie dans la proposition relative :

1) Quand elle exprime une *action* ou une *qualité* qui n'est encore que *voulue*, *désirée*, *exigée*, par celui qui parle.

1) J'habiterai une maison qui *est* au bord de la rivière.

2) J'habiterai une maison qui *soit* au bord de la rivière.

Dans le premier exemple, il s'agit d'une maison connue, qui est située au bord de la rivière; dans le second, on exprime seulement le désir que la maison que l'on veut habiter soit au bord de la rivière. La même distinction se retrouve dans les exemples suivants :

Montrez-moi *le* palais qui *appartient* au prince L. Montrez-moi *un* palais qui *appartienne* au prince L. — J'aspire à une place qui *est* agréable. J'aspire à une place qui soit agréable. — Voilà quelqu'un qui me *rendra* ce service. Je cherche quelqu'un qui me *rende* ce service. — Envoyez-moi un livre qui *soit* intéressant. — De même encore : Pompée aspirait à des honneurs qui le *distinguassent* de tous les capitaines de son temps. VERTOT. Elle cherchait un asile où elle *pût* vivre seule et inconnue. B. DE ST. P. Elle avait besoin de quelqu'un qui lui *rendît* la vie agréable, qui *prît* soin d'elle et de sa maison. A DE MUSSET. Trouvez-moi un faiseur de fagots qui *sache*, comme moi, raisonner des choses, qui *ait servi* six ans un fameux médecin, et qui *ait su* dans sa jeunesse son rudiment par cœur. MOL.

2) Quand la proposition relative se rapporte à une proposition principale *négative*, *interrogative*, *restrictive* ou *conditionnelle*, — qui sert à nier, à restreindre ou à mettre en doute l'action de la proposition relative qui en dépend :

Il n'y a personne qui *soit* exempt de défaut. — Il y a peu de personnes qui *sachent* se suffire à elles-mêmes. — Quel est l'homme qui *soit* sûr de vivre demain? — Je ne vois guère que lui qui *soit* capable de faire cela. — Y a-t-il un homme dont il ne *médise*? — Il ne dit pas un mot qui ne *soit* à propos. (§ 93, 3). S'il est quelqu'un que la vanité *ait rendu* malheureux, à coup sûr, ce quelqu'un était un sot. J. J. R. Parmi ces cent mille hommes, il n'en était pas un qui *doutât* de vaincre ou qui s'*inquiétât* de mourir. SALVANDY.

3) Le subjonctif s'emploie ordinairement aussi dans la proposition relative, lorsque la proposition principale à laquelle elle se rapporte renferme un *superlatif* ou l'une des expressions *le seul*, *l'unique*, *le premier*, *le dernier*, qui équivalent à un superlatif:

C'est le plus bel homme que j'*aie vu* de ma vie. CH. REYBAUD. — Cette pièce est pourtant la meilleure que nous *ayons*. VOLT. Les habitants de Tyr sont les plus fameux marchands qu'il *y ait* au monde. FÉN. Ainsi s'écoulaient les journées les plus charmantes que jamais créature *ait passées*. J. J. R. — C'est bien le moins que vous *puissiez* faire. — Lucullus apporta du Pont les premières cerises qu'on *ait vues* en Europe. BONIFACE. C'est le seul ami qui me *soit* resté fidèle.

Rem. Si cependant la proposition relative exprime un fait *positif*, *certain*, il faut mettre l'indicatif. C'est ce qui a lieu:

1) Lorsque la proposition relative ne se rapporte pas directement au superlatif, mais au déterminatif (génitif) qui en dépend: *Voilà la plus belle des maisons que je* CONNAIS. *Le soleil est le plus grand des astres que l'on* APERÇOIT *au ciel.*

2) Lorsque le superlatif est mis en relief par *c'est*, *ce sont*, *c'était*, etc. (§ 18): *C'est la plus jeune de ces dames que je* CONNAIS. *C'est le plus jeune qui* A *remporté le prix.* (*C'est le plus jeune qui* AIT *remporté le prix*, — offrirait un sens différent). *C'est le moins doué de ses fils qu'il* A *destiné à la carrière commerciale.*

3) Lorsque la proposition relative forme un déterminatif *accessoire* (§ 4): *Les plus habiles, qui* SAISISSAIENT *le mieux les leçons, les répétaient aux autres.* JUSSIEU. — *Les premiers soldats, qui ne* S'ATTENDAIENT *à rien, furent surpris et faits prisonniers.*

4) Après *le premier*, *le dernier*, l'indicatif et le conditionnel sont fréquemment employés, lorsque la proposition relative exprime un fait positif, réel: *Le premier qui* S'EXPOSA *sur un esquif à la fureur des flots, fut un homme intrépide. C'est le dernier homme à qui je me* CONFIERAIS.

4) Le subjonctif s'emploie aussi après les expressions *qui que*, *quoi que*, *quel que*, *quelque — que*, *si — que*, etc. (§ 57), parce que ces expressions donnent à la proposition qui suit quelque chose d'*indécis*, d'*incertain:*

Entre, qui que tu *sois*, et laisse l'espérance! RIVAROL. — Je suis perdu, quoi que je *fasse*. VOLT. — Quelle que *soit* la barrière qui me sépare de mon ami, je le reverrai. X. DE MAISTRE. — Si heureux qu'on *puisse* être, on n'a pas toutes ses aises dans ce monde. LAMOTTE. — Où que vous *alliez*, conformez-vous aux mœurs du pays. ACAD.

§ 72. SUBJONCTIF DANS LES PROPOSITIONS ADVERBIALES.

1. Dans les propositions adverbiales, l'emploi du mode se règle d'après la nature de la conjonction qui lie la proposition adverbiale à la proposition dont elle dépend.

Il y a des conjonctions qui demandent l'*indicatif* ou le *conditionnel*, — d'autres le *subjonctif*, — quelques-unes demandent tantôt le *subjonctif*, tantôt un autre mode.

2. Les conjonctions qui annoncent un fait *positif*, *certain*, demandent l'*indicatif*. (Voir I P. § 63).

3. Les conjonctions qui expriment quelque chose d'*incertain*, c'est-à-dire *l'intention*, *le but*, *le désir*, *la prière*, *la crainte*, *la restriction*, etc., exigent le subjonctif. Ce sont:

Afin que, pour que, } чтобы.
quoique, bien que, encore que, } хотя.
malgré que, не взирая на.
pourvu que, ежели только.
supposé que, полагая, что.
pour peu que, si peu que, } какъ только, ежели только.
au cas que, en cas que, } въ случаѣ если.
avant que, пока не, прежде чѣмъ.
en attendant que, пока не.
sans que, безъ того чтобы.
soit que... soit que, ли... ли.
à moins que... ne, развѣ не.
de crainte que... ne, de peur que... ne, } чтобы не, опасаясь.
non que, non pas que, ce n'est pas que, } не для того, чтобы.
loin que, bien loin que, } вмѣсто того чтобы.
si tant est que, если правда, что.

De même après **que** mis pour *avant que*, *afin que*, *jusqu'à ce que*, *sans que*, — et après les expressions: *A Dieu ne plaise que*, сохрани Богъ, чтобы; *plût à Dieu que*, дай Богъ, чтобы.

Ce livre est toujours sur le bureau, afin qu'on *puisse* le consulter. ACAD. Je vous préviens, de crainte qu'on ne vous *surprenne*. (Mais: Je veux prévenir l'heure, de *crainte d'être surpris*. ACAD.) Je vous pardonne cette fois, pourvu que vous me *disiez* tout. MOL. Soit qu'il le *fasse*, soit (ou) qu'il ne le *fasse* pas, cela m'est parfaitement égal. ACAD. Il me répondit que pour peu que cela me *fît* plaisir et m'*intéressât*, nous y ferions une descente. VAILLANT. Son procès lui fut fait sans qu'on *daignât* l'entendre. VOLT. Plût au Ciel qu'il n'en *fût* rien! — Le concert, quoiqu'il *durât* depuis longtemps, ne m'ennuyait point. LE SAGE. J'irai le voir, si tant est que je *puisse* le rencontrer. — Lève-toi, que (= afin que) je te *voie* un peu marcher. REYBAUD. Donnez-moi un lit ou une botte de paille, que je *puisse* dormir. MÉRIMÉE. Il ne dormira plus qu'il n'*ait fait* un sonnet. BOILEAU. J'attends qu'il *soit* jour. LE SAGE.

4. Les conjonctions suivantes régissent le subjonctif quand la proposition subordonnée exprime une *intention*, un fait *incertain*, — et l'indicatif, dans le cas contraire:

De manière que, de façon que, de (en) sorte que, } такъ что.
selon que, по мѣрѣ того, какъ.
jusqu'à ce que, пока.
au lieu que, вмѣсто того, что.
sinon que, si ce n'est que, } кромѣ того что.
à condition que, съ тѣмъ чтобы.

Il faut vivre de façon que l'on ne *fasse* de tort à personne. ACAD. La nuit vint, de façon que je *fus* contraint de me retirer. ACAD. Faites en sorte, je vous prie, que je *puisse* voir secrètement Diego. LE SAGE. A ces mots, ses pleurs redoublèrent, de sorte qu'elle ne *put* continuer. LE SAGE. Oui, je vous injurierai jusqu'à ce que je vous *aie guéri* de votre paresse. VOLT. Lucain fut d'abord ami de Néron, jusqu'à ce qu'il *eut* la noble imprudence de disputer contre lui le prix de poésie. VOLT. Je ne vous demande rien, sinon que vous *soyez* attentif. Je n'ai rien à vous apprendre, si ce n'est que votre cousin *est* malade. Je lui avais pardonné, à condition qu'il n'en *abusât* pas, ou — qu'il n'en *abuserait* pas. BONIFACE.

Rem. 1) Quand *que* remplace la conjonction *si*, если, il demande le subjonctif: *Si l'ennemi livre bataille et qu'il* SOIT *vaincu, sa position sera des plus critiques.*

2) Quand la proposition subordonnée, précédée de *que*, se place avant la proposition principale, elle a toujours son verbe au subjonctif. Ainsi au lieu de dire: *Il avoue franchement qu'il a eu tort,* on dira, en mettant en relief la proposition subordonnée: *Qu'il* AIT *eu tort, c'est ce qu'il avoue franchement!*

§ 73. SUBJONCTIF DANS LES PROPOSITIONS INDÉPENDANTES.

1. Il n'y a que le verbe *savoir* qui puisse s'employer au subjonctif dans une proposition principale, encore n'est-ce qu'à la première personne, et quand il est accompagné de la négation: *Je ne* SACHE *pas* (= *Je ne sais pas*), et dans la locution *que je sache*, сколько я знаю.

Je *ne sache rien* de si beau. — Des enfants étourdis deviennent des hommes vulgaires; je *ne sache point* d'observation plus générale que celle-là. J. J. R. — M'a-t-on appelé? — Non pas, *que je sache.* — Qui a donné l'ordre de tendre ainsi cette salle? Sire, personne, *que je sache*. MÉRIMÉE.

2. Le subjonctif s'emploie souvent dans la dépendance d'un verbe sous-entendu *(vouloir, souhaiter,* etc.), pour exprimer un *souhait*, un *vœu*, une *nécessité*, un *ordre*, une *permission*, etc.

Que la volonté de Dieu *soit* faite! — Lorsque vous ferez l'aumône, que votre main gauche ne *sache* pas ce que fait votre droite! — Qu'il *fasse* ce qu'il voudra! — Qu'il *parte* à l'instant!

3. Dans un petit nombre de cas, le français emploie même le subjonctif sans *que* pour exprimer un *souhait*, un *vœu*, une *concession*. (D'après l'analogie du latin.) Les plus employés de ces subjonctifs sont: *Puisse, puissent!* да, пусть! *Vive!* да здравствуетъ! *Périsse!* да погибнетъ!

Puisse le Ciel vous donner de longs jours! — *Puissent* tous ses voisins ensemble conjurés, saper ses fondements encore mal assurés! CORN.

Périsse le Troyen auteur de nos alarmes! RACINE. — *Vive* l'empereur! — *Tombe* Argos et ses murs! LEMERCIER. A Dieu ne *plaise!* сохрани Богъ! N'en *déplaise* à monsieur votre frère! (= *Malgré* monsieur...) — *Fasse* le Ciel que vos vœux s'accomplissent! Ainsi soit-il! — De même encore: Dieu *veuille!* Dieu *préserve!* *Soit* huit à multiplier par sept. — Fais ce que dois, *advienne* que pourra! (Devise). — Prenez sa promesse, *vaille que vaille!* (что будетъ, то будетъ!) — *Vogue* la galère! (была не была!) — *Vienne* qui voudra, je ne me dérange pas! — *Plût* au Ciel qu'il fût ici!

4. L'imparfait du subjonctif est fréquemment usité de la même manière; il est mis alors pour *quand même* (еслибы даже), et le conditionnel:

Dussé-je être ruiné, j'entreprendrai ce procès! — c'est-à-dire: Quand même je devrais être ruiné! — *Dût* le ciel égaler le supplice à l'offense! CORN. *Eût*-il *été* bien plus fort et bien plus habile, *eût*-il *été* Richelieu ou Sully, il fût tombé de même. MIGNET. — Ils auraient résisté, n'*eût été* le canon. PONSARD.

§ 74. INFINITIF DANS LES PROPOSITIONS SUBSTANTIVES ET ADVERBIALES.

1. Quand la proposition subordonnée a le même sujet que la proposition principale dont elle dépend, — ou que le sujet du verbe de la proposition subordonnée figure dans la proposition principale comme régime *direct* (accusatif) ou comme régime *indirect* (datif), le verbe de la proposition subordonnée se met à l'*infinitif*. Ainsi on dira:

Je voudrais *être* roi, et non: Je voudrais *que je fusse roi.* — Je l'empêcherai d'*entrer* ici, — plutôt que: J'empêcherai *qu'il n'entre ici.* — Ordonnez-*lui* de faire son devoir: — ou bien: Ordonnez *qu'il fasse* son devoir. On mange *pour vivre*, et non *pour qu'on vive.*

Ainsi on traduira: Я боюсь, что я проиграю, par: Je crains *de perdre.* Я очень радъ, что вижу васъ, par: Je suis bien aise *de vous voir.*

Rem. 1) Il n'y a d'exception que pour les trois verbes *répondre*, *répliquer*, *repartir*, qui ne sont jamais suivis de l'infinitif: *Il me répondit qu'il ne l'avait jamais vu.*

2) Avec les verbes *dire*, *écrire*, *croire*, *penser*, etc., l'infinitif n'est pas de rigueur, et le mode personnel est même préférable. Ainsi on dira: *Il dit qu'il est malade, il écrit qu'il veut venir*, plutôt que: *Il dit être malade, il écrit vouloir venir.* — On dit également bien: *Je ne crois pas* QUE J'AIE *tort*, et *Je ne crois pas* AVOIR *tort.*

3) L'abréviation au moyen de l'infinitif n'a pas lieu non plus lorsque la proposition subordonnée en a une seconde de même nature dans sa dépendance: *Je n'oublierai jamais que* J'AI PROMIS *de m'occuper de votre bonheur.*

§ 75. CONCORDANCE DES TEMPS.

Après avoir fixé les cas où le mode subjonctif doit être employé, il reste à établir des règles sur le choix des temps de ce mode.

1. Quand le verbe de la proposition principale est au *présent*, au *futur* ou à l'*impératif*, le verbe de la proposition subordonnée se met au *présent* du subjonctif, s'il s'agit d'exprimer une action qui n'est pas encore *accomplie*, et au *passé du subjonctif*, s'il s'agit d'exprimer une action *accomplie*.

Je ne crois pas qu'il *parte*. Je ne crois pas qu'il *soit parti*. Je ne croirai pas qu'il *parte*. Je ne croirai pas qu'il *soit parti*. N'attends pas qu'il *parte*. N'attends pas qu'il *soit parti*.

Rem. Cependant, s'il y avait dans la phrase une expression conditionnelle, exprimée ou sous-entendue, il faudrait employer l'imparfait ou le plus-que-parfait : *Je ne crois pas qu'il* TENTÂT *cette entreprise, s'il n'était sûr de votre assistance. Je ne pense pas qu'il* RÉUSSÎT (EÛT RÉUSSI) *sans vous.*

2. Si le verbe de la proposition principale est à l'un des *passés* ou des *conditionnels*, on met le verbe de la proposition subordonnée à l'*imparfait* du subjonctif, s'il s'agit d'exprimer une action non encore accomplie, et au *plus-que-parfait du subjonctif*, s'il s'agit d'exprimer une action accomplie.

Je craignais
Je craignis
J'ai craint
J'avais craint
Je craindrais
J'aurais craint } a) qu'il ne *partît* trop tard (ce jour-là, le lendemain, aujourd'hui, demain, etc.) b) qu'il ne *fût parti* trop tard (la semaine dernière, la veille, ce matin, etc.)

Rem. 1) Quand il s'agit d'une vérité générale, le présent du subjonctif s'emploie d'ordinaire au lieu de l'imparfait. Les Romains de ce siècle n'ont pas eu un seul poète qui *vaille* la peine d'être cité. (Boileau.)

2) Quand le verbe de la proposition principale est au *passé indéfini*, on emploie le présent du subjonctif après les conjonctions *afin que*, *pour que*, *de crainte que*, *quoique*, *bien que*: *Quoiqu'il* RELÈVE *de maladie et qu'il* SOIT *encore très-faible, il a voulu se mettre en route. Je l'ai prévenu de cette circonstance, afin qu'il en* PROFITE.

Obs. On peut dire que le langage du peuple ne connaît pas du tout l'imparfait du subjonctif, mais qu'il le remplace toujours par le présent du même mode. En général, il y a une certaine répugnance à se servir, dans la conversation, des subjonctifs en *asse* et en *usse*, dont le son est peu agréable. On les évite, autant que possible, par l'emploi de l'infinitif. Dans les cas où l'infinitif est inadmissible, il y en a qui, préférant l'euphonie à la correction grammaticale, remplacent l'*imparfait* par le *présent*. Cette licence se rencontre même chez les écrivains: *Ce n'est pas assez de s'occuper des gens du peuple sous un point de vue d'utilité; il faudrait qu'ils* PARTICIPENT *aux jouissances de l'imagination et du cœur.* Mme DE STAEL. *Il m'aurait battu jusqu'à ce que je* PARLE. G. SAND.

79.

Nerva adopta Trajan, prince le plus accompli dont l'histoire ait jamais parlé. MONTESQUIEU. — Il est vrai que la cigogne nourrit longtemps ses petits et ne les quitte pas qu'elle ne leur voie assez de force pour se défendre et se pourvoir d'eux-mêmes. BUFFON. — Il se mit auprès du docteur, qui n'eut pas le moindre soupçon qu'on le trompât. LE SAGE. — Une des premières personnes que je rencontrai dans les rues de Grenade, fut le Seigneur don Alonzo. LE SAGE. — Télémaque semblait n'avoir jamais compris ces maximes[1], quoiqu'il en fût rempli et qu'il les eût même enseignées aux autres. FÉNELON. — On se décida à traiter avec les Vénitiens, pour que leur flotte transportât les croisés dans la Terre-Sainte. DARU. — Il n'y a point de montagne dans les îles de l'Archipel qui n'ait son église, ni de coteau à la Chine qui n'ait sa pagode, B. DE ST. P. — A quoi vous servira-t-il d'avoir de l'esprit, si vous ne l'employez pas, et que vous ne vous appliquiez pas? BOSSUET. — Ils cachèrent leur barque derrière un rocher et attendirent dans ce désert que les vaisseaux anglais fussent éloignés, ou que la mort vînt finir tant de désastres[2]. VOLT. — Par hasard j'entendis parler de son traité de l'harmonie, et je n'eus point de repos que je n'eusse acquis ce livre. J. J. ROUSSEAU. — On prétend que le lion préfère la chair du chameau à celle de tous les autres animaux; il aime aussi beaucoup celle des jeunes éléphants; ils ne peuvent lui résister lorsque leurs défenses n'ont pas encore poussé, et il en vient aisément à bout[3], à moins que la mère n'arrive à leur secours. L'éléphant, le rhinocéros, le tigre et l'hippopotame, sont les seuls animaux qui puissent résister au lion. BUFFON. — Il n'était guère vraisemblable que les plus grands seigneurs de France et l'armée vénitienne ne fussent venus à Constantinople que pour se partager deux cent mille marcs d'argent. DARU. — Il n'y avait que les élèves du roi qui eussent le droit d'entrer dans cette école militaire. BOURRIENNE. — Ne crains pas, cependant, ombre encore inquiète, Que je vienne outrager ta majesté muette. LAMARTINE. — Mais la loi défendait qu'on leur ôtât la vie, Tant que le doux soleil éclairait l'Ionie. LAMARTINE. — Fasse le ciel que je ne me serve de tant de trésors qu'il m'a communiqués que pour sa gloire. MONTESQUIEU. — Je n'ai pas remarqué que cette gazelle, vivante, ressemblât à du velours bleu, et que, morte, sa peau changeât de couleur, comme le dit M. Sparman. VAILLANT. — De toutes les habitations où j'ai demeuré (et j'en ai eu de charmantes), aucune ne m'a rendu si véritablement heureux et ne m'a laissé de si tendres regrets que l'île de Saint-Pierre, au milieu du lac de Bienne. Cette petite île est bien peu connue, même en Suisse. Aucun voyageur, que je sache, n'en fait mention. Cependant elle est très agréable, et située pour le bonheur d'un homme qui aime à se circonscrire: car quoique je sois peut-être le seul au monde à qui sa destinée en ait fait une loi, je ne puis croire être le seul qui ait un goût si naturel, quoique je ne l'aie trouvé jusqu'ici chez nul autre. J. J. R. — Avant une heure, même les jours les plus ardents, je partais par le grand soleil, pressant le pas, dans la crainte que quelqu'un ne vînt s'emparer de moi, avant que j'eusse pu m'esquiver. J'allais alors d'un pas plus tranquille chercher quelque lieu sauvage dans la forêt, quelque lieu désert où rien ne montrant la main des hommes, n'annonçât la servitude et la domination, quelque asile où je pusse avoir pénétré le premier, et où nul tiers importun ne vînt s'interposer entre la nature et moi. J. J. R.

1 правило; 2 несчастіе, злополучіе; 3 совершить что, достигнуть чего.

80.

Почему не желаете вы, чтобы я читалъ этотъ переводъ? Потому что я лучше желаю [1], чтобы вы читали произведеніе это въ подлинникѣ (original). — Я желаю, чтобы вы лучше писали. — Я требую, чтобы вы сказали мнѣ наконецъ правду. — Приличіе [2] требуетъ, чтобы ребенокъ молчалъ, когда (quand) говоритъ взрослый. — Римскій сенатъ опредѣлилъ, чтобы двѣ арміи выступили противъ Ганнибала. — Мнѣ чрезвычайно жаль, милостивый государь, что вы два раза приходили ко мнѣ и не заставали меня дома. Если бы я зналъ, что вы будете (venir), я не вышелъ бы изъ дому. — Если бы Наполеонъ опасался, что союзники пойдутъ на Парижъ, онъ во-время (à temps) поспѣшилъ бы на помощь [3], чтобы спасти свою столицу; но онъ не могъ думать, чтобы они были способны на такое отважное предпріятіе. — Думаете вы, что онъ сдержитъ свое обѣщаніе? Я думаю, что (да) сдержитъ. — Я надѣюсь, что вы скоро напишете ко мнѣ. — Я не надѣюсь, чтобы вы увидѣли его опять. — Я сомнѣваюсь, что онъ получилъ еще вчера наше письмо. — Я трепещу, что ваша тайна открыта. — Никто не сомнѣвается, что есть Богъ, кромѣ того, который хотѣлъ бы, чтобы не было Бога. — Останьтесь здѣсь, пока я возвращусь. — Я не знаю никакихъ препятствій, которыя я не былъ бы въ состояніи преодолѣть, если бы дѣло пошло (s'agir de) на доказательства, что я вашъ другъ. — Да будетъ (que) легка надъ тобою земля, благочестивая и любезная дочь! — Прежде нежели греки основывали колонію, они совѣтовались [4] съ оракуломъ.

1 aimer mieux; 2 la décence; 3 accourir; 4 consulter.

81.

Хотя Александръ Великій [и] очень любилъ свою мать и (I P. § 63, 10) часто слѣдовалъ ея совѣтамъ, [но] онъ не терпѣлъ, чтобы она вмѣшивалась въ (de) дѣла правленія. — Нѣтъ ни одного человѣка, каковы бы заслуги [1] его ни были, который не огорчился [2] бы, узнавъ все, что говорятъ о немъ. — У меня есть домъ, который нравится мнѣ; но я хотѣлъ бы имѣть домъ, который былъ бы поближе къ саду. — Мнѣ кажется, что ничто такъ не способствуетъ къ возвышенію души, какъ созерцаніе [3] чудесъ природы. — Кажется, вы не довѣряете [4] намъ. — Вѣроятно, что Александръ Великій умеръ въ Вавилонѣ естественною смертію. — Очевидно, что онъ раскаивается въ своемъ проступкѣ. — Я желаю, чтобы ты поскорѣе пришелъ. — Спартанцы хотѣли, чтобы отвѣты молодыхъ людей были кратки и точны. — Остерегайтесь, чтобы васъ не увидѣли. — Вѣроятно, что поѣздъ (le convoi) (желѣзной дороги) ушелъ уже. — Думаете вы, что ночной поѣздъ прибылъ уже? Невѣроятно, чтобы онъ пришелъ уже. — Мы радуемся, что тебѣ удалось наконецъ (à) получить это мѣсто; но мы сердиты, что ты не написалъ прежде объ этомъ. — Я думалъ, что могу разсчитывать на вашу дружбу. — Я не думаю, что вы можете разсчитывать на мою помощь. — Твоя сестра думаетъ, что она права. — Я просилъ его, чтобы онъ пришелъ къ намъ сегодня послѣ обѣда; но онъ отвѣтилъ мнѣ, что не можетъ. — Мы удивлены, что видимъ васъ здѣсь. — Вспоминайте всегда объ этомъ днѣ! — Неронъ былъ первый императоръ, который преслѣдовалъ христіанъ.

1 le mérite; 2 affliger; 3 la contemplation; 4 se fier à.

82.

Употребляйте въ пользу годы вашей юности, чтобы со временемъ быть въ состояніи достойно исполнять обязанности вашего званія. — Мольеръ, можетъ быть, величайшій поэтъ, котораго произвела Франція. — Движенія планетъ самыя правильныя, какія мы знаемъ. — Изобрѣтеніе книгопечатанія одно изъ достойнѣйшихъ изумленія изобрѣтеній, какія дѣлалъ когда-либо умъ человѣческій. — Мало людей, которые умѣютъ переносить несчастія. — Чтобы (pour) облегчить побѣду Александру, случилось, что персы потеряли единственнаго полководца, котораго они могли противопоставить [1] грекамъ. — Прочтите намъ что-нибудь, что бы заставило насъ посмѣяться (faire rire). — Городъ С. Петербургъ одинъ изъ прекраснѣйшихъ городовъ, какіе можно видѣть. — Если вы читаете исторію, и если вы ищете государя, который былъ бы одаренъ великими душевными свойствами и обращалъ бы ихъ въ пользу [2] (для блага) своего народа, то вы найдете его въ лицѣ Петра Великаго. — Хотя онъ уѣхалъ безъ моего позволенія, все-же я прощу его, предполагая, что онъ будетъ просить у меня прощенія. — Онъ такъ ведетъ себя, что никто не можетъ быть имъ доволенъ. — При (à) приближеніи зимы, шкура многихъ животныхъ покрывается (de) болѣе густою, и болѣе длинною шерстью [3], чтобы они не пострадали отъ холода. — Левъ рѣдко нападаетъ на человѣка, если онъ (à moins que) не будетъ вызванъ на то. — Египтяне ненавидѣли [4] азіатское иго [5]; всякій завоеватель, лишь бы (pourvu que) не персъ, казался имъ освободителемъ [6]. — Камбизъ отправился въ походъ противъ эѳіоплянъ, хотя у него былъ недостатокъ въ (manque de) съѣстныхъ припасахъ. — Я оставался одинъ, пока, наконецъ, въ 3 часа, пришелъ мой братъ.

1 opposer à; 2 le bien, le bonheur; 3 le poil; 4 détester; 5 le joug; 6 libérateur.

83.

I. Желательно бы было, чтобы ты никогда не зналъ этого друга, или чтобы ты показалъ [при этомъ] болѣе характера, потому что ясно, что онъ соблазнилъ (séduire) тебя. Онъ самый безразсудный [1] юноша, какого когда-либо я видѣлъ, и я не думаю, что есть [хотя] одинъ человѣкъ, который зналъ бы менѣе его, что ему полезно. Мнѣ кажется, что очень не радѣли о его воспитаніи, и хотя говорятъ, что онъ съ нѣкотораго времени исправился, все-таки я опасаюсь, что онъ скоро опять впадетъ [2] въ прежнее легкомысліе; потому желалъ бы я, чтобы ты сдѣлалъ такъ, какъ я говорилъ тебѣ, и на будущей недѣлѣ отправился бы въ Москву.

II. Одинъ арабскій князь взялъ въ плѣнъ [3], въ какой-то битвѣ, сто непріятелей; онъ осудилъ всѣхъ ихъ на смерть. Одинъ изъ нихъ бросился къ ногамъ [4] князя и заклиналъ [5] его дозволить — дать ему нѣсколько капель воды, чтобы утолить [6] жгучую [7] жажду, которая мучила его. Князь приказалъ принести ему стаканъ воды. «Мои товарищи по несчастію [8],» продолжалъ плѣнникъ, «не менѣе меня страдаютъ отъ жажды; окажи имъ такую же милость, какъ и мнѣ» (§ 57, 6). Князь, не колеблясь [9], согласился исполнить просьбу и приказалъ дать пить всѣмъ плѣнникамъ. Когда всѣ они напились, плѣнникъ, который хорошо зналъ, что гостепріимство [10] священно [11] для араба, сказалъ: «князь, мы твои гости [12]; твое возвышенное великодушіе не потерпитъ [13], чтобы казнили [14] тѣхъ, которыхъ ты счелъ [15] достойными столь великой чести». Князь не могъ [16] не подивиться этой счастливой мысли, и отмѣнилъ [17] суровое опредѣленіе (sentence), которое изрекъ передъ тѣмъ.

1 étourdi; 2 retomber; 3 faire prisonnier; 4 se jeter aux pieds de qn.; 5 conjurer; 6 éteindre, étancher; 7 ardent; 8 compagnon d'infortune; 9 hésiter à; 10 l'hospitalité; 11 sacré; 12 un hôte; 13 souffrir; 14 faire mourir; 15 juger digne; 16 ne pouvoir s'empêcher de; 17 révoquer qch.

84.

84. Благотворительные булочники.

Ліонскіе булочники хотѣли возвысить цѣну на (gén.) хлѣбъ. Они отправились къ префекту полиціи [1] и требовали, чтобы онъ согласился [2] назначить высшую таксу. Изложивъ [3] свои доводы, они ушли и оставили (gér.) на столѣ кошелекъ съ двумя стами луидоровъ. Они не сомнѣвались, что кошелекъ этотъ съумѣетъ (§ 93, 11) защитить ихъ дѣло [4]. Нѣсколько дней спустя, приходятъ они снова къ чиновнику [5] и просятъ объ отвѣтѣ. «Господа», сказалъ имъ префектъ, «я не думаю, что для [6] вашей выгоды слѣдуетъ заставлять страдать бѣдныхъ. Я роздалъ [7] ваши деньги по больницамъ нашего города, потому что я не думалъ, чтобы вы хотѣли сдѣлать другое употребленіе [8] изъ нихъ. Мнѣ кажется, что люди, которые въ состояніи раздавать такую милостыню бѣднымъ, довольно богаты. Поэтому (donc) я запрещаю вамъ продавать хлѣбъ дороже, чѣмъ теперь вы его продаете; напротивъ, я желалъ бы, чтобы вы подумали [9] о средствахъ, какъ бы (de) понизить [10] еще цѣны, и я надѣюсь, что вамъ удастся, этимъ способомъ, еще разъ (à) оказать свою благотворительность. Во всякомъ случаѣ, предложеніе это заслуживаетъ, чтобы вы очень серьёзно подумали (y) о немъ.» Булочники были удивлены, что чиновникъ оказался такимъ честнымъ [11] человѣкомъ. Они досадовали, что пропали (être perdu) даромъ двѣсти луидоровъ, однако были принуждены (falloir) съ умильнымъ лицомъ выслушать дурную для нихъ шутку [12], опасаясь, чтобы не вмѣшалось [13] правосудіе (justice), еслибы они потребовали назадъ [14] свои деньги.

1 le préfet de police; 2 permettre; 3 exposer qch.; 4 la cause; 5 employé, fonctionnaire; 6 à cause de; 7 distribuer; 8 un usage; 9 aviser à; 10 baisser; 11 probe; 12 faire bonne mine à mauvais jeu; 13 intervenir; 14 redemander, réclamer.

85.

85. Колумбъ къ королю испанскому.

I. Я передаю[1] эти бумаги Діего Мендецу для того, чтобы ваше величество узнали, какіе богатые золотые рудники открылъ я въ Верагваѣ. Желательно бы было, чтобы я оставилъ моего брата у рѣки Берлина, но судьба не дозволила мнѣ привести этотъ планъ въ исполненіе[2]. Я довольствуюсь, однако, уже тѣмъ (il me suffit), что ваше величество воспользуетесь (soberete)[3] славою и всѣми преимуществами, и что первыя учрежденія[4] будутъ сдѣланы (se faire) кѣмъ-нибудь болѣе счастливымъ, чѣмъ бѣдный Колумбъ. Въ случаѣ, если Мендецъ прибудетъ[5] въ Испанію, я не сомнѣваюсь, что ваше величество съ радостію узнаете, что я открылъ здѣсь новый міръ, — большій, чѣмъ какой могло бы представить себѣ воображеніе, или какого желало бы когда нибудь честолюбіе[6].

Но я не думаю, чтобы бумага или языкъ какого-либо смертнаго были въ состояніи передать страданія моего тѣла и моей души; невозможно описать[7] никакимъ перомъ злополучіе и опасности моего сына, моего брата и моихъ друзей. Болѣе девяти мѣсяцевъ спимъ мы на (sur) открытыхъ палубахъ[8] нашихъ кораблей, стоящихъ на мели[9], близъ берега. Единственные солдаты, которые остались здоровы, возмутились (se révolter) подъ предводительствомъ Перраса изъ Севильи; только немногіе (= есть мало, которые.....) остались мнѣ вѣрны, и я долженъ еще опасаться, что ихъ похититъ[10] у меня смерть, потому что они (томятся) изнемогаютъ[11], безъ лекарствъ и, часто, безъ пищи, въ этомъ нездоровомъ климатѣ, и я не (sans que) могу облегчить[12] ихъ страданія, что бы я ни дѣлалъ. Я глубоко[13] сожалѣю, до какого несчастія доведены[14] они своею вѣрностію, и все-таки считаю себя въ то же время счастливымъ, что они приносятъ честь[15] испанскому имени своею благородною твердостію[16].

1 remettre; 2 exécuter, mettre à exécution; 3 recueillir qch.; 4 établissement; 5 parvenir; 6 ambition; 7 peindre; 8 le pont; 9 échoué; 18 ravir qch.; 11 languir; 12 adoucir qch.; 13 profondément; 14 livrer qn. à; 15 faire honneur à; 16 constance.

II. Страданія эти, вмѣсто того (loin que) чтобы облегчиться (adoucir) какимъ-либо утѣшеніемъ, увеличиваются[1] еще столь многими другими обстоятельствами, что сдѣлали изъ меня самаго злополучнаго[2] человѣка, какого можно только видѣть; невозможно, чтобы я долго прожилъ въ такомъ положеніи. Кажется даже, что справедливость и состраданіе не существуютъ болѣе на землѣ, что онѣ возвратились[3] на небо. Или долженъ я думать, что я совершилъ преступленіе, сдѣлавъ для Испаніи важнѣйшее открытіе, какое когда-либо было сдѣлано? Сначала, до открытія, наругались[4] надъ моимъ рвеніемъ и моею надеждою; теперь я долженъ опасаться, что пустой[5] титулъ (de) пожизненнаго[6] вице-короля и адмирала дѣлаетъ меня ненавистнымъ[7] для испанской націи.

Лучше было бы (aimer mieux), (cond. pas.), еслибы (que) Бовадилла убилъ меня, нежели, не выслушавъ, не будучи въ состояніи обвинить меня ни въ малѣйшемъ преступленіи, отослалъ въ Испанію отягченнаго[8] цѣпями. Осмѣлится ли (condit) кто нибудь утверждать, что я заслуживалъ подобнаго обращенія? Къ сожалѣнію я долженъ такъ думать, не смотря на то, что ваше величество отдали мнѣ справедливость [9]; и все-таки я думаю, что оказалъ Испаніи довольно добра (le bien), такъ что (pour que) враги мои должны стыдиться [10] такой клеветы. Но какъ ни велико мое злополучіе, и каковы бы ни были испытанія [11], которыя сохранила [12] еще для меня злоба враговъ, — я желаю, чтобы воспоминаніе о (de) несправедливости умерло со мною; я желаю, чтобы цѣпи, которыми отягчили меня, были погребены со мною, если счастіе дозволитъ, чтобы я нашелъ когда-нибудь гробъ и могилу.

1 aggraver; 2 misérable; 3 se retirer; 4 insulter à; 5 vain; 6 perpétuel; 7 odieux; 8 charger de; 9 faire rendre justice; 10 avoir honte; 11 une épreuve; 12 réserver.

§ 67. EMPLOI DE L'INFINITIF.

1. Considéré sous le rapport du rôle qu'il joue dans la proposition, l'infinitif peut être:

   a) **Sujet:** PROMETTRE *et* TENIR *sont deux. Il importe de le* SAVOIR. (§ 2).

   b) **Attribut** (prédicat): *Vouloir, c'est* POUVOIR. *Vous êtes* à PLAINDRE. (§ 3).

   c) **Déterminatif:** *Sa manière* D'AGIR. *Du bois* à BRÛLER. (§ 4).

   d) **Régime direct:** *Je veux* DORMIR. *Je crains* DE TOMBER. *Il apprend* à LIRE. (§ 5, A).

   e) **Régime indirect:** *Il s'est habitué* à CRIER. *Je l'ai empêché* DE PARTIR. *Je suis prêt* à COMMENCER. *Il est capable* DE *le* FAIRE. (§ 5, B).

   f) **Circonstanciel.** *Il chante* à RAVIR. *Il se hâte afin* D'ARRIVER *de bonne heure.* (§ 6).

2. Il n'y a qu'un nombre assez borné d'infinitifs qui puissent s'employer comme de vrais substantifs. Les plus usités sont:

Le manger, кушанье, яства; le boire, питье; le rire, смѣхъ; le sourire, улыбка; le savoir, знаніе; le savoir-faire, изворотливость, ловкость; le savoir-vivre, знаніе свѣта; le dormir, сонъ, спанье; le mourir, смерть; l'être, существо; le pouvoir, могущество; l'avenir, будущность; le souvenir, воспоминаніе; le repentir, раскаяніе; le devoir, обязанность; le déjeuner, завтракъ; le dîner, обѣдъ; le souper, ужинъ; l'aller et le venir, ходьба взадъ и впередъ; les vivres, съѣстные припасы, etc.

Ex.: La paix nous devenait nécessaire comme le *manger* et le *dormir*. VOLT. Ce n'est pas la mort que je crains, c'est le *mourir*. MONTAIGNE. On lui apporta des *vivres*, parce qu'il fallait obéir. VOLT. — Le *voler* des oiseaux. Le *nager* des poissons. Le *marcher* des quadrupèdes. B. DE ST-P. *Au sortir* du lit, de la table, de table. ACAD.

3. L'infinitif peut s'employer de quatre manières:

1) Sans préposition: *Il veut* JOUER.
2) Précédé de la préposition *de: Il cesse* DE JOUER.
3) Précédé de la préposition *à: Il se met* à JOUER.
4) Précédé d'une autre préposition: *Il vient* POUR JOUER.

§ 77.

L'infinitif s'emploie *sans préposition:*

1. Quand il est employé comme sujet, et qu'il précède l'attribut:

Haïr est un tourment, *aimer* est un besoin de l'âme. SÉGUR. *Lire, peindre* et *faire* de la musique, c'est (voilà) son unique occupation. (§ 54, 5).

2. Quand il se trouve employé après les verbes exprimant un *mouvement,* tels que: *Aller, venir, revenir, courir, accourir, envoyer, retourner,* etc.

Il est venu me *dire* cela. Allez lui *porter* ma réponse. Courez l'*appeler.*

Rem. 1) De même après *être,* employé dans le sens *d'aller*: *Nous avons été* CHERCHER *un maître parmi les hommes dont les Romains ne voulaient pas pour esclaves.* CHAT.

2) Ces verbes s'emploient aussi avec *pour,* quand il s'agit d'indiquer l'intention plus nettement. *On envoya aussitôt les députés au roi de Suède* POUR *le* SUPPLIER *de ne point bombarder la ville.* VOLT.

3. Quand il se trouve employé comme *régime:*

1) Après les verbes *pouvoir, devoir, falloir, laisser, faire* (заставить), *voir, regarder, entendre, ouïr, apercevoir, sentir,* etc., ainsi qu'après l'impératif *voici* (= *vois ici*):

César fit *construire* un pont. J'entends *refermer* la porte. Je l'ai vu *partir.* — Voici *venir* une jeune reine ornée de diamants et de fleurs. CHAT.

2) Après les verbes exprimant un acte de la parole ou de la pensée (§ 70, 3): *Dire, avouer, prétendre,* etc.:

Il dit *avoir* peur. Il assure n'*avoir* rien dit de pareil. Il croit *être* sûr de son affaire. Je crois *pouvoir aller* le chercher. GR. NAT.

Rem. On évite cependant d'employer plus de trois infinitifs de suite.

3) Après les verbes exprimant un acte de la *volonté: Vouloir, souhaiter, désirer, aimer mieux, préférer, oser, daigner,* etc. (§ 70, 1):

Je désire le *voir.* Je n'ose *dire* ce que je pense. Je veux *partir.*

Rem. 1) Les trois verbes *désirer, souhaiter, espérer,* se construisent aussi avec la préposition *de,* surtout quand ils sont eux-mêmes à l'infinitif: *Il ne faut pas désirer* DE *tout avoir.*

2) Quand *dire* a le sens d'*ordonner,* il s'emploie avec la préposition *de: Dites-lui* D'*apporter le thé.* De même pour *écrire: Ecrivez-lui* DE *venir au plus vite.*

§ 78.

L'infinitif s'emploie avec la préposition **de** :

1. Quand l'infinitif employé comme sujet se trouve placé *après* le prédicat :

Son unique plaisir est *de* faire du bien. C'est une folie *de* (que *de*) prétendre cela.

2. Par conséquent aussi après les verbes impersonnels et les locutions impersonnelles :

Il ne suffit pas *de* paraître homme de bien, il faut l'être. Il ne vous convient pas de parler si fièrement. ACAD. Il est bon *de* parler et meilleur *de* se taire. LA FONT. — Il est temps *de* partir.

Rem. Il faut, il fait bon, il fait beau, il vaut mieux, il vaut autant, il me (te, lui, nous, vous, leur) semble, sont les seuls verbes impersonnels après lesquels l'infinitif figure sans préposition : *Il me semble le* VOIR. ACAD. *Il vaut mieux l'*ATTENDRE.

3. Après les verbes transitifs, à la question *quoi?* — Tels sont: *Achever, craindre, appréhender, cesser, choisir, prier, commander, défendre,* etc.

Je crains *de* vous ennuyer. Nous regrettons *d'*avoir perdu notre temps. Il mérite *d'*être puni. Je vous défends *d'*y aller.

Rem. Apprendre, enseigner, montrer, chercher, font exception à cette règle et demandent *à* : *Il apprend* à *lire. Il cherche* à *lui plaire.*

4. Après tous les verbes demandant un régime répondant à la question *de quoi?* — Tels sont (§ 61, 2): *S'abstenir, accuser, s'affliger, s'étonner, se plaindre,* etc. :

Abstenez-vous *de* nuire à vos ennemis. Il m'empêcha *de* partir. Je me souviens *de* l'avoir vu à Paris. Je me repens *de* lui avoir dit cela. Il se vante *d'*avoir fait cela.

5. Après les substantifs qui demandent un déterminatif au *génitif*, ce qui est ordinairement le cas lorsque le substantif est accompagné de l'article défini ou d'un pronom déterminatif :

L'art *d'*écrire. Ma manière *de* voir. Notre projet *de* faire un voyage cet été. La nécessité *de* mourir est la plus amère de nos afflictions. VAUVENARGUES. Pardon *de* m'être fait attendre ! SCRIBE.

Rem. Mais si le substantif est employé sans article ou avec l'article partitif, l'infinitif ne dépend plus du substantif seul, et il faut employer *à*: *Il prend plaisir* à *le tourmenter. Vous aurez du plaisir* à *l'entendre.* (Mais : *Vous aurez le plaisir* DE *l'entendre*). *Il a peine, de la peine, bien de la peine* à *nous comprendre.*

6. Après tous les adjectifs qui demandent un régime précédé de la préposition *de*, tels que : *Content, mécontent, charmé, heureux, triste,* etc. (§ 47) :

Il est content *de* revoir les siens. Il est digne *de* succéder à son père.

§ 79.

L'infinitif s'emploie avec la préposition **à** :

1. Après tous les verbes qui régissent le *datif*, c'est-à-dire après ceux qui expriment l'idée de *tendance*, de *destination*, de *consentement*, d'*encouragement*, de *résistance*, etc., exprimée par la préposition *à*. Tels sont :

Aspirer **à**, se préparer **à**, travailler **à**, apprendre **à**, enseigner **à**, s'appliquer à, se décider **à**, etc. (§ 61, 3) :

Il est décidé *à* vendre sa maison. Il aspire, il tend, il cherche *à* devenir riche. Exercez-vous autant que possible *à* parler français. Je suis accoutumé *à* me lever de bonne heure. Il passe son temps *à* lire, *à* écrire.

2. Après les verbes *avoir* et *être*, ainsi qu'après les verbes impersonnels *il est*, *il y a*, *il reste*, et après *c'est à*, его очередь, ему слѣдуетъ, — indiquant une *nécessité*, une *possibilité*.

J'ai *à* écrire. (Mihi est scribendum.) J'ai *à* travailler. J'ai deux lettres *à* écrire. J'ai une maison *à* louer. Nous sommes *à* écrire des lettres. (= Nous sommes occupés à écrire des lettres.) Il est *à* craindre qu'il ne pleuve. Il reste *à* savoir qui a tort. Il n'y a rien *à* faire. Il y a tout *à* craindre. Il fut le premier, le dernier *à* prendre la fuite. — C'est à moi *à* parler. C'est à vous *à* jouer.

Rem. C'est à vous DE exprime un *devoir*, un *droit* : *C'est au maître* DE *parler et au disciple* D'*écouter. C'est à moi* D'*obéir* (= *Mon devoir est d'obéir*).

3. Après les substantifs, pour exprimer le *but*, la *destination*, la *qualité* :

Une salle *à* manger, столовая. Une maison *à* vendre, *à* louer. Du bois *à* brûler, дрова. Un verre *à* boire. Une machine *à* coudre, швейная машина. C'est un livre non seulement *à* lire, mais *à* relire. Un conte *à* faire peur, страшная сказка. Un conte *à* dormir debout.

4. Après les verbes, pour indiquer la *manière*, le *degré*, l'*intensité*. (§ 6, IV) :

Elle chante *à* ravir. Il criait *à* perdre haleine.

Rem. Jusqu'à s'emploie dans le même sens : *Il but jusqu'à perdre la raison.* — De même : *C'est à en perdre la tête !* SCRIBE.

5. Après les adjectifs exprimant une *destination*, une *habitude*, une *aptitude*, à la question **à quoi ?** — Tels sont : *Bon, facile, difficile, prompt, disposé, enclin*, etc. (§ 47, 4) :

Vous me trouverez toujours disposé *à* vous servir. C'est bon *à* savoir. Soyez exact *à* accomplir vos promesses. Il est lent *à* venir. — Je suis prêt *à* vous suivre.

§ 80. REMARQUES SUR L'EMPLOI DE L'INFINITIF.

Certains verbes changent de signification selon que l'infinitif qui leur sert de régime est précédé de la préposition **de** ou de la préposition **à**, ou qu'il est employé *sans préposition*.

1. On dit *aimer* à *faire qch.*, охотно дѣлать; mais *aimer mieux*, *valoir mieux* (I P. § 53, 6, 5), sont suivis de l'infinitif sans préposition. *Il aime* à *se promener*. *On aime mieux* DIRE *du mal de soi que* DE *n'en point parler.* LA ROCHEF. *Il vaut mieux se* TAIRE *que* DE *médire.*

2. **Commencer à** indique une action susceptible d'accroissement, de progrès; *commencer de* n'offre pas cette idée accessoire: *L'enfant commence* à *parler*, à *marcher*, à *lire*. *L'orateur commença* DE *parler à quatre heures et ne finit qu'à cinq.* GR. DES GR. (¹)

3. **Continuer à** désigne une action habituelle, ou une action interrompue poussée jusqu'à un certain but; *continuer de* n'offre pas cette idée accessoire: *Si cet homme continue* à *boire, il ruinera sa santé. Il continue* à *se bien porter. Continuez* D'*écrire votre lettre.*

4. **Forcer, contraindre, obliger,** принуждать, demandent à l'actif *de* ou *à*, mais au passif ordinairement *de*: *On le força* (*contraignit, obligea*) *à* (DE) *s'éloigner. Il fut forcé* DE *s'éloigner.*

   Rem. Obliger, dans le sens de *rendre service*, обязывать, одолжать, régit toujours *de*: *Vous m'obligerez* DE *lui parler vous-même.*

5. On dit *demander à*, просить, quand c'est la personne qui prie qui demande à faire l'action exprimée par l'infinitif, et *demander de*, quand c'est au contraire une autre personne qui doit faire cette action: *Le malade demande* à *boire. Je lui demandai* DE *me donner à boire.*

   Après *ne demande pas mieux*, il faut *que de*: *Je ne demande pas mieux* QUE DE *partir*, для меня нѣтъ ничего пріятнѣе, какъ....

6. **Faillir,** s'emploie avec *de* et *à*, ou le plus souvent sans préposition: *J'ai failli tomber*, DE *tomber*, à *tomber*. Я едва было не упалъ (§ 84).

7. **Laisser de** a le sens de *cependant, tout de même*, все-таки, все еще; *laisser à* celui de *donner*, предоставлять: *Son état ne* LAISSE PAS D'*inspirer de l'inquiétude* (все еще внушаетъ). *Je vous* LAISSE à *penser le dégât qu'ils y firent.* FLORIAN. *Ce travail laisse beaucoup* à *désirer.*

8. **Oublier de,** забывать; **oublier à** (= *désapprendre*), разучиться. Ce dernier emploi est rare: *J'ai oublié* DE *lui écrire hier. Vous oublierez* à *écrire, si vous écrivez si rarement.*

9. **Prier,** просить, demande toujours *de*: *Priez-le* D'*entrer*. Dans le sens d'*inviter*, пригласить, il demande *à*: *Priez-le* à *dîner*.

(¹) Cette nuance exprimée dans 2 et 8 tend à s'effacer, de même celle qui est signalée dans la remarque du § 79, 2. (Voir Littré.)

10. **Tarder à** signifie *différer*, опаздывать, медлить: *Il tarde bien à venir.* — Le verbe impersonnel *il me tarde*, мнѣ хочется, мнѣ не терпится, s'emploie avec *de*: *Il me tarde* DE *revoir mes parents. Qu'il me tarde* DE *vous revoir*, DE *vous entendre!* FÉN.

11. On dit: **Décider de**, *résoudre* DE *faire qch.*, mais *se décider*, *se résoudre* **à**: *Il résolut* DE *partir sur-le-champ. Il se décida à partir.*

12. **Venir dire** *qch.* signifie *venir pour dire qch.* (§ 77); *venir* DE *dire* exprime le passé immédiat (§ 66). — *Venir* à (*dire*) exprime quelque chose de fortuit, d'inattendu: *Pendant que nous parlions de Louis, il* VINT *à passer* (случайно). *S'il* VENAIT *à pleuvoir, vous seriez bien aise d'avoir votre parapluie.*

§ 81. INFINITIF PRÉCÉDÉ D'UNE AUTRE PRÉPOSITION QUE DE ET À.

1. L'infinitif précédé de **pour** s'emploie:

   1) Pour exprimer une *intention*: *Semer* POUR *recueillir*. ACAD.

   2) Après les expressions *assez*, *trop*, *suffire* et autres analogues: *Personne n'est* ASSEZ *méchant* POUR *vouloir le paraître*. LITTRÉ. *Il est* TROP *faible* POUR *marcher. Cela lui* SUFFIT POUR *exister. J'ai assez* POUR *vivre.*

   3) Pour exprimer la *cause*, le *motif*, потому что, за то: *Il est malade pour* AVOIR *trop* MANGÉ, *pour s'*ÊTRE LIVRÉ *à des excès*. ACAD.

2. L'infinitif s'emploie précédé de *par* après les verbes *commencer* et *débuter*, начать, pour indiquer une suite différente, et après *finir* et *terminer*, кончить, pour indiquer un précédent différent. *Il commença* PAR *me blâmer et finit* PAR *me louer. Ce général a débuté* PAR *être simple soldat. Il termina sa réprimande* PAR *nous accorder notre prière*, онъ кончилъ тѣмъ, что...

3. L'infinitif s'emploie encore après les locutions prépositives:

   a) **à force de**, посредствомъ: A FORCE DE TRAVAILLER, *tu en viendras à bout*. ACAD. *A force de prier*. ACAD. (Вслѣдствіе многихъ просьбъ).

   b) **près de.** *Il est* PRÈS D'ARRIVER. ACAD.

   c) **sauf à**, съ тѣмъ, чтобы: *Je finis*, SAUF À RECOMMENCER. ACAD.

§ 82. INFINITIF EMPLOYÉ ABSOLUMENT.

L'infinitif s'emploie absolument, c'est-à-dire sans être dans la dépendance d'un autre verbe:

1. Dans le récit, comme *infinitif historique*, pour exprimer une action *subite*, *instantanée*, (§ 63, III, 4): *Sur le minuit on crie au feu, et moi* DE *me* LEVER *au plus vite!*

2. Dans les phrases *interrogatives* ou *exclamatives* :

Où *courir?* où ne pas *courir?* que *faire* pour le trouver? — Moi! *trahir* le meilleur de mes amis! мнѣ измѣнить лучшему другу! — De même dans des phrases telles que : Je ne sais qu'en *penser*, à quoi me *décider*, au lieu de : Je ne sais ce que je dois penser, à quoi je dois me décider.

3. Précédé de la préposition **à**, dans des tournures qui se placent d'ordinaire en tête de la phrase, telles que :

à le voir signifiant *quand (si) on le voit*, если видѣть его.
à l'entendre » *quand (si) on l'entend*, если слушать его.

De même: *A l'en croire*, если вѣрить ему; *à en juger*, если судить по этому; *à dater de*, *à partir de*, отъ...; *à dire la vérité* (= *pour dire la vérité*).

A l'entendre, on dirait qu'il est innocent. — Ne croirait-on pas, *à vous entendre*, que je vais vous charger de chaînes! Scribe. *A vaincre* sans péril, on triomphe sans gloire. Corneille. Vous risquez tout *à prendre* ce parti.

§ 83. L'INFINITIF REMPLAÇANT UN MODE PERSONNEL.

1. Nous avons vu (§ 74) que, au lieu de *que* suivi de l'indicatif ou du subjonctif, il faut employer l'infinitif lorsque le sujet de la proposition subordonnée figure déjà dans la proposition principale comme *sujet*, comme *régime direct* ou *régime indirect*, à moins toutefois que la clarté n'en souffre :

Il prétend *avoir* raison. Je suis fâché *d'être venu* si tard. Croyez-vous *pouvoir* compter sur lui? Avez-vous peur *de tomber* malade? Permettez-moi de vous *dire* mes raisons; *ou*: Permettez que je vous dise mes raisons. — Ecrivez-lui, dites-lui *de venir* bientôt.

2. Quand la proposition subordonnée se met ainsi à l'infinitif, il faut employer au lieu de :

afin que, suivi du subjonctif,	afin de, suivi de l'infinitif.
pour que, »	pour, »
sans que, »	sans, »
à moins que (ne) »	à moins de, »
de peur que (ne) »	de peur de, »
de crainte que (ne) »	de crainte de, »
avant que, »	avant de (que de) »
loin que, »	loin de, »
de manière que, } suivi de l'ind.	de manière à, »
de façon que, } ou du subj.	de façon à, »
après que, suivi de l'ind.	après, »
jusqu'à ce que (ind. ou subj.)	jusqu'à (такъ что, до того что).

Il fit semblant de rire *afin de* cacher son chagrin. La conscience nous avertit en ami, *avant de* nous punir en juge. *A moins d*'être fou, il est impossible de raisonner ainsi. Je me plaçai *de manière à* pouvoir tout observer. Il ne sort point, *de peur d'*être attaqué. Il s'emporta *jusqu'*à frapper son domestique.

§ 84.

Nous réunirons ici un certain nombre de locutions, la plupart déjà connues, dans lesquelles le verbe qui précède l'infinitif a la signification d'un adverbe:

achever de, до конца, совсѣмъ.	faillir, manquer de, penser, } почти, едва не (§ 80).
aimer à, охотно (§ 80).	ne faire que, постоянно.
aimer mieux, охотнѣе (§ 80).	ne faire que de, только что.
aller, тотчасъ (§ 66).	ne laisser pas (que) de, все таки (§ 80).
avoir beau, напрасно.	ne pas tarder à, скоро (§ 80).
avoir peine à, едва.	venir de, только что (§ 66).
commencer par, сначала (§ 80).	venir à, случайно (§ 80).
finir par, наконецъ (§ 80).	
courir, se hâter de, } поспѣшно.	

Il acheva de lire sa lettre. (Онъ прочёлъ его письмо). Il aime à voyager. Il aime mieux rester. Il va pleuvoir. La pluie vient de cesser. J'eus beau dire et beau faire, il persista dans sa résolution. Acad. Il a peine à lire cette lettre. Commençons par boire un verre de lait. Hâtez-vous d'aller à l'école. Il pensa mourir de frayeur. Il ne fait qu'entrer et sortir. Acad. Il ne fait que d'arriver. (= Il vient d'arriver). Son absence ne laisse pas de m'inquiéter. Il ne tardera pas à venir. Si le secret venait à être découvert.

86.

Laissez dire les sots, le savoir a son prix. — Ce n'est qu'en fréquentant la société qu'on apprend le savoir-vivre. — Quand au contraire les livres ont une grande part dans l'enseignement de la langue maternelle, alors l'orthographe prend empire [1] sur la prononciation; nous en avons dans le parler d'aujourd'hui de continuels exemples. Littré. — Le bien vivre conduit au bien mourir. — Au sortir du palais, je l'aperçus. — Une pluie de fer et de plomb est venue les assaillir. Ségur. — Vouloir l'impossible, c'est vouloir l'absurde. Bignon. — Rire des gens d'esprit, c'est le privilége des sots. La Bruyère. — Qu'osez-vous dire? s'écria-t-elle tout effrayée. — Il ne fait pas bon voyager quand on ne voit goutte. — Il fait beau voir deux armées se disposer au combat. — Il me semblait vous reconnaître, madame; mais je n'en étais pas sûr. — Vous voyez autour de vous une foule muette, qui semble vouloir passer sans être aperçue. — Denys pria un jour Philoxène de corriger une pièce qu'il venait de terminer, et ce poète l'ayant raturée [2] depuis le commencement jusqu'à la fin, fut condamné aux carrières [3]. Le lendemain Denys le fit sortir, et l'admit à sa table; sur la fin du dîner, ayant récité quelques-uns de ses vers: «Eh bien», dit-il, «qu'en pensez-vous, Philoxène?» Le poète, sans lui répondre, dit aux satellites[4] de le ramener aux carrières. BARTHÉLEMY. — On ne savait ni où s'asseoir ni où se coucher. — Il a pensé se noyer en traversant le fleuve. — Pierre envoyait de jeunes Moscovites voyager et s'instruire dans tous les pays de l'Europe. — Le duc de Rovigo n'est pas heureux au sujet de l'exécution, qu'il raconte avoir eu lieu de jour (§ 55, 4, 5). CHAT. — Un jour j'étais à me promener dans le jardin des Tuileries avec M. de Fontanes. CHAT. — A Rome, lorsqu'on menait un coupable au supplice[5], il était absous si une vestale venait à passer. — Au printemps, les herbes et les plantes commencent à pousser. — J'avais commencé d'écrire et je m'arrêtai. — Pèse tes paroles et réfléchis avant d'agir. — L'homme n'aime point à s'occuper de ses propres défauts. — J'aime mieux mourir, dit César, que de craindre la mort. — L'homme juste est lent à punir et prompt à récompenser. — La mort ne surprend point le sage: il est toujours prêt à partir. LA FONT. — On ne connaît souvent l'importance d'une action que quand on est près de l'exécuter. — Je n'ai pas le temps, ce soir, d'entrer dans le musée. Il me tarde d'entrer dans le forum. DUPATY. — Le soleil ne tarda pas à reparaître.

1 овладѣть; 2 вымарать, перечеркнуть; 3 каменоломня; 4 тѣлохранитель; 5 казнь.

87.

Les Suédois furent contraints d'abandonner une partie de leurs blessés sur le champ de bataille. VOLT. — A peine eûmes-nous présenté notre lettre de recommandation, qu'il nous pria à dîner pour le lendemain. — Il y avait une jolie histoire à raconter sur cette jeune fille et le pauvre blessé. A. DUMAS. — C'est une vieille table à jouer. BALZAC. — J'avais peine à retrouver en lui le sang de ma sœur. FOURNIER. — C'étaient des chants, des cris à faire fuir les oiseaux de la grève[1], et des danses, des contorsions[2] à étonner un Callot ou un Teniers. X. MARMIER. — Les rennes du Spitzberg sont sauvages et très difficiles à approcher. MARM. — Je vous écris, dans ce moment, devant les cascatelles, assis, depuis une heure, sous un olivier antique, occupé à les contempler, à écouter ces belles ondes. DUPATY. — Après quoi nous fûmes libres d'entrer sur son territoire. A. DUMAS. — Pendant la représentation, il n'est permis à personne de rester au parterre. BARTHÉLEMY. — C'est à lui qu'il appartient de les recevoir ou de les rejeter. BARTH. — Il me reste à parler du drame. BARTH. — Pythagore apprenait à ses disciples à s'oublier eux-mêmes, à se sacrifier mutuellement leurs opinions. BARTH. — J'aime à rêver sur tes paisibles rives. M. J. CHÉNIER. — En attendant le dîner, nous nous préparâmes à prendre un bain de mer. A. DUMAS. — Ce bloc de rocher empêchait en effet d'apercevoir le château. SUE. — Je résolus de n'avoir plus d'autre arme. VIGNY. — Il me pria de prendre et de garder sa canne de jonc. VIGNY. — Le matin s'écoula à regarder ces tableaux. — Il est comme un fantôme[3] que je crois voir partout. SCRIBE. — Il est des premiers à rire de lui-même. — Vous êtes toujours le premier à vous moquer des gens. — Il est le seul à s'estimer et à s'applaudir. — C'est une entreprise à vous faire honneur. — Il est homme à vous jouer un mauvais tour. — Un maître à danser. MOLIÈRE. — Je me proposais d'examiner s'il ne serait pas préférable de se fixer en Souabe, sauf à descendre ensuite en Italie. — Ce fruit est bon à manger. — Ce serait trop long à vous raconter. — Je ne serai pas long à m'habiller. — Voilà un banc de sable [4] impossible à passer. — A l'entendre, il fait tout, il peut tout. — O vous, qui que vous soyez, mortelle ou déesse, quoiqu'à vous voir on ne puisse vous prendre que pour une divinité, seriez-vous insensible au malheur d'un fils qui, cherchant son père à la merci [5] des vents et des flots, a vu briser son navire contre vos rochers? FÉNELON. — Ils laissent derrière eux le vrai bonheur faute de le connaître. FÉN. — A force d'être touché inutilement, on ne se laisse plus toucher de rien. BOSSUET.

1 плоскій песчаный берегъ; 2 судорога, кривлянье; 3 привидѣніе, призракъ; 4 мель, песчаная банка; 5 во власти.

88.

Какъ только переправишься [1] черезъ Альпы, вступаешь въ другой климатъ; кажется (on croit), что оставилъ зиму и вдыхаешь въ себя весенній воздухъ. — Самый несчастный человѣкъ тотъ, который считаетъ себя (croire), таковымъ. — Прежде нежели начать войну, древніе греки совѣтовались [2] съ оракуломъ; они ничего не рѣшались предпринимать безъ воли боговъ. Равномѣрно они никогда не забывали приносить богамъ жертвы [3] за одержанныя побѣды. — Когда видишь (inf.) теперь вашего отца, нельзя вѣрить, что онъ былъ боленъ такъ долго и такъ опасно. — Гангесъ [4], одна изъ величайшихъ рѣкъ Азіи, протекши болѣе 1,800 миль, изливается [5] въ море (Le Gange,... après....). — Ѳемистоклъ такъ расположилъ [6] флотъ, что не боялся уже превосходства [7] непріятельскихъ кораблей. — Не надѣйтесь пріобрѣсти благосклонность небесъ, если (à moins...) вы не исполняете своихъ обязанностей въ отношеніи къ Богу и къ людямъ. — Я очень опасаюсь, что меня обманулъ этотъ хитрый плутъ [8]; я сознаюсь, что я былъ неправъ, довѣрившись ему. — Я желаю, чтобы вы были разсудительнѣе. Я сознаюсь, что обманулся; что дѣлать мнѣ теперь? къ кому обратиться мнѣ? что начать [9] мнѣ, чтобы исправить [10] ошибку? — Послѣ того, какъ Карлъ XII девять лѣтъ сряду торжествовалъ надъ (de) всѣми своими врагами, счастіе оставило его во время (à) битвы при Полтавѣ; потерявъ всякую надежду удержать [11] верхъ надъ [12] непріятелемъ, онъ бѣжалъ въ Турцію. — Корабль, приставъ къ острову и запасшись свѣжею водою, продолжалъ свой путь [13].

1 franchir qch.; 2 consulter qn.; 3 offrir un sacrifice à; 4 le Gange; 5 se jeter dans; 6 disposer qch.; 7 supériorité; 8 le fourbe; 9 s'y prendre (I P. § 51, 8); 10 réparer une faute; 11 soutenir; 12 contre; 13 la marche, la route.

89.

Если видишь (inf.) слона, возможно ли думать (condit.), что онъ въ состояніи бѣгать быстро и долго? — Пойдите и скажите вашему барину, что я сегодня послѣ обѣда буду у него, чтобы переговорить съ нимъ о дѣлѣ. — Домъ этотъ отдается въ наемъ; можетъ быть, и продается. — Хотя этому ребенку едва полгода, онъ начинаетъ уже говорить. — Какъ только началъ говорить этотъ ораторъ, всѣ замолкли, и слышался (on) только его голосъ (ne — plus que). — Если хочешь перевести предложеніе, необходимо сначала [1] прочитать его внимательно. — Мы слѣдили взорами за кораблемъ, пока онъ не скрылся, наконецъ, изъ нашихъ глазъ. — Я надѣюсь увидѣть васъ еще разъ, прежде чѣмъ я уѣду. — Мы только что узнали о печальномъ событіи [2], которое поразило [3] васъ и ваше семейство, и мы пришли, чтобы выразить вамъ наше соболѣзнованіе [4]. — Императоръ удостоилъ [5] произвести его въ полковники. — Соблаговолите выслушать меня, прежде чѣмъ осудите. — Если вы будете продолжать жить такъ неумѣренно, вы скоро разстроите свое здоровье. — Прежде чѣмъ я уѣду, я долженъ еще исполнить много порученій [6]. — Вы совершенно разучитесь играть на фортепіано, если никогда не будете играть. — Нѣкоторые древніе историки утверждаютъ, что видѣли (inf.) народъ, состоявшій изъ карликовъ. — Въ чѣмъ виноватъ я, что такъ обходятся со мною? — Я опасаюсь, что заболѣю. — Если вы случайно увидите моего брата, то попросите его, чтобы онъ пришелъ ко мнѣ; я имѣю сообщить ему нѣчто важное. — Я лучше умру, чѣмъ лишусь чести. — Вмѣсто того, чтобы поспѣшить на помощь къ своему другу, онъ обратился противъ него.

1 commencer par; 2 événement; 3 frapper qn.; 4 faire ses condoléances; 5 daigner; 6 faire une commission.

90.

«Приблизьтесь, дѣти мои», сказалъ Митридатъ своимъ дѣтямъ. «Я желаю лучше посвятить [1] васъ въ свои намѣренія и требовать отъ васъ совѣта, нежели одному привести въ исполненіе столь трудное предпріятіе [2]. Я думаю, вы можете быть мнѣ полезны. Я сознаюсь, что ошибся; я думалъ, что легко будетъ мнѣ поразить римлянъ; я дерзнулъ напасть на нихъ, и былъ разбитъ. Хотя и похвально было бы пасть за отечество, но я предпочелъ сохранить свою жизнь, чтобы отомстить. И такъ (donc) я бѣжалъ; но теперь я болѣе не замедлю [3] загладить [4] этотъ стыдъ [5]. Мнѣ хочется снова помѣриться съ нашимъ гордымъ непріятелемъ, и я требую отъ васъ, чтобы вы поддержали меня въ этомъ предпріятіи. Вы также страстно желаете побѣдить, и вы объявили, что до тѣхъ поръ не успокоитесь, пока (avant que) не будетъ изгнанъ послѣдній римлянинъ изъ нашей земли. Но не здѣсь думаю [6] я поразить врага; (c'est) я думаю поразить его въ самомъ Римѣ, въ той богатой Италіи, которая, какъ кажется, хочетъ склонить [7] подъ свое иго всѣ страны. Туда должны мы устремиться; съ этимъ отважнымъ намѣреніемъ [8] должны мы начать войну, которая, если не всѣ предзнаменованія обманываютъ меня, должна кончиться паденіемъ [9] нашего непримиримаго врага».

1 instruire de; 2 une entreprise; 3 tarder; 4 effacer; 5 un affront; 6 compter; 7 courber; 8 résolution; 9 la ruine.

91.

Во время изверженія [1] Везувія [2], Плиній младшій [3], со всѣмъ своимъ семействомъ, находился въ Мизенѣ [4]. Всѣ жители искали спасенія въ бѣгствѣ. Плиній, который самъ за себя не боится опасности, окружающей его, готовъ рѣшиться на все, чтобы спасти дни своей матери, которая для него дороже жизни. Она напрасно заклинаетъ [5] его бѣжать изъ того города, гдѣ погибель [6] его неизбѣжна. Она представляетъ ему, что ея глубокая [7] старость и недуги [8] не дозволяютъ ей слѣдовать за нимъ, и что малѣйшее замедленіе [9] подвергаетъ ихъ опасности погибнуть. Настоянія [10] эти напрасны, и Плиній желаетъ лучше умереть съ своею матерью, чѣмъ покинуть ее въ такой крайней [11] опасности. Онъ увлекаетъ [12] ее противъ воли и принуждаетъ удалиться. Она соглашается, наконецъ, слѣдовать за своимъ добрымъ сыномъ; она упрекаетъ себя, что замедлила [13] бѣгство его. Уже пепелъ сыплется на нихъ; испаренія [14] и дымъ, отъ которыхъ потемнѣлъ [15] воздухъ, превратили день въ мрачную ночь. Объятые мракомъ, они направляютъ свои колеблющіеся шаги по слабому свѣту [16] пламени. Слышны только стоны [17] и вопли [18], которые дѣлаютъ мракъ еще ужаснѣе; но это страшное зрѣлище не можетъ поколебать [19] твердости Плинія, ни [побудить] заставить [20] его озаботиться о своемъ спасеніи (salut), пока мать его въ опасности. Онъ утѣшаетъ ее, поддерживаетъ, несетъ на своихъ рукахъ; нѣжность къ родительницѣ одушевляетъ [21] его новымъ мужествомъ и дѣлаетъ способнымъ къ величайшимъ усиліямъ [22]. Небо благословляетъ достохвальный поступокъ, потому что (car) Плиній счастливо самъ избѣгаетъ опасности и спасаетъ жизнь своей матери.

1 éruption; 2 Vésuve; 3 Pline le Jeune; 4 Misène; 5 conjurer qn.; 6 la perte; 7 grand; 8 infirmité; 9 le retard; 10 les instances; 11 pressant; 12 entraîner qn.; 13 retarder qch.; 14 les vapeurs; 15 obscurcir; 16 la lueur; 17 les gémissements; 18 les lamentations; 19 ébranler qch.; 20 engager; 21 animer; 22 effort.

CHAPITRE VIII.

Participes.

§ 85.

1. On nomme *participes* les formes du verbe qui participent de la nature de l'adjectif.

2. On distingue en français deux participes :

   a) le participe *présent : Voyant, marchant, se blessant.*

   b) le participe *passé : Vu, marché, blessé.*

3. Toutefois il faut remarquer que ces dénominations de *participe présent* et de *participe passé* ne désignent pas exactement le rôle de ces mots, car :

   a) le participe *présent* peut désigner non-seulement le *présent*, mais aussi le *passé* et le *futur*, selon que le sens de la proposition principale à laquelle se rattache le participe est au passé ou au futur.

   D'ordinaire le participe présent n'indique que le rapport de simultanéité avec une autre action :

Il fuyait dans une calèche, *ayant* (= il avait) à son côté le général Hord, blessé dangereusement. VOLT. Je suis persuadé que, *travaillant* pendant six mois, vous ferez de grands progrès. *Étant* malade, je ne puis, je n'ai pu, je ne pourrai vous accompagner.

Obs. Le participe présent ne désigne cependant pas toujours le même temps que celui de la proposition principale : *La ville* AYANT *(elle a) encore des munitions ne se* RENDRA *pas.*

b) Le participe passé exprime non-seulement l'idée du passé, comme cela a lieu dans les temps composés de la forme active ; il a souvent aussi une signification *passive*, et comme tel, il peut désigner aussi bien le *présent* et le *futur* que le *passé* : *Je suis aimé. J'étais aimé. Je serai aimé.*

Obs. Le participe présent est aussi nommé participe *actif*, et le participe passé, participe *passif* : *Une étoile* BRILLANT *au ciel (= qui brille). Un pays* AIMÉ *du Ciel (= qui est aimé).*

4. Le participe présent et le participe passé sont l'un et l'autre susceptibles d'être employés comme adjectifs. Tout participe employé comme adjectif prend le nom d'*adjectif verbal* : *Riant, vivant ; mort, ouvert.*

§ 86. PARTICIPE PRÉSENT.

1. Le participe présent est toujours invariable (1) :

Des enfants *courant* dans la prairie. Des montagnes *s'élevant* jusqu'aux nues. La neige *tombant* par flocons. Mme COTTIN.

2. Le participe présent s'emploie :

1) Pour abréger une proposition *adjective* (relative), en remplaçant le pronom relatif *qui* et le verbe suivant :

Je l'ai trouvé *lisant* Virgile (= qui lisait). — Je connais des personnes *dormant* (= qui dorment) d'un sommeil si profond, que le bruit du tonnerre ne les réveillerait pas. — On les voyait *caressant* leurs enfants et les *embrassant* avec tendresse. — Voyez ces chevaux *hennissant* d'impatience. — J'ai vu les vents *grondant* sur ces moissons superbes. DELILLE. — Là je rassemblerais une société plus choisie que nombreuse d'amis *aimant* le plaisir et s'y *connaissant*. J. J. R.

2) Pour abréger une proposition *adverbiale* (circonstancielle) exprimant le *temps* — la *cause (motif)*, — ou la *condition*. Dans ce cas, le participe remplace l'une des conjonctions *lorsque, quand,*

---

(1) Cette règle de l'invariabilité du participe présent, n'a commencé à être observée que vers la fin du 17e siècle. Avant cette époque les prosateurs, et surtout les poètes, le faisaient variable et invariable, suivant leur fantaisie. Encore aujourd'hui on trouve, mais presque uniquement chez les poètes, des exemples où le participe présent est variable. Cet accord est considéré comme une *licence poétique.*

après que (temps), — *comme, puisque, vu que, parce que* (cause), — *si* (condition) — et le verbe qui suit.

a) Qui ne travaille pas *étant* jeune (= quand il est jeune), est obligé de travailler *étant* vieux. — Mentor, *entendant* la voix de la déesse, éveilla Télémaque. FÉN. Alexandre *s'étant rendu* maître de tous les pays situés au-delà de l'Euphrate, alla au devant de Darius. — b) Le 23, à midi, le vent *étant devenu* favorable (= comme le vent était devenu...), je me rendis à bord du vaisseau. CHAT. Ne *sachant* que faire, j'allai me promener (= comme je ne savais...). N'*ayant pu* me résoudre à partir, j'ai cédé à ses prières. — Le duc de Coigny nous donna nos instructions ; il nous avisa de ne pas couper la chasse, le roi *s'emportant* lorsqu'on passait entre lui et la bête. CHAT. (= vu que le roi s'emportait). — c) Mes pins, mes sapins, mes mélèzes, mes cèdres *tenant* jamais ce qu'ils promettent, la Vallée-aux-Loups deviendra une véritable chartreuse. CHAT. (= Si mes pins.... tiennent jamais...) — Parleriez-vous ainsi César *étant* présent? PONSARD.

Rem. Ces propositions abrégées exprimant le *temps* ou la *cause*, peuvent se placer *avant* ou *après* la proposition principale. Si le sujet de la proposition principale est un substantif ou un pronom absolu, la proposition adverbiale peut même être intercalée dans la proposition principale, immédiatement après le sujet. Ainsi on peut dire: *Entendant la voix de la déesse, Mentor réveilla Télémaque;* ou bien : *Mentor, entendant la voix de la déesse, réveilla Télémaque. — L'ennemi se retira, voyant l'inutilité de ses efforts.*

3. La proposition principale et la proposition adverbiale abrégée ainsi au moyen du participe présent, peuvent avoir des sujets différents, mais seulement lorsque le sujet de la proposition adverbiale est un substantif ou un pronom personnel absolu :

Dieu aidant, tout ira bien. — Un vieux singe malin *étant mort*, son ombre descendit dans le royaume de Pluton. FÉN. Le vent *ayant dissipé* le brouillard, les Saxons virent le roi de Suède marchant droit à eux. VOLT. *Moi allant* à Rome, elle se résoudrait à passer les Alpes. CHAT.

4. Par la combinaison des participes *ayant, étant, ayant été*, avec un participe passé, on forme le participe passé composé : *Ayant vu, étant arrivé, s'étant retiré* ; passif : *ayant été vu*, — qui présente l'action comme *accomplie, parfaite:*

Les Français quittèrent leur position en bon ordre, *ayant perdu* (= après avoir perdu) trois mille hommes avec cinq canons. — Un congrès *étant rassemblé* à Rastadt, et Bonaparte *ayant été nommé* par le Directoire représentant à ce congrès, il prit congé de l'armée d'Italie. CHAT. — Madame Lucile *s'étant arrêtée* à Versailles, le 30 septembre 1802, je reçus d'elle ce billet. CH. — La cérémonie *étant finie*, chacun se retira.

Les participes *étant, ayant été* peuvent se supprimer lorsqu'il est facile de les suppléer par le sens de la phrase ; il en résulte une tournure énergique et concise (analogue à l'*ablatif absolu* du latin):

La cérémonie *finie*, chacun se retira. — *Arrivé* à Nice, Bonaparte trouva les soldats manquant de tout, nus, sans souliers, sans discipline. — Agathe, *rentrée* chez elle, s'enferme dans sa chambre, et, se jetant à genoux, remercie Dieu dans une fervente prière. — Ce torrent de paroles *écoulé*, j'appelai la femme de chambre. — Cela *convenu*, Emile partit. J. J. R. — Cela *fait*, nous partîmes. — Ces premiers secours *obtenus*, je m'obstinai à partir. CHAT. — Une fois l'été *passé*, nous n'aurons plus que quelques beaux jours. — Ma mère *exceptée*, tout le monde y était. — Le père *mort*, les fils vous retournent le champ. LA FONT.

Cette construction s'applique de même au substantif et à l'adjectif :

L'homme, *maître* de sa volonté, est par là même responsable de ses actions. — Ton frère, *content* d'en être quitte à si bon marché, partit. — La diction dépend de la grammaire, *témoin* les beaux vers de Corneille.

5. Après *comme*, le participe présent est mis pour *si* et le verbe : *Il regardait les hommes* COMME ÉTANT *à peu près égaux* (= *comme s'ils avaient été*...). FÉN.

6. Le participe présent s'emploie comme substantif dans des tournures comme les suivantes :

Cela s'est passé *du vivant* de mon père (при жизни...). *Au demeurant* (впрочемъ) le meilleur fils du monde. MAROT. Je sais, *au demeurant*, que M. le marquis vous aime.

7. **Gérondif.** Lorsque le participe présent est accompagné de la préposition *en*, il prend le nom de *gérondif*. — Il s'emploie :

1) Dans les propositions circonstancielles de *temps*, pour exprimer une action qui a lieu en même temps que l'action de la proposition principale.

César tomba *en mettant* le pied sur le rivage de l'Afrique (= au moment où il mit...). Il l'a déclaré *en mourant*. On hasarde de perdre *en voulant* trop gagner. LA FONT. Je marchais dans les rues *en rêvant* au parti que je devais prendre. LE SAGE.

2) Pour indiquer le *moyen*, la *cause*, la *manière* de l'action ou du résultat exprimé par la proposition principale :

On se forme le goût *en lisant* de bons livres. (Comment ?) On s'instruit *en voyageant*. *En forgeant* on devient forgeron. On gâte les enfants *en faisant* toutes leurs volontés. Vous me faites plaisir *en parlant* ainsi. Le médecin assura qu'*en faisant* de profondes incisions, il sauverait la jambe du roi. VOLT.

Rem. 1) **En** se supprime souvent ; il ne s'emploie jamais devant *étant* et *ayant* : *Ils s'avançaient* AYANT *au dos une neige furieuse*. VOLT. C'est ainsi que Molière écrit, avec ou sans *en* : *Harpagon* (EN *battant maître Jacques*), et : *Valère (donnant des coups à maître Jacques)*.

2) Le gérondif est souvent précédé de *tout*, qui a le sens de *tandis que*, et qui d'ordinaire marque un contraste, une opposition : TOUT EN RIANT *des autres, je m'aperçus qu'on se moquait de moi*.

3) *Tout en*, suivi du participe présent, a souvent aussi la signification de *malgré que, quoique* : TOUT EN ENVIANT *son sort, je ne puis m'empêcher de l'en trouver digne.*

8. Le gérondif se rapporte d'ordinaire au sujet de la proposition principale, tandis que le participe présent peut se rapporter aussi au régime direct :

Je l'ai aperçu *en courant* (= quand, pendant que *je courais).* — Je l'ai aperçu *courant*, c'est-à-dire : *qui courait.* — Je l'ai vu *en allant* à l'église. Je l'ai vu *allant* à l'église.

Cependant, lorsque aucune équivoque n'est à craindre, le gérondif peut se rapporter à un sujet sous-entendu autre que celui de la proposition principale, ou à tout autre membre de la phrase :

La fortune vient souvent *en dormant* (= pendant qu'on dort). Mes pleurs coulaient *en entendant* cette prière (= quand j'entendais). — On la vit trembler *en entrant* au cimetière. — Je voudrais pouvoir vous décrire les pleurs de Jaqueline *en voyant* votre frère monter à cheval. Mme DE SÉV. Si son astre, *en naissant*, ne l'a formé poète. BOILEAU.

Rem. 1) *En* se répète d'ordinaire devant chaque verbe ; cependant il peut aussi se supprimer, surtout si le second participe est synonyme du premier : *Nous chantions* EN *travaillant et* EN *nous promenant. — Comme un arbrisseau que les passants font bientôt périr* EN *le heurtant et le pliant dans tous les sens.* J. J. R.

2) Joints au verbe *aller*, le participe présent et le gérondif expriment un accroissement ou une diminution graduelle : *Le mal* VA EN AUGMENTANT, зло всё увеличивается. *Les jours* VONT DIMINUANT, EN DIMINUANT. *Cette rivière va* EN SERPENTANT, SERPENTANT. *Nos dépenses vont* CROISSANT, EN CROISSANT *de jour en jour. Il allait* CRIANT *par la ville.*

3) Dans *payer comptant*, платить наличными деньгами, *comptant* est employé adverbialement : *Il a payé ses créanciers* COMPTANT.

4) Le gérondif exprimant toujours une action *imparfaite* ne peut figurer que comme temps simple.

9. **Adjectif verbal.** — Le participe présent employé comme adjectif verbal étant variable, il importe de le bien distinguer du participe présent :

1) Le participe *présent* exprime un *acte accidentel*, une *action passagère*, d'une durée limitée.

2) L'adjectif *verbal* exprime un *état* ou une *action prolongée, continue*, considérée comme une *qualité permanente*. Comme tout adjectif, il est soumis aux variations de genre et de nombre.

Des hommes *prévoyant* le danger.	Des hommes *prévoyants*.
J'ai vu cette mère *caressant* son enfant.	Ces enfants sont bien *caressants*.
Ces couteaux ne *tranchant* pas, il faut les aiguiser.	Des instruments *tranchants*.

On aime les enfants *obéissant* aux volontés de leurs parents.	On aime les enfants *obéissants.*
Ils vont *errant* dans les bois.	Ils vivent *errants* dans les déserts.

De même: Les hommes *vivant* dans l'oisiveté ne sont pas à envier. Une langue *vivante.* — Cette province *abondant* en richesse, soutiendra longtemps la guerre. Cette province *abondante* en richesse peut soutenir longtemps la guerre. — Les eaux *courant* vers la mer, vont s'y perdre pour en ressortir en vapeurs attirées par le soleil. Ce parc renferme de belles eaux *courantes.* — Voyez-vous ces débris *flottant* (qui flottent) vers la côte? — Calypso aperçut un gouvernail, un mât, des cordages *flottants* sur la côte. FÉN. (= qui étaient flottant).

Obs. On remarquera que la forme verbale terminée par *ant* est nécessairement participe et non adjectif:

1) Quand elle est suivie d'un régime direct ou accompagnée de la négation *ne*: *Une fille* CARESSANT *sa mère. Les patriarches, ne* VIVANT *que sous des tentes, rapportaient tout à cette vie paisible.*

2) Ordinairement aussi quand elle est suivie d'un complément adverbial: *Des débris* FLOTTANT *vers la côte. Des hommes isolés,* ERRANT *à l'aventure. Une personne* VIVANT *bien,* PENSANT *bien.* — Si le complément adverbial précède, le mot est variable: *Une personne bien* PENSANTE. *La reine longtemps* ERRANTE, *mourut à Cologne.*

10. Les adjectifs *verbaux* suivants, dont quelques-uns ne s'emploient que substantivement, s'écrivent autrement que le participe auquel ils correspondent.

Adjectif.	*Participe.*
a) Fatigant, утомительный.	fatiguant.
intrigant, интригантъ.	intriguant.
extravagant, сумасбродный.	extravaguant.
b) Fabricant, заводчикъ.	fabriquant.
vacant, вакантный.	vaquant.
suffocant, душный.	suffoquant.
convaincant, убѣдительный.	convainquant.
affluent, притокъ (рѣки).	affluant.
adhérent, прилѣпленный.	adhérant.
différent, различный.	différant.
équivalent, равноцѣнный.	équivalant.
excellent, превосходный.	excellant.
expédient, средство.	expédiant.
négligent, нерадивый.	négligeant.
précédent, прежній.	précédant.
président, президентъ.	présidant.
résident, резидентъ.	résidant.
violent, сильный.	violant.
coïncident, совпадающій.	coïncidant.

C'est un homme *extravaguant* sans cesse. C'est un homme *extravagant.* — *Négligeant* toujours ses devoirs, il n'apprendra rien. — Quel enfant *négligent!* — *Différant* d'opinion, nous ne pouvions guère nous accorder.

— Cela est bien *différent.* — Le calice, dans le rosier, est *adhérent* à l'ovaire. — Cette écorce n'*adhérant* pas fortement à la tige, s'en détache d'elle-même. — Le Volga a de nombreux *affluents.* — La foule *affluant* sans cesse, finit par remplir la place. — En *intriguant* ainsi, il réussira peut-être. — Qu'elle est *intrigante!*

92.

J'étais depuis trois jours à Marseille, quand un matin, en me réveillant, je vis entrer chez moi mon ami Méry, domicilié dans cette ville. «Mon cher», me dit-il, «félicitez-nous, nous avons un lac.» Comment, lui demandai-je en me frottant les yeux, vous avez un lac? A. DUMAS. — Le duc de Glocester pleurait en regardant sa sœur. GUIZOT. — Et ta main ne flattait que ton léger coursier, Quand les flots ondoyants de sa pâle crinière Sillonnaient comme un vent la sanglante poussière. LAMARTINE. — Je me souviens encore du plaisir que j'éprouvais lorsque, la nuit, au milieu du désert, mon bûcher à demi éteint, mon guide dormant, mes chevaux paissant à quelque distance, j'écoutais la mélodie des eaux et des vents dans la profondeur des bois. Ces murmures, tantôt plus forts, tantôt plus faibles, croissant et décroissant à chaque instant, me faisaient tressaillir; chaque arbre était pour moi une espèce de lyre harmonieuse, dont les vents tiraient d'ineffables[1] accords. CHAT. — Desaix, promenant ses regards sur le champ de bataille dévasté (de Marengo), puis tirant sa montre et regardant l'heure, répond au général Bonaparte ces simples et nobles paroles: «Oui, la bataille est perdue; mais il n'est que trois heures, il reste encore le temps d'en gagner une.» THIERS. — On éprouve je ne sais quel sentiment inconnu lorsqu'en s'approchant de l'équateur, et surtout en passant d'un hémisphère à l'autre, on voit s'abaisser progressivement et enfin disparaître les étoiles que l'on connaît dès sa première enfance. A. HUMBOLDT. — J'allais descendre sur la terre des prodiges[2], aux sources de la plus étonnante poésie, aux lieux où, même humainement parlant, s'est passé le plus grand événement qui ait jamais changé la face du monde. CHAT. — Ces étoiles sont autant de soleils dont chacun a des mondes roulant autour de lui. VOLT. — Toutes les planètes, circulant autour du soleil, paraissent avoir été mises en mouvement par une impulsion[3] commune. BUFFON. — Vivant, il a manqué le monde; mort, il le possède. CHAT. — Ils donnent son indisposition comme étant la suite d'un refroidissement. — Ma famille se rassembla à Combourg; on régla les partages; cela fait, nous nous dispersâmes, comme des oiseaux s'envolent du nid paternel. CHAT. — Rendu à mes loisirs, écrivons. CHAT. — Le dîner fait, on restait ensemble jusqu'à deux heures. CHAT. — Vous m'écrirez à Londres poste réstante. — Les hommes dans l'état de nature, abstraction faite[4] de toute religion, ne connaissent d'autre loi que celle des animaux. D'ALEMBERT.

1 невыразимый, невыговариваемый; 2 чудо; 3 толчокъ; 4 не обращая вниманія на.

93.

I. Текущая вода служитъ (= есть) изображеніемъ дѣятельности, стоячая[1] же — лѣности. — Вода — одна изъ величайшихъ двигательныхъ[2] силъ, которою можетъ воспользоваться человѣкъ. — Я убѣжденъ, что вы, проработавъ шесть мѣсяцевъ, превзойдете [3] всѣхъ своихъ товарищей. — Не читай этой книги: въ ней сумасбродныя идеи. — Пренебрегая своими обязанностями и откладывая [4] все со дня на день, вы дѣлаете сами себя несчастнымъ. — Тропинка [5] дѣлается все уже [6]. — Зная, что вы очень услужливы, я беру смѣлость (liberté) обратиться къ вамъ. — Я видѣлъ въ звѣринцѣ львицу и маленькую собаку, которыя жили (partic.) вмѣстѣ въ наилучшемъ согласіи [7]. — Калипсо старалась скрыть радость своего сердца подъ (sous) грозными словами [8]. — Спартанцы обращались (traiter qn.) съ илотами, своими рабами, возмутительнѣйшимъ (révolter) образомъ. — Дмитрій фалерейскій [10], извѣщенный, что аѳиняне опрокинули статуи его, сказалъ: «они не разрушили добродѣтели, которая воздвигла [11] ихъ.» — Персы особенно тѣмъ сдѣлали себя ненавистными въ Египтѣ, что презирали (gér.) религію страны. — Деревья и растенія, бросая плоды и сѣмена вокругъ себя, приготовляютъ тѣмъ многочисленное потомство по себѣ [12].

1 dormir; 2 mouvoir; 3 surpasser qn.; 4 renvoyer qch.; 5 le sentier; 6 se rétrécir; 7 intelligence; 8 les paroles; 9 révolter; 10 Démétrius de Phalère; 11 ériger, dresser une statue; 12 postérité.

II. Филиппъ сказалъ своему сыну, назначая (donner) ему учителемъ Аристотеля: «научись, подъ руководствомъ такого хорошаго учителя, избѣгать [1] тѣхъ ошибокъ, въ которыя впалъ я.» — Листья, съ каждымъ днемъ желтѣя [2] все болѣе и болѣе, начали падать на траву. — Мы видѣли рои [3] пчелъ, жужжавшихъ [4] вокругъ насъ. — Вставая до восхода солнца, говорилъ Руссо, я прежде всего желалъ, чтобы ни письма, ни посѣщенія не разстроили удовольствія дня. — Вчера я видѣлъ нашего друга, спѣшившаго въ театръ; замѣтивъ, я окликнулъ его; но онъ слишкомъ спѣшилъ и не хотѣлъ остановиться [5]. — Я откровенно сознаюсь въ моихъ ошибкахъ, желая, чтобы моя искренность [6] смягчила (adoucir) вашъ гнѣвъ. — Этотъ купецъ платитъ за всѣ покупки [7] наличными деньгами, хорошо зная, что очень выгодно такъ покупать. Довѣріе, которымъ онъ пользуется, увеличивается съ каждымъ днемъ (aller en....). — Географія и хронологія, служа какъ бы глазами исторіи, должны руководить нами при основательномъ изученіи ея. — Я засталъ твою мать въ то время, когда она читала твое письмо. — Вольтеръ писалъ къ маркизу эгильонскому: «Зная вашу доброту ко мнѣ, хочу просить васъ объ одолженіи: высокій [8], стройный [9] юноша, у котораго есть умъ и любовь къ стихотворству, вздумалъ [10] представиться мнѣ, и, услышавъ отъ меня о васъ, просилъ меня рекомендовать его вамъ. Такъ какъ мои представленія ничего не помогли [11], я рѣшился дать ему это письмо къ (pour) вамъ.»

1 éviter qch.; 2 jaunir; 3 la nuée; 4 bourdonner; 5 s'arrêter; 6 la franchise; 7 un achat; 8 grand; 9 bien fait; 10 s'aviser; 11 ne servir de rien.

94.

Буря (la tempête).

Двѣ барки, стремительно [1] разсѣкая [2] волны и убѣгая отъ бури, грозный голосъ которой начинаетъ уже роптать [3], стараются [4] достигнуть берега. Ревущіе[5] вѣтры, свистя между снастями[6], противятся оборотамъ судовъ[7]. Пѣнящіяся волны прорѣзываютъ[8] глубокія борозды[9] по обширной поверхности моря. Испуганныя птицы, стаями несущіяся на быстрыхъ крыльяхъ[10] по воздуху, бѣгущія на удачу[11] животныя, сверкающая отъ времени до времени молнія, освѣщая мрачныя тучи, гремящій надъ головами нашими громъ, колеблющаяся подъ нашими ногами земля, смѣшанный съ градомъ, потоками[12] льющійся дождь, — вотъ (voilà) страшная[13], ужасающая картина, которая заставляетъ трепетать наше мужество. Что будетъ (devenir) съ нашими трепещущими моряками? Ахъ! еслибы они хотѣли, они избѣжали бы всепоглощающаго[14] моря! Вороны, блуждая по берегу, возвѣщали (вызвали) бурю своимъ зловѣщимъ[15] карканіемъ[16]. Въ то время, какъ моряки[17] стараются взять паруса на титовы[18], порывъ[19] вѣтра ломаетъ раскачавшіяся мачты. Ревущія волны, подымаясь высоко надъ маленькими барками, грозятъ ежеминутно поглотить[20] ихъ. Трепеща при мысли разбиться о скалы, окружающія[21] берегъ, наши мужественные моряки бросаются въ волны[22], плывутъ безъ отдыха[23], достигаютъ, наконецъ, твердой земли, почти умирая отъ (de) слабости и изнеможенія; вода течетъ съ нихъ ручьями[24]. Разбитые[25] корабли, мачты, паруса, несомые (гонимые) вѣтромъ и плывущіе[26] къ берегамъ, представляютъ печальную картину крушенія корабля.

1 avec impétuosité; 2 fendre; 3 gronder; 4 s'efforcer de; 5 mugir; 6 les cordages; 7 manœuvre (II P. § 38, 1); 8 tracer; 9 sillon; 10 d'une aile rapide; 11 au hasard; 12 par torrents; 13 horrible, effroyable; 14 dévorer; 15 sinistre; 16 les croassements; 17 marinier; 18 carguer; 19 coup; 20 engloutir; 21 border; 22 les flots; 23 sans relâche; 24 ruisseler; 25 fracasser; 26 flotter.

95.

Сулла слагаетъ съ себя[1] диктатуру и старается оправдаться въ своемъ самовластіи (tyrannie).

Слушайте, граждане, всадники, сенаторы! слагая[2] здѣсь съ себя власть, я хочу дать вамъ въ ней отчетъ[3]. Понтъ, Эпиръ, Греція, тщетно боровшись съ Римомъ, признаютъ теперь надъ собою его господство. Когда цари Африки возстали противъ васъ, я наказалъ[4] ихъ, лишивъ ихъ престола[5]; и теперь, когда (que) я побѣдилъ наконецъ Югурту и Митридата, вы согласитесь[6], что я сдѣлалъ болѣе, чѣмъ обѣщалъ. Но, недовольствуясь простою военною славою, я искалъ [славы] болѣе твердой и болѣе полезной и потому рѣшился положить конецъ[7] (gér.) гражданской войнѣ въ Римѣ. Республика, падая[8] подъ ударами[9] своихъ собственныхъ дѣтей, требовала моей руки. Я заставилъ провозгласить себя диктаторомъ, видя, что это единственное средство спасти ее. Когда я возвратилъ сенату прежнюю его власть, народъ возвратился къ своимъ обязанностямъ[10]. Римъ никогда не видѣлъ, чтобы я, стараясь[11] о народномъ расположеніи[12] къ себѣ, льстилъ черни[13] для порабощенія[14] отечества. Управляя государствомъ съ твердостію[15], я излечилъ раны отечества; выказавъ[16] справедливую строгость, я спасъ государство. Называя управленіе мое тираніею, не нанесутъ мнѣ стыда[17], потому что я готовъ дать отчетъ въ пролитой мною крови. Если я заглушилъ[18] (pas. déf.) въ себѣ голосъ человѣколюбія, то я сдѣлалъ это для того, чтобы принудить васъ повиноваться законамъ. Управляя такимъ образомъ, я не знаю, какое прозваніе (= имя) сохранитъ для меня исторія; но она будетъ нѣкогда судить[19] меня, какъ теперь Римъ. Болѣе васъ тяготясь[20] бременемъ[21] моей власти, я самъ уничтожаю иго, подъ которымъ вы стонете. — Я побѣждалъ, я господствовалъ; теперь хочу жить (en) простымъ гражданиномъ, частнымъ лицомъ[22]. Поступая такъ, я зажимаю уста всѣмъ моимъ врагамъ; ихъ ненависть не можетъ запятнать моей памяти[23], потому что между мною и ими (il y a) — безсмертіе моего имени.

1 abdiquer qch.; 2 dépouiller; 3 rendre compte de; 4 châtier; 5 détrôner; 6 convenir; 7 mettre fin à; 8 succomber; 9 le coup; 10 rentrer dans le devoir; 11 aspirer à; 12 la faveur populaire; 13 la populace; 14 subjuguer; 15 dureté; 16 déployer; 17 confondre; 18 étouffer qch.; 19 juger qn.; 20 accabler; 21 fardeau; 22 le particulier; 23 mémoire (II P. § 38, 1).

§ 87. PARTICIPE PASSÉ ([1]).

Le participe passé s'emploie de *trois* manières :

1. **Sans verbe auxiliaire.** Il est alors adjectif et s'accorde en genre et en nombre avec le substantif auquel il se rapporte :

   Une porte *fermée*. Des arbres *abattus*. *Épanouies* le matin, *flétries* le soir, les fleurs sont une image de la vie humaine. Je les croyais *partis*. L'imagination reste *épouvantée*. Elle rentra chez elle, *fatiguée* et *affamée*.

2. **Conjugué avec être.** Dans ce cas, le participe passé s'accorde aussi, comme un adjectif, en genre et en nombre, avec le sujet. — Cette règle s'applique :

   1) Aux verbes *passifs* (I. P. § 50) :

   Elle est *attendue* pour demain. Ces arbres *ont été plantés* par mon grand-père. Les âmes nobles gagnent à être *connues*. — *Bénis* soient les rois qui sont les pères de leurs peuples! FÉN.

   2) Aux verbes intransitifs conjugués avec *être* (I. P. § 52) :

   Elle est *venue* hier. Ils sont *arrivés*. Elle est *née* en Russie. Les vacances sont *passées*.

3. **Conjugué avec avoir.** Dans ce cas, le participe ne s'accorde pas avec le sujet, mais avec le régime direct (accusatif), si toutefois le régime direct *précède* le participe; mais si le régime *direct* ne vient qu'après, ou s'il n'y en a point de cette nature, le participe reste invariable. — Cette règle s'applique :

([1]) Le participe passé de la conjugaison française dérive du *participe du parfait passif* du latin. Partout où il a la signification *passive* du latin, le participe passé français a aussi conservé le caractère *variable* du participe latin, qui était toujours traité comme un adjectif. Mais en français on se sert aussi du participe passé pour former les temps composés de l'*actif*. Dans un grand nombre de cas, où il a un sens actif, le participe passé est devenu une forme verbale invariable; dans d'autres cas, qui seront précisés par les règles suivantes, il a repris le caractère d'un adjectif. L'usage actuel concernant la variabilité et l'invariabilité du participe passé n'a été fixé que vers le milieu du 17e siècle.

1) Aux verbes transitifs, qui se conjuguent tous avec avoir :

Elle a *écrit* une lettre. Avez-vous *vu* mes frères? Oui, je *les* ai *vus*. As-tu *reçu* mes lettres? Oui, je *les* ai reçues. La lettre *que* j'ai *écrite*. Quelle faute ai-je *commise*? Que d'autels on eût *érigés* dans l'antiquité à un Grec qui aurait *découvert* l'Amérique! Combien de lettres anonymes avez-vous *reçues*? Quelle réponse vous a-t-il *faite*? Les plaisirs qu'il a *eus*.

2) Aux verbes *intransitifs* conjugués avec *avoir*. (I P. § 52). Ces verbes n'ayant pas de régime direct, leur participe reste toujours *invariable*:

Nous avons *couru* dans le parc. A-t-elle bien *dormi*? Ils ont *voyagé* dans toute l'Europe. Les vacances ont *passé* bien vite. La pluie a *cessé* il y a un instant.

3) Aux verbes *pronominaux* (I P. § 51). Le verbe auxiliaire *être* ayant dans ces verbes le sens du verbe *avoir*, leur participe suit absolument la même règle que s'il était conjugué avec *avoir*.

a) Ils *se* sont *vus*, elles *se* sont *vues*. Elles *se* sont *égarées* dans la forêt. *T*'es-tu bien *amusée*, ma sœur? Nous *nous* sommes *préparés* au départ. Vous êtes-*vous blessés*, enfants? (*Je*, *te*, *nous*, *vous*, sont régimes directs).

b) Elles se sont *écrit* plusieurs lettres. Nous nous sommes *raconté* ces nouvelles. Elle s'est *blessé* la main. (Elle s'est *blessée* à la main). (*Se*, *nous* sont régimes indirects).

Les lettres *qu*'ils se sont *écrites*. Les nouvelles *que* nous nous sommes *racontées*. Se sont-ils *envoyé* leurs portraits? Ils se *les* sont *envoyés*. Ces dames se sont *vues* au bal; elles se sont *parlé* et se sont *dit* les choses les plus aimables.

Rem. 1) Dans les verbes *essentiellement* pronominaux (I P. § 51), le pronom réfléchi est considéré comme régime direct: *Elle s'est* SOUVENUE *de tout. Nous nous sommes* ABSTENUS *de parler. Les ennemis se sont* EMPARÉS *de la ville. Ils se sont* APERÇUS *trop tard de leur méprise. Elles se sont* TUES.

2) Le verbe pronominal essentiel *s'arroger*, присвоивать себѣ что, fait seul exception; le pronom réfléchi en est toujours le régime indirect: *Ils se sont* ARROGÉ *des droits exorbitants. Les droits qu'ils se sont* ARROGÉS.

3) Les verbes pronominaux accidentels formés d'un verbe intransitif, savoir: *se plaire, se déplaire, se complaire, se rire, se sourire, se parler, se succéder, se nuire, s'entre-nuire*, ont toujours leur participe invariable, parce que le régime qui le précède est toujours indirect: *Ils se sont* NUI. *Ils se sont* RI *de nous. Ils se sont* PRÉCÉDÉ. *Elle s'est* PLU *à me contredire.*

4. Le participe passé des verbes impersonnels est toujours invariable. (I P. § 53):

Il est *arrivé* de grands malheurs. Quels avantages en est-il *résulté*? Les chaleurs qu'il a *fait* pendant l'été. Les fruits qu'il y a *eu* cette année-ci. Il s'est *rassemblé* une foule de gens armés.

5. *Observation générale.* Toute la difficulté de l'accord du participe passé conjugué avec *avoir*, se réduit à trouver le régime direct du participe. Or, en français, le régime direct ne peut précéder le verbe que dans trois cas; quand il est exprimé :

a) par les pronoms personnels *me*, *te*, *le*, *la*, *nous*, *vous*, *les*, *se*, (I P. § 26).

b) par les pronoms relatifs *que*, et *lequel*, *laquelle*, etc. (I P. § 32).

c) par un substantif seulement quand ce substantif est joint à un mot *interrogatif* ou *exclamatif*, ou qu'il est intercalé entre l'auxiliaire et le participe passé :

a) Ma mère *nous* a appelés (*ées*). b) Voilà la lettre de ce monsieur, *laquelle* vous avez *lue*. c) Laquelle de ces *étoffes* avez-vous *choisie?* Quelle *réponse* lui as-tu *donnée?* Combien *d'étoiles* as-tu *comptées?* Que de *fleurs* nous avons *cueillies!* — Le général eut les jambes *emportées* par un boulet.

6. *Résumé* des règles sur l'accord du participe passé.

I. *Le participe passé est variable:*

1. Quand il figure comme *adjectif*, sans auxiliaire.
2. Dans la forme passive.
3. Dans les verbes intransitifs conjugués avec *être*.
4. Dans les verbes transitifs précédés d'un régime direct.
5. Dans les verbes pronominaux précédés d'un régime direct.

II. *Le participe passé est invariable:*

1. Dans les verbes intransitifs conjugués avec *avoir*.
2. Dans les verbes transitifs non précédés d'un régime direct.
3. Dans les verbes pronominaux non précédés d'un régime direct.
4. Dans les verbes impersonnels.

§ 88. OBSERVATIONS SUR L'ACCORD DU PARTICIPE PASSÉ.

Les règles générales que nous avons données, suffisent pour tous les cas; cependant nous présenterons les observations suivantes sur quelques points où l'application des règles précédentes offre des difficultés.

1. Les participes suivants sont invariables quand ils sont placés devant le substantif, parce que, dans ce cas, ils deviennent *prépositions:*

Excepté (hormis), исключая.	y compris, включая.
supposé, предполагая.	non compris (à l'exclusion), не считая.
passé, по прошествіи, послѣ.	vu, } по причинѣ, въ ува-
approuvé, одобренный.	attendu, } женіе.

Ci-joint, *ci-inclus*, при семъ, при томъ, sont invariables quand ils sont placés devant un substantif sans article ou sans déterminatif, ou au commencement d'une phrase, car, dans ce cas, ils sont employés adverbialement.

Tout le monde est parti, *excepté* ma sœur (= hors ma sœur). Ils furent sauvés, cinq ou six personnes *exceptées*. *Supposé* cette circonstance, à quoi vous décidez-vous? (Cette circonstance *supposée*,...). *Passé* deux heures, je ne vous attendrai plus. Il est deux heures *passées*. Il vendit son château, *y compris* la ferme, la ferme y *comprise*, non *comprise*. *Approuvé* la signature suivante. *Vu* les pièces suivantes. *Attendu* la résolution qu'il a prise. — Vous trouverez *ci-inclus* (Où?) copie du contrat. — Vous trouverez *ci-incluse la* copie, *une* copie du contrat. *Ci-joint*, *ci-inclus* (при томъ) la copie que vous m'avez demandée.

2. **En.** Le pronom *en* précédant le participe, ne peut jamais être considéré comme régime direct (§ 52); il n'exerce par conséquent aucune influence sur le participe passé. On écrira donc en parlant de *fruits*, de *fleurs*:

J'en ai *cultivé*, j'en ai *cueilli*, j'en ai *mangé*. J'en ai beaucoup *vu*. J. J. R. J'en ai bien *lu*. La Font. Il a écrit plus de livres, que vous n'en avez *lu*. Boniface.

Obs. 1) Cependant si *en* est précédé d'un adverbe de quantité, et se rapporte à un nom pluriel qui désigne des objets distincts, le participe varie: *Combien Dieu en a-t-il* EXAUCÉS! Massillon. *Autant d'ennemis il a attaqués, autant il en a* VAINCUS. Boniface.

2) Outre le pronom *en*, il peut se trouver un autre pronom figurant comme régime direct, avec lequel le participe s'accorde: *Cassius ne cherchait dans la mort de César que la vengeance des injures* QU'*il en avait* REÇUES.

3. Quand un participe passé est précédé de plusieurs substantifs auxquels il peut se rapporter, il faut chercher, pour l'accord, celui avec lequel il est le plus en rapport d'idée (§ 58, 4):

J'ai rencontré une foule de *personnes* que je n'ai pas *reconnues*. J'ai rencontré la *foule* des promeneurs que la beauté de la soirée avait *attirée* dans le vallon. — Que voit-il (le pécheur) dans cette longue suite de *jours* qu'il *a passés* sur la terre? Massillon. Quel *déluge* de maux n'a-t-il pas *répandu* sur la terre! Massillon.

L'on écrira d'après le même principe selon que *le peu* a un sens positif et signifie *une petite quantité*, ou un sens négatif et signifie *le manque*, *l'absence totale*:

Le peu d'*affection* que vous lui avez *témoignée*, lui a rendu le courage. Le *peu* d'affection que vous lui avez *témoigné*, l'a découragé.

4. Le participe passé est invariable quand il a pour régime le pronom élidé *l'*, mis pour *le* (это), et remplaçant un adjectif ou un membre de phrase. (§ 49. 4, 5.)

La langue française est plus difficile que je ne *l'avais cru*. — La chose était plus sérieuse que nous ne *l'avions pensé* d'abord. Le Sage.

On écrira donc, selon le sens:

Il m'a écrit une lettre comme je *l'avais souhaitée* (l' = ero).	C'est-à-dire: telle que je l'avais souhaitée.
Il m'a écrit une lettre, comme je *l'avais souhaité* (l' = этого)	= J'avais souhaité qu'il m'écrivit une lettre, et il m'a écrit en effet.

5. Quand le participe est suivi d'un *infinitif*, il faut examiner si le complément direct dépend du participe ou de l'infinitif. Si l'objet que remplace le pronom peut être placé immédiatement après le participe, alors il dépend du participe, et il y a *accord*. Quand au contraire l'objet peut être placé après l'infinitif, il dépend de l'infinitif, et le participe est *invariable*.

Voici les dames que j'ai *entendues* chanter. (J'ai *entendu* LES DAMES *chanter.)*
Voici les chansons que j'ai *entendu* chanter. (J'ai entendu chanter LES CHANSONS.)
La dame que j'ai *vue* peindre (elle peignait).
La dame que j'ai *vu* peindre (par ce peintre).

On peut encore poser la règle suivante: «Il y a accord quand l'infinitif qui suit le participe a un sens *actif*; au contraire, le participe reste invariable quand cet infinitif a une signification *passive*». — On reconnaît que l'infinitif a un sens *actif* à ce que l'on peut le changer en participe présent.

Les arbres que j'ai *vus* croître (croissant).
Les arbres que j'ai *vu* abattre (être abattus).
L'actrice que j'ai *entendue* déclamer (déclamant).
Les odes, les ballades, que j'ai *entendu* déclamer (être déclamées).
Les messieurs que j'ai *vus* passer (passant).

Rem. 1) Ainsi l'orthographe du participe indique seule le vrai sens de phrases telles que les suivantes: *La dame que j'ai* VUE *peindre. La dame que j'ai* VU *peindre.*

2) Si l'infinitif est un verbe intransitif, le régime ne peut appartenir qu'au participe: *La femme que j'ai entend*UE *parler. Les enfants que j'ai* LAISSÉS *aller.*

3) Il en est de même quand l'infinitif qui suit est un verbe transitif accompagné d'un régime direct: *La femme que j'ai* VUE *emporter son enfant. Cette jeune fille était si désolée qu'on l'a* LAISSÉE accompagner son frère. (Mais on dirait: *On lui a* LAISSÉ *accompagner son père.* (§ 60, 4.)

6. Quand l'infinitif qui vient à la suite du participe, en est séparé par une préposition, il faut de même examiner attentivement auquel des deux appartient le régime, et écrire en conséquence. On écrira donc avec accord:

Les messieurs que j'ai *invités* à dîner, n'ont pas accepté.
Étudiez la leçon qu'on vous a *donnée* à apprendre.
Voilà les ennemis que la reine a *eus* à combattre.

et sans accord:

Étudiez la leçon que vous avez *oublié* d'apprendre.
La personne qu'il a *cherché* à séduire, est restée inébranlable.

7. Le participe *fait* suivi d'un infinitif est toujours invariable, parce que dans les expressions *faire sortir*, *faire entrer*, *se faire aimer*, etc.,

faire est considéré comme faisant avec l'infinitif qui suit une expression inséparable:

On les a *fait* sortir (ихъ заставили, имъ велѣли выйти). La maison qu'il *a fait* bâtir. Elle s'est *fait* aimer de tout le monde.

Rem. Il n'en est pas de même pour *laisser*, позволить, пустить, qui suit la règle générale: *Je les ai* LAISSÉS *passer. Je les ai* LAISSÉS *manger.* — Mais: *Que sont devenues ces pommes? Je les ai* LAISSÉ *manger (par les enfants). Elle s'est* LAISSÉ *battre.*

8. Après les participes **pu, dû, voulu, su, permis**, l'infinitif peut se supprimer sans que le sens de la phrase en soit altéré. Dans ce cas, le régime direct qui précède, dépend de l'infinitif supprimé, et le participe reste invariable:

Je lui ai rendu tous les services que j'ai *pu* (lui rendre). Vous ne lui avez pas adressé tous les remercîments que vous auriez *dû* (lui adresser). Il a fait toutes les extravagances qu'il a *voulu* (faire). Il a fait les dépenses que ses richesses lui ont *permis* (de faire).

9. Le participe passé précédé d'un régime direct, est quelquefois suivi d'une proposition relative commençant par *que*; dans ce cas, il reste invariable, le régime appartenant au verbe qui suit *que:*

La lettre que j'avais *espéré* que vous m'écririez, ne m'est pas parvenue. La personne que j'ai *cru* que vous m'enverriez, n'est pas encore arrivée. Les mathématiques, que vous n'avez pas *voulu* que j'étudiasse.

Obs. Si la proposition commençant par *que* est sous-entendue, le participe reste également invariable: *Il a eu tous les désagréments que nous avions* PENSÉ *(qu'il aurait).*

10. Il y a un certain nombre de verbes intransitifs qui sont accompagnés d'un accusatif qui n'a du régime direct que la forme, et qui n'exerce aucune influence sur le participe passé. Tels sont:

1) Les verbes tels que **vivre, courir, marcher, dormir, pleurer,** etc., accompagnés d'un accusatif exprimant un circonstanciel de *temps* (§ 5):

Les douze heures *que* j'ai *dormi.* LITTRÉ. (que = pendant lesquelles (§ 55, 7). — Que d'années il a *vécu!* BONIFACE. — Les deux jours qu'il a *marché.* — Il ne vous a pas dit tous les jours qu'il a *pleuré* en secret. — De même: Ces années, il les a *vécu* dans l'infortune! BONIF. Je n'ai dormi que deux heures, mais je les ai *dormi* sans interruption. BONIF.

2) Les verbes *coûter, valoir, peser*, accompagnés d'un accusatif exprimant un *prix*, un *poids*, une *mesure*:

Les dix mille francs que cette maison a *coûté (valu).*
Les quatre-vingts livres que cette malle a *pesé* [1].

[1] Il y a cependant des grammairiens qui écrivent avec accord, même dans ce cas. C'est, à notre avis, méconnaître une distinction logique des plus évidentes; car dans *coûter cent francs, cent francs* n'est qu'un circonstanciel de quantité exprimé par un accusatif, et nullement un régime direct (§ 5).

Obs. Quelques-uns de ces verbes sont susceptibles d'être employés transitivement, surtout au sens figuré; dans ce cas, ils suivent la règle générale:

Les dangers que j'ai *courus.* (On dit: courir des dangers.)
C'est une faute qu'il a *pleurée* lui-même. (On dit: pleurer une faute, оплакивать ошибку.)
La peine que ce travail m'a *coûtée* (= causée).
Les marchandises que nous avons *pesées* étaient lourdes.
La réprimande que cette action lui a *value* (= attirée).

Dans certaines locutions mises en vogue par quelques écrivains modernes, telles que *vivre la vie de qn.*, *vivre des années* (прожить годы), on trouve *vivre* employé transitivement: *Et voici la vieillesse, puis la mort!... Déjà?... Mais je ne les ai pas* VÉCUES, *ces années de ma vie.* SARDOU. C'est un néologisme peu digne d'imitation.

11. Certains verbes ont, selon le sens, un régime direct ou un régime indirect. De là la différence d'orthographe dans les exemples suivants:

On nous a command*és* pour midi (насъ требовали).
On nous a command*é* de venir (намъ велѣли).
Ce domestique nous a fidèlement servis.
Ce livre nous a bien servi.

96.

Déchue de sa puissance terrestre, Rome semble dans son orgueil avoir voulu s'isoler: elle s'est séparée des autres cités de la terre, et comme une reine tombée du trône, elle a noblement caché ses malheurs dans la solitude. CHAT. — Dans la villa Adriana, de hauts cyprès remplaçaient les colonnes tombées dans ce palais de la mort; l'acanthe[1] sauvage rampait à leurs pieds, sur des débris, comme si la nature s'était plu à reproduire sur les chefs-d'œuvre mutilés[2] de l'architecture l'ornement de leur beauté passée. CHAT. — Elle avait gagné un mal de poitrine. Les médecins l'avaient envoyée prendre les eaux, mais elle ne s'était qu'à moitié rétablie. P. DE MUSSET. — Les lois que s'étaient données les peuples du nord. MONT. — Il en est comme de ces beaux songes qui ne nous laissent au réveil que le déplaisir de les avoir crus. MOLIÈRE. — Les montagnes se sont élevées, et les vallons sont descendus en la place que le Seigneur leur a marquée. FÉNELON. — Alexandre a détruit plus de villes qu'il n'en a fondé. — La perte de la bataille est attribuée au peu d'habileté qu'a montré le général. Elle regagne par une course rapide le peu de moments qu'elle a perdus. Le peu de troupes qu'il a rassemblées ont tenu ferme dans leur poste. — Les Russes ont fait, en quatre-vingts ans que les vues de Pierre ont été suivies, plus de progrès que nous n'en avons fait en quatre siècles. — Les ponts qu'une confiance aveugle avait empêché de faire détruire. GOUVION ST. CYR. — Les Mamelouks se battaient comme des chevaliers, corps à corps et sans ordre; c'est ce qui nous les a fait vaincre. NAPOLÉON. — Il est devenu fou de chagrin d'avoir lu dans la gazette que vingt-cinq Espagnols s'étaient laissé battre par un parti de cinquante Portugais. LE SAGE. — Ces batailles, qui nous ont valu deux villages qu'il a fallu rendre. VOLT. — Mes manuscrits raturés, barbouillés et presque indéchiffrables, attestent la peine qu'ils m'ont coûtée. J. J. R. — La disette [3] qu'il y a eu cet hiver, a causé bien des maladies. — La maison de nos hôtes est bien telle que vous l'avez décrite; mais la ferme est tout autre que vous ne l'avez vue à votre dernier voyage. — S'il avait demandé M. de Fontenelle pour examinateur, je lui aurais fait tous les vers qu'il aurait voulu. VOLT. — Il a dix mille francs de revenu, non compris la maison où il loge. — Gustave fit dire aux chanoines d'Upsal que, vu la fuite et la condamnation de leur archevêque, il était à propos [4] qu'ils lui nommassent un successeur. — Toutes les fois qu'il a parlé, j'ai gardé le plus profond silence. — On croira que ces huit jours me durèrent huit siècles: tout au contraire, j'aurais voulu qu'ils les eussent duré en effet. J. J. R. — Je vous recommande les deux lettres ci-incluses.

1 медвѣжья лапа; 2 изувѣченный, изуродованный; 3 голодъ; 4 кстати.

97.

Домъ, который купилъ мой дядя, одинъ изъ лучшихъ въ городѣ. — Видѣли вы всѣ картины, которыя нарисовалъ этотъ живописецъ? Я видѣлъ только три, но мой братъ видѣлъ всѣ. — Сколькимъ опасностямъ подвергались [1] мы (pas. indéf.)! — Годы, которые я прожилъ [2] въ Москвѣ, я считаю счастливѣйшими въ моей жизни. — Стараніе, которое оказали (se donner) ученицы, было вознаграждено. — Ушли уже ваши подруги? Нѣтъ, онѣ уйдутъ только (ne-que) черезъ (dans) четверть часа. — Мои сестры очень сожалѣли (p. ind.), что не пришли раньше. — Молодая актриса, которой игру вы недавно видѣли (voir jouer), оставляетъ насъ на будущей недѣлѣ. — Знаете вы сочинителя новой піесы [3], которую мы видѣли (voir jouer) вчера? — Госпожа Н. хорошая пѣвица; я много разъ слышалъ, какъ она поетъ (entendre chanter). — Правила, которыя я началъ объяснять вамъ сегодня, кажутся вамъ, можетъ быть, труднѣе, чѣмъ они есть дѣйствительно. — Вотъ работники, которымъ я приказалъ прійти (faire venir). — Его сестра приказала снять съ себя портретъ (se faire peindre); я видѣлъ, какъ снимали съ нея портретъ (voir peindre). — Эти молодые люди дозволили (p. indéf.) увлечь [4] себя въ такой поступокъ, въ которомъ впослѣдствіи очень раскаивались. — Почему не пустили (laisser) вы этихъ дѣтей гулять? Я не пустилъ ихъ по причинѣ снѣга, выпавшаго ночью (impers.).

1 courir; 2 vivre; 3 la pièce; 4 se laisser entraîner.

98.

Чью исторію крестовыхъ походовъ [1] вы читали? Мы читали исторію, написанную [2] Мишо, французскимъ историкомъ, и переведенную на русскій языкъ. — Всѣ, которые сѣли на этотъ корабль, погибли, исключая пятерыхъ или шестерыхъ. — Сколько фунтовъ вѣсилъ (p. ind.) этотъ чемоданъ? Онъ вѣсилъ шестьдесятъ фунтовъ. — Сколько писемъ написали вы сегодня? — Я написалъ (ихъ) четыре. — Три римскіе полководца были разбиты Ганнибаломъ, въ 216 году. — Сильные жары, стоявшіе (faire) въ эти послѣдніе дни, не препятствовали [3] намъ работать. — Многіе историки утверждаютъ, что Людовикъ XIV приказалъ (pas. ind.) сжечь всѣ счеты [4], представленные [5] ему объ издержкахъ [6] по постройкѣ Версальскаго дворца, не желая, чтобы потомство узнало [7], какихъ огромныхъ суммъ стоилъ этотъ великолѣпный дворецъ. — Много заблужденій вкралось [8] въ это сочиненіе. — Великіе люди менѣе принадлежатъ тому столѣтію, которое видѣло ихъ рожденіе (voir naître), чѣмъ тому, которое образовало ихъ. — Лукреція сама умертвила себя (se donner la mort). — Годы праздности не стоятъ и часа, который съумѣли употребить съ пользою.

1 les croisades ; 2 écrire ; 3 empêcher qn. ; 4 mémoire, II P. § 38, 1 ; 5 présenter qch. ; 6 frais, II P. § 38, II ; 7 savoir ; 8 se glisser.

99.

Надъ городомъ Квито господствуетъ [1] (passif) страшный вулканъ, который часто потрясалъ его (§ 53, 1) основанія [2]. — Я получилъ географическія карты, которыя ваше превосходительство изволили послать ко мнѣ; онѣ прибыли [3] сюда вчера; я отошлю ихъ вамъ назадъ, какъ только разсмотрю [4] ихъ. — На (à) разсвѣтѣ, я съ удовольствіемъ смотрѣлъ на погруженный [5] въ сонъ лагерь, на закрытыя еще палатки, изъ которыхъ выходило [6] нѣсколько полуодѣтыхъ солдатъ. — Ученики, которыхъ мы слышали вчера, какъ они читали (entendre lire), доказали, что они много трудились, чтобы пріобрѣсти [7] чистый выговоръ, и это имъ довольно хорошо удалось. Стихотворенія, которыя они читали, — оды Виктора Гюго; это тѣ самыя стихотворенія, которыя я слышалъ уже много разъ, какъ они читали ихъ (II P. § 60, 4). — Нарисованные цвѣты, которые я видѣлъ и показывалъ многимъ художникамъ, заслужили удивленіе всѣхъ знатоковъ. — Дѣвушка, которую я видѣлъ, какъ она рисовала, сдѣлала быстрые успѣхи. — Два часа, которые я не спалъ (veiller) въ эту ночь, показались мнѣ продолжительнѣе шести часовъ, которые я спалъ. — Немногіе дни, которые я провелъ съ вами въ нашемъ загородномъ домѣ, будутъ всегда считаться въ числѣ [9] прекраснѣйшихъ дней, которые я прожилъ.

1 dominer qch. ; 2 les fondements ; 3 parvenir ; 4 examiner qch. (fut. ant.) ; 5 plongé ; 6 sortir ; 7 acquérir qch. ; 8 sembler ; 9 au nombre de.

100.

Пигмаліонъ ѣлъ только тѣ плоды, которые собирали въ его саду, и тѣ овощи, которые самъ сажалъ и приказывалъ варить. — Письма, которыя вы забыли отослать на почту, отнесены туда только сегодня утромъ. — Почему не принесли вы, Марія, тѣхъ книгъ, которыя я просилъ васъ одолжить мнѣ? мнѣ кажется, вы забывчивѣе [1], чѣмъ я думалъ; я напоминалъ [2] вамъ объ нихъ еще вчера. — Семь городовъ спорили [3] (p. indéf.) о чести быть родиною [4] Гомера.

Молодая пастушка, рожденная въ Домреми, отличалась (plus-que-parf.) красотою и благочестіемъ. Богъ избралъ [5] (pl. parf.) ее для освобожденія Франціи отъ чужеземнаго ига. Войска Карла VII были предводимы Іоанною д'Аркъ, названною орлеанскою дѣвственницею [6]. Сколько побѣдъ одержала она! сколько героевъ поразила! Видали, какъ она разила враговъ своего короля;

слышали, какъ она восклицала среди битвъ: Богъ и Франція! Англичане плѣнили ее (faire prisonnier), обращались съ ней, какъ съ колдуньей [7], и осудили ее на смерть. Видѣли, какъ вели ее на костеръ [8], на которомъ она и умерла мужественно.

1 oublieux; 2 rappeler qch.; 3 se disputer la gloire; 4 donner le jour, donner naissance; 5 choisir, élire; 6 la vierge; 7 sorcière; 8 le bûcher.

101.

Открытіе Америки.

Хотя почти всѣми открытіями, которыя сдѣланы до сего времени, мы обязаны случаю, однако открытіе новаго свѣта было плодомъ генія [1]. Математическія познанія, пріобрѣтенныя (que...) Христофоромъ Колумбомъ, заставляли его предполагать [2] существованіе [3] другаго материка, и это предположеніе осуществилось [4], потому что, въ 1492 году, онъ имѣлъ славу присоединить новую часть свѣта къ тѣмъ, которыя были уже извѣстны. Многіе историки воображали, что древнимъ была извѣстна уже Америка; но есть причины [5] думать, что они грубо ошибались. — Островъ, который они считали нашимъ новымъ свѣтомъ (II P. § 55, 4, 5), и который Платонъ и другіе назвали Атлантикой (Atlantique), былъ [находился] въ (à) близкомъ разстояніи отъ Гибралтарскаго пролива. Какъ бы то ни было (II P. § 57, 21), у Колумба похищена [6] слава дать свое имя странамъ, съ которыми онъ познакомилъ [7] насъ, флорентинцемъ Америго Веспуччи, который, много лѣтъ спустя, посѣтилъ и описалъ нѣкоторые берега открытыхъ Колумбомъ земель. Эта несправедливость, которую освятило [8] потомство [9], было предзнаменованіемъ [10] всѣхъ золъ, обрушившихся на эту прекрасную страну. Дѣйствительно, Америка была театромъ [11] жесточайшихъ войнъ, какія когда-либо были. Два цвѣтущія государства, существовавшія столько столѣтій, пали [12] подъ ударами [13] горсти [14] искателей приключеній, которыхъ вооружила корысть [15], и содрагаешься [16], когда думаешь о несправедливостяхъ и жестокостяхъ, совершенныхъ ими, чтобы собрать сокровища, которыми не воспользовались [17] овладѣвшіе [18] ими.

1 le génie; 2 conjecturer qch.; 3 existence; 4 réaliser; 5 avoir lieu, avoir sujet; 6 ravir qch.; 7 faire connaître; 8 consacrer qch.; 9 la postérité; 10 présage; 11 le théâtre; 12 crouler; 13 le coup; 14 une poignée; 15 la cupidité; 16 frémir; 17 ne pas profiter à; 18 s'emparer de.

CHAPITRE IX.

De l'adverbe. (I P. §§ 56–61.)

§ 89. OBSERVATIONS SUR L'EMPLOI DE CERTAINS ADVERBES.

1. Il est de la nature de l'adverbe d'exprimer à lui seul un circonstanciel (§ 6); dès qu'un mot invariable a besoin d'un complément, il est préposition.

Ainsi on emploie sans complément les adverbes *alentour*, кругомъ, *auparavant*, прежде, *dessus*, *dessous*, *dedans*, *dehors*, — correspondant aux prépositions: *autour*, *avant*, *sur*, *sous*, *dans*, *hors*, (§ 50, 4):

La terre tourne *autour* du soleil. Tourner, rôder *alentour*. ACAD. — L'oiseau est-il encore *dans* la cage? — Oui, il est *dedans*.

Cependant *dessus*, *dessous*, *dedans*, *dehors*, s'emploient comme prépositions dans deux cas: 1) quand on veut exprimer une opposition, 2) quand ils sont précédés d'une des prépositions *de*, *à*, *par* :

a) Il n'est ni *dessus* ni *dessous* l'armoire. ACAD. Il y avait des livres *dedans* et *dehors* l'armoire. — b) On a tiré cela *de dessous* la table; ôtez cela *de dessous* le buffet. ACAD. Il s'imagine que personne n'est *au-dessus* de lui.

2. Le russe *какъ* se traduit par *comment*, *comme*, *combien* et *que*.

1) **Comment** s'emploie pour exprimer une interrogation directe ou indirecte — ou pour exprimer une exclamation, mais seulement quand il figure seul :

Comment se porte-t-il? Какъ его здоровье? — Demandez-lui *comment* il se porte. (Quest. indir.). Savez-vous *comment* la chose s'est passée? Voici *comment* la chose s'est passée. (Вотъ какъ дѣло было). — *Comment*! vous y avez consenti! какъ! вы согласились на это!

2) **Comme** s'emploie pour exprimer une comparaison, et dans les propositions exclamatives :

a) Cet enfant est beau *comme* un ange (какъ ангелъ). Le frère pense *comme* la sœur. Il est *comme* mort (какъ мертвый). Rien n'anime le soldat *comme* l'exemple de ses chefs. — b) *Comme* vous le traitez! Voyez *comme* il neige! *Comme* vous voilà fait! въ какомъ вы видѣ!

Rem. On saisira donc sans peine la différence qu'il y a entre ces deux phrases: *Voyez* COMME *il travaille!* (= *combien il travaille*); et: *Voyez* COMMENT *il travaille! (la manière dont il travaille)*.

3) **Combien** signifie сколько (какъ).

Combien ce héros est au-dessus d'Alexandre.
Je sais *combien* il est difficile de satisfaire tous les goûts!

4) **Que** s'emploie dans l'exclamation, et surtout après *tel* et *le même*.

Que Dieu est grand dans ses œuvres! Какъ великъ Богъ...! Un homme *tel que* vous (какъ вы). Il vous fera *le même* accueil *qu*'à moi.

3. **Tout à coup, tout d'un coup, à la fois.**

1) *Tout à coup* signifie *soudainement*, *subitement*, вдругъ, внезапно, неожиданно: TOUT À COUP *le feu brille!* RAYNOUARD. *Ce mal l'a pris* TOUT À COUP (*subitement*).

2) *Tout d'un coup* signifie *tout à la fois*, разомъ: *Il gagna mille écus* TOUT D'UN COUP (*en une fois*).

3) *A la fois* (renforcé *tout à la fois*) signifie въ одно время, *en même temps*: *Il entreprend trop de choses* à LA FOIS. *Il neige et il pleut* à LA FOIS (*en même temps*).

4. **Plus tôt, plutôt.** — a) *Plus tôt*, раньше, est le comparatif de *tôt* (рано), et le contraire de *plus tard*; b) *plutôt* indique la préférence et se traduit par лучше:

Il est arrivé *plus tôt* que de coutume. — Je mourrai *plutôt* que de souffrir cela! — *Plutôt* m'oublier moi-même que d'oublier un homme si aimable! FÉN. — Il n'eut pas *plus tôt* dit; il n'eut pas *plus tôt* fait (= à peine eut-il dit, à peine eut-il fait). LITTRÉ.

5. **Déjà** ne s'emploie que pour désigner le temps: *Il est* DÉJÀ *quatre heures.* — Là où le russe уже s'emploie pour renforcer l'idée, il se traduit non par *déjà*, mais par *bien*:

Nous verrons *bien*! увидимъ уже! Je sais *bien* ce que je ferai; я знаю уже, что сдѣлаю.

6. **Maintenant, à présent,** теперь; **alors,** тогда. — a) *Maintenant, à présent, actuellement*, ne peuvent se rapporter qu'au temps présent, c'est-à-dire au temps dans lequel se trouve celui qui parle; — b) s'agit-il d'un temps passé ou futur, il faut employer *alors*:

Revenez plus tard, *maintenant* je ne puis vous recevoir. Je n'y songe plus *à présent*. — b) *Alors* il reconnut sa faute, теперь увидѣлъ онъ... Charles XII partit de Saxe, suivi d'une armée *autrefois* couverte de fer, *alors* (теперь) brillante d'or et d'argent. VOLT.

7. a) **Bientôt** signifie скоро: *Je reviendrai* BIENTÔT. BIENTÔT *après, nous le vîmes reparaître* (скоро потомъ...).

b) **Tantôt** signifie non-seulement скоро, вскорѣ, mais aussi недавно: *Je l'ai vu ce matin, et je le reverrai encore* TANTÔT (сегодня еще, вскорѣ). *On m'a dit que vous étiez venu* TANTÔT *me chercher* (недавно). — *A tantôt!* до скораго свиданія!

L'expression conjonctive то — то se rend par *tantôt... tantôt*: *Il se porte* TANTÔT *bien*, TANTÔT *mal*.

8. **L'autre jour, l'autre semaine,** signifie *il y a quelques jours*, недавно, на дняхъ; *il y a quelques semaines*, нѣсколько недѣль тому назадъ, за нѣсколько недѣль. L'expression russe на другой день, другая, слѣдующая недѣля, se traduit par: *le lendemain*, *le jour suivant*, *la semaine suivante*, ou *le jour d'après*, *le jour d'ensuite*, etc.

9. **Ici,** здѣсь, **là,** тамъ, sont deux adverbes démonstratifs qu'il faut bien distinguer de **y.**

a) **Ici** ne peut se rapporter qu'au lieu même où se trouve la personne qui parle; *là* se rapporte au contraire à un lieu différent.

b) **Y** est un adverbe relatif, et peut se rapporter aux deux précédents, ainsi qu'à toute autre localité précédemment énoncée:

Vous êtes *ici*, on *y* est fort bien. Restez *là*, puisque vous vous *y* trouvez bien. Restez *là* et n'approchez pas d'*ici*. Allez au jardin, vous *y* trouverez vos sœurs. Allez voir ce qui se passe *là-bas*. — On vous appelle, Charles. Dites que j'*y* vais; скажите, что я тотчасъ прійду.

Obs. 1) En réponse à une question telle que: *Ira-t-il à Rome?* on répond ordinairement: *Il ira*, au lieu de: *Il y ira*. — Sur *il y a*, voir I P. § 53, 6.

2) Dans l'expression *ci-gît*, здѣсь лежитъ, *ci* remplace *ici*, de même que dans *cet homme*-CI, *celui*-CI, CI-*dessous*, etc.

10. **Au moins, du moins,** по крайней мѣрѣ.

a) *Au moins* accompagne les nombres et peut se rendre par *pour le moins*, *tout au moins*: *Ce banquier a* AU MOINS *cent mille francs de rente. Il y avait* AU MOINS *trente personnes. Venez* AU MOINS *pour un instant*.

b) *Du moins* affirme moins fortement: *S'il n'est pas riche*, DU MOINS *a-t-il de quoi vivre. Il l'a fait*, DU MOINS *en apparence*, *par amitié pour vous*.

Rem. *Au moins* s'emploie aussi pour donner plus de force à un ordre, à une recommandation: *N'y manquez pas au moins!* Не преминитеже!

11. **Beaucoup,** много, ne peut jamais, comme cela a lieu en russe, être renforcé par les mots *très*, *fort*, *bien*, ou un autre analogue. Очень много se rend par *infiniment*, *un très-grand nombre*, etc.: *J'ai eu* INFINIMENT *de peine* (очень много трудовъ). *Il y avait une* TRÈS-GRANDE *quantité de fleurs* (очень много цвѣтовъ). — Я очень люблю его se rend par: *Je l'aime* BEAUCOUP.

Obs. Quant à la différence qu'il y a entre *beaucoup de peine* et *bien de la peine*, — le premier n'exprime que la quantité, tandis qu'à l'idée de quantité, le second ajoute un sentiment quelconque d'étonnement, d'admiration, de désir, de douleur, etc.: *Cette pauvre femme a éprouvé* BIEN DES *malheurs*.

12. **Davantage,** болѣе, a la même signification que *plus*, mais il ne s'emploie qu'absolument, c'est-à-dire seul, à la fin d'une proposition, et il ne peut être suivi ni de *que* ni de la préposition *de*: (I P. § 14, 7, 1):

La science est estimable, mais la vertu l'est bien *davantage*. Ne m'en demandez pas *davantage*. Je vous aimerais bien *davantage*, si vous étiez raisonnable.

Obs. *Davantage* n'est pas non plus susceptible de former un superlatif; ainsi il ne faut pas dire: *De toutes les fleurs la rose est celle qui me plaît* DAVANTAGE, — mais LE PLUS. — On dit *rien de plus*, ничего болѣе, et non *rien davantage*.

13. **Moins,** меньше, (I P. § 14). — *A moins de* signifie *excepté*, кромѣ, *au-dessous de*, ниже: *Je n'irai pas* à MOINS D'*y être forcé* (не иначе... какъ). *Vous n'aurez pas ce drap* à MOINS DE *quinze francs l'aune*, (менѣе, ниже 15 франковъ...). — *En moins de rien* signifie: *En très peu de temps*: *Il eut fini* EN MOINS DE RIEN.

14. **D'autant... que,** placé devant un comparatif, signifie тѣмъ... что :

Son éloquence était *d'autant* plus persuasive *qu'*elle était sans art. Je l'en aime *d'autant* mieux. (Тѣмъ болѣе за то).

15. On remarquera encore les expressions suivantes :

Il y a plus, bien plus, qui plus est, сверхъ того, къ тому.
Au plus, tout au plus, по большей мѣрѣ, много того, слишкомъ.
De plus en plus, все болѣе и болѣе.
Plus ou moins (environ, à peu près), болѣе или менѣе, около.
Ni plus ni moins, ни больше, ни меньше.
De plus, (d'ailleurs, outre cela), кромѣ того.
Plus — plus, moins — moins, etc. (Voir I P. § 14, 7, 3.)

§ 90. ADVERBES D'AFFIRMATION.

1. L'affirmation ordinaire s'exprime par **oui.** Ce mot ne permet ni la liaison ni l'élision.

On peut se quereller pour un *oui* ou pour un *non.* Je crois qu'il a dit *ce oui* à regret. *Le oui* et le non. Je crois que *oui*, думаю, что да. ACAD.

2. Dans le langage familier, on emploie fréquemment au lieu de *oui*, surtout en opposition avec une négation précédente, les affirmations *si, si fait*, такъ, да, разумѣется :

Vous dites que non, et moi je dis que *si* (да). — Vous ne ferez donc pas cela ? Oh ! que *si.* ACAD. Vous ne le voyez plus ? *Si,* je le vois souvent. Je crois qu'il n'a pas été à l'église. *Si fait,* il y a été.

§ 91. ADVERBES DE NÉGATION.

1. Les expressions employées pour exprimer la négation sont :

Non, ne, нѣтъ, не.	ne — quelconque, никакой.
ne — pas, } не. ne — point, }	ne — ni... ni, ни... ни.
ne — guère, не много, мало.	ne — nullement, } никакъ. ne — aucunement, }
ne — jamais, никогда.	ne — que, только.
ne — plus, уже не.	ne — plus que, только еще.
ne — personne, никто.	ne — encore que, только еще.
ne — rien, ничего.	ne — guère que, почти только.
ne — aucun, } никакой, ни ne — pas un, } одинъ. ne — nul, }	ne — nulle part, нигдѣ. ne — pas non plus, также не. ne — d'autre que, никакой другой.
ne — qui que ce soit, никто.	ne — goutte, ни зги, ни аза.
ne — quoi que ce soit, ничего.	ne — mot, ни слова.

2. Ces adverbes de négation sont *absolus* ou *conjoints*, selon qu'ils peuvent se construire *avec* un verbe ou *sans* verbe.

3. La seule négation absolue est *non*, qui ne peut jamais être construite avec un verbe à un mode personnel: *Une porte* NON *fermée. Il faut marcher et* NON *courir.*

4. Les négations conjointes se composent de *deux parties*, toujours employées avec un verbe par lequel elles sont séparées: la première de ces parties est *ne*, qui annonce que le verbe est employé dans un sens négatif; l'autre est un mot tel que *pas*, *point*, *guère*, etc., qui complète et fixe le sens de la particule *ne*.

Ces mots qui complètent ainsi le sens de la particule *ne*, sont appelés *compléments négatifs*.

5. Ces compléments négatifs sont formés de substantifs, de pronoms indéfinis ou d'adverbes, qui, dans l'origine, avaient pour la plupart un sens affirmatif. Ainsi *pas* signifie шагъ; *point*, пунктъ, точка; *guère*, много; *jamais*, никогда; *personne*, особа, нѣкто; *rien*, нѣчто; *aucun*, какой-нибудь; *goutte*, капля; *mot*, слово, etc.

Ainsi donc *ne — pas* signifie proprement ни шага; *ne — point*, ни точки; *ne — rien*, ни чего, etc. (Voir § 57, 20).

Obs. Le nombre des compléments négatifs était bien plus considérable dans le vieux français que dans le français moderne. Au dix-septième siècle on trouve encore *mie*, *miette* (крошка, мякишъ), *brin* (соломенка, былинка), employés de la même manière: *Il n'y en a* BRIN. *Il n'en tâtera* MIE. ACAD. *La cigogne au long bec n'en put attraper* MIETTE. LA FONT.

6. Il va sans dire que la particule *ne* ne peut avoir qu'un seul complément négatif, et que, par exemple, les mots *pas*, *point*, ne peuvent s'employer dans une proposition où figure un autre complément négatif. — Nous donnerons un exemple de l'emploi de chacune des expressions négatives.

Je ne lis *pas*. Je ne lis *point*. C'est un chemin où l'on *ne* passe *guère* (мало, рѣдко). — Il *ne* pleut *jamais*. — Il *n'*est *plus* ici (его уже нѣтъ здѣсь). — L'égoïste *n'*aime *personne*. — *Rien n'*est perdu. — *Aucun* chemin de fleurs *ne* conduit à la gloire. LA FONT. — Je *ne* connais *pas un* de ces messieurs. *Nul n'*est content de sa fortune. — Il *n'*a peur de *qui que ce soit* (de personne). — Il *ne* s'inquiète de *quoi que ce* soit (de rien). — Je *n'*ai dit chose *quelconque* (rien) qui pût le blesser. — Il *n'a ni* faim *ni* soif. Je *n'*ai *nullement (aucunement)* envie de partir. — Je *n'*ai *que* cinq francs. Il *n'*est *que* cinq heures. — Je *n'*ai *plus que* cinq francs (остается всего только). — Il *n'*est encore *que* deux heures (только еще два часа). Je *n'*ai *guère* lu *que* la moitié de ce livre (почти только). — Je l'ai cherché partout, je *ne* l'ai trouvé *nulle part* (нигдѣ не нашелъ). — Il *ne* viendra *pas non plus*. Онъ также не прійдетъ. — *Il ne* viendra pas, *ni* moi *non plus*. (Sans verbe.) — Je *n'*ai *d'autre* ambition *que* de vous voir heureux. Il *n'*a de bonheur *que* celui qu'il procure aux autres. — On *ne* voit *goutte* dans ce corridor (ни зги не видно). Je *n'*entends *goutte* à ces débats (я ни аза не понимаю въ этихъ спорахъ). — Il *ne* dit *mot* (ни слова). Il *ne* répondit *mot*.

Rem. Goutte ne s'emploie comme complément négatif qu'avec les deux verbes *voir* et *entendre*. — *Mot* ne s'emploie qu'avec *dire* et *répondre*. S'il est accompagné de l'article, il devient un régime ordinaire, et *ne* demande alors un autre complément négatif: *Il* NE *dit* PAS UN *mot*, *pas* LE *mot*.

7. Les compléments négatifs peuvent exprimer la négation à eux seuls dans les propositions elliptiques qui n'ont pas de verbe, et surtout dans les réponses:

a) *Point* d'argent, *point* de Suisse! — *Pas* de cérémonies, je vous prie! (Безъ церемоній, прошу васъ!) — *Plus* de larmes, *plus* de soupirs, *plus* de chagrin! — b) Vous a-t-il dit qui vous êtes? *Pas encore*. C. DELAVIGNE. — Je suis donc libre! — *Pas du tout*. C. DELAV. — Nous ne pouvons accepter vos offres. — *Pourquoi pas?* A. DUMAS. — Lisez-vous des vers? — *Point, point du tout*. — Avez-vous de l'argent? *Pas trop*. ACAD. — Que cherchez-vous? — *Rien*. — Désirez-vous le voir? — *Nullement*. — L'avez-vous vu? — *Nulle part*.

8. Les compléments *pas* et *point*, ainsi que *rien* et *plus*, peuvent être renforcés par l'expression adverbiale *du tout*, совсѣмъ, совершенно.

Il *ne* vous aime *pas du tout*, онъ васъ совсѣмъ не любитъ.
Je *ne* l'ai *point* vu *du tout*, я совсѣмъ не видѣлъ его.
Il *n*'aura *rien du tout*, онъ совершенно ничего не будетъ имѣть.
Je *n*'y pense *plus du tout*, я совсѣмъ не думаю объ этомъ болѣе.

§ 92. EMPLOI DES NÉGATIONS.

1. **Non.** Ce mot est le contraire de *oui*. Il peut être renforcé par les mots *pas*, *point*, *pas du tout*, *point du tout*.

Non s'emploie: a) seul, — b) avec l'*infinitif*, — c) avec les *substantifs*, les *adjectifs*, les *adverbes*, etc., en un mot dans tous les cas où la négation n'accompagne pas un verbe à un mode personnel:

a) Le voyez-vous? *Non*. — Le voulez-vous, *oui* ou *non?* — Je gage que *non*. Il dit que *oui*, je dis que *non*. — b) Je veux récompenser et *non* punir, *non pas* punir. Je dis cela, *non point* pour vous accuser, mais pour me justifier moi-même. — c) Un *non* sens, вздоръ. La *non* réception, не принятіе. Une série *non* interrompue (ininterrompue), непрерывный рядъ). Une piété sincère et *non* suspecte. Il avait des flatteurs et *non*, *non pas* des amis. Il écrit *non pas* supérieurement, mais agréablement. *Non* loin de la ville.

Rem. 1) Dans les réponses, la politesse exige qu'au lieu de répondre simplement *oui* ou *non*, on ajoute un des titres *Monsieur*, *Madame*, *Mademoiselle*, etc.: *Ne l'avez-vous pas vu?* — *Non, Monsieur*.

2) Au lieu de *non*, on employait autrefois, et l'on emploie encore familièrement *nenni*: *Vous allez à la chasse?* — *Nenni*. (Prononcez: *na ni*).

3) La négation russe *ne*, placée devant un adjectif, ne peut souvent se rendre que par une circonlocution : Небольшая страна, *un pays peu étendu, de peu d'étendue*, etc. — On traduira : Малообразованные или необразованные люди par : *Les gens peu ou point instruits.*

2. Ne — pas, ne — point, ne — guère.

1) La négation ordinaire est *ne — pas* (ни шага); elle est fortifiée par *ne — point* (ни точки), et affaiblie par *ne — guère* :

Il ne vous aime pas, онъ не любитъ васъ.
Il ne vous aime point, онъ васъ совсѣмъ не любитъ.
Il ne vous aime guère, онъ васъ не очень любитъ.
Je ne le vois guère, я рѣдко вижу его.

2) **Ne — pas** s'emploie : a) Pour nier un état ou une action passagère, accidentelle :

Je *ne* puis *pas* sortir quand je suis enrhumé.
Je *ne* danse *pas* aujourd'hui.

b) Devant les adverbes d'intensité et de temps, ainsi que devant les noms de nombre :

Il *ne* travaille *pas* beaucoup. Les riches *ne* sont *pas* toujours plus heureux que les pauvres. Je *n'*ai *pas* compris dix mots de son discours. Il *n'*y a *pas* longtemps.

3) **Ne — point** nie l'action tout à fait, et marque quelque chose d'habituel, de permanent :

Je *ne* danse *point*, — *c'est-à-dire :* Je ne danse jamais. — L'aveugle *ne* voit *point*, le sourd *n'*entend *point*. — Il *n'*est *point* de noblesse où manque la vertu. CRÉBILLON.

4) Dans les propositions interrogatives, *ne — pas* et *ne — point* ont quelquefois un sens différent. On emploie :

a) **Ne — pas** quand celui qui interroge attend une réponse affirmative, ou quand l'interrogation renferme un reproche (1) :

Ne le savez-vous *pas? c'est-à-dire :* Vous le savez sans doute? — *N'*as-tu *pas* été hier au spectacle? — Pourquoi me blâmez-vous? *n'*ai-je *pas* dit la vérité ? BONIFACE. *N'*est-ce *pas* vous, méchant, qui avez causé la ruine de cette malheureuse famille ?

b) **Ne — point** s'emploie plus volontiers quand on veut exprimer un *doute*, un *soupçon*, quand on questionne pour s'informer :

*N'*est-ce *point* vous qui m'auriez causé cette agréable surprise ? не вы-ли ? — *Ne* pourriez-vous *point* me donner le mot de cette énigme ? — Tout le monde rit, *n'*ai-je *point* dit quelque sottise ?

Obs. Devant un adjectif, on dit : *Elle est douce, modeste et* POINT *flatteuse.* — On ne saurait dans ce cas faire usage de *pas*.

---

(1) La suppression de *ne* est une licence poétique, qui n'est jamais permise en prose : *Suis-je pas votre frère?* RACINE.

3. Le russe болѣе не, уже не, не болѣе se rend par *ne — plus*, quand il exprime le *temps*, et par *ne — pas plus*, quand il exprime la quantité, la comparaison :

a) Il *n'*est *plus*, его уже нѣтъ (въ живыхъ). Il n'a *plus* d'argent, нѣтъ болѣе денегъ.

b) Il *n'*a *pas plus* de dix roubles, не болѣе десяти рублей. Mon nom *n'*est *pas plus* à vendre qu'à louer. OCTAVE FEUILLET.

4. *И не, также не*, se rend par *ne — pas non plus*, ou par *ni — non plus*, selon qu'un verbe figure ou non dans la phrase.

Vous ne voulez pas, je *ne* le veux *pas non plus*.
Vous ne le voulez pas, *ni* moi *non plus*.

Ли также, qui suit une proposition affirmative, se traduit par *ne — pas aussi* :

Je vais à la campagne ; *n'*y viendrez-vous *pas aussi ?*

5. **Ne — que**, *seulement*, только. — *Ne — que* sert à restreindre la négation, et est ordinairement synonyme de *seulement*. — 1) *Que* se met devant celui des termes de la proposition qu'il s'agit de faire ressortir :

Je *n'*ai vu *que* ta sœur à la promenade, только твою сестру.
Je *n'*ai vu ta sœur *qu'*à la promenade, только на гуляньѣ.
Je *n'*ai *que* deux connaissances dans cette ville.
Je *n'*ai des connaissances *que* dans cette ville.

2) Si c'est le *verbe* qu'il s'agit de modifier, on a recours au verbe *faire* : Онъ только играетъ : *Il* NE FAIT QUE *jouer*. *Il* NE FIT QUE *paraître dans la société, et se retira aussitôt*.

3) Si c'est le *sujet* qu'il faut mettre en relief, on se sert de la locution *il n'y a que* (*il n'est que*) : Только твой отецъ можетъ вывести насъ изъ затрудненія : Il N'Y A QUE *ton père qui puisse nous tirer d'embarras*. Il N'EST QUE *les grands cœurs qui sentent la pitié que l'on doit aux malheurs*. LAHARPE. — Mais on dira, devant un régime indirect ou un circonstanciel : CE N'EST QU'*à vous que je puis me confier*. CE N'EST QU'*aujourd'hui qu'il est venu*.

4) **Ne — que** ne peut accompagner qu'un verbe *suivi* d'un régime, d'un adjectif ou d'un adverbe ; on ne peut pas non plus en faire usage devant une proposition commençant par *que*. On dira donc:

Jouez *seulement*. Entrez *seulement*. (Verbe sans régime.)
Je ne vous voyais pas, je vous entendais *seulement*.
Dites-lui *seulement* qu'on le soupçonne.

Mais on dira : Il *n'*a *qu'*un frère. Il *ne* fait *que* pleurer, онъ только плачетъ. Vous l'accusez de dureté, il *n'*est *que* juste. *N'*allez *que* demain.

5) Après la conjonction **si**, если, *ne — que* et *seulement* n'ont pas le même sens :

Si j'avais *seulement* mille francs de revenu, je vivrais à mon aise. (Désir : Если бы я имѣлъ...). — *Si* je *n'*avais *que* mille francs de revenu, je ne pourrais pas vivre; *c'est-à-dire:* Mille francs de revenu ne me suffiraient pas pour vivre.

Rem. Dans nombre de cas, on emploie indifféremment *ne — que* et *seulement.* — *Cette étoffe* NE *coûte* QUE *trois francs l'aune. Cette étoffe coûte* SEULEMENT *trois francs l'aune.* — *Il est seulement six heures. Il n'est que dix heures.*

§ 93. NE EMPLOYÉ SEUL.

Ne s'emploie seul dans les cas suivants:

1. Avec les verbes *savoir, pouvoir, oser, cesser, avoir garde* (остерегаться), particulièrement lorsqu'ils sont suivis d'un infinitif:

Il *ne* sait que répondre. Онъ не знаетъ, что отвѣчать ему.
Je *ne* saurais vous le dire. Я не могу сказать вамъ. (§ 64, 6.)
Je *ne* puis soutenir sa colère. Il *ne* cesse de pleuvoir.
Je *n'*ose lui en parler. Я не смѣю сказать ему.
Je *n'*ai garde d'y aller. Я остерегаюсь ходить туда.
Je *n'*aurai garde d'y manquer. C. DELAVIGNE.

Obs. Si la négation doit être exprimée avec force, ou si elle est précisée par une circonstance quelconque, les compléments *pas* et *point* sont nécessaires: *Il* N'*ose* PAS *le faire sans permission. Il* NE *sait* PAS *écrire. Je* NE *puis* PAS *aller aujourd'hui. Tu* NE *sais* PAS *ce que c'est que d'avoir des reproches à se faire. Je* NE *cesserai* PAS *de travailler avant huit heures.*

2. Dans certaines phrases sentencieuses ou proverbiales (1). Telles sont:

*N'*importe! все равно!
Ne bougez! *ne* bougez *pas!* не трогайтесь съ мѣста! не шевелитесь!
Je *ne* bougerai de là, puisque vous l'ordonnez. ACAD.
A Dieu *ne* plaise! Сохрани Богъ!
Ne vous en déplaise! Съ вашего позволенія!
Qu'à cela *ne* tienne! Дѣло за тѣмъ не станетъ!
*N'*aille au bois qui craint les feuilles. Prov. — On *n'*oserait! ACAD. —
Je *n'*ai que faire à cela, это не мое дѣло.

3. Dans une proposition relative *négative,* qui se rattache à une proposition également *négative,* de manière que les deux propositions réunies offrent un sens affirmatif: (§ 71, 2.)

Il n'y a personne qui *ne* le sache, который не зналъ бы этого. (Tout le monde le sait).

Il ne dit pas un mot qui *ne* soit à propos, которое не было бы кстати.

Connaissez-vous un homme à qui on *ne* puisse reprocher quelque imprudence? (= On peut reprocher quelque imprudence à tous les hommes).

Il y a peu de grands hommes qui *n'*aient été ambitieux.

---

(1) Ces tournures sont des archaïsmes, c'est-à-dire des tournures de l'ancien français, où *ne* s'employait fréquemment sans complément négatif.

Vous ne direz rien que je *ne* puisse entendre. C. DELAVIGNE.

Il n'y a pas une de ces lettres dont je *ne* sache d'avance le contenu. A. DUMAS.

Mais on dira: Je ne vois personne qui le sache. Il ne dit pas un mot qui soit à propos, — parce que les deux propositions réunies offrent un sens négatif.

4. Après **que** interrogatif signifiant **pourquoi,** et exprimant un désir positif, ainsi qu'après **qui** dans la question oratoire:

*Que n'*êtes-vous arrivé plus tôt? Почему вы не пришли раньше?
Si vous avez froid, *que ne* mettez-vous votre manteau?
*Que n'*est-il à cent lieues d'ici! Ахъ, если-бы онъ былъ....
*Qui n'*a ses torts dans ce bas monde? C. DELAVIGNE.

5. Après **depuis que, il y a — que** et **voilà — que,** si le verbe est au passé et à un temps composé, et que le sens de la phrase soit négatif:

Il a bien vieilli depuis que je *ne* l'ai vu, съ того времени, какъ...
Il y a longtemps que tu *ne* t'es occupé de dessin. A. DUMAS.
Voilà six mois que je *n'*ai reçu de ses nouvelles.

Mais on dira, avec un verbe à un temps simple: Il y avait huit jours que je *ne* mangeais *pas.* Depuis que nous *ne* nous voyons *plus.*

6. Quand la négation est mise en rapport avec un circonstanciel de temps dont le sens est négatif:

Je *ne* l'ai vu *de toute la journée.* Я не видѣлъ его весь день.
Je *ne* sortirai *de trois jours.* Я три дня не...
Je *n'*ai vu *de ma vie* un tel homme. ACAD. Je *ne* lui pardonnerai *de la vie.* ACAD.

On dit de même: Je *n'*y ai trouvé âme vivante. ACAD.
Je *n'*en parlerai à âme qui vive. ACAD. Il *n'*y a mal quelconque.
Je *n'*y ai trouvé qui que ce soit.

7. Après certaines conjonctions, savoir:

a) **à moins que,** развѣ только, et **si,** dans le sens de *à moins que:*

Il n'en fera rien, à moins que vous *ne* lui parliez (развѣ только вы поговорите съ нимъ). Je ne sortirai pas, si vous *ne* venez me prendre en voiture (= à moins que vous ne veniez....). ACAD.

Mais on dira: Si ce *n'*est *pas* un bon livre, pourquoi le lisez-vous?

b) **non que,** не то чтобы не: *Non que je* NE *regrette de l'avoir mécontenté.*

c) **que,** mis pour *sans que, afin que* et *avant que:*

Il ne fait point de voyage qu'il *ne* lui arrive quelque malheur (= sans qu'il lui...). — Retirez-vous, qu'il *ne* vous maltraite (= afin qu'il ne vous maltraite pas). — Je n'irai point que tout *ne* soit prêt (= avant que tout soit prêt).

Obs. La plupart des auteurs emploient *avant que* et *sans que* sans jamais les faire suivre de *ne: Avant que Dieu eût donné l'être, rien ne l'avait que lui seul.* BOSSUET. *Eh! peut-on être heureux, sans qu'il en coûte rien?* LAFOSSE.

Cependant on trouve *sans que* suivi de *ne*: *Elle ne voyait aucun être souffrant, sans que son visage* N'*exprimât la peine qu'elle en ressentait.* B. DE ST. P. — On trouve *avant que* suivi de *ne*, lorsqu'il reste un doute sur la réalisation de l'action exprimée par le verbe qui suit. *Rentrons avant qu'on* NE *nous aperçoive. Fermez la cage avant que l'oiseau* NE *s'envole.* — Mais on dira: *Rentrons avant qu'il fasse nuit. Avant que l'oiseau ait des plumes,* — parce qu'il est certain que la nuit viendra, que l'oiseau aura des plumes.

8. Ne s'emploie seul dans le second membre d'une comparaison, quand ce second membre est une proposition complète, et que le premier est affirmatif. Il en est de même après les mots *autre*, *autrement* (*différemment*).

C'est encore plus vrai que vous *ne* le croyez. C. DELAVIGNE (§ 49, 4).
Je le souhaite plus que je *ne* l'espère. CORNEILLE.
On dompte la panthère plus qu'on *ne* l'apprivoise. BUFFON.
On se voit d'un autre œil qu'on *ne* voit son prochain. LA FONT.
Il est fait autrement que vous *ne* croyez. ACAD.

Mais on dira, le premier membre de la comparaison ayant un sens négatif:

Il n'est pas plus riche qu'on le dit. Elle n'a pas moins de fortune que je pensais. Je ne parle pas autrement que je pense.

Cependant on dira: *Il n'est pas plus raisonnable aujourd'hui qu'il* NE *l'était autrefois*, si l'on veut donner à entendre qu'autrefois il n'était pas raisonnable non plus.

9. Dans les propositions subordonnées après les verbes *empêcher*, препятствовать; *éviter*, избѣгать; *prendre garde*, *garder*, *se garder*, беречься, остерегаться, — que ces verbes soient affirmatifs ou négatifs:

J'empêche,
Evitez, } qu'on *ne* vous voie. BONIFACE.
Prenez garde, gardez,

Prends garde qu'on *ne* te voie. A. DUMAS. Empêchez qu'elle *ne* se mêle d'aucune affaire. VOLT. Caton, pour empêcher qu'on *n'*allât aux voix, parla toute une journée. P. MÉRIMÉE. — L'hiver ni les pluies n'empêchent pas qu'on *n'*y puisse aller comme en plein été. BOILEAU. Le vrai dévot, lorsqu'il fait l'aumône, prend garde qu'on *ne* le voie, et l'hypocrite, qu'on *ne* le voie *pas*. BONIFACE.

Obs. 1) Cependant des auteurs modernes suppriment *ne* après empêcher, surtout quand ce verbe est négatif: *Empêchez qu'il vous tende la main.* ARAGO. *Je n'empêche pas qu'il fasse ou qu'il* NE *fasse ce qu'il voudra.* ACAD.

2) Si *prendre garde* était mis pour *faire attention*, il serait suivi de l'indicatif, sans *ne*: *Prenez garde que je vous dis la vérité, que cet homme-là vous a trompé.*

10. Dans les propositions subordonnées après les verbes et les conjonctions qui expriment la *crainte*, lorsque le sens de la proposition principale est affirmatif: (§ 70, 2.)

> Je crains qu'il *ne* pleuve, я боюсь, не будетъ ли дождя.
> Il est à craindre que cette entreprise *n*'échoue.
> Vous avez bien peur que je *ne* change d'avis. MARIVAUX.
> Il doit appréhender que cette occasion *ne* lui échappe. LA BRUYÈRE.
> Il s'esquiva, de crainte qu'on *ne* le retînt de force.
> Veillez, de peur qu'on *ne* vous surprenne.

Si la proposition principale a un sens *négatif, ne* se supprime dans la proposition subordonnée.

> Je *ne* crains *pas* qu'il pleuve.
> Il *n*'est *pas* à craindre que cette entreprise échoue.

Le sens négatif de la proposition principale peut être exprimé par une interrogation, par la conjonction *si*, par le mot *peu* ou d'autres termes équivalents:

> Comment peut-on craindre qu'un homme aussi paisible se venge? — Peut-on craindre que la terre manque aux hommes? FÉN. — Je vous l'aurais défendu, si j'avais craint que vous le fissiez. (Je ne l'ai pas craint.) — Quand on est bien portant, on craint *peu*, (on craint moins, on vit *sans* craindre) que les excès incommodent. Je crains *peu* que cela arrive.

Si la proposition subordonnée est elle-même négative, elle demande *ne — pas:*

> Je crains qu'il *ne* pleuve *pas*. (= Je désire qu'il pleuve.)
> Il est à craindre qu'il *n*'arrive *pas* aujourd'hui (= что онъ не прійдетъ сегодня).

11. Dans les propositions subordonnées après les verbes *nier*, отрицать; *douter*, сомнѣваться; *contester*, оспаривать; *désespérer*, отчаяваться; *disconvenir*, не согласиться, — ainsi qu'après les verbes impersonnels *il s'en faut*, не достаетъ; — *il tient*, зависитъ, — lorsque la proposition principale est négative soit par le sens soit par la forme: (§ 70, 3).

> Je doute qu'il vienne. Я сомнѣваюсь, что онъ прійдетъ.
> Je *ne* doute *pas* qu'il *ne* vienne. Я не сомнѣваюсь, что онъ прійдетъ
> Il nie que cela soit. Il *ne* nie *pas* que cela *ne* soit.
> Je ne désespère pas qu'il *n*'en vienne à bout.
> Je ne disconviens pas qu'il *ne* soit plus habile que moi.

> Peu s'en fallut que le même accident *ne* lui arrivât (мало недоставало, чтобы встрѣтилось съ нимъ такое же несчастіе). B. DE ST. P. — Il ne tenait pas à Turenne qu'on *n*'oubliât ses victoires. MASCARON.

Le sens négatif peut de même s'exprimer par la forme interrogative, par un adverbe, ou par quelque autre expression équivalant à une négation:

Peut-on nier que la vertu *ne* soit préférable aux richesses? *C'est-à-dire:* On ne peut nier que... BONIFACE. Il tint à peu de chose que je *ne* lui fisse un affront. ACAD. A quoi tient-il que nous *ne* partions? ACAD.

Obs. 1. *Ne* se supprime quand la proposition subordonnée exprime un fait certain, positif: *L'homme vertueux ne doute point qu'il y ait un Dieu, à la vue de ses moissons.* B. DE ST. P.

2) Suivant l'Académie, l'emploi de *ne* est facultatif après les verbes *nier, contester, disconvenir,* employés négativement, et elle écrit: *Je* NE *nie (conteste, disconviens)* PAS *qu'il* N'*ait fait ou qu'il ait fait cela.* — *Je ne nie pas qu'il ait raison.* J. J. R. — Cependant la plupart des écrivains font usage de *ne*.

3) Après *ne pas douter*, on rencontre fréquemment, chez les auteurs modernes, l'indicatif sans *ne: Ne doutez pas que j'irai.* (§ 70, 3).

12. Il va sans dire que quand la proposition subordonnée qui dépend d'un verbe ou d'une expression exigeant la particule *ne*, est à l'infinitif, l'emploi de *ne* cesse d'avoir lieu. Il en est de même quand le verbe de la proposition est sous-entendu, ou qu'il est précédé d'une autre conjonction que la conjonction *que*:

a) Vous craignez *de sortir*. Je ne doute pas *de* le *convaincre*. J'évite d'*être* long, et je deviens obscur. BOILEAU. Prends garde *de tomber!* La pluie empêche *de sortir*.

b) Il est plus malheureux que coupable, — pour: qu'il *n*'est coupable.

c) Il tremble *quand* il nous voit.

§ 94. PLACE DES NÉGATIONS.

1. La particule **ne** se place toujours avant le verbe:

Je *ne* marche pas. Tu *ne* t'es pas arrêté.
Ne marches-tu pas? *Ne* t'es-tu pas arrêté?

2. Les compléments négatifs *pas, point, guère, plus,* se placent toujours après le verbe, et dans les temps composés de la conjugaison, ils se placent entre le verbe auxiliaire et le participe passé.

Vous *ne* connaissez *pas* celui dont vous parlez! MOLIÈRE. Et ce *n*'est *point* ainsi que parle la nature. MOL. *Ne* parlons *plus* de cette affaire. Je *ne* l'ai *pas* revu depuis. Elle *n*'a *pas* été heureuse.

3. Construits avec l'infinitif, *pas, point, rien* et *jamais*, se placent d'ordinaire immédiatement après *ne*:

Ne pas répondre serait une impolitesse. — Auras-tu donc toujours des yeux pour *ne point* voir! RACINE. Elle fait signe à Létorières de *ne rien* dire. BAYARD. Quand serez-vous assez sage pour *ne jamais* parler par vanité? FÉN. ...

NE *répondre* PAS, NE *voir* POINT, etc., est d'un emploi beaucoup plus rare: *Je voudrais, disiez-vous,* NE *savoir* PAS *écrire.* RACINE.

Obs. Plusieurs conjonctions et adverbes, tels que *cependant, pourtant, sûrement, certainement, probablement, presque, peut-être, seulement,* peuvent, s'ils sont étroitement liés avec la négation, être placés avec elle après le verbe auxiliaire ; *Il ne l'a* PEUT-ÊTRE *pas rencontrée. Ma sœur n'aura* PROBABLEMENT *pas reçu ma lettre.*

4. Les pronoms indéfinis tels que *personne*, *rien*, *aucun*, *nul*, *pas un*, etc., employés comme compléments négatifs, se mettent avant le verbe quand ils figurent comme *sujets*, et après le verbe quand ils figurent comme *régimes*. Dans les formes composées du verbe, ils se placent *après* le participe, à l'exception de *rien*, qui, comme *pas* et *point*, se met entre l'auxiliaire et le participe, quand il est employé comme *régime direct* :

*Personne n'*est venu me voir. L'égoïste *n'*aime *personne*. Je *n'*ai trouvé *personne*. Il *n'*a parlé *à personne*. Il *n'*est fâché contre *personne*. — Quoi ! *pas une* voix *ne* répond ! M. DESBORDES-VALMORE. — Il *n'*a pensé *à rien*. — Il *n'*a *rien* vu. Il *n'*a *rien* dit qui puisse vous compromettre.

Jamais peut de même commencer la phrase : JAMAIS *je* NE *reverrai ma patrie.*

102.

On ne peut douter, dit Bernardin de St-Pierre, que les pôles ne soient couverts d'une coupole de glace. — Il n'y a si bonne compagnie qui ne se quitte. (PROV.) — Il n'est pas causeur ; il paye et ne dit mot. H. BALZAC. — Ce sont des mystères où les hommes ne voient goutte. MOLIÈRE. — Ne puis-je point trouver quelque invention pour me venger ? MOL. — Personne ne conservait assez de présence d'esprit, ni pour ordonner les manœuvres ni pour les faire. FÉNELON. Je levai les yeux, et jamais je n'oublierai le spectacle que je vis. MÉRIMÉE. — Je me couchai, mais je ne pus dormir. MÉR. — Je fermai les yeux, espérant ne pas les ouvrir avant le jour. MÉR. — La grande religion des rentiers est de ne rien avoir à autrui, de ne rien devoir. H. BALZAC. — L'humanité est la première des vertus. On ne peut être juste, si on n'est humain. VAUVENARGUES. — A ce prix-là, j'aime mieux ne pas la regarder. SCRIBE. — Point d'oiseaux, point de laboureurs, point de mugissements de troupeaux, point de villages, dit Chateaubriand, en parlant de la campagne de Rome. — Rien de sinistre et de formidable comme cette côte de Brest ; c'est la limite extrême, la pointe, la proue [1] de l'ancien monde. MICHELET. — Cela n'empêche pas qu'il ne soit fort malade. MOLIÈRE. — Ci-gît Piron, qui ne fut rien, pas même académicien. PIRON. — Les plus vaillants hommes de l'antiquité songèrent-ils jamais à venger leurs injures personnelles par des combats particuliers [2] ? J. J. R. — Plus je rentre en moi, plus je me consulte, et plus je lis ces mots écrits dans mon âme : Sois juste et tu seras heureux. J. J. R. — Pour les cœurs corrompus, l'amitié n'est point faite. VOLT. — Peu s'en fallut que je ne me crusse parent du duc de Lerme. LESAGE. — Peu s'en fallut que nous ne touchassions sur un rocher à droite de la passe [3]. B. de St.-P. — Vous ne sauriez disconvenir que ce remède ne soit meilleur que tous les autres. Me DE SÉV. — Cela nous fait peur, rien que d'y penser. Le hasard sert souvent les hommes mieux qu'ils ne le désirent. — Tu es plus riche que tu ne veux le paraître. SOUVESTRE.

1 носъ корабля; 2 единоборство, поединокъ, дуэль; 3 проходъ, фарватеръ.

103.

Нашъ загородный домъ простъ и невеликъ, но мнѣ нравится здѣсь; чего желать (condit.) мнѣ болѣе? Онъ лежитъ у подошвы веселаго холма; кругомъ зеленые луга; вблизи маленькое озеро, и его берега, вокругъ которыхъ зеленѣютъ виноградники, поля и лѣса, представляютъ глазамъ нашимъ живописный видъ[1]. Домъ малъ, но чистенькій; нѣтъ въ немъ великолѣпныхъ палатъ, но я наслаждаюсь здѣсь довольствомъ и спокойствіемъ, которыхъ я давно уже напрасно искалъ внѣ [стѣнъ его]. — Никогда не находили Кювье празднымъ; никогда не оставлялъ онъ ума своего въ покоѣ; онъ отдыхалъ только, измѣняя (gér.) предметъ своихъ занятій. — Мы очень рано сѣли въ Петербургѣ на пароходъ, и довольно рано вечеромъ прибыли въ Ревель. На берегу ожидалъ насъ двоюродный братъ, чтобы показать намъ достопримѣчательности[2] этого красиваго, но нѣсколько стараго города. Въ немъ очень узкія улицы и нѣсколько очень красивыхъ зданій. Мы предпринимали нѣсколько поѣздокъ[3] по окрестностямъ. Такъ прошли дни нашихъ каникулъ. — Я не сомнѣваюсь, что вы знаете французскаго поэта Ламартина. — Я опасаюсь, что пароходъ уже отошелъ, когда мы пріѣдемъ. — Вы не находите, что нашъ городъ сдѣлался красивѣе (I. P. §§ 51, 9) съ того времени, какъ вы не были здѣсь? — Если вы не идете гулять, я также не пойду; я пошелъ бы только для того, чтобы сопровождать васъ. — Еще бы немного (peu s'en fallut), и нашъ корабль разбился[4] бы о (contre) подводный камень[5]. — Корабль не шелъ болѣе; онъ вдругъ остановился. — Въ моей библіотекѣ нѣтъ ни одной книги, которой бы я не читалъ. — Ни одинъ физикъ не сомнѣвается теперь, что море покрывало большую часть населенной земли.

1 vue, aspect; 2 les curiosités; 3 excursion; 4 briser; 5 un écueil.

104.

Нѣтъ ничего кратковременнѣе (de courte durée), какъ красота; нѣтъ ничего грустнѣе, какъ старость женщинъ, которыя ничего болѣе не понимали[1], какъ только блистать своею красотою. — Арно, знаменитый богословъ семнадцатаго столѣтія, отвѣчалъ тѣмъ, которые хотѣли уговорить его успокоиться отъ трудовъ: развѣ я не буду цѣлую вѣчность наслаждаться покоемъ? — Нѣтъ сомнѣнія, что хорошо поощрять [учениковъ] наградами (distribuer des prix); но лучше совсѣмъ не давать (наградъ), нежели расточать ихъ безъ мѣры (prodiguer). — Дышали-ли вы когда-нибудь свѣжимъ воздухомъ въ своихъ огромныхъ и великолѣпныхъ палатахъ? — Лебедь умѣетъ бороться и побѣждать, никогда не нападая. — Эти мальчики не работаютъ; они цѣлый день только играютъ и бѣгаютъ. — Мы думали, что эти слова произведутъ на него глубокое впечатлѣніе, между тѣмъ онъ только смѣялся. — Только онъ можетъ сопровождать васъ. — Только твоя сестра въ состояніи сказать намъ, гдѣ можно найти эти цвѣты. — Страхъ сдѣлаться смѣшнымъ подавляетъ [2] болѣе талантовъ и добродѣтелей, нежели исправляетъ [3] ошибокъ. — Человѣкъ, который продаетъ себя, всегда продаетъ себя дороже, чѣмъ дѣйствительно стоитъ. — Отчего не говорите вы ни слова? отчего вы ни слова не отвѣчаете на мои вопросы? я не знаю, что мнѣ думать [4] о такомъ обращеніи (conduite). — Можетъ-ли быть (cond.), чтобы потомокъ [5] скифовъ лучше зналъ состояніе древней Греціи, чѣмъ знаетъ его сынъ новой Греціи [6]? — Да, свѣтъ наукъ послѣдовательно (successivement) просвѣщаетъ всѣ народы. — Развѣ мірскія удовольствія (joies) не обманчивы? развѣ они не обѣщаютъ болѣе, чѣмъ даютъ? — Обыкновенно менѣе опасаются, чѣмъ надѣются. — Никогда не нападали на Вольтера, чтобы послѣ не сожалѣть (se repentir) о томъ; потому что никто не умѣлъ такъ владѣть опаснымъ оружіемъ насмѣшки [7] и шутки [8], какъ онъ.

1 savoir; 2 étouffer qch.; 3 corriger qch.; 4 croire, penser; 5 descendant; 6 Grec moderne; 7 le ridicule. 8 raillerie;

105.

Критонъ спросилъ Сократа, какъ хочетъ (imp.) онъ быть погребенъ [1]. Сократъ (= тотъ) отвѣчалъ: какъ вамъ будетъ угодно. — Уже болѣе полугода не слыхалъ я о немъ. — Онъ не перестаетъ утруждать (importuner) меня разными вопросами. — Руссо опасался, что его не оставятъ въ покоѣ и на маленькомъ островѣ, какъ дѣлали это въ Иверденѣ, гдѣ онъ былъ подверженъ безчисленнымъ сплетнямъ [2]. — Будете-ли вы счастливѣе въ этомъ высокомъ положеніи, какъ когда (lorsque) жили въ неизвѣстности? Никогда, не надѣйтесь на это; я не смѣю ничего болѣе говорить объ этомъ (en), но я очень опасаюсь, что вы не будете счастливѣе тѣхъ, которые предшествовали вамъ и также нашли однѣ лишь заботы [3]. — Отчего говорите вы совершенно иначе, нежели какъ пишете? развѣ вы не опасаетесь, что вамъ не будутъ довѣрять [4]? — [Еще] нѣтъ такой неблагодарной земли, изъ которой нельзя бы было извлечь никакой пользы. — Въ нашемъ саду нѣтъ ни одного дерева, которое не посадилъ бы мой отецъ самъ. — Мало людей, которые не обманывались [5] бы въ (sur) своихъ заслугахъ. — Есть-ли на (dans) свѣтѣ хотя одинъ счастливецъ, который не страдалъ бы иногда? Ни одного. — Нельзя отрицать, что внѣшнія обстоятельства имѣютъ большое вліяніе на счастіе. — Ганнибалъ рѣшился перейти черезъ Альпы [6], прежде чѣмъ зима сдѣлаетъ ихъ недоступными [7]. — Васко-де-Гама обогнулъ [8] мысъ (de) Доброй Надежды, прежде чѣмъ Колумбъ открылъ Америку. — Съ того времени, какъ я васъ не видѣлъ, обстоятельства [9] совершенно измѣнились, и если какой нибудь неожиданный случай не выведетъ насъ изъ затрудненія, я не знаю, какъ приведемъ мы въ исполненіе это огромное предпріятіе.

1 enterrer; 2 les tracasseries; 3 le souci; 4 se défier de; 5 se faire illusion; 6 passer les Alpes; 7 impraticable; 8 doubler un cap; 9 les circonstances.

106.

Ифигенія (говоритъ) своему отцу.

О, мой родитель! если бы я (que ne) имѣла краснорѣчіе Орфея, если бы я могла склонять¹ сердца по моему произволу²! Но у меня нѣтъ другаго искусства, кромѣ слезъ. Не лишайте меня дневнаго свѣта прежде времени, во (à) цвѣтѣ лѣтъ моихъ! Мнѣ такъ сладко наслаждаться имъ! Не низвергайте меня въ царство мрака (§ 33, II). Развѣ я не Ифигенія? развѣ не я первая назвала васъ нѣжнымъ именемъ отца? Я страшусь, что вы забыли эти сладкія воспоминанія. Когда-то вы сказали: о, дочь моя! если-бы посѣтила меня когда-нибудь радость (avoir la joie) видѣть тебя въ домѣ добродѣтельнаго супруга, видѣть тебя счастливѣе, чѣмъ могутъ надѣяться быть смертные! и я отвѣчала: о, мой родитель! если бы мнѣ было дозволено когда-нибудь принять васъ въ моемъ дворцѣ и вознаградить васъ за (de) всѣ заботы, которыя вы оказывали мнѣ во время моей юности! Невозможно, чтобы вы не помнили объ этой бесѣдѣ³; нѣтъ, я не боюсь, чтобы вы когда-либо забыли о ней, и все-же вы хотите дозволить, чтобы я умерла! Нѣтъ, мой родитель, я не перестану умолять⁴ васъ именемъ⁵ Пелопса и моей матери: обѣщайте не приносить такой ужасной жертвы⁶; воспрепятствуйте дерзкому жрецу наложить свою убійственную руку на (sur) вашу невинную дочь.

1 fléchir les cœurs; 2 à mon gré; 3 entretien; 4 supplier, implorer qn.; 5 au nom de; 6 sacrifice.

CHAPITRE X.

§ 95. PRÉPOSITION. (I P. § 62).

1. De, отъ, изъ; à, къ, въ, на.

A ce qui a été dit précédemment sur l'emploi de ces prépositions, nous ajouterons les observations suivantes:

1. **De** marque un *point de départ*, une *direction* à la question *d'où?* откуда?

Il vient *de* Moscou, онъ пріѣхалъ изъ Москвы. Il est *de* Moscou, natif *de* Moscou, онъ (родомъ) изъ Москвы. Cette lettre est datée *de* Moscou, писано изъ Москвы.

2. **De** sert aussi à former un circonstanciel de *temps*:

Nous partîmes *de* grand matin, *de* bonne heure, *de* jour, *de* nuit, мы отправились рано утромъ, днемъ, ночью. — De même encore: *De* mon temps, въ мое время; *du* temps d'Auguste, во время Августа; *de* son vivant, во время его жизни (§ 86, 6). *De* mémoire d'homme, сколько помнятъ люди. — De même encore avec une négation (§ 93, 6): *De ma vie je n'ai vu chose pareille*, я въ жизни моей не видалъ ничего подобнаго.

3. **De** sert aussi à former un circonstanciel de *quantité*, à la question *de combien?* сколькимъ, на сколько?

Il est plus grand que moi *de* la tête, онъ выше меня головою. Il est *de* deux ans plus jeune que moi. Il s'en faut *de* trois francs que la somme y soit, не достаетъ трехъ франковъ. Il s'en faut *de* beaucoup (*ou*: il s'en faut beaucoup), многаго не достаетъ.

La bataille *de* Leipzig, битва при Лейпцигѣ.

4. Après les verbes *puiser*, черпать; *prendre, boire, manger, fumer*, etc., on emploie la préposition *dans* et non *de*: *Boire* DANS *le creux de sa main*, DANS *un verre*, *пить изъ горсти, изъ стакана. J'ai pris cette orange* DANS *la corbeille, изъ корзины.* — Il va sans dire que s'il s'agit de répondre simplement à la question *où?* on dira: *Boire à la source*, à *la fontaine*. *Puiser* à *la rivière*, AU *courant de l'eau.*

A, къ, въ, на, exprime le *repos* ou la *direction*, à la question *où?* гдѣ? куда? *Il demeure* à *Moscou, онъ живетъ въ Москвѣ. Il va à Moscou, онъ ѣдетъ въ Москву.* — *Il est* à *l'église, il va* à *l'église.*

N.-B. La langue française emploie les mêmes prépositions en réponse aux questions гдѣ? куда?

De et **à** expriment un grand nombre d'autres rapports, qui seront indiqués plus bas.

2. Dans, en, à, въ, къ, на.

A. Signification *locale* (exprimant un circonstanciel de lieu).

Въ, en réponse à la question *où?* гдѣ? куда? — se traduit par **dans**, **en** et **à**.

1. **Dans** désigne un lieu *limité*, *circonscrit*; il marque un rapport du dedans au dehors; il indique un état transitoire, accidentel, momentané:

Dans une cassette, въ шкатулкѣ; *dans* une boîte, въ ящикѣ; il est *dans* sa chambre, въ своей комнатѣ. — On dit de même: *Dans* la rue, на улицѣ; *dans* une île, на островѣ, parce que la *rue* est considérée comme un espace enfermé par les maisons, et que l'île est circonscrite par la mer. Mais on dira: *Sur* la route, на дорогѣ.

De même à la question куда? — *Mets cela* DANS *une boîte, въ ящикъ*; *va* DANS *la rue*, DANS *cette île, etc.*

2) **En** est moins précis que **dans**, et ne rappelle aucune idée de bornes ou de limites; ce mot ne s'emploie guère qu'avec des substantifs pris dans un sens général et employés sans déterminatifs:

Demeurer *en* province, жить въ провинціи (не въ столицѣ), par opposition à: Demeurer *dans* la capitale. Mais on dira: Demeurer *dans* cette province, *dans* une province éloignée, — à cause des déterminatifs qui précisent le sens du mot *province*.

De même: Aller *en* voiture, *en* calèche, *en* traîneau, *en* bateau, *en* chemin de fer, ѣздить въ каретѣ, по желѣзной дорогѣ... Mais : J'ai oublié ma canne *dans* la voiture, *dans* la calèche, *dans* le bateau, *dans* le traîneau, въ каретѣ, на лодкѣ, etc. Se promener *en* manteau, *en* pelisse, *en* paletot. — De même encore : Loger *en* chambre garnie, loger *dans* une chambre froide. Il entra *en* colère, приходить въ гнѣвъ. Il entra *dans* une grande colère. Vivre *en* pays étranger, vivre *dans* un pays étranger, *dans* un beau pays. Mettre un enfant *en* pension. Il est *dans* la même pension que son frère.

Obs. En sert ainsi à former un grand nombre de locutions équivalant à un adjectif, ou formant un circonstanciel de *manière*. *Un vase* EN *porcelaine*, *une table* EN *marbre*. *Un ouvrier* EN *soie*, работникъ на шелковой фабрикѣ. *Un docteur* EN *médecine*, EN *droit*. *Un peintre* EN *miniature*. *Il a vécu* EN (какъ) *honnête homme*, EN (какъ) *bon chrétien*. *Il a parlé* EN *maître*, какъ господинъ. *Ecrire* EN *français*, писать, по французски. *On l'a traité* EN *enfant*, какъ съ ребенкомъ. *Prendre une chose* EN *bonne ou* EN *mauvaise part*. — *S'élever* EN *pyramide*. *Voyager* EN *poste*.

3. A désigne le lieu en y ajoutant une idée accessoire de *destination*, de *but*, sans égard à l'idée de limitation, d'intériorité :

Il est, il va *au* bal, *au* spectacle, онъ на балу, онъ ѣдетъ на балъ ; въ театръ, — (трѣ). — Il va *à* la chasse, онъ ѣдетъ на охоту ; il est *à* la chasse, онъ на охотѣ. Il y avait beaucoup de monde *à* ce concert, въ этомъ концертѣ. — Je l'ai trouvé *au* lit, въ постели. J'étais *à* la fenêtre, я стоялъ у окна. Le jardinier est *au* jardin, le cuisinier *à* la cuisine. Le vin est *à* la cave.

Ainsi: Être *dans* l'école signifie, быть въ зданіи училища ; être *à* l'école, находиться въ училищѣ (учиться) ; aller *à* l'école, ходить въ училище, — pour assister aux leçons. Être *dans* l'église, быть въ церкви (зданіи) ; être *à* l'église, — pour y assister au service divin.

Être *en* ville, c'est être hors de chez soi, n'être pas à la maison ; être *dans* la ville, c'est n'être pas hors de la ville ; être *à* la ville, n'être pas à la campagne.

Les hommes pieux vont chaque dimanche *à* l'église. Le voleur était caché *dans* l'église. Pauvre et malade, il me fallut entrer *à* l'hôpital. Il y a quarante chambres *dans* l'hôpital. Ses enfants sont *à* l'école. On logea des soldats *dans* l'école. Mes occupations me forcent de passer la belle saison *à* la ville. Vous verrez *dans* la ville des palais et des chaumières, des théâtres et des hôpitaux. Votre pèreэest-il *à* la maison ? Non, il dîne aujourd'hui *en* ville.

On dit de même : *A* la campagne, par opposition à la locution *à* la ville ; *dans* la campagne par opposition à *dans* la ville. Être *en* campagne, c'est être en marche, en mouvement pour affaires, voyager : Allons passer l'été *à* la campagne. Courez un peu *dans* la campagne (по полямъ и лутамъ). L'armée est *en* campagne, въ походѣ. Ce marchand est toujours *en* campagne.

Obs. 1. *En* ne se trouve guère que devant l'article élidé, et cela seulement dans les quatre expressions suivantes : *En l'air*, въ воздухѣ, вверху; *en l'honneur*, въ честь; *en l'absence*, въ отсутствіе; *en l'an*, въ году. — Cependant on dit très bien : *En ce siècle, en ma vie.*

2) On dira sans article : EN *France*, EN *Russie*, EN *Asie*, etc.; mais : DANS *la France méridionale*, DANS *la Russie du Nord*, DANS *l'Asie mineure*, à cause du déterminatif. — On dit de même : *Être* EN *vie*, при жизни; *être* EN *état*, быть въ состояніи; mais : DANS *la vie*, въ жизни; DANS *le triste état où je suis.*

3) Devant les noms de ville, on emploie *à* : A *Paris*, à *Londres*, à *Moscou*, à *Berlin*, AU *Havre*, à *la Mecque*, AU *Caire*, à *la Nouvelle-Orléans*. Mais on dira : *Les alliés étaient* DANS *Paris*. *On le chercha* DANS *tout Berlin*. *Rome n'est plus* DANS *Rome, elle est toute où je suis.* CORNEILLE.

4) Devant les noms de *pays* et d'*îles* qui ne s'emploient jamais sans l'article défini, la préposition *en* doit être remplacée par *à* : *Au Brésil, au Pérou, au Mexique, aux États-Unis, au Japon, au Thibet, au Bengale, aux Indes, à la Jamaïque, à la Martinique, aux Antilles, aux Philippines, aux Açores*, etc.

5) On emploie *à* devant les noms des îles qui renferment une ville du même nom : *A Corfou, à Candie, à Rhodes, à St-Domingue*; de même : *à Ste-Hélène, à Malte, à Madagascar*, etc.

6) On emploie *en* avec le nom d'un certain nombre d'îles assez considérables pour être envisagées comme *pays* : *En Sicile, en Sardaigne, en Corse, en Irlande*. — Mais on dira : DANS *la belle Sicile*, DANS *la verte Irlande*, etc.

7) Dans le doute, on peut éviter la difficulté en disant : *Dans l'île, à l'île, dans les îles, aux îles* : *Dans l'île* DE *Ceylan, dans l'île d'Oesel, dans les îles de la Sonde.* — L'usage varie du reste dans un assez grand nombre de cas.

8) *A* sert encore à marquer la distance : *Il y a trois cents lieues de Bruxelles à Vienne.* *A cent pas d'ici*, на сто шаговъ отсюда. *Nous n'étions qu'à cent pas du rivage*, мы были только во ста шагахъ отъ берега.

9) Quoiqu'on dise : *Faire un voyage* EN *Italie*, EN *Russie*, EN *Crimée, à Odessa, à Berlin*, etc., on dit cependant : *Le voyage* D'*Italie*, DE *Russie*, DE *Crimée*, D'*Odessa*, путешествіе въ Италію, въ Одессу, etc. — On dit de même : *La route* DE *Moscou*, *le chemin de fer* DE *Moscou*, дорога въ Москву; *le chemin* DE *la ville*, дорога въ городъ. Remarquez encore qu'on dit : UN *séjour* à, et LE *séjour* DE : *Je fis un séjour à Moscou, qui me plut fort. Le séjour* DE *Moscou est agréable.*

B. Signification de *temps*.

1. **En** répond à la question : **En** *combien de temps?* во сколько времени? et marque le temps qu'on met à faire quelque chose :

Dieu créa le monde *en* six jours, въ шесть дней. — Je ferai ce voyage *en* trois jours; c'est-à-dire : Il me faudra trois jours pour faire ce voyage.

2. **Dans** répond à la question *quand?* когда? et désigne l'époque où une chose sera terminée :

Il n'arrivera que *dans* six jours, только черезъ шесть дней. Je me mettrai en voyage *dans* trois jours, черезъ три дня, *au bout de* trois jours.

De même : Il fit cela *en* un instant. Je reviens *dans* un instant. Il arrivera *dans* peu de temps (sous peu), *dans* une heure, *dans* quinze jours. J'ai lu ce livre *en* deux jours.

On dit cependant : D'aujourd'hui *en* quinze, *en* huit jours, черезъ двѣ недѣли, черезъ недѣлю.

Dans marque simplement aussi l'époque, à la question *quand?* *Dans* la même année, *dans* ma jeunesse, *dans* son enfance. *Dans* l'hiver qui suivit mon départ.

3. **A désigne simplement l'époque sans aucune idée accessoire :**

A onze heures, въ одиннадцать часовъ ; *à* midi, въ полдень ; *à* la fin, *au* commencement de l'année, въ концѣ, въ началѣ года. — *A* son arrivée, по своемъ пріѣздѣ ; *à* ces mots, при этихъ словахъ ; *à* cet aspect, при этомъ видѣ. Il mourut *à* quarante ans.

A indique également un intervalle : *A* trois jours de là je le rencontrai, черезъ три дня. *A* vingt jours de date, черезъ двадцать дней послѣ срока.

Obs. On dit : 1) EN *temps de paix*, EN *temps de guerre* ; 2) EN *novembre*, AU *mois de novembre* ; EN *juillet*, AU *mois de juillet*, etc. ; 3) EN *hiver*, зимою ; EN *été*, EN *automne* ; mais AU *printemps* ; — aussi *dans* : *Dans le printemps de la vie.* 4) Sur l'expression въ году, voir § I P. 17, 5.

C. **En** sert aussi à former un grand nombre de locutions exprimant le *mode*, la *manière* : *Venir* EN SECRET, EN *toute hâte*, *тайно*, *поспѣшно*.

3. Chez, y ; près de, auprès de, близъ, возлѣ.

1. **Chez, y, къ,** signifie *dans la maison*, *au logis*, *dans la patrie*, дома, домой, et ne peut s'employer qu'en parlant de personnes :

J'ai été *chez* lui, я былъ у него, въ его квартирѣ.
Je vais *chez* lui, я иду къ нему, въ его квартиру.
Avoir un *chez soi*, имѣть свою квартиру.

A la question *d'où?* on dit : Je viens *de chez* votre oncle, я возвращаюсь отъ вашего дяди. Je viens *de chez* vous, я возвращаюсь отъ васъ, изъ вашего дома.

Dans un sens métaphorique, la préposition *chez* s'emploie aussi en parlant de peuples, de nations, d'auteurs et d'objets personnifiés, au lieu de *dans*, *en* : *La condition des comédiens était infâme* CHEZ *les Romains et honorable* CHEZ *les Grecs.* LA BRUYÈRE. CHEZ *les animaux, l'instinct remplace l'intelligence.* *Cela se trouve* CHEZ *tel et tel auteur.* CHEZ *ces personnes, tout est artifice.*

2. **Près de,** близъ, **indique la proximité de lieu et de temps :**

Venez plus *près de* moi, подойдите ближе ко мнѣ. Il demeure *près de* l'église, близъ церкви. Nous voilà bien *près du* temps de la moisson. J'ai passé *près de* deux heures à ce travail.

A deux près signifie исключая двухъ. *A peu près*, почти. *A beaucoup près*, много не достаетъ.

Obs. Dans le langage familier, *près* s'emploie aussi sans *de* : *Ambassadeur* PRÈS *la cour d'Espagne.* PRÈS *la fontaine.* Il en est de même pour *vis-à-vis* : *Ma maison est vis-à-vis* DE *la sienne* ou *vis-à-vis la sienne.*

3. **Auprès de,** возлѣ, exprime généralement un plus grand rapport de proximité :

Sa maison est *près* de la mienne, близъ.
Sa maison est *auprès de* la mienne (tout à côté), возлѣ.

Auprès de réveille aussi une idée de *sentiment*, d'*assiduité;* il exprime en outre une *comparaison* :

Je ne suis heureux qu'*auprès de* vous, возлѣ (у) васъ. Il ne restait que cinq hommes *auprès du* roi (pour le défendre). Ce malade a *auprès de* lui un médecin très habile. — La terre n'est qu'un point *auprès* (въ сравненіи) *du* reste de l'univers.

Obs. *Au prix de* exprime aussi une comparaison, avec cette différence qu'il indique que la comparaison porte sur la valeur. *Cette bague n'est rien* AU PRIX DE *ce collier*, ничего не стоитъ въ сравненіи...

4. Sur, dans, à, на, въ.

1. *На* se rend ordinairement par *sur*, le contraire de *sous* :

Sur un arbre, *sur* la table. S'asseoir *sur* une chaise, сѣсть на стулъ. Grimper *sur* un arbre. Le château est *sur* une colline. — *Sur* terre, *sur* mer, на сушѣ, на морѣ. Ces fenêtres donnent *sur* la rue, *sur* le jardin, эти окна выходятъ на улицу, въ садъ. — Un oiseau plane *sur* la rivière, паритъ надъ рѣкою. Régner *sur* un peuple, править народомъ, царствовать надъ. St-Pétersbourg est situé *sur* la Néva, при Невѣ. Francfort-*sur*-le-Main, Francfort-*sur*-l'Oder, на Майнѣ, на Одерѣ. Châlons-*sur*-Marne. — Les villes qui sont situées *sur* le Volga.

De même encore : Écrire *sur* l'astronomie, о, объ. Il est très fort *sur* l'histoire, *sur* le latin, *sur* la musique, *sur* le piano. Un pont de cent pied de hauteur *sur* trente de largeur. — *Sur* (vers) les cinq heures, около.

2. *Au-dessus de*, выше, надъ : Au-dessus du genou, выше колѣнъ. Le tonnerre gronde au-dessus de nos têtes. Le thermomètre est à quinze degrés au-dessus de zéro, выше нуля. Au-dessus de la porte étaient écrits ces mots, надъ дверьми. — *Par-dessus* : Il sauta par-dessus la muraille, черезъ.

3. На островѣ, на улицѣ, на поляхъ, se traduit par : *Dans* une île, *dans* la rue, *dans* les champs. Mais : *Sur* la route, на дорогѣ.

4. Avoir de l'argent *sur soi*, имѣть деньги при себѣ, въ карманѣ. Avoir de l'argent *chez soi*, дома, dans sa maison.

5. Tomber *à* terre, падать, tomber d'en haut vers la terre ; tomber *par* terre, упасть : Un arbre tombe *par* terre, ses fruits tombent *à* terre. Cet enfant est tombé *par terre.* — Voilà un livre *par terre*, на землѣ, на полу.

6. На этой сторонѣ, на эту сторону, se traduit par *de ce côté (ci)* : Il passa *de* l'autre côté, онъ перешелъ на другую сторону. Mettez-vous *de* l'autre côté de la table. Venez *de* ce côté-ci, перейдите на эту сторону. Sa maison est *de* l'autre côté du fleuve. *De* ce côté-ci, *de* l'autre côté des Alpes.

5. Sous, entre, parmi, подъ, между.

1. **Sous,** подъ, est l'opposé de *sur*:

Être assis, s'asseoir *sous* un arbre, подъ деревомъ, подъ дерево. *Sous* la table. Je ne suis pas *sous* son autorité, подъ его властію. *Sous* le règne de Pierre le Grand. *Sous* prétexte, подъ предлогомъ.

Au-dessous de, подъ, ниже: Au-dessous du genou, подъ колѣномъ. Être logé au-dessous de quelqu'un, жить подъ кѣмъ-нибудь. Le thermomètre est au-dessous de zéro, ниже нуля.

Par dessous: On le prit par dessous les bras.

2. **Entre,** между. — Ce mot s'emploie quand il est question de deux objets, de deux groupes d'objets, ou d'un nombre plus ou moins grand d'objets déterminés:

Mettez-vous *entre* nous deux, между нами. *Entre* deux vrais amis tout est commun, между двумя истинными друзьями. Il y a discorde *entre* eux, между ними. Entre autres, между прочимъ. *Entre* nous soit dit, сказать между нами. *Entre* toutes ces étoffes le choix est difficile. — *De* peut s'employer pour *entre*: *De* tous ces messieurs, celui-là est le seul que je connaisse.

D'entre indique la séparation, l'exclusion: On l'arracha d'entre mes bras, изъ моихъ рукъ. L'un d'entre eux s'écria, одинъ изъ нихъ закричалъ.

3. **Parmi,** между, ne s'emploie que devant un collectif ou un pluriel indéterminé:

Parmi la foule, между толпою, въ толпѣ. Parmi les arbres de la forêt, между деревьями лѣса. Parmi les gens du peuple. — La lettre fut trouvée *parmi* ses papiers.

Il fut trouvé *entre* les morts signifie donc: au nombre des morts; et: Il fut trouvé *parmi* les morts — veut dire qu'on le trouva *vivant* encore, parmi les morts.

6. Avant, devant, предъ.

Avant désigne le *temps* et le *rang*; il a pour contraire *après*; *devant* désigne le *lieu*, son contraire est *derrière*:

a) *Avant* le déluge, *après* le déluge, предъ потопомъ, до, послѣ потопа. *Avant* le jour, до разсвѣта, предъ разсвѣтомъ; *avant* midi, предъ полуднемъ.

b) Mettez cet écran *devant* la cheminée, предъ каминомъ. Regarder *devant* soi, *derrière* soi, глядѣть впередъ, назадъ. Se promener *devant* la maison, *devant* chez soi. — Devant le juge.

Ainsi: *Parlez avant moi* signifie: Parlez avant que je parle moi-même, et *Parlez devant moi*, parlez en ma présence.

On dit avec *de*: *De devant*, *de derrière*: Otez-vous *de devant* moi, не заслоняйте мнѣ свѣта. — Ces cris venaient *de derrière* la maison.

Obs. Quand il s'agit d'un espace de temps déterminé, on emploie *il y a* (тому назадъ) pour le passé, et *avant* pour le futur: *Il est parti* IL Y A *quinze jours. Il reviendra* AVANT *deux mois,* AVANT *la fin du mois.*

7. Vers, envers, contre, противъ, къ, около.

1. **Vers,** къ, около, s'emploie en parlant du lieu et du temps, et indique une *direction* ou une époque approximative:

Il se dirigea *vers* le nord, къ сѣверу. Tournez-vous *vers* moi, ко мнѣ. Venez *vers* moi. Levez les yeux *vers* le ciel, къ небу. *Vers* les six heures, около шести часовъ. — *Vers* le milieu du 18ᵉ siècle.

2. **Envers** indique la direction au sens figuré, et signifie *à l'égard de*:

Il est affable *envers* tout le monde, любезенъ со всѣми. Charitable *envers* les pauvres, къ бѣднымъ. Ingrat *envers* son bienfaiteur.

3. **Contre** présente toujours quelque chose d'hostile:

Sa haine *contre* moi n'a pas de bornes, его гнѣвъ противъ меня. Marchons *contre* l'ennemi! идти противъ, на врага. Il est fâché *contre* moi, онъ сердитъ на меня. Se battre *contre (avec)* quelqu'un. C'est *contre* mes principes.

Mais on dira: Son amitié *pour* moi, *envers* moi. Son amitié pour moi le rend ingénieux. RACINE.

Contre exprime aussi *l'échange*: J'ai changé mon cheval bai *contre* un cheval alezan; — *la juxtaposition*: Il s'appuya *contre* un mur, *contre* un chêne, къ стѣнѣ, къ дубу.

8. Pendant, durant, во время, въ продолженіе, въ.

Pendant n'indique qu'une durée plus ou moins longue de l'espace de temps dont il s'agit, tandis que *durant* marque une durée continue:

Je lui écrivis *pendant* mon séjour à Moscou. Il a appris le français *pendant* son séjour à Paris. — Ma tante a langui *durant* l'hiver dernier, et ne s'est rétablie qu'au printemps. — Dans ce dernier cas, on pourrait dire aussi: *Pendant tout* l'hiver dernier.

9. Après, d'après, послѣ, по.

1. **Après,** послѣ, l'opposé de *avant*, marque le temps et le rang:

Après la guerre vient la paix. En courant *après* l'esprit on attrape la sottise. Les princes marchaient *après* le roi.

2. **D'après** indique la conséquence, la conformité, l'imitation:

D'après ce que vous me dites, il n'y a plus rien à espérer, по тому, что.... Avez-vous peint ces fleurs *d'après* nature? *D'après* (suivant, selon) son opinion, по его мнѣнію.

10. Depuis, dès, съ.

Ces prépositions indiquent toutes deux un point de départ; mais *dès* ne se dit que du temps, tandis que *depuis* se dit du temps et du lieu; *dès* a quelquefois aussi la signification de *déjà*:

a) Il fut malade *dès* son enfance, съ дѣтства своего. J'y travaillerai *dès* demain, съ завтрашняго дня. L'Euphrate attend César, et je pars *dès* demain. VOLT.

b) Je ne l'ai pas revu *depuis* son retour, со времени возвращенія его. Il est arrivé *depuis* peu de temps, *il y a* peu de temps, съ недавняго времени. — *Depuis* quand? *depuis* quelle époque? съ котораго времени? — *Depuis* Paris jusqu'à Orléans, отъ Парижа до Орлеана.

On dit: *Du* jeudi au dimanche, съ четверга на воскресенье. *De* jeudi en huit, отъ четверга черезъ недѣлю. Nous verrons bien des choses *d'*ici là, до того времени много переживемъ мы.

Obs. 1) *Dès* semble mieux convenir pour indiquer quelque chose d'*habituel*, et *depuis* quelque chose d'*accidentel*: *Il est ici tous les jours* DÈS *cinq heures du matin. Il est ici (aujourd'hui)* DEPUIS *cinq heures du matin.*

2) *Depuis que* signifie съ того времени; *dès que*, *aussitôt que*, какъ только: DEPUIS QU'*il est dans cette île, il n'a offensé personne.* FÉN. DÈS QUE *je le vis, je voulus me jeter à ses pieds.* FÉN.

11. A travers, au travers, par, сквозь, чрезъ.

Par désigne le passage sans aucune idée accessoire, tandis que *à travers*, *au travers de*, expriment que le passage se fait par le milieu d'un objet, et d'un bout à l'autre; *au travers de* renferme d'ailleurs l'idée accessoire de *difficulté*, d'*obstacle*.

Il a passé *par* Moscou, онъ ѣхалъ черезъ Москву. Le fil passe *à travers* l'aiguille, нитка проходитъ сквозь ушко иголки. Je l'observais *à travers* les branches, *à travers* les vitres. — Cette poignée d'hommes se fit jour *au travers* des ennemis, пробились сквозь ряды непріятелей. On ne voit le soleil qu'*à travers* les nuages, qu'*au travers* du brouillard.

Obs. Après le verbe *traverser*, проходить, переходить, la préposition черезъ, ne se traduit pas, vu que cette préposition est déjà contenue dans le verbe: Нева протекаетъ черезъ Петербургъ, *la Néva traverse St-Pétersbourg.* De même: проходить черезъ лѣсъ, *passer (traverser) une forêt*; переплывать рѣку, плыть черезъ рѣку, *passer (traverser) une rivière à la nage.*

По дружбѣ, изъ пріязни se traduit par: PAR *amitié*, PAR *complaisance.*

Par sert aussi à indiquer certaines circonstances accessoires d'une action:

Sortir *par* la pluie, *par* le beau temps, выходить въ дождь, въ хорошую погоду. Nous partîmes *par* une belle matinée d'été, въ прекрасное лѣтнее утро.

12. Avec, de, à, съ.

1. **Avec**, съ, marque: a) dans sa signification locale, l'union, l'accompagnement: *Je suis venu* AVEC *lui*, съ нимъ. *Il s'est marié* AVEC *elle*, на ней. Ou une circonstance accessoire: *Que me veut cet homme* AVEC *son air sévère?* съ строгимъ лицомъ (миною).

On dit sans *avec*: Le lièvre dort ordinairement les yeux ouverts. BUFFON. (съ открытыми глазами), ayant les yeux ouverts. (§ 6, IV, 2, 3.)

b) *Avec* exprime aussi l'instrument, le moyen, la matière, la manière, sans aucune idée accessoire de but à atteindre, de résultat à obtenir.

Tuer *avec* une épée, заколоть шпагою; couper *avec* un couteau, рѣзать ножомъ: écrire *avec* une plume; bâtir *avec* du bois, *avec* du marbre, строить изъ дерева, изъ мрамора. — Se conduire *avec* prudence, *avec* sagesse (= prudemment, sagement).

On dit aussi: Déjeuner *avec* du café, *avec* des fruits, etc.

2. **De** exprime également le moyen, la manière, avec une idée accessoire de destination, de convenance:

Se couvrir *d'*un manteau, покрыться плащомъ. Se parer *d'*un bouquet, букетомъ. Parler *d'*un ton ferme, говорить твердымъ голосомъ. Remplir un fossé *de* pierres, каменьями.

Obs. Dans *Se couvrir* AVEC *un manteau*, le manteau n'est considéré que comme *instrument, moyen*; tandis qu'en disant *se couvrir* D'*un manteau*, ce qui est l'expression ordinaire, l'on a en vue l'effet que le manteau est destiné à produire pour celui qui s'en couvre.

3. **A** indique: a) la *manière*, le *moyen*.

Voyager *à* pied, *à* cheval, ходить пѣшкомъ, ѣздить верхомъ. Recevoir *à* bras ouverts, встрѣтить съ отверстыми объятіями. S'avancer *à* grands pas, *à* pas lents, скоро, медленно идти. Dessiner *à* la plume, *au* crayon; peindre *à* l'huile; *à* l'aquarelle. — De même: Dessin *à* la plume, *au* pastel. Pêcher *à* la ligne, *au* filet, ловить рыбу удочкой (удить), сѣтями. Parler *à* voix basse, *à* haute voix. — Un moulin *à* vent.

On dit cependant: Voyager *par* mer, *par* terre, ѣхать сухимъ путемъ, моремъ. Arriver, venir *par* le bateau à vapeur, пріѣхать на пароходѣ, *par* le chemin de fer.

b) *le but, la destination*: Un verre *à* bière, *à* vin, *à* Champagne, стаканъ для вина, для пива (пивной), etc. Un verre *à* boire, стаканъ для питья. Une machine *à* battre le blé, молотилка, машина для молотьбы. Une maison *à* louer. (§ 79, 3.)

c) le *prix*: Dîner *à* trois francs par tête, по три франка съ персоны. Les places sont *à* six francs. Placer ses fonds *à* cinq pour cent, по 5 %.

On dit de même: De la glace *à* la vanille, ванильное мороженое. De la soupe *au* lait. Une voiture *à* deux roues. Un instrument *à* cordes, *à* vent. Une canne *à* épée. — S'habiller *à* la française, *à* la russe. § 22.

D'*avec*: Distinguer l'ami d'avec le flatteur, отличать друга отъ льстеца. Séparer l'or d'avec le cuivre.

13. Hors, hors de, hormis, excepté, outre, sauf.

1. **Hors** signifie *excepté*, кромѣ: *Ils sont tous absents*, HORS (*excepté*) *un seul*, кромѣ одного.

2. **Hors de**, внѣ, marque un rapport de lieu:

Il loge *hors* de la ville, внѣ города. *Hors* de danger, внѣ опасности. Être *hors* de soi, быть внѣ себя. *Hors* d'ici, méchant! прочь отсюда! —

Cependant, avec l'infinitif, il a aussi le sens d'*excepté* : *Hors* de le battre, il ne pouvait le traiter plus mal.

3. **Hormis, excepté,** signifient исключая, за исключеніемъ.

Ils sont tous allés, *hormis* deux ou trois. Il travaille toute la semaine *excepté* le dimanche.

4. **Outre,** кромѣ, indique l'augmentation, tandis que *hors, hormis, excepté*, marquent l'exclusion, le retranchement :

Outre cette terre, il lui reste encore des capitaux considérables. — *Outre cela*, кромѣ того. — Outre mer, по ту сторону моря. Outre mesure, чрезъ мѣру : Il a été puni outre mesure.

14. **Quant à,** что касается, **quand,** когда.

Vous vous taisez : *quant* à moi, je parlerai ! что до меня касается...
Il viendra *quand* il pourra.

Sur *voici, voilà*, voir I P. § 31, 4.

15. Les rapports de *temps*, de *lieu* et de *manière*, qui d'ordinaire s'expriment au moyen des prépositions, peuvent aussi s'exprimer par la forme de l'accusatif, c'est-à-dire par le substantif *sans préposition* : (§ 6)

a) Il partira *la semaine prochaine*, на слѣдующей недѣлѣ. Il a été malade *toute l'année*, цѣлый годъ. Il vint *un jour*, однажды ; *un matin*, утромъ (какъ-то). Il est arrivé *jeudi dernier*, въ прошедшій четвергъ. Cela arriva *un samedi*, это случилось въ субботу. Ils naquirent *le même jour*, въ одинъ день. — Nous avons dormi *deux heures*, два часа. — C'est ainsi que s'expriment d'ordinaire les dates : Napoléon I mourut *le 5 mai 1821*. Il arriva *le 5 octobre*.

b) Nous avons marché *trois lieues et demie*. Nous l'avons suivi *toute la longueur du chemin*.

c) Il se présenta à moi *le chapeau à la main* et *les larmes aux yeux* (12, 1). J'aperçus Sénèque et Thraséas, *les veines ouvertes*. THOMAS.

107.

Jérusalem (Chateaubriand).

Vue de la montagne des Oliviers, de l'autre côté de la vallée de Josaphat, Jérusalem présente un plan incliné[1] sur un sol qui descend du couchant au levant. Une muraille crénelée[2], fortifiée par des tours et par un château gothique, enferme la ville dans son entier, laissant toutefois au dehors une partie de la montagne de Sion, qu'elle embrassait autrefois.

Dans la région du couchant et au centre de la ville, vers le Calvaire, les maisons se serrent d'assez près ; mais au levant, le long de la vallée de Cédron, on aperçoit des espaces vides, entre autres l'enceinte[3] qui règne autour de la mosquée bâtie sur les débris du Temple, et le terrain presque abandonné où s'élevait le château Antonia, et le second palais d'Hérode.

Les maisons de Jérusalem sont de lourdes masses carrées fort basses, sans cheminées et sans fenêtres; elles se terminent en terrasses aplaties ou en dômes, et elles ressemblent à des prisons ou à des sépulcres. Tout serait à l'œil d'un niveau égal, si les clochers des églises, les minarets des mosquées, les cimes de quelques cyprès et les buissons des nopals ne rompaient l'uniformité du plan. A la vue de ces maisons de pierre, renfermées dans un paysage de pierre, on se demande si ce ne sont pas là les monuments confus d'un cimetière au milieu d'un désert.

Entrez dans la ville, rien ne vous consolera de la tristesse extérieure; vous vous égarez dans de petites rues non pavées, qui montent et descendent sur un sol inégal, et vous marchez dans des flots de poussière, ou parmi des cailloux roulants. Des toiles jetées d'une maison à l'autre augmentent l'obscurité de ce labyrinthe; des bazars voûtés et infects achèvent d'ôter (§ 84) la lumière à la ville désolée; quelques chétives boutiques n'étalent aux yeux que la misère, et souvent ces boutiques mêmes sont fermées, dans la crainte du passage d'un cadi. Personne dans les rues, personne aux portes de la ville: quelquefois seulement un paysan se glisse dans l'ombre, cachant sous ses habits les fruits de son labeur, dans la crainte d'être dépouillé [1] par le soldat; dans un coin à l'écart [5], le boucher arabe égorge [6] quelque bête suspendue par les pieds à un mur en ruine; à l'air hagard [7] et féroce de cet homme, à ses bras ensanglantés, vous croiriez qu'il vient plutôt de tuer son semblable [8] que d'immoler un agneau. Pour tout bruit dans la cité déicide [9] on entend par intervalles le galop de la cavale du désert. — Là vivent des religieux chrétiens que rien ne peut forcer à abandonner le tombeau de Jésus-Christ, ni spoliations [10], ni mauvais traitements, ni la mort. Leurs cantiques retentissent nuit et jour autour du Saint-Sépulcre. Dépouillés le matin par un gouverneur turc, le soir les retrouve au pied du Calvaire, priant au lieu où Jésus-Christ souffrit pour le salut des hommes. Leur front est serein, leur bouche riante. Ils reçoivent l'étranger avec joie. Sans forces et sans soldats, ils protégent des villages entiers contre l'iniquité.

1 наклонная плоскость; 2 зубчатый, съ зубцами; 3 ограда; 4 грабить; 5 въ сторонѣ; 6 душить; 7 свирѣпый, суровый; 8 ближній; 9 богоубійственный; 10 грабежъ.

108. (Voir I. P. § 62.)

Если (à moins de) человѣкъ не безчувственъ, можетъ-ли онъ смотрѣть на небо и не удивляться [1] его великолѣпію? Что такое земля въ сравненіи (auprès) съ этими огромными свѣтлыми тѣлами [2], которыя носятся [3] надъ нашими головами? Какъ мала кажется она при этихъ чудесахъ! Если мы не проникнуты [4] всемогуществомъ Бога, то никакъ не по недостатку въ свидѣтельствѣ [5] [о немъ]. Должны-ли мы сдѣлаться равнодушными къ нему (у), потому что (à force) видимъ его ежедневно? Величіе Божіе всегда [6] наполняло людей, даже среди самыхъ дикихъ народовъ, удивленіемъ и изумленіемъ. Прежде чѣмъ Богъ обратился къ людямъ съ словомъ, Онъ далъ имъ эту книгу, чтобы они прочли въ ней славу Его; что же касается языка, на которомъ она написана, онъ понятенъ для всѣхъ. Слабый отблескъ [7] божественнаго свѣта, кажется, проникаетъ къ намъ въ лучахъ свѣтилъ, чтобы мы могли предчувствовать [8] безконечное его величіе.

Пойдите сегодня послѣ обѣда къ Августу, который весь день долженъ пробыть дома, или, если вы предпочитаете это, пойдите къ дядѣ, который работаетъ въ саду, близъ водомѣта; помогите ему (à) поливать цвѣты его, которые, за исключеніемъ нѣкоторыхъ, полузавяли отъ солнечнаго зноя. У меня вы не можете остаться: вы знаете, что я послѣобѣденное время постоянно провожу у моего больнаго друга.

1 émouvoir, toucher (passif); 2 corps lumineux; 3 planer, se balancer; 4 pénétré; 5 témoignage; 6 de tout temps; 7 le reflet; 8 pressentir.

109.

Поѣздка въ Ригу, которую совершалъ я уже много разъ, имѣетъ для меня мало предести [1]; поѣздка въ Москву или на Кавказъ была бы болѣе мнѣ по (de) вкусу. — Въ южной Франціи климатъ теплѣе, чѣмъ въ сѣверной Испаніи, хотя средняя [2] температура въ Испаніи, вообще, выше средней температуры во Франціи. — Вы не должны (Ce n'est pas...) оставаться въ Петербургѣ, если ищете спокойствія. — Одна изъ главныхъ дорогъ изъ Швейцаріи въ Италію — дорога черезъ С. Бернардъ; она ведетъ изъ Валлиса [3] въ долину Аоста. — Осенью солнце опускается (décliner), и лучи его слабѣе; дни и ночи равны, воздухъ дѣлается холоднѣе; болѣе холодный вѣтеръ шумитъ въ поблеклой зелени деревъ. — Во главѣ трехсотъ спартанцевъ, защищалъ Леонидъ проходъ въ Грецію противъ безчисленной арміи персовъ. — Къ чему искать счастія въ Перу, Бразиліи, Соединенныхъ Штатахъ, Индіи, когда его столь-же хорошо, если еще не лучше, можно найти въ Россіи, Германіи, Франціи, словомъ — въ Европѣ? — Почти уже три года работаютъ надъ сооруженіемъ желѣзной дороги, которая должна соединить обѣ столицы: теперь можно надѣяться, что она черезъ годъ будетъ окончена. И такъ, дорога въ 100 часовъ пути будетъ сооружена менѣе чѣмъ въ четыре года. — Жизнь въ Парижѣ далеко не такъ дорога [4], какъ въ Лондонѣ; трехмѣсячное пребываніе въ Лондонѣ стоило мнѣ болѣе двухъ тысячъ франковъ, и я не постоянно жилъ въ городѣ: я провелъ нѣсколько недѣль въ деревнѣ, у друзей. — Этотъ купецъ рѣдко бываетъ въ своей конторѣ; онъ почти постоянно въ городѣ или въ разъѣздахъ, по своимъ дѣламъ.

1 le charme; 2 moyen; 3 canton du Valais; 4 coûteux, dispendieux.

110.

Между всѣми птицами, колибри красивѣйшая [1] по (pour) виду и прекраснѣйшая по цвѣту. Природа осыпала [2] ее всѣми дарами [3], частію которыхъ только надѣлила (partager) другихъ птицъ. Она не оскверняетъ [4] себя земной пылью и, при своей совершенно воздушной [5] жизни, едва прикасается [6] къ травѣ, и то только на (par) мгновеніе. Днемъ она постоянно на воздухѣ, перепархивая съ цвѣтка на цвѣтокъ; она живетъ на ихъ счетъ [7], не нанося имъ вреда; пьетъ только росу изъ ихъ чашечекъ [8] и высасываетъ изъ нихъ медъ; она питается также насѣкомыми, которыя живутъ внутри цвѣтовъ. Кажется, что языкъ ея предназначенъ только для этого употребленія: колибри выпускаетъ [9] его изъ своего клюва и погружаетъ до конца вѣнчика [10], чтобы извлечь изъ него соки или, скорѣе, насѣкомыхъ. Птицы эти не издаютъ иныхъ звуковъ, какъ слабый, часто повторяющійся крикъ; онѣ издаютъ эти звуки въ рощахъ при утренней зарѣ, пока не подымутся [11], съ первыми лучами солнца, на воздухъ. — Только что достигли мы подошвы горы, какъ послышался издали, между скалъ, шумъ, похожій на журчаніе ручья.

1 élégant; 2 combler de; 3 les ornements, les dons; 4 souiller; 5 aérien; 6 effleurer qch.; 7 les dépens, m.; 8 le calice; 9 darder; 10 la corolle; 11 s'élancer.

111.

Ливанъ [1] представляетъ всѣ величественныя зрѣлища высокихъ горъ [2]. Здѣсь на каждомъ шагу встрѣчаешь картины, въ которыхъ природа соединила [3] прелесть съ величественностію. Если подъѣдешь съ моря и высадишься на берегъ, то сердце твое, при видѣ вышины и крутизны [4] этого [какъ бы] вала, который, какъ кажется, замыкаетъ землю, наполняется изумленіемъ и благоговѣніемъ. Но чтобы насытить [5] взоръ всѣмъ величіемъ этого зрѣлища, нужно подняться (стать) на самую вершину Ливана. Передъ тобою со всѣхъ сторонъ [6] разстилается безпредѣльный горизонтъ; твой взоръ, при ясной погодѣ, блуждаетъ [7] по пустынямъ, граничащимъ [8] съ Персидскимъ [9] заливомъ, и по морю, которое омываетъ [10] Европу; кажется, душа обемлетъ міръ. Если путешественникъ углубляется далеко въ горы [11], его поражаетъ сначала неровность [12] дороги, крутизна склоновъ [13], глубина бездонныхъ пропастей; но скоро успокоиваетъ его увѣренность мула (mulet), на которомъ совершаетъ онъ путь, и онъ съ удовольствіемъ [14] обозрѣваетъ живописные виды [15], которые разстилаются [16] передъ нимъ.

1 le Liban; 2 hautes montagnes; 3 réunir qch. à; 4 la rapidité; 5 repaître de; 6 part; 7 se promener, errer; 8 toucher; 9 Persique; 10 baigner; 11 parcourir l'intérieur; 12 aspérité; 13 pente; 14 à son aise; 15 aspect, vue; 16 se déployer.

112.

Португальцы, плавая [1] по Атлантическому океану, открыли южныя оконечности (pointe) Африки; они увидѣли необозримое море, которое привело ихъ въ Индію. — С. Петербургъ лежитъ на Невѣ, Москва — на Москвѣ, Казань — на Волгѣ, Астрахань же лежитъ при устьѣ этой послѣдней рѣки. — Я карликъ [2] при этомъ мужчинѣ. — Въ какомъ я городѣ? — Я въ Москвѣ. — На островѣ Явѣ ростетъ хорошій кофе. — Кто пилъ изъ моего стакана и ѣлъ съ моей тарелки? — Ложные друзья — перелетныя птицы [3], которыя прилетаютъ къ намъ въ хорошее время, а въ дурное улетаютъ отъ насъ. — Ніоба, потерявъ всѣхъ дѣтей своихъ отъ стрѣлъ Аполлона и Діаны, была превращена [4] въ скалу. — Я навѣрное возвращусь въ свое отечество, въ октябрѣ. — Сюжетъ (idée) для этой повѣсти я взялъ изъ анекдота, который разсказалъ мнѣ недавно мой другъ. — Достань-же мою палку изъ-за шкапа. — Куда же хотите вы идти въ этотъ дождь? — Гёте родился во Франкфуртѣ на Майнѣ, въ 1749 году. — Перебросьте же вашу палку черезъ стѣну. — Вы должны идти все вдоль лѣса, пока дойдете до деревни. — Если у васъ слишкомъ много стульевъ въ этой комнатѣ, то выставьте вонъ нѣсколько. — Дѣти рано должны учиться читать и писать. — Корабль былъ снабженъ [5] съѣстными припасами и военными снарядами (munition) на три мѣсяца.

1 naviguer; 2 nain; 3 oiseau de passage; 4 métamorphoser; 5 pourvoir de.

113.

На одной сторонѣ видна была Минерва съ копьемъ въ одной рукѣ и съ щитомъ [1] въ другой; на другой же сторонѣ представлялось троянское войско передъ стѣнами Иліона. — Мы шли по кустарникамъ и шпалерникамъ, которые затрудняли наше бѣгство. — Вышло великолѣпное изданіе, съ картинами [2], [сочиненія] (de) «Павелъ и Виргинія.» — Возвращеніе перелетныхъ птицъ весною — первый знакъ пробужденія природы; онѣ возвращаются къ намъ по большей части [3] въ апрѣлѣ. — Руссо имѣлъ одного только брата, который былъ семью годами старше его. — Александръ умеръ во цвѣтѣ лѣтъ. — Ведите ребенка этого за руку, — иначе онъ упадетъ. — При этомъ извѣстіи она заплакала отъ радости. — Къ вечеру дождь перестать, и послѣ этого бурнаго дня наступила [4] прелестная ночь. — О, сынъ мой! сказалъ Филоктетъ Пирру: заклинаю тебя тѣнью [5] отцовъ и всѣмъ, что дорого тебѣ на этомъ свѣтѣ, не оставляй меня одного въ моемъ несчастіи; имѣй состраданіе ко мнѣ! — Я очень люблю деревню, но моя служба принуждаетъ меня жить въ городѣ; я едва могу предпринять иногда болѣе продолжительную прогулку по прекраснымъ окрестностямъ города. — Всю эту недѣлю я ни одного раза не выходилъ изъ дому.

1 le bouclier; 2 illustré; 3 la plupart; 4 succéder à; 5 les mânes, m.

114.

По узкой дорожкѣ, вдоль берега Ганга, шелъ медленными шагами путешественникъ. Неожиданно увидѣлъ онъ на лугу ужаснаго [1] тигра, который устремлялся на него. Чтобы спастись [2] отъ ярости звѣря, онъ хотѣлъ уже броситься въ волны и искать безопаснаго убѣжища на маленькомъ островѣ, какъ вдругъ замѣтилъ въ водѣ крокодила. О, я несчастный! [3] вскричалъ бѣдный путешественникъ голосомъ отчаянія: со всѣхъ сторонъ грозитъ мнѣ вѣрная смерть! Въ невыразимой тоскѣ [4], прислонился онъ къ дереву, потомъ бросился на колѣни и упалъ [5] на землю. Тигръ, который былъ уже близъ него, сдѣлалъ бѣшеный скачокъ [6], но прыгнулъ на нѣсколько шаговъ дальше [7] и упалъ въ широко разинутую [8] пасть крокодила.

Не отчаявайся даже среди величайшей опасности; уповай на Бога, надѣйся на Него. Что на мгновеніе кажется верхомъ несчастія, часто служитъ къ твоему спасенію.

1 furieux; 2 se mettre à l'abri, chercher un asile; 3 malheureux que je suis; 4 angoisse, f.; 5 se laisser tomber; 6 un bond terrible; 7 s'élancer trop loin; 8 béant.

115.

Récapitulation.

Египетскія Пирамиды.

Рука времени и, еще болѣе, рука человѣка, которыя разрушили всѣ памятники древности, до сего времени не имѣли никакой власти надъ египетскими [1] пирамидами. Прочность [2] ихъ постройки и громадность [3] размѣровъ сохранили ихъ отъ всѣхъ ударовъ [4] времени; имъ, кажется, предречено вѣчное существованіе. Всѣ путешественники говорятъ о нихъ съ восторгомъ [5], и этотъ восторгъ не преувеличенъ. За восемнадцать часовъ пути видишь уже эти искусственныя [6] горы, прежде чѣмъ подойдешь къ нимъ. Онѣ, кажется, удаляются, по мѣрѣ того какъ [7] приближаешься къ нимъ; еще на разстояніи часа пути находишься отъ нихъ, а онѣ такъ [8] высоко поднимаются надъ твоею головою [9], что ты забываешься и думаешь, что стоишь уже у ихъ подошвы (pied). Наконецъ достигаешь [10] ихъ, и ничто не можетъ выразить разнообразія впечатлѣній, которыя чувствуешь при видѣ ихъ. Въ одно и то же время, сердце и умъ наполняются изумленіемъ, ужасомъ [11], смиреніемъ [12], удивленіемъ и благоговѣніемъ. Но должно сознаться, что другое чувство быстро слѣдуетъ за первоначальнымъ восхищеніемъ [13]. Что касается человѣческаго могущества, получаешь [14], правда, высокое мнѣніе о немъ; но, что касается предмета его примѣненія, то бросаешь только взглядъ сожалѣнія на его произведеніе (твореніе).

1 d'Égypte; 2 solidité; 3 énormité; 4 atteinte; 5 enthousiasme, m.; 6 factice; 7 à mesure que; 8 tellement; 9 dominer; 10 on y touche; 11 terreur; 12 humiliation; 13 transport; 14 concevoir.

CHAPITRE XI.

§ 96. REMARQUES SUR L'EMPLOI DES CONJONCTIONS.

A ce que nous avons dit sur la conjonction (I P. § 63), nous ajouterons les remarques suivantes.

1. **Et.** 1) Cette conjonction a toujours un sens affirmatif: *On l'aime* ET *on l'estime. Je plie* ET *ne romps pas.* LA FONT.

2) *Et* se répète quelquefois pour agrandir, grossir les objets énumérés:

> Des dieux les plus sacrés j'invoquerai le nom,
> *Et* la chaste Diane, *et* l'auguste Junon,
> *Et* tous les dieux enfin. RACINE.

3) *Et* se supprime: a) quand les parties énumérées sont synonymes, b) quand il y a gradation dans ces parties, c) quand le dernier mot les représente toutes. (§ 58, 13.)

2. **Ni** sert à unir les parties des propositions négatives, ou celles-ci entre elles; mais il faut distinguer *ne — ni ne* de *ne — ni — ni*.

1) *Ne — ni ne* s'emploie pour unir deux verbes à un mode personnel:

Il *ne* mange *ni ne* boit, онъ не ѣстъ и не пьетъ. Voyez les oiseaux du ciel; ils *ne* sèment *ni ne* moissonnent. Je *ne* peux, *ni ne* veux, *ni ne* dois lui obéir.

2) *Ne — ni — ni* s'emploie pour unir deux ou plusieurs substantifs, adjectifs, infinitifs, participes, etc.:

Heureux qui *n*'a ni dettes *ni* procès! ни долговъ, ни процесса. On *n*'est jamais si heureux, *ni* si malheureux qu'on se l'imagine. LA ROCHEF. *Ni* les biens *ni* les honneurs *ne* valent la santé. *Ni* vous *ni* moi *ne* le pouvons. Cela *n*'est *ni* dessiné *ni* peint de main de maître. Vous *ne* devez *ni* lire *ni* écrire. L'enfant *ne* doit écrire que les mots qu'il peut entendre, *ni* dire que ceux qu'il peut articuler. J. J. R.

Obs. 1) *Et* unit aussi quelquefois des propositions négatives: *Les animaux n'inventent* ET *ne perfectionnent rien.* BUFFON. *Nos langues n'ont pas l'harmonie* ET *la précision des langues anciennes.* MARMONTEL.

2) *Ni* se trouve aussi dans des phrases affirmatives pour la forme, mais négatives de sens: *Plus dangereux fléau que la peste* NI *la guerre.* — *Ni* peut de même remplacer *sans*: *Sans crainte* NI *pudeur* (= et sans pudeur).

3) *Ni*, devant le sujet, peut ou non se répéter: NI *la guerre altérée de sang,* NI *la crainte,* NI *les vains désirs n'approchent jamais de cet heureux séjour de la paix.* FÉNELON. *Le soleil* NI *la mort ne peuvent se regarder fixement.* LA ROCHEF.

3. **Ou**, или:

Je verrai le prince *ou* la princesse. — *Ou — ou*, или — или: Je verrai *ou* le prince *ou* la princesse. — *Ou bien* a le même sens que *ou*: Il payera *ou* il ira en prison, *ou bien* il ira en prison.

4. **Soit — soit**, ли — или, s'emploie avec les substantifs, pronoms, etc.; *soit que — soit que*, avec les verbes à un mode personnel:

Soit bonté, *soit* faiblesse, *ou soit* bonté *ou* faiblesse, доброта-ли [это], или слабость. — *Soit qu*'il le fasse, *soit (ou) qu*'il ne le fasse pas, сдѣлаетъ-ли онъ это, или не сдѣлаетъ.

5. **Or**, но, же, а, — sert à rattacher d'une manière générale ce qui suit à ce qui précède:

Or, pour revenir à ce que nous disions, чтобы возвратиться къ тому, о чемъ мы говорили прежде...

Or s'emploie dans le langage de la logique pour relier les deux prémisses d'un syllogisme:

Le sage est heureux: *or* Socrate est sage; donc il est heureux — (or = же).

6. **Donc**, и такъ, слѣдовательно, же; **car**, ибо.

1) *Donc* s'emploie : a) Dans le sens de *par conséquent*, слѣдовательно : *Je pense*, DONC *je suis* (*j'existe*). DESCARTES. Я думаю, слѣдовательно, есмь (я существую). Le *c* final ne se prononce que dans ce cas.

b) Pour fortifier le sens du verbe :

Vous voyez *donc* que j'avais raison, и такъ, вы видите, что я правъ. Qu'avez-vous *donc* ? что же съ вами? — Allez *donc!* venez *donc!*

2) **Car,** ибо, indique un motif : *Je suis tranquille*, CAR *je suis innocent*, ибо я невиненъ.

7. **Aussi,** dans sa signification ordinaire, est adverbe : *Il viendra* AUSSI (= *pareillement*, *également*).

Ce mot est conjonction quand il indique une conséquence : *Ces étoffes sont belles*, AUSSI *coûtent-elles cher*, потому и... *Il faut être reconnaissant*, AUSSI *l'est-il*, и потому онъ благодаренъ. (§ 13, 3).

Aussi bien ajoute une raison de plus à ce qui précède :

Je ne veux point y aller, *aussi bien* (= d'ailleurs, au reste) il est trop tard ; къ тому же поздно. Je n'ai que faire de le prier, *aussi bien* ne m'écouterait-il pas.

8. **Au reste, du reste, d'ailleurs :** *Au reste* ajoute quelque chose de semblable, d'analogue ; *du reste*, quelque chose de différent, d'opposé ; *d'ailleurs* a le sens de l'un et de l'autre :

Si vous suivez mon conseil, vous ne vous en repentirez pas ; *au reste* vous ferez ce qui vous conviendra. Il est capricieux ; *du reste* il est honnête homme. Homme *d'ailleurs* plein de savoir. LITTRÉ.

9. **Parce que, à cause que, c'est que,** потому что, за тѣмъ что. — **Puisque, comme (attendu que, vu que),** такъ какъ.

Ces conjonctions expriment toutes un *motif*, une *cause*.

1. **Parce que,** потому что, annonce un motif inconnu ou supposé inconnu à celui à qui l'on parle, et répond à la question *pourquoi ?* почему?

Pourquoi ne sortez-vous pas ? — *Parce que* je suis indisposé. — Je partirai, *parce que* mon père l'ordonne.

Au lieu de *c'est parce que*, on emploie aussi *c'est que* :

Si j'agis de la sorte, *c'est que* j'ai de bonnes raisons pour cela. — Quoi, Madame, vous ne sortez pas ? — *C'est que* je suis indisposée.

Obs. A cause que a le même sens que *parce que*, mais il est beaucoup moins en usage.

2. **Puisque,** такъ какъ, indique un fait, une raison connue ou supposée connue de la personne à qui l'on parle :

Je le crois, *puisque* vous le dites, такъ какъ вы говорите это. *Puisque* tu ne réponds pas, je dois supposer que tu approuves mon dessein.

— Je partirai *puisque* mon père l'ordonne. (L'interlocuteur est instruit de l'ordre que j'ai reçu).

Obs. Quelquefois, mais rarement, on sépare *puis* de *que*: *Puis* donc *que* vous le voulez, такъ какъ вы хотите этого.

3. **Comme,** такъ какъ, ne fait que rappeler un motif censé connu des deux interlocuteurs, et tiré de la nature de la chose dont il s'agit :

Comme il ne voulait pas céder, on usa de violence, такъ какъ онъ не хотѣлъ покориться, употребили силу ; c'est-à-dire : *Vu qu'il, attendu qu*'il ne voulait pas céder, etc.

Comme peut aussi indiquer le *temps*, la *simultanéité* :

Comme nous approchions de la porte du sérail, le vent du nord se leva. CHAT. — Voir encore I. P. § 63, 9.

Obs. 1) *Pour*, suivi d'un infinitif, remplace la conjonction *parce que*: *Il est malade* POUR AVOIR *trop mangé* (= *parce qu'il a trop mangé*).

2) Au lieu de *non par ce que*, *non puisque*, on emploie *non que*, *ce n'est pas que*, не потому что, suivis du subjonctif : *Je lui ai écrit*, NON QUE *je désire qu'il vienne*. CE N'EST PAS QUE *je prétende à lui plaire*, не потому...

3) Il ne faut pas confondre *parce que*, потому что, avec *par ce que*, по тому, что : *Je juge* PAR CE QUE *vous me dites que la lecture de ce livre ne peut être que très utile.*

10. **Quoique, bien que, encore que,** хотя, хотя бы, etc.

Ces trois conjonctions s'emploient sans aucune distinction de sens ; cependant *quoique* est la plus employée :

Il revint, *quoiqu'on* l'eût maltraité (хотя). — On lui donna une gratification, *bien qu*'il ne l'eût guère méritée. — *Encore qu*'il soit jeune, il ne laisse pas d'être sage.

Obs. 1) *Malgré que*, хотя, n'est plus en usage dans le sens de *quoique*. Cette locution ne s'emploie plus guère que devant le verbe *avoir*, dans l'expression consacrée *malgré qu'il en ait*, c'est-à-dire : *contre son gré*, противъ воли. MALGRÉ QUE *j'en eusse*, c'est-à-dire *en dépit que j'en eusse*, *à mon grand regret*, къ величайшему моему сожалѣнію, *contre mon gré*: MALGRÉ QU'IL EN AIT, *nous savons son secret*, хотя ему и непріятно, но...

2) Après *quoique*, le verbe *être* peut être supprimé : de là les propositions elliptiques : QUOIQUE *peu riche, il est généreux*, pour : *quoiqu'il* SOIT *peu riche. Ce prince*, QUOIQUE *gendre de Louis XI, avait vécu dans l'adversité.*

3) Il ne faut pas confondre *quoique* avec le pronom indéfini *quoi que*, что бы ни : QUOI QUE *vous disiez.*

11. **Afin que, pour que,** чтобы.

Ces deux conjonctions indiquent l'une et l'autre un *but*, une *intention*, et peuvent être remplacées par *que* (I P. § 63, 10) :

Dieu accorde quelquefois le sommeil aux méchants, *afin que* les bons soient tranquilles. Je lui écris *pour qu*'il sache à quoi s'en tenir. Approchez, *que* je vous parle.

Pour que s'emploie en outre après les deux adverbes *assez* et *trop*, pour indiquer une conséquence, dans le sens de чтобы:

Vous m'avez rendu *trop* de services *pour que* je puisse jamais douter de votre amitié, чтобы я.... On vous en a dit *assez pour que* vous sachiez à quoi vous en tenir. — Et avec l'infinitif: Vous êtes *trop* ami de la justice *pour* me la refuser, чтобы вы отказали мнѣ въ ней.

Чтобы не se traduit par *afin que*, *pour que*, suivi de la négation; mais il se traduit aussi par *de peur (crainte) que... ne*:

Cachez-lui votre dessein, *de peur qu*'il *ne* le traverse (= afin qu'il ne le traverse pas).

12. **Que**, что. — *Que* est la plus importante des conjonctions françaises. Voir § 70. Sa fonction essentielle est de rattacher les propositions subordonnées aux propositions principales. Dans ce cas elle ne peut jamais être supprimée, et se répète d'ordinaire devant chaque proposition:

Il faut se représenter *que* sous ses pas l'éléphant ébranle la terre; *que* de sa trompe il arrache les arbres; *que* d'un coup de son corps il fait brèche dans un mur. Buffon. — J'espère *qu*'il recevra notre lettre ce soir et *qu*'il nous répondra aussitôt; — ou avec suppression de *que* devant la seconde proposition subordonnée: J'espère *qu*'il recevra votre lettre ce soir et vous répondra aussitôt.

Que s'emploie en outre:

1) En liaison avec *c'est*, *qu'est-ce que?* — *C'est un bel état* QUE *l'innocence.* Florian. *Qu'est-ce que c'est* QUE *vivre?*

De même dans les propositions exclamatives après *quel? Quelle belle fleur* QUE *la rose!*

2) Dans les expressions: *Quelque* QUE, *quel* QUE, etc. (§ 57, 21.)

3) Après une expression indiquant le temps, pour *lorsque*, *quand*, *depuis que*.

Un jour *que* j'étais assis au pied de ces cabanes, et *que* je considérais les ruines, un homme déjà sur l'âge vint à passer aux environs. B. de St. P. (однажды, когда...) Maintenant *que* tout est fini; теперь, когда все... Il y a peu de moments *qu*'il était ici. Acad. Il y avait quelques instants *qu*'il écrivait. A. de Vigny. — Toutes les fois *que* vous les verrez. (§ 55, 4, 7).

4) En redondance avec *si*: Que si *vous croyez qu'on puisse prendre d'autres mesures, indiquez-les.*

5) Après le participe et l'adjectif, dans le sens de какъ, *comme*, ou dans des propositions exclamatives:

Enchanté *que* j'étais du succès de mon entreprise, je ne prévis aucune conséquence fâcheuse. — Malheureux *que* je suis! O, я несчастный! (§ 55, 4, 6).

6) Après *voici*, *voilà*, вотъ здѣсь, тамъ; *c'est-à-dire*, то есть, *peut-être*, можетъ быть; *apparemment*, вѣроятно; *heureusement*, счастливо, по счастію, счастіе; *sans doute*, безъ сомнѣнія, — commençant une proposition, et devant *oui*, *non*, *si* (= oui) :

Voilà *qu*'il neige! вотъ снѣгъ идетъ! Peut-être *que* (можетъ быть, что) ceux qui lisent cela veulent avoir la gloire d'avoir bien lu. — Heureusement *qu*'il n'a rien vu! счастіе, что онъ... Sans doute *qu*'il nous a vus. Apparemment *qu*'il viendra, вѣроятно, онъ прійдетъ. Vous refusez mes offres, c'est-à-dire *que* tout ce qui vient de moi vous est odieux. — Je crois *que* oui. Je gage *que* non, — *que* si. § 90.

7) Dans certaines propositions dépendantes d'une proposition principale sous-entendue, savoir :

a) Dans des propositions servant de titre à un chapitre, à une composition :

Que la vertu est le plus grand des biens, добродѣтель — величайшее благо; c'est-à-dire: Chapitre (ouvrage) où il est démontré *que* la vertu est....

b) Dans les propositions exprimant un ordre, un souhait, une exclamation : Qu'*il sorte à l'instant!* (§ 73, 2.)

8) Pour remplacer différentes conjonctions, lorsque ces conjonctions devraient se répéter en tête de deux ou plusieurs propositions subordonnées. (I. P. § 63, 10.)

9) *Que* peut en outre remplacer les conjonctions suivantes :

1) *afin que, pour que, avant que, jusqu'à ce que, sans que* (§ 74, 4), *de peur que — ne, afin que — ne:* Retirez-vous, *qu*'il ne vous maltraite (= de peur qu'il ne vous maltraite).

2) *Lorsque:* On leur parle encore *qu*'ils sont partis. La Bruyère.

3) *De sorte que* : On le régala *que* rien n'y manquât; такъ что....

4) *Soit que — soit que*: *Qu*'il perde son procès ou *qu*'il le gagne, il partira; проиграетъ-ли онъ свой процессъ, или выиграетъ, онъ все-таки уѣзжаетъ.

5) *Si non, si ce n'est que*; Ai-je fait un seul pas *que* pour te rendre heureuse! Volt.

6) *Si, dès que*: *Qu*'il fasse le moindre excès, il est malade! Acad. (= s'il fait, dès qu'il fera....), какъ только онъ....

10) Devant une proposition principale, *que* peut aussi remplacer *quand même*, и ежели, даже если :

On le battrait *qu*'il ne répondrait pas; c'est-à-dire: *Quand même* on le battrait, il ne répondrait pas; если бы даже и били его, онъ....

13. **Si**, ли : *Pourriez-vous me dire s'il viendra?* (прійдетъ-ли онъ). (§ 65, 2). Après *douter* on emploie *que*: *Je doute* QU'*il vienne*. Cependant *si* se rencontre, mais rarement : *Je doute* SI *je partirai demain.* (§ 70, 3.)

14. Si, если; **quand, lorsque,** когда.

1) *Si,* если, exprime la condition: *Je vous accompagnerai* SI *vous voulez,* если вамъ угодно. — Voir § 65.

Quand exprime le temps: *Je vous accompagnerai* QUAND *vous voudrez,* когда вамъ угодно.....

Cependant, pour exprimer une condition, on emploie *quand* au lieu de *si,* lorsqu'il s'agit d'une vérité toute générale et non d'un cas particulier: QUAND *on est content, on est heureux.*

2) *Quand* s'emploie pour exprimer: 1) un temps plus ou moins précis: QUAND *Dieu créa le monde,* когда Богъ создалъ міръ; 2) une idée de temps en général et non un cas particulier: QUAND *les roses commencent à fleurir,* [всякій разъ], когда розы... QUAND *je pense à la fragilité des choses humaines.*

3) *Даже если* se traduit par *quand même, quand bien même,* ou *quand:* QUAND (BIEN) MÊME *vous auriez raison, vous devriez vous taire dans cette circonstance.* — QUAND *vous me haïriez, je ne me plaindrais pas.* RACINE.

4) *Lorsque* est plus précis que *quand;* il indique d'ordinaire une occasion, un cas particulier: *Il faut travailler* QUAND *on est jeune, et se montrer docile,* LORSQU'*on nous reprend à propos.*

Dans l'interrogation on fait toujours usage de *quand,* qui est alors adverbe: QUAND *viendra-t-il?*

On dit *lors même que* et non *lorsque même,* даже и тогда, когда: LORS *même* QUE *la fatigue l'accable, il ne se plaint jamais.*

15. Pendant que, tandis que, между тѣмъ какъ.

Pendant que exprime simplement un rapport de simultanéité; *tandis que* marque de plus une idée d'opposition:

Je lirai *pendant que* vous ferez cet ouvrage. — *Tandis que* tout change, dans la nature, la nature elle-même reste immuable. — L'année passée l'été a été beau, *tandis que* cette année-ci, il est froid et pluvieux, между тѣмъ какъ....

16. De même que, ainsi que, какъ, какъ и.

Si l'une ou l'autre de ces conjonctions commence le premier membre de la comparaison, elle se répète devant le second membre, mais avec suppression de *que:* DE MÊME QU'*un lion furieux se jette au milieu d'un troupeau de moutons timides,* DE MÊME *ce héros se précipite au milieu des ennemis effrayés.*

17. Sur *comme,* voir 9, et § 89, 2; sur *seulement, ne—que,* § 92, 5.

116.

Il est bien remarquable, sans doute, que les sarcelles, les canards, les oies, les bécasses, les pluviers, les vanneaux, qui servent à notre nourriture, arrivent tous quand la terre est dépouillée, tandis que les oiseaux étrangers qui nous viennent dans la saison des fruits, n'ont avec nous que des relations de plaisir; ce sont des musiciens envoyés pour charmer nos banquets. — Il en faut excepter quelques-uns, tels que la caille et le ramier, dont toutefois la chasse n'a lieu qu'après la récolte, et qui s'engraissent dans nos blés pour servir à notre table. Ainsi les oiseaux du nord sont la manne des aquilons, comme les rossignols sont les dons des zéphirs: de quelque point de l'horizon que le vent souffle, il nous apporte un présent de la Providence. — Nous allions souvent nous asseoir dans l'île de St-Pierre, sur la côte opposée à une petite île que les habitants ont appelée le Colombier, à cause qu'elle en a la forme, et qu'on y vient chercher des œufs au printemps. — Si le temps et le lieu nous le permettaient, nous aurions bien d'autres migrations à peindre, bien d'autres secrets de la Providence à révéler. Dans les premiers âges du monde, c'était sur la floraison des plantes, sur la chute des feuilles, sur le départ et l'arrivée des oiseaux, que les laboureurs et les bergers réglaient leurs travaux. CHATEAUBRIAND. — Il y a tout au plus cinquante ans que nous avons entendu parler des Égyptiens, des Grecs et des Sarmates. VOLT. — Les grands hommes entreprennent de grandes choses, parce qu'elles sont grandes; et les fous, parce qu'ils les croient faciles. VAUVENARGUES. — Vous défendez Bonard en zélé partisan, Et vous avez raison, puisqu'il vous rend service. C. DELAVIGNE. — Quand je n'aurais d'autre preuve de l'immortalité de l'âme que le triomphe du méchant et l'oppression du juste en ce monde, cela seul m'empêcherait d'en douter. J. J. R. — Jamais pécheur ne demanda un pardon plus humble, ni ne s'en crut plus indigne. BOSSUET. — Il la trouve sans peine ni travail. BUFFON. — Schiller aurait été résolu à ne point publier ses ouvrages, qu'il y aurait donné le même soin. Mme DE STAËL. — De la peau du lion l'âne s'étant vêtu, Était craint partout à la ronde. Et bien qu'animal sans vertu (force), Il faisait trembler tout le monde. LA FONT. — Que vois-je autour de moi, que des amis vendus, Qui sont de tous mes pas les témoins assidus? RACINE. — Souvent on tremble encore que la foudre a cessé de gronder. GR. NAT. — Un temps viendra que tous les hommes, soumis à la seule pensée, se conduiront par les clartés de l'esprit. CHAT. — Qu'avez-vous donc, dit-il, que vous ne mangez point? BOILEAU. — Voilà de bonnes plumes. C'est que je les taille moi-même, attendu que, chargé de déchiffrer votre écriture, il est de mon intérêt que vous écriviez le moins mal possible. A. DUMAS. — Comme les Français s'ennuient facilement, ils évitent les longueurs en toutes choses. Mme DE STAËL. — Comme il est inconstant dans ses projets, aussi voit-on qu'il réussit rarement en quelque chose. ACAD. — Si je n'ai pas réussi, toujours ai-je fait mon devoir. ACAD. — Ta sœur pourrait brûler vive, que tu n'en perdrais pas un coup de dent. BERQUIN.

117.

Компасъ [1] былъ изобрѣтенъ никакъ не мореходцемъ, телескопъ — не астрономомъ, микроскопъ — не естествоиспытателемъ [2], искусство книгопечатанія — не ученымъ, порохъ — не воиномъ [3]. — Къ счастію онъ еще не уѣхалъ въ С. Петербургъ, когда я прибылъ въ Москву отыскивать его. — Что такое армія? Это тѣло, одушевленное безчисленнымъ множествомъ различныхъ страстей, которыя искусный [4] мужъ возбуждаетъ [5] для защиты отечества. — Желать невозможнаго, это — болѣзнь ума. — Когда мы были на открытомъ полѣ [6], неожиданно засталъ насъ проливной дождь [7]. Чѣмъ менѣе мы желаемъ, тѣмъ болѣе имѣемъ. — Такъ какъ всѣ представленія мои были напрасны, и вы не хотите слѣдовать ни одному моему совѣту, я долженъ принять строгія мѣры (§ 32). Я сдѣлаю это, такъ какъ вижу, къ сожалѣнію, слишкомъ ясно, что дальнѣйшее [8] снисхожденіе [9] могло бы повлечь [10] за собою самыя дурныя [11] послѣдствія, особенно же потому, что я нарушилъ бы священнѣйшія обязанности, которыя взялъ на себя, принявъ васъ въ свой домъ. Слѣдовательно (и такъ), если я прибѣгаю [12] къ мѣрамъ, которыя будутъ вамъ непріятны, то это потому, что я не вижу другаго средства [13] возвратить васъ на истинный путь [14]. И такъ, не удивляйтесь (de) перемѣнѣ моего обращенія съ вами, такъ какъ вы принуждаете меня къ тому. Изъ того, что я говорю вамъ, вы легко можете видѣть, что только искреннее раскаяніе и твердая рѣшимость съ вашей стороны исправиться, могутъ перемѣнить мои намѣренія (мнѣнія) [15]. Такъ буду я поступать, потому что хочу вполнѣ исполнить всѣ мои обязанности. — Въ то время, когда животныя разсуждали (parler), лисица подошла къ дубу.

1 la boussole; 2 le naturaliste; 3 l'homme de guerre; 4 habile; 5 faire mouvoir; 6 plein champ; 7 ondée; 8 plus long; 9 indulgence; 10 entraîner; 11 funeste; 12 avoir recours à; 13 expédient; 14 bonne voie; 15 sentiments.

118.

Посмотрите, какъ растенія опускаютъ свои поблеклые вѣнчики и верхушки, и какъ желтѣетъ трава [1], когда солнце, впродолженіе нѣсколькихъ недѣль, высушитъ землю; но посмотрите на растительное царство, какъ оно опять оживаетъ [2] и выказываетъ [3] свои самыя чудныя сокровища, когда благотворный дождь освѣжитъ землю и воздухъ. Трудно понять, какъ въ столь короткое время вся природа вдругъ помолодѣла. — Какъ могутъ люди отравлять тѣ немногіе дни, которые они живутъ на землѣ, такими страстями, какъ гнѣвъ и зависть? Какъ (comme) христіане, они нарушаютъ этимъ законы своего божественнаго учителя; какъ разумныя существа, они дѣйствуютъ вопреки законамъ разума [4]. — Люди проходятъ [5] какъ цвѣты, которые утромъ (§ 95, 15) расцвѣтутъ [6], а вечеромъ завянутъ. Жизнь коротка; и такъ, поспѣшимъ воспользоваться настоящимъ, потому что мы никакъ не можемъ разсчитывать на будущее. Можетъ-ли минута смерти казаться намъ далекою, когда мы не увѣрены въ слѣдующемъ днѣ? Мы смертны, слѣдовательно смерть грозитъ намъ (à) каждый часъ. — Во время ночи такъ много звѣздъ на лазури небесной [7], что невозможно пересчитать ихъ. — Если бы не было горъ, тогда земля была бы меньше населена людьми и животными, тогда мы имѣли бы меньше деревьевъ, меньше растеній, тогда мы были бы совершенно лишены [8] металловъ. — Свѣтляки [9] свѣтятъ только ночью, потому что дневной блескъ совершенно уничтожаетъ ихъ свѣтъ. — Престарѣлый земледѣлецъ, хотя уже обезсиленный лѣтами, отправился еще сажать и прививать [10] деревья для своихъ потомковъ. — Сумма не вѣрна; очевидно [11], что онъ ошибся въ своихъ счетахъ. — Если бы ты былъ еще богаче, все-таки я не совѣтовалъ-бы тебѣ дѣлать подобные расходы.

1 la verdure; 2 se ranimer; 3 étaler, déployer; 4 raison; 5 passer; 6 éclore; 7 dans l'azur des cieux; 8 privé de; 9 le ver luisant; 10 greffer; 11 apparemment.

119.

Извѣстныя птицы, которыя плаваютъ, напр. лебеди, подымаютъ [1] вверхъ крылья и всѣ перья, изъ страха замочить ихъ, и чтобы они служили имъ какъ бы (de) парусами. — Хищныя животныя [2] полезны намъ, потому что пожираютъ падаль [3] и поддерживаютъ равновѣсіе [4] въ животномъ царствѣ. — Скифы сказали Александру: «значитъ, ты не богъ, такъ какъ причиняешь зло [5] людямъ.» — Я слишкомъ мало знаю, чтобы мнѣ прилично было принимать высокомѣрный [6] тонъ. — Я слишкомъ откровененъ, чтобы обманывать васъ. — Время, подобно полету птицъ, проходитъ и исчезаетъ, не давая намъ замѣтить это. — Цезарь не могъ удержать слезъ, когда услыхалъ о трагической смерти Помпея. — Я видѣлъ нашихъ путешественниковъ, когда они приближались къ вершинѣ горы. — При пасмурной [7] погодѣ, когда сѣверный вѣтеръ ходитъ (дуетъ) по полямъ, а деревья теряютъ свои послѣдніе листья, дикія утки прилетаютъ къ намъ съ сѣвера. — Чѣмъ болѣе народу въ странѣ, — если (pourvu que) онъ трудолюбивъ, тѣмъ болѣе его благосостояніе [8]. — Я замѣтилъ, что дѣти рѣдко боятся грома, если (à moins que) удары [9] не сильны и не поражаютъ [10], дѣйствительно, органа слуха. — Хотя извѣстные люди и не показываютъ добродѣтели, все-же они бываютъ принуждены удивляться ей. — Если бы ученые изслѣдовали (обыскали) [11] всѣ жилки [12] человѣческаго мозга [13], они все-же не отыскали-бы ни малѣйшаго слѣда какой-нибудь мысли, какого-нибудь желанія, какого-нибудь чувства. — Какъ только пришелъ я домой, пошелъ дождь. — Увѣдомьте меня, пріидете-ли вы, и когда. — Если ты пріидешь завтра, то найдешь насъ всѣхъ вмѣстѣ.

1 élever; 2 bêtes carnassières; 3 le cadavre; 4 équilibre; 5 faire du mal; 6 de suffisance; 7 grisâtre; 8 le bien aise; 9 éclat, m.; 10 offenser qch.; 11 fouiller qch.; 12 la fibre; 13 le cerveau.

§ 97. DE LA PONCTUATION.

1. La ponctuation sert à marquer les divisions logiques du discours, et les pauses qu'on doit faire en lisant.

2. Les signes de ponctuation dont la langue française se sert sont, comme en russe: la *virgule* (,), le *point-virgule* (;), les *deux-points* ou le *double-point* (:), le *point* (.), le *point d'interrogation* ou *point interrogatif* (?), le *point d'exclamation* ou *point exclamatif* (!), les *points suspensifs* (...), le *tiret* (—), les *guillemets* (“), auxquels on peut joindre encore la *parenthèse* ( ).

Ces signes s'emploient en français de la même manière qu'en russe, à l'exception de la *virgule*, dont l'emploi diffère dans les deux langues.

3. **Virgule.** Dans la langue russe, on isole, au moyen de la virgule, toutes les propositions, quelle que soit leur étendue, et quelque liées qu'elles soient entre elles. Le système français de ponctuation n'admet pas ce morcellement de la phrase.

I. *La* **virgule** *s'emploie en français, comme en russe:*

1) Entre deux membres de phrases semblables et coordonnés qui ne sont pas unis par les conjonctions *et, ni, ou:*

L'attelage suait, soufflait, était rendu. LA FONT. On se menace, on court, l'air gémit, le fer brille. VOLT. Les habitants de l'île étaient doux, affables et prévenants. *Mais*: On lui donna quelque repos *et* un cheval pour la marche. X. DE MAISTRE.

Cependant si les termes unis par *et*, *ou*, *ni*, étaient longs, ou très distincts quant à l'idée, on mettrait la virgule et même le point-virgule :

Les habitants viennent se reposer sur ces terrasses après le coucher du soleil, et souvent y passent la nuit. X. DE MAISTRE.

2) Entre un substantif et son apposition, et après l'apposition, si elle ne termine pas la phrase (§ 4, 4, 2):

Il n'était pas naturel que des hommes si rusés et si défiants admissent un Russe, leur ennemi, dans une expédition dirigée contre ses compatriotes. X. DE M.

3) On met entre deux virgules toute expression qui ne fait point partie de la proposition (§ 7, 3), toute proposition intercalée (§ 8, 5), ou toute proposition qu'on pourrait supprimer ou changer de place sans dénaturer le sens de la phrase :

De votre nom, *Joas*, je puis donc vous nommer. RACINE. Dieu lui-même t'abandonnera, *malheureux*, si tu le trahis. X. DE M. Tremble, *m'a-t-elle dit*, fille digne de moi ! RACINE. L'ambition, *comme la colère*, conseille toujours mal. SAY. Kascambo avait écrit trois lettres depuis sa détention, *sans recevoir aucune réponse*. X. DE M. Les rues, quoique larges, ne sont point commodes, parce qu'elles sont mal pavées. VAILLANT.

II. *La* **virgule** *se supprime en français :*

1) Devant l'infinitif précédé d'une préposition, et devant le participe présent précédé de *en* (gérondif), à moins que ce gérondif ne soit accompagné d'autres termes assez longs :

Il est venu pour voir son père. Il cherche à me tromper. Il souriait en me regardant. — Mais on écrira : En forgeant, on devient forgeron. Le ciel s'étant éclairci, nous continuâmes notre route ; — à cause de l'inversion ; et : Ibraïm me quitta après quelques instants, pour aller veiller son fils. (CHAT.) — parce que la proposition adverbiale a une certaine étendue.

2) Devant la conjonction *que* unissant une proposition subordonnée à une proposition principale :

Je crois que vous vous êtes trompé. Il serait convenable qu'il le fît. — Il semble que du ciel descende la vengeance. RAYNOUARD.

3) Devant une proposition subordonnée exprimant une question indirecte (§ 13, 2, 3): *Je ne sais s'il viendra. J'ignore qui lui a dit cela.*

4) Devant les propositions relatives exprimant un déterminatif *nécessaire* (§ 4) :

L'arbre *que vous me montrez* est un chêne. Voilà celui *qui m'a frappé*. — Parmi ces cent mille hommes, il n'en était pas un qui doutât de vaincre ou qui s'inquiétât de mourir. SALVANDY. — Si le temps et le lieu nous le permettaient... nous dirions les vents, les saisons que les oiseaux choisissent pour changer de climat, les aventures qu'ils éprouvent, les obstacles qu'ils ont à surmonter, les naufrages qu'ils font ; comment ils abordent quelquefois, loin du pays qu'ils cherchent, sur des côtes inconnues : comment ils périssent en passant sur des forêts embrasées par la foudre, ou sur des plaines où les sauvages ont mis le feu. CHAT.

Si la proposition relative forme un déterminatif *accessoire*, elle est précédée de la virgule :

Le temps, *qui change tout*, change aussi nos humeurs. BOILEAU. Guidés par une petite lumière, *qui peut-être brille à l'étroite fenêtre d'une tour*, les oiseaux s'approchent des murs, à la faveur des roseaux et des ombres. CHAT.

Obs. Il en résulte que les phrases telles que les suivantes présentent un sens tout différent, selon que la proposition relative qui en fait partie est précédée ou non d'une virgule : *L'homme* QUI EST SUJET À SE TROMPER *n'aime pas à reconnaître son erreur*. *L'homme*, QUI EST SUJET À SE TROMPER, *n'aime pas à reconnaître son erreur*. De même :

Les historiens QUI CONNAISSENT LES CIRCONSTANCES DE CETTE GUERRE, *en ont porté un autre jugement que vous*; et: *Les historiens*, QUI CONNAISSENT LES CIRCONSTANCES DE CETTE GUERRE, *en ont porté un autre jugement que vous.* — Dans le premier cas (sans virgule), il s'agit seulement d'une classe d'hommes (ceux qui sont sujets à se tromper), d'une classe d'historiens (ceux qui connaissent les circonstances de cette guerre); dans le second cas, il s'agit de tous les hommes, de tous les historiens, et la proposition relative ne fait qu'ajouter un détail accessoire, qui pourrait se retrancher sans que le sens de la phrase en fût altéré.

5) Entre deux membres d'une comparaison, lorsque le second n'est pas une proposition d'une certaine étendue: *Il est plus âgé que mon frère.* Mais on écrira: *Il est moins aisé de se guérir de l'ambition*, QUE DE S'EN PRÉSERVER.

III. *La* **virgule** *s'emploie en français, à l'opposé du russe:*

1) Après un sujet d'une certaine étendue, surtout lorsque le sujet est accompagné d'une proposition déterminative nécessaire:

Un Arabe qui se voue à ce métier de pirate de mer, s'endurcit de bonne heure à la fatigue des voyages. BUFFON.

2) Après un régime direct commençant la phrase:

Ces fleurs-là, je les ai cueillies au bord du ruisseau. (§ 15, 1.)

3) Dans les propositions elliptiques, pour remplacer un verbe sous-entendu:

L'amour de la gloire meut les grandes âmes, et l'amour de l'argent les âmes vulgaires. J'irai à droite, et vous, à gauche.

4) Pour mettre en relief un terme circonstanciel:

N'observez-vous pas que, *depuis quelque temps*, cet écolier fait de grands progrès. Le 16, *à la pointe du jour*, nous bridâmes nos chevaux. CHAT. *Au fond du golfe*, des troupes de femmes et d'enfants levaient les mains au ciel. B. DE ST-P. Il était assis sous des pins, *au pied d'une roche*, d'où il considérait au loin la mer agitée par les vents du midi. B. DE ST-P. *Le soir*, j'étais grondeur et taciturne. J. J. R.

4. **Point-virgule.** On met le point-virgule entre des membres de phrase semblables et coordonnés, quand ils sont très longs, ou qu'ils offrent des subdivisions marquées par la virgule, ou qu'ils expriment des idées très distinctes:

La plupart des habitations, dans les vallées du Caucase, sont en partie creusées dans la terre, et ne s'élèvent au-dessus du sol que de trois ou quatre pieds; le toit est horizontal et formé d'une couche de terre glaise. X. DE M. Il faut se représenter que sous ses pas l'éléphant ébranle la terre; que de sa trompe il arrache les arbres; que d'un coup de son corps il fait brèche dans un mur. BUFFON.

5. **Deux-points ou double-point.** Il se met :

1) Entre deux propositions dont l'une annonce formellement l'autre :

Pythagore a dit : Mon ami est un autre moi-même ; et Plaute : Le bien qu'on fait à d'honnêtes gens, n'est jamais perdu.

2) Devant une proposition qui se joint à toutes les précédentes ensemble et non à la dernière seulement ; ou qui les *résume*, ou qui en *dérive*, ou qui les *explique*, ou qui *fait contraste* avec la proposition antérieure :

On demande quatre choses à une femme : que la vertu habite dans son cœur ; que la modestie brille sur son front ; que la douceur découle de ses lèvres, et que le travail occupe ses mains. BONIFACE. — La retraite était impossible : les Cosaques mirent pied à terre, et soutinrent l'attaque avec beaucoup de fermeté. X. DE M.

Il faut autant qu'on peut obliger tout le monde :
On a souvent besoin d'un plus petit que soi. LA FONT.

6. Le **Point.** Il se met à la fin d'une phrase dont le sens est complet :

Pourquoi nous décourager ? lui disait-il ; le Dieu des Russes est grand ; l'intérêt des brigands est de ne nous faire aucun mal. X. DE M.

7. **Point interrogatif.** Ce signe se met après une phrase interrogative de forme ou de sens :

Comment fuirai-je avec mes fers ? X. DE M.

Tu n'as point d'aile, et tu veux voler ? Rampe. VOLT.

Obs. On ne met point le signe interrogatif après la question indirecte : *Il me demanda quelle heure il était.* On écrit de même : *Lui adresse-t-on quelque reproche, il s'emporte*, parce que la forme interrogative est mise pour *si* ; et de même : *Ne m'avez-vous pas dit* : *Restez auprès de moi*, — parce qu'ici les deux points remplacent le signe interrogatif.

8. Le **point exclamatif.** Ce signe se met à la fin des propositions exclamatives et après les interjections :

Qu'on est triste sans son ami ! X. DE M.

Tout passe donc, hélas ! ces globes inconstants
Cèdent comme le nôtre à l'empire des temps. FONTAINE.

9. **Points suspensifs.** Ces points indiquent une interruption dans le sens :

J'appelai de l'exil, je tirai de l'armée,
Et ce même Sénèque et ce même Burrhus
Qui depuis... Rome alors admirait leurs vertus. RACINE.

10. Le **tiret** indique le changement d'interlocuteur, et tient lieu de *dit-il*, *reprit-il*, etc. :

Est-ce assez ? dites-moi ? n'y suis-je point encore ?
— Nenni. — M'y voici donc ? — Point du tout. — M'y voilà ?
— Vous n'en approchez point. LA FONT.

Obs. On l'emploie aussi pour séparer des maximes détachées, et les auteurs modernes s'en servent aussi pour indiquer un arrêt, une pause dans des périodes étendues.

11. Les **guillemets** sont deux espèces de virgules accolées qui servent à désigner une citation:

On l'a dit très judicieusement : «La vraie touche des esprits, c'est l'examen d'un nouvel auteur ; et celui qui le lit se met à l'épreuve plus qu'il ne l'y met.» SAINTE-BEUVE.

12. La **parenthèse** sert à isoler une proposition interjetée dans le discours et servant au développement et à l'éclaircissement de la pensée :

Mais un fripon d'enfant (cet âge est sans pitié)
Prit sa fronde et du coup tua plus d'à moitié
La volatile malheureuse. LA FONT.

FIN DE LA SECONDE PARTIE.

MORCEAUX A TRADUIRE.

Les morceaux qui suivent sont destinés à être traduits en français par les élèves des classes supérieures. Ces élèves sont censés posséder non-seulement une connaissance sérieuse de la grammaire, mais encore la majeure partie du vocabulaire français. Aussi ne trouvera-t-on, dans les remarques qui accompagnent ces morceaux, que quelques indications, suffisantes pour mettre sur la voie. En s'exerçant soit seuls, soit sous la direction d'un maître, à rendre en français ces morceaux russes, les élèves, même les plus avancés, trouveront à faire preuve de toute l'attention dont ils sont capables. Dans une composition libre, l'élève suit une pensée souvent flottante et indécise, évitant de lui-même les difficultés et les obstacles qui pourraient l'embarrasser. Dans une traduction, au contraire, il s'agit de rendre, aussi fidèlement que possible, des pensées données, précises, et dont l'expression, en français, exige parfois bien des essais et des tâtonnements. La première chose à faire est d'examiner de très près la pensée originale elle-même ; puis il s'agit de chercher non-seulement l'équivalent des termes russes, mais aussi les tournures françaises, souvent bien différentes des tournures russes, nécessaires pour arriver à serrer d'aussi près que possible la pensée de l'auteur étranger. Cette recherche, cette lutte avec l'original, constitue un travail éminemment utile ; aussi, dans les classes supérieures du moins, ces exercices de traduction doivent-ils marcher de pair avec les exercices de composition.

1. Весна въ Россіи. (Карамзинъ.)

Нигдѣ весна не имѣетъ столько прелестей [1], какъ въ Россіи. Бѣлая одежда зимы, наконецъ, утомляетъ зрѣніе; душа желаетъ перемѣны, и звонкій голосъ жаворонка раздается на высотѣ воздушной [2]. Сердца трепещутъ отъ удовольствія. Солнце быстрымъ дѣйствіемъ лучей своихъ растопляетъ снѣжные холмы; вода шумитъ съ горъ [3], и поселянинъ, какъ мореплаватель при концѣ океана, радостно восклицаетъ: земля! Рѣки рвутъ [4] на себѣ ледяныя оковы, пышно выливаются изъ береговъ, и самый маленькій ручеекъ кажется величественнымъ сыномъ моря. Блѣдные луга, упитанные благотворною влагою [5], пушатся свѣжею травкою и красятся лазоревыми цвѣтами. Березовыя рощи зеленѣютъ; за ними и дремучіе[6] лѣса, при громкомъ гимнѣ веселыхъ птичекъ, одѣваются листьями, и зефиръ всюду разноситъ благоуханіе ароматной черемухи[7].

1 le charme; 2 au haut des airs; 3 descendre avec bruit; 4 briser qch.; 5 humidité; 6 épais; 7 bourdaine.

2. Начало Москвы. (Карамзинъ.)

Къ сожалѣнію, лѣтописцы[1] современные не упоминаютъ[2] о любопытномъ для насъ ея началѣ; ибо не могли предвидѣть, что городокъ, бѣдный и едва извѣстный, въ отдаленной землѣ Суздальской, будетъ со временемъ главою обширнѣйшей[3] монархіи въ свѣтѣ. По крайней мѣрѣ знаемъ, что Москва существовала въ 1147 году, марта 28, и можемъ вѣрить новѣйшимъ лѣтописцамъ въ томъ[4] что Георгій былъ ея строителемъ. Они разсказываютъ, что сей князь, пріѣхавъ на берегъ Москвы-рѣки, въ села зажиточнаго[5] боярина Кучка, Степана Ивановича, велѣлъ умертвить его за какую-то дерзость[6], и, плѣненный[7] красотою мѣста, основалъ тамъ городъ; а сына своего, Андрея, княжившаго въ суздальскомъ Владимірѣ, женилъ на[8] прелестной дочери казненнаго[9] боярина. «Москва есть третій Римъ» — говорятъ сіи повѣствователи[10] — «и четвертаго не будетъ. Капитолій заложенъ на мѣстѣ, гдѣ найдена окровавленная голова человѣческая: Москва также на крови основана, и къ изумленію враговъ нашихъ сдѣлалась царствомъ знаменитымъ.» Она долгое время именовалась Кучковымъ.

1 le chroniqueur; 2 faire mention de, mentionner qch.; 3 vaste; 4 en croire qn.; 5 opulent, riche; 6 témérité, insolence; 7 captiver, enchanter; 8 épouser qn.; 9 supplicié, mis à mort; 10 narrateur.

3. Сраженіе на берегахъ рѣки Вожи, 11 августа 1378 года. (Паульсонъ.)

Господствовавшій въ ордѣ[1] Мамай не равнодушно смотрѣлъ на увеличивающееся[2] могущество великаго князя Дмитрія Іоанновича. Отлагая до времени явное на него нападеніе, онъ послалъ подвластнаго[3] ему князя Бегича съ сильнымъ войскомъ разорять Россію; но Дмитрій узнавшій заблаговременно о замыслахъ татаръ, успѣлъ[4] собрать значительную армію.

Непріятели встрѣтились на берегахъ рѣки Вожи. Бегичъ началъ битву; переправясь чрезъ рѣку, онъ съ крикомъ ударился[5] всею массою своего войска на русскихъ; но увидѣвши, что они крѣпко стоятъ, велѣлъ своимъ ѣхать малою рысью, пуская[6] стрѣлы. Дмитрій стоялъ въ срединѣ своего ополченія[7], поручивъ одно крыло князю Даніилу Пронскому, а другое воеводѣ[8] Тимофею. По данному знаку, всѣ русскіе устремились[9] на татаръ. Двѣ арміи слились въ одну массу, и вступили въ рукопашный бой [10]. Трескъ оружія, яростный крикъ сражающихся, вопль и стоны раненыхъ и умирающихъ, ржаніе и топотъ лошадей, — все это заглушало голоса начальниковъ, ободрявшихъ своихъ воиновъ. — Татары, подобно бурному океану, стремились [11] поглотить своихъ противниковъ; русскіе уподобляясь гранитному утесу, со свойственною имъ храбростью отражали напоръ степныхъ варваровъ. Тщетно Бегичъ со всею неустрашимостью старался прорвать [12] центръ русскихъ; тщетно монголы, слѣдуя примѣру своего храбраго полководца, бросались съ яростью на русскихъ: непоколебимая твердость нашихъ воиновъ, разстроила [13] непріятеля и взяла верхъ [14] надъ татарами. Враги обратили тылъ [15] и въ безпорядкѣ побѣжали за рѣку. Побѣдители рубили, кололи и топтали татаръ въ Вожѣ цѣлыми сотнями; нѣсколько знаменитыхъ мурзъ [16] находилось въ числѣ убитыхъ.

Ночь и густая мгла слѣдующаго утра спасли остатокъ мамаевыхъ полковъ. На другой день не видно уже было ни одного непріятеля: только шатры, кибитки [17] и телеги со всякимъ товаромъ были разбросаны по степи.

Эта побѣда достопамятна тѣмъ, что была первою, одержанною русскими надъ татарами, съ 1224 года. За нею послѣдовала вторая, блистательная побѣда на Куликовомъ полѣ.

Рѣка Вожа протекаетъ въ Рязанской губерніи и уѣздѣ, около 35 верстъ, принимаетъ въ себя рѣчку Мечу, и въ двадцати верстахъ выше Рязани впадаетъ въ Оку.

1 la horde; 2 croître, toujours croissant; 3 vassal, soumis; 4 avoir le temps; 5 fondre, tomber; 6 lancer, décocher; 7 troupes, soldats; 8 chef; 9 se précipiter; 10 la mêlée, corps à corps; 11 s'efforcer; 12 enfoncer; 13 jeter le désordre dans les rangs; 14 l'emporter; 15 tourner le dos; 16 prince; 17 voiture.

4. **Битва Куликовская.** (Паульсонъ.)

Это было 8-го сентября 1380 года. Въ шестомъ часу дня, войско русское дошло до поля Куликова, которое простиралось болѣе нежели на 10 верстъ. Здѣсь русскіе увидѣли непріятелей. Татаръ было болѣе [1], нежели русскихъ. Дмитрій, не смотря на просьбы князей и бояръ, которые умоляли [2] его не подвергать опасности жизнь свою, сражался въ передовомъ полку [3]. Онъ первый ударилъ на враговъ. Мѣсто его было въ рядахъ простыхъ воиновъ. Три часа продолжалась страшная битва [4]; кровь лилась на всемъ обширномъ полѣ, но все еще нельзя было рѣшить, кто останется побѣдителемъ. Въ одномъ мѣстѣ русскіе тѣснили [5] татаръ, въ другомъ татары — русскихъ. Нѣкоторые изъ полковъ московскихъ хотѣли было бѣжать, какъ вдругъ князь Владиміръ Андреевичъ, начальникъ засаднаго [6] полка, выступилъ изъ рощи [7], которая скрывала его отъ всѣхъ, и быстро, неустрашимо бросился на татаръ. Это смѣлое движеніе князя рѣшило судьбу сраженія: удивленные и измученные непріятели не могли уже противиться свѣжему войску, и всѣ побѣжали [8]. Мамай, увидѣвъ это бѣгство, вскричалъ съ тоскою [9] отчаянія: «великъ Богъ христіанскій!» и также побѣжалъ за своими воинами. Русскіе гнали [10] ихъ до рѣки Мечи, убивали и топили безъ счета, и взяли въ добычу [11] множество лошадей и верблюдовъ, навьюченныхъ разными драгоцѣнностями.

Радость и счастіе побѣдителей были неописанны. Перваго героя этого знаменитаго въ русской исторіи дня, великаго князя Дмитрія Іоанновича, назвали [12] Донскимъ, втораго, князя Владиміра Андреевича — Храбрымъ. Они вмѣстѣ со всѣми оставшимися въ живыхъ князьями и боярами объѣзжали поле Куликово: много было убито русскихъ, но вчетверо болѣе татаръ; всего же, по увѣренію [13] нѣкоторыхъ историковъ, было до 200,000 тѣлъ. Въ числѣ убитыхъ были также два инока Троицкаго монастыря — Александръ Пересвѣтъ и Ослабля. Великій князь плакалъ надъ всѣми ими, и, въ знакъ благодарности къ храбрымъ защитникамъ отечества, приказалъ вѣчно праздновать память ихъ въ дмитріевскую субботу, которая бываетъ между 18 и 26 числами октября.

Такъ счастливому Дмитрію удалось въ одинъ день избавить Россію отъ сильнаго непріятеля! Извѣстіе о побѣдѣ его восхитило не только жителей Москвы и областей великаго княжества, но и всѣхъ другихъ княжествъ. Народъ вездѣ смотрѣлъ на Донского, какъ на ангела-хранителя [14]; вездѣ встрѣчали его съ неизъяснимымъ восторгомъ, какъ освободителя отечества отъ жестокой власти варваровъ; всѣ думали, что это освобожденіе уже исполнилось, что слава и счастіе Россіи уже навсегда возобновились, что татары послѣ Куликовской битвы никогда уже не осмѣлятся идти на русскихъ!...

1 supérieur en nombre, la supériorité du nombre (du côté); 2 supplier; 3 le rang; 4 combattre avec fureur; 5 presser, repousser; 6 placé en embuscade; 7 petit bois; 8 s'enfuir, prendre la fuite; 9 angoisse, f.; 10 poursuivre; 11 s'emparer de, faire un butin; 12 donner le surnom, surnommer; 13 le témoignage; 15 ange libérateur, sauveur.

5. **Капитанская дочка.** (Пушкинъ.)

а) метель [1] въ степи.

Я приближался къ мѣсту моего назначенія. Вокругъ меня простирались печальныя пустыни, пересѣченныя холмами и оврагами. Все покрыто было снѣгомъ. Солнце садилось. Кибитка ѣхала по узкой дорогѣ, или, точнѣе, по слѣду, проложенному [2] крестьянскими санями. Вдругъ ямщикъ сталъ посматривать въ сторону, и, наконецъ, снявъ шапку, оборотился ко мнѣ и сказалъ:

« Баринъ! не прикажешь-ли воротиться? »

— Это зачѣмъ?

« Время ненадежно [3]: вѣтеръ слегка (= легкій вѣтеръ) подымается; вишь, какъ онъ сметаетъ порошу [4]. »

— Что за бѣда?

« А видишь тамъ что? » (Ямщикъ указалъ кнутомъ на востокъ).

— Я ничего не вижу, кромѣ бѣлой степи, да яснаго неба.

« А вонъ.... вонъ: это облачко. »

Я увидѣлъ въ самомъ дѣлѣ на краю неба бѣлое облачко, которое принялъ было сперва за отдаленный холмикъ. Ямщикъ изъяснилъ мнѣ, что облачко предвѣщало буранъ [5].

Я слыхалъ о тамошнихъ метеляхъ и зналъ, что цѣлые обозы [6] бывали ими занесены. Савельичъ, согласно съ мнѣніемъ (d'accord) ямщика, совѣтовалъ воротиться. Но вѣтеръ показался мнѣ не силенъ; я понадѣялся добраться заблаговременно до слѣдующей станціи и велѣлъ ѣхать скорѣе.

Ямщикъ поскакалъ [7], но все поглядывалъ на востокъ. Лошади бѣжали дружно. Вѣтеръ между тѣмъ часъ отъ часу становился сильнѣе. Облачко обратилось въ бѣлую тучу, которая тяжело подымалась, росла и постепенно облегала небо. Пошелъ мелкій снѣгъ — и вдругъ повалилъ хлопьями. Вѣтеръ завылъ, сдѣлалась метель. Въ одно мгновеніе темное небо смѣшалось съ снѣжнымъ моремъ. Все исчезло.

« Ну, баринъ, » закричалъ ямщикъ: « бѣда: буранъ!.... »

Я выглянулъ изъ кибитки: все было мракъ и вихорь [8]. Вѣтеръ вылъ съ такой свирѣпой выразительностію [9], что казался одушевленнымъ; снѣгъ засыпалъ меня и Савельича; лошади шли шагомъ и скоро стали.

« Что-же ты не ѣдешь? » спросилъ я ямщика съ нетерпѣніемъ.

— « Да что ѣхать? » отвѣчалъ онъ, слѣзая съ облучка [10]: « не вѣсть и такъ куда заѣхали: дороги нѣтъ, и мгла кругомъ. » — Я сталъ было его бранить. — Савельичъ за него заступился. « И охота было не слушаться, » говорилъ онъ сердито: « воротился бы на постоялый дворъ, накушался-бы чаю, почивалъ-бы себѣ до утра, буря-бъ утихла, отправились-бы далѣе [11]. И куда спѣшимъ? Добро-бы на свадьбу! » — Савельичъ былъ правъ. Дѣлать было нечего. Снѣгъ такъ и валилъ. Около кибитки подымался сугробъ [12]. Лошади стояли понуря голову и изрѣдка вздрагивая [13]. Ямщикъ ходилъ кругомъ, отъ нечего дѣлать улаживая упряжь. Савельичъ ворчалъ; я глядѣлъ во всѣ стороны, надѣясь увидѣть хоть [14] признакъ [15] жилья или дороги, но ничего не могъ различить, кромѣ мутнаго круженія метели. Вдругъ увидѣлъ я что-то черное. « Эй, ямщикъ? » закричалъ я: « смотри: что тамъ такое чернѣется? » Ямщикъ сталъ всматриваться. — « А Богъ знаетъ, баринъ, » — сказалъ онъ, садясь на свое мѣсто: « возъ не возъ, дерево не дерево, а кажется, что шевелится. Должно быть, или волкъ, или человѣкъ. »

Я приказалъ ѣхать на незнакомый предметъ, который тотчасъ и сталъ подвигаться намъ навстрѣчу. Черезъ двѣ минуты мы поровнялись [16] съ человѣкомъ. « Гей, добрый человѣкъ! » закричалъ ему ямщикъ: « скажи, не знаешь-ли, гдѣ дорога ? »

« Дорога-то здѣсь; я стою на твердой полосѣ, » отвѣчалъ дорожный, « да что толку [17] ? »

— « Послушай, мужичекъ, » сказалъ я ему: « знаешь-ли ты эту сторону? Возьмешься [18]-ли ты довести меня до ночлега? »

« Сторона мнѣ знакомая, » отвѣчалъ дорожный: « слава Богу, исхожена и изъѣзжена вдоль и поперекъ [19]. Да вишь какая погода: какъ разъ собьешься съ дороги. Лучше здѣсь остановиться, да переждать, авось буранъ утихнетъ, да небо прояснится: тогда найдемъ дорогу по звѣздамъ. »

Его хладнокровіе ободрило меня. Я уже рѣшился, предавъ себя Божіей волѣ, ночевать посреди степи, какъ вдругъ дорожный сѣлъ проворно на облучокъ и сказалъ ямщику: « Ну, слава Богу, жило недалеко; сворачивай вправо, да поѣзжай. » — « А почему ѣхать мнѣ вправо? » спросилъ ямщикъ съ неудовольствіемъ. « Гдѣ ты видишь дорогу? Не-бось: лошади чужія, хомутъ [20] не свой, погоняй не стой [21]. » — Ямщикъ казался мнѣ правъ. « Въ самомъ дѣлѣ, » сказалъ я: « почему думаешь ты, что жило недалече? » — « А потому, что вѣтеръ оттолѣ потянулъ, » отвѣчалъ дорожный: « и я слышу, дымомъ пахнуло; знать, деревня близко. » — Смѣтливось [22] его и тонкость чутья меня изумили. Я велѣлъ ямщику ѣхать. Лошади тяжело ступали по глубокому снѣгу. Кибитка тихо подвигалась [23], то взъѣзжая на сугробъ, то обрушаясь въ оврагъ и переваливаясь [24] то на одну, то на другую сторону. Это похоже было на плаваніе судна по бурному морю. Савельичъ охалъ, поминутно толкаясь о мои бока. Я опустилъ цыновку, закутался въ шубу и задремалъ, убаюканный [25] пѣніемъ бури и качкою тихой ѣзды.

1 tourbillon de neige; 2 frayer, tracer; 3 sûr; 4 la première neige; 5 ouragan accompagné de neige; 6 train, convoi de chariots, de traîneaux; 7 partir au galop; 8 tourbillon, bourrasque; 9 une telle fureur; 10 le siége; 11 continuer son chemin; 12 un tas, un amas; 13 tressaillir, frissonner; 14 ne fût-ce au moins; 15 un indice; 16 joindre, rejoindre; 17 à quoi bon?; 18 se charger de; 19 en tous sens; 20 le collier; 21 ne rien risquer à; 22 sagacité; 23 avancer; 24 verser, se pencher; 25 bercer.

6. b) ВСТРѢЧА СЪ ЕКАТЕРИНОЙ II. (Пушкинъ.)

Марья Ивановна (*) благополучно прибыла въ Софію, и узнавъ, что дворъ находился въ то время въ Царскомъ Селѣ, рѣшилась тутъ оста-

(*) Капитанская дочь.

новиться. Ей отвели[1] уголокъ за перегородкой[2]. Жена смотрителя[3] тотчасъ съ нею разговорилась[4], объявила, что она племянница придворнаго истопника, и посвятила[5] ее во всѣ таинства придворной жизни. Она разсказала, въ которомъ часу государыня обыкновенно просыпалась, кушала кофе, прогуливалась; какіе вельможи находились въ то время при ней; что изволила она вчерашній день говорить у себя за столомъ; кого принимала вечеромъ. Словомъ, разговоръ Анны Власьевны стоилъ нѣсколькихъ страницъ историческихъ записокъ[6] и былъ бы драгоцѣненъ для потомства. Марья Ивановна слушала ее со вниманіемъ. Онѣ пошли въ садъ. Анна Власьевна разсказала исторію каждой аллеи и каждаго мостика, и, нагулявшись, онѣ возвратились на станцію, очень довольныя другъ другомъ.

На другой день, рано утромъ, Марья Ивановна проснулась, одѣлась и тихонько пошла въ садъ. Утро было прекрасное, солнце освѣщало вершины липъ, пожелтѣвшихъ уже подъ (а) свѣжимъ дыханіемъ осени. Широкое озеро сіяло неподвижно. Проснувшіеся лебеди важно[7] выплывали изъ-подъ кустовъ, осѣняющихъ берегъ. Марья Ивановна пошла около прекраснаго луга, гдѣ только что поставленъ былъ памятникъ въ честь недавнихъ побѣдъ графа Петра Александровича Румянцева. Вдругъ бѣлая собачка англійской породы залаяла и побѣжала ей навстрѣчу; Марья Ивановна испугалась и остановилась. Въ эту самую минуту раздался[8] пріятный женскій голосъ: «не бойтесь: она не укуситъ.» И Марья Ивановна увидѣла даму, сидѣвшую на скамейкѣ противу памятника. Марья Ивановна сѣла на другомъ концѣ скамейки. Дама пристально на нее смотрѣла; а Марья Ивановна съ своей стороны, бросивъ нѣсколько косвенныхъ взглядовъ, успѣла разсмотрѣть ее съ ногъ до головы. Она была въ бѣломъ утреннемъ платьѣ, въ ночномъ чепцѣ и въ душегрѣйкѣ[9]. Ей, казалось, лѣтъ сорокъ. Лицо ея, полное и румяное, выражало важность и спокойствіе, а голубые глаза и легкая улыбка имѣли прелесть неизъяснимую. Дама первая прервала молчаніе.

«Вы, вѣрно, не здѣшняя?» спросила она.

— Точно такъ-съ: я вчера только пріѣхала изъ провинціи.

«Вы пріѣхали съ вашими родными?»

— Никакъ нѣтъ-съ, я пріѣхала одна.

«Одна! Но вы такъ еще молоды.»

— У меня нѣтъ ни отца, ни матери.

«Вы здѣсь, конечно, по какимъ-нибудь дѣламъ?»

— Точно такъ-съ. Я пріѣхала подать просьбу[10] государынѣ.

«Вы сирота: вѣроятно, вы жалуетесь[11] на несправедливость и обиду?»

— Никакъ нѣтъ-съ. Я пріѣхала просить милости, а не правосудія.

«Позвольте спросить, кто вы таковы?»

— Я дочь капитана Миронова.

«Капитана Миронова! того самаго, что был комендантом в одной из оренбургских крѣпостей?»

— Точно так-с.

Дама, казалось, была тронута. «Извините меня,» сказала она голосом еще болѣе ласковым, «если я вмѣшиваюсь в ваши дѣла; но я бываю при дворѣ; изъясните мнѣ, в чем состоит ваша просьба, и, может быть, мнѣ удастся вам помочь[12]?»

Марья Ивановна встала и почтительно ее благодарила. Все в неизвѣстной дамѣ невольно привлекало[13] сердце и внушало довѣренность. Марья Ивановна вынула из кармана сложенную бумагу и подала ее незнакомой своей покровительницѣ, которая стала читать ее про себя.

Сначала она читала с видом внимательным и благосклонным[14]; но вдруг лицо ея перемѣнилось, и Марья Ивановна, слѣдовавшая глазами за всѣми ея движеніями, испугалась строгому выраженію этого лица, за минуту столь пріятному и спокойному.

«Вы просите за Гринева?» сказала дама с холодным видом. «Императрица не может его простить. Он пристал к самозванцу не из невѣжества и легковѣрія, но как безнравственный и вредный негодяй[15].»

— Ах, неправда! вскрикнула Марья Ивановна.

«Как неправда!» возразила дама, вся вспыхнув.

— Неправда, ей-Богу, неправда! Я знаю все, я все вам разскажу. Он для одной меня подвергался всему, что постигло его. И если он не оправдался перед судом, то развѣ потому только, что не хотѣл запутать[16] меня. — Тут она с жаром разсказала все, что уже извѣстно моему читателю.

Дама выслушала ее со вниманіем. «Гдѣ вы остановились?» спросила она потом и, услыша, что у Анны Власьевны, промолвила с улыбкою: «А! знаю. Прощайте; не говорите никому о нашей встрѣчѣ. Я надѣюсь, что вы не долго будете ждать отвѣта на ваше письмо.»

С этим словом она встала и вышла в крытую аллею, а Марья Ивановна возвратилась к Аннѣ Власьевнѣ, исполненная радостной надежды.

Хозяйка побранила[17] ее за раннюю прогулку, вредную, по ея словам, для здоровья молодой дѣвушки. Она принесла самовар, и за чашкою чая только было принялась за безконечные разсказы о дворѣ, как вдруг придворная карета остановилась у крыльца, и камер-лакей вошел с объявленіем, что государыня изволит к себѣ приглашать дѣвицу Миронову.

Анна Власьевна изумилась и расхлопоталась. «Ахти, Господи!» закричала она: «государыня требует вас ко двору. Как же это она про вас узнала? Да как же вы, матушка, представитесь императрицѣ? вы я чай [18], и ступить по придворному не умѣете... Не проводить ли мнѣ васъ? Все-таки я васъ хоть въ чемъ-нибудь да могу предостеречь. И какъ же вамъ ѣхать въ дорожномъ платьѣ?» Камеръ-лакей объявилъ, что государынѣ угодно было, чтобъ Марья Ивановна ѣхала одна и въ томъ, въ чемъ ее застанутъ. Дѣлать было нечего: Марья Ивановна сѣла въ карету и поѣхала во дворецъ, сопровождаемая совѣтами и благословеніями Анны Власьевны.

Марья Ивановна предчувствовала рѣшеніе нашей судьбы; сердце ея сильно билось и замирало [19]. Чрезъ нѣсколько минутъ карета остановилась у дворца. Марья Ивановна съ трепетомъ (gér.) пошла по лѣстницѣ. Двери передъ нею отворились настежъ [20]. Она прошла длинный рядъ пустыхъ, великолѣпныхъ комнатъ; камеръ-лакей указывалъ дорогу. Наконецъ, подошедъ къ запертымъ дверямъ, онъ объявилъ, что сейчасъ объ ней доложитъ [21], и оставилъ ее одну.

Мысль увидѣть императрицу лицомъ къ лицу такъ устрашала ее, что она съ трудомъ могла держаться на ногахъ. Черезъ минуту двери отворились, и она вошла въ уборную государыни.

Императрица сидѣла за своимъ туалетомъ. Нѣсколько придворныхъ окружали ее и почтительно пропустили Марью Ивановну. Государыня ласково къ ней обратилась, и Марья Ивановна узнала въ ней ту даму, съ которой такъ откровенно изъяснялась она нѣсколько минутъ тому назадъ. Государыня подозвала ее и сказала съ улыбкою: «Я рада, что могла сдержать вамъ свое слово и исполнить [22] вашу просьбу. Дѣло ваше кончено. Я убѣждена въ невинности вашего жениха. Вотъ письмо, которое сами потрудитесь отвезти къ будущему свекру [23].»

Марья Ивановна приняла письмо дрожащею рукою и, заплакавъ, упала къ ногамъ императрицы, которая подняла ее и поцаловала. Государыня разговорилась съ нею. «Знаю, что вы не богаты,» сказала она: «но я въ долгу передъ дочерью капитана Миронова. Не безпокойтесь о будущемъ. Я беру на себя устроить (assurer) ваше состояніе.»

Обласкавъ бѣдную сироту, государыня ее отпустила. Марья Ивановна уѣхала въ той же придворной каретѣ. Анна Власьевна, нетерпѣливо ожидавшая ея возвращенія, осыпала ее вопросами, на которые Марья Ивановна отвѣчала кое-какъ [22]. Анна Власьевна хотя и была недовольна ея безпамятствомъ [25], но приписала оное провинціальной застѣнчивости и извинила великодушно. Въ тотъ же день Марья Ивановна, не полюбопытствовавъ [26] взглянуть на Петербургъ, обратно поѣхала въ деревню.

1 assigner; 2 une cloison; 3 surveillant, intendant, inspecteur; 4 entrer en conversation; 5 initier; 6 mémoires; 7 majestueusement; 8 se faire entendre; 9 mantelet doublé de fourrure; 10 présenter une supplique; 11 avoir à se plaindre de quelque ch.; 12 être utile; 13 gagner; 14 bienveillant; 15 vaurien, mauvais

sujet; 16 impliquer dans, compromettre; 17 réprimander, gronder; 18 apparemment, selon toute apparence; 19 se glacer; 20 toutes grandes; 21 annoncer qn.; 22 satisfaire à; 23 beau-père; 24 tant bien que mal; 25 manque, défaut de mémoire; 26 éprouver la curiosité, être curieux.

7. Пятигорскъ. (Лермонтовъ.)

Вчера я пріѣхалъ въ Пятигорскъ, нанялъ квартиру на краю города, на самомъ высокомъ мѣстѣ, у подошвы Машука: во время грозы облака будутъ спускаться до моей кровли. Нынче, въ пять часовъ утра, когда я открылъ окно, моя комната наполнилась запахомъ цвѣтовъ, растущихъ въ скромномъ палисадникѣ [1]. Вѣтки цвѣтущихъ черешень [2] смотрятъ мнѣ въ окно, и вѣтеръ иногда усыпаетъ [3] мой письменный столъ ихъ бѣлыми лепестками. Видъ съ трехъ сторонъ у меня чудесный. На западъ пятиглавый Бэшту синѣетъ, какъ «послѣдняя туча разсѣянной бури;» на сѣверъ поднимается Машукъ, какъ мохнатая [4] персидская шапка, и закрываетъ всю эту часть небосклона; на востокъ смотрѣть веселѣе: внизу передо мною пестрѣетъ [5] чистенькій, новенькій городокъ, шумятъ цѣлебные [6] ключи, шумитъ разноязычная [7] толпа, — а тамъ, дальше, амфитеатромъ громоздятся [8] горы все синѣе и туманнѣе, а на краю горизонта тянется серебряная цѣпь снѣговыхъ вершинъ, начинаясь Казбекомъ и оканчиваясь двуглавымъ Эльборусомъ.... Весело жить въ такой землѣ! Какое-то отрадное чувство разлито [9] во всѣхъ моихъ жилахъ. Воздухъ чистъ и свѣжъ, какъ поцалуй ребенка; солнце ярко, небо сине — чего бы, кажется, больше? зачѣмъ тутъ страсти, желанія, сожалѣнія? Однако пора. Пойду къ Елизаветинскому источнику: тамъ, говорятъ, утромъ собирается все водяное общество.

1 enclos, m.; 2 merisier; 3 joncher, semer de; 4 velu, à poil; 5 briller de diverses couleurs; 6 thermal, minéral; 7 aux langages divers; 8 entasser, échafauder; 9 se répandre, déborder.

8. Карагёзъ. (Лермонтовъ.)

«Славная у тебя лошадь!» говорилъ Азаматъ: «еслибъ я былъ хозяинъ въ домѣ и имѣлъ табунъ [1] въ триста кобылъ, то отдалъ-бы половину за твоего скакуна [2], Казбичъ!»

А! Казбичъ! подумалъ я, и вспомнилъ кольчугу [3].

— «Да,» отвѣчалъ Казбичъ послѣ нѣкотораго молчанія: «въ цѣлой Кабардѣ не найдешь такой. Разъ, — это было за Терекомъ, — я ѣздилъ съ абреками отбивать [4] русскіе табуны; намъ не посчастливилось, и мы разсыпались кто куда. За мной неслись [5] четыре казака: ужъ я слышалъ за собою крики гяуровъ [6], и передо мною былъ густой лѣсъ. Прилегъ я на сѣдло, поручилъ себя Аллаху, и въ первый разъ въ жизни оскорбилъ коня ударомъ плети. Какъ птица нырнулъ [7] онъ между вѣтвями; острыя колючки рвали мою одежду, сухіе сучья карагача [8] били меня по лицу. Конь мой прыгалъ черезъ пни, разрывалъ кусты грудью [9]. Лучше было-бы мнѣ его бросить у опушки [10] и скрыться въ лѣсу пѣшкомъ, да жаль было съ нимъ разстаться, — и пророкъ вознаградилъ меня. Нѣсколько пуль провизжало надъ моей головою; я ужъ слышалъ, какъ спѣшившіеся казаки бѣжали по слѣдамъ.... Вдругъ передо мною рытвина [11] глубокая; скакунъ мой призадумался [12] — и прыгнулъ. Заднія его копыта оборвались [13] съ противнаго берега, и онъ повисъ [14] на переднихъ ногахъ. Я бросилъ поводья и полетѣлъ въ оврагъ; это спасло моего коня: онъ выскочилъ. Казаки все это видѣли, только ни одинъ не спустился меня искать: они, вѣрно, думали, что я убился до смерти, и я слышалъ, какъ они бросились ловить [15] моего коня. Сердце мое облилось кровью; поползъ я по густой травѣ вдоль по оврагу, — смотрю: лѣсъ кончился, нѣсколько казаковъ выѣзжаютъ изъ него на поляну, и вотъ выскакиваетъ прямо къ нимъ мой Карагёзъ. Всѣ кинулись за нимъ съ крикомъ; долго, долго они за нимъ гонялись, особенно одинъ раза два чуть-чуть не накинулъ ему на шею аркана [16]; я задрожалъ, опустилъ глаза и началъ молиться. Черезъ нѣсколько мгновеній поднимаю ихъ — и вижу: мой Карагёзъ летитъ, развѣвая хвостъ, вольный какъ вѣтеръ, а гяуры далеко одинъ за другимъ тянутся по степи на измученныхъ коняхъ. Валлахъ! это правда, истинная правда! До поздней ночи я сидѣлъ въ своемъ оврагѣ. Вдругъ, что-жъ ты думаешь, Азаматъ? во мракѣ слышу, бѣгаетъ по берегу оврага конь, фыркаетъ [17], ржетъ и бьетъ копытами о землю; я узналъ голосъ моего Карагёза; это былъ онъ, мой товарищъ!... Съ тѣхъ поръ мы не разлучались.»

1 troupeau de chevaux; 2 coursier, cheval de course; 3 cotte de mailles; 4 enlever; 5 avoir à ses trousses; 6 le giaour; 7 plonger, s'élancer à travers; 8 ormeau nain; 9 le poitrail; 10 la lisière, le bord; 11 un ravin; 12 hésiter un instant; 13 glisser; 14 rester suspendu; 15 s'élancer à la poursuite; 16 le lacet; 17 s'ébrouer.

9. Осада Пскова. (Карамзинъ.)

26-го августа непріятель обступилъ [1] городъ подъ громомъ всѣхъ нашихъ бойницъ [2], заслоняясь [3] лѣсомъ отъ ихъ пальбы (= огонь), но теряя не мало людей, къ удивленію Стефана Баторія, не хотѣвшаго вѣрить столь мѣткому [4] и сильному дѣйствію россійскихъ пушекъ. Онъ сталъ въ шатрахъ на московской дорогѣ, близъ Любатовской церкви св. Николая, и долженъ былъ снять ихъ, чтобы удалиться отъ свиста летающихъ надъ нимъ ядеръ къ берегамъ Черехи, за высоты и холмы. Пять дней миновало въ тишинѣ. Непріятель укрѣплялъ станъ на берегу Великой, осматривалъ городъ и 1-го сентября началъ копать борозды (или вести траншеи [5]) къ воротамъ Покровскимъ вдоль рѣки; работалъ день и ночь; прикатилъ туры [6], сдѣлалъ осыпь [7]. Воеводы псковскіе видѣли работу (pl.), угадывали намѣреніе и въ семъ опасномъ, угрожаемомъ мѣстѣ заложили новыя, внутреннія укрѣпленія, деревянную стѣну съ раскатами [8]; выбрали лучшихъ дѣтей боярскихъ, стрѣльцовъ и смѣлаго вождя, князя Андрея Хворостинина, для ея защиты; велѣли пѣть молебны тамъ и кропить [9] святою водою землю, готовую ороситься кровію воиновъ доблихъ. Тутъ были неотходно [10] и князья Шуйскіе, и дьяки [11] государевы, данные имъ для совѣта. Поляки, 7-го сентября, устроивъ бойницы, на самомъ разсвѣтѣ открыли сильную пальбу (feu) изъ двадцати тяжелыхъ орудій; громили [12] стѣны между воротами Покровскими и Свиными; въ слѣдующій день сбили ихъ въ разныхъ мѣстахъ, и король объявилъ своимъ воеводамъ, что путь въ городъ открытъ для героевъ, что россіяне въ ужасѣ и время дорого. Воеводы, обѣдая въ шатрѣ королевскомъ, сказали Баторію: «Государь! мы будемъ нынѣ ужинать въ замкѣ псковскомъ». Спѣшили къ дѣлу, обѣщая воинамъ всѣ богатства города, корысть [13] и плѣнъ безъ остатка. Венгры, нѣмцы, поляки устремились къ проломамъ [14], распустивъ знамена, съ трубнымъ звукомъ и воплемъ. Россіяне ждали ихъ; извѣщенные о приступѣ звономъ осаднаго [15] колокола, всѣ граждане простились съ женами, благословили дѣтей, стали вмѣстѣ съ воинами между развалинами каменной стѣны и новою деревянною, еще недостроенною. Игуменъ Тихонъ и священники молились въ храмѣ соборномъ. Господь услышалъ сію молитву: 8-ое сентября осталось въ исторіи славнѣйшимъ днемъ для Пскова.

Не взирая на жестокій огонь городскихъ бойницъ, непріятель по тѣламъ своихъ достигъ крѣпости, ворвался въ проломы, взялъ башню Покровскую, Свиную и распустилъ на нихъ знамена королевскія, къ живѣйшей радости Баторія, смотрѣвшаго битву съ колокольни св. Никиты-мученика (въ полуверстѣ отъ Пскова). Поляки въ отверзтіяхъ стѣны рѣзались съ гражданами, съ дѣтьми боярскими и стрѣльцами; изъ башенъ, занятыхъ венграми и нѣмцами, сыпались пули на россіянъ, слабѣющихъ, тѣснимыхъ. Тутъ князь Шуйскій, облитый кровію, сходитъ съ раненаго коня, удерживаетъ отступающихъ, показываетъ имъ образъ Богоматери и мощи [17] св. Всеволода-Гавріила, несомыя іереями изъ соборнаго храма; свѣдавъ, что Литва уже въ башняхъ и на стѣнѣ, они шли съ сею святынею въ самый пылъ битвы, умереть или спасти городъ небеснымъ вдохновеніемъ мужества. Россіяне укрѣпились въ духѣ, стали непоколебимо, и вдругъ Свиная башня, въ рѣшительный часъ ими подорванная [18], взлетѣла на воздухъ съ королевскими знаменами.... Ровъ наполнился трупами нѣмцевъ, венгровъ, ляховъ, а къ нашимъ приспѣли новыя дружины воиновъ изъ дальныхъ, безопасныхъ частей города; всѣ твердо сомкнулись [19], двинулись впередъ, воскликнувъ: «Не предадимъ Богоматери и св. Всеволода!» и дружнымъ ударомъ смяли изумленныхъ враговъ, вытѣснили изъ проломовъ, низвергнули съ раскатовъ. Долѣе иныхъ упорствовали венгры, засѣвъ въ Покровской башнѣ; ихъ выгнали огнемъ и мечомъ. Кровь лилась до вечера (ибо Стефанъ свѣжимъ войскомъ усилилъ поляковъ), но уже внѣ крѣпости, гдѣ оставались только больные, старцы и дѣти. Самыя жены, узнавъ, что стѣна очищена отъ ногъ литовскихъ, что царскія знамена опять стоятъ на ея раскатахъ и что непріятель бросилъ нѣсколько легкихъ пушекъ въ воротахъ, явились на мѣстѣ битвы: однѣ съ веревками, чтобы тащить сіи взятыя орудія въ Кремль; другія съ холодною водою, чтобы освѣжить запекшіяся уста воиновъ, изнемогающихъ отъ жажды; многія даже съ копьями, чтобы помогать мужьямъ и братьямъ въ сѣчѣ. Наконецъ, все нерусское бѣжало. Съ трофеями, знаменами, трубами литовскими и съ великимъ числомъ плѣнниковъ возвратились побѣдители въ городъ, уже ночью, воздать хвалу Богу въ соборной церкви, гдѣ воеводы сказали ратникамъ и гражданамъ: «Такъ миновалъ для насъ первый день трудовъ, мужества, плача и веселія! Совершимъ какъ мы начали! Пали сильные враги наши, а мы, слабые, съ ихъ доспѣхами стоимъ предъ алтаремъ Всевышняго. Гордый исполинъ лишился хлѣба, а мы въ христіанскомъ смиреніи насытились милосердіемъ небеснымъ. Исполнимъ клятвенный обѣтъ [20], данный нами безъ лукавства и хитрости (artifice): не измѣнимъ церкви и государю ни робостію, ни малодушнымъ отчаяніемъ!» Воины и граждане отвѣтствовали съ слезами умиленія [21]: «Мы готовы умереть за вѣру Христову! какъ начали, такъ и совершимъ съ Богомъ безъ всякой хитрости!» — Послали гонца въ Москву съ радостною вѣстію: онъ счастливо миновалъ станъ литовскій. Велѣли успокоить и лечить раненыхъ изъ казны государевой. Ихъ было 1626 человѣкъ, убитыхъ-же 863. Непріятелей легло около пяти тысячъ, болѣе восьмидесяти знатныхъ сановниковъ и въ числѣ ихъ Бекези, полководецъ венгерскій, отмѣнно уважаемый, любимый Стефаномъ, который съ досады заключился въ шатрѣ и не хотѣлъ видѣть воеводъ своихъ, обѣщавшихъ ужинать съ нимъ въ замкѣ псковскомъ.

1 cerner; 2 batterie; 3 se couvrir, se garantir, être garanti; 4 tirer juste, un tir juste; 5 tranchée; 6 des gabions; 7 rempart, m.; 8 bastion, m.; 9 asperger; 10 constamment; 11 secrétaire; 12 foudroyer; 13 gain, butin; 14 la brèche; 15 d'alarme; 16 braver; 17 les reliques, f.; 18 miner; 19 se serrer, serrer les rangs; 20 le vœu; 21 attendrissement.

10. Утро на берегахъ Женевскаго озера. (Жуковскій.)

Теперь 4-е января (стараго стиля); день ясный и теплый; солнце свѣтитъ съ прекраснаго голубаго неба; предъ глазами моими разстилается лазуревая долина Женевскаго озера; нѣтъ ни одной волны; не видишь движенія, а только его чувствуешь: озеро дышитъ. Сквозь голубой царь (pl.) подымаются голубыя горы съ снѣжными сіяющими[1] отъ (au) солнца вершинами; по озеру плывутъ лодки, за которыми тянутся серебряныя струи[2], и надъ ними вертятся освѣщенные солнцемъ рыболовы[3], которыхъ крылья блещутъ какъ яркія искры; на горахъ, между синевою[4] лѣсовъ, блестятъ деревни, хижины, замки; съ домовъ (comme), бѣлыми змѣями, вьются полосы[5] дыма; иногда въ тишинѣ, между огромными горами, которыхъ громады приводятъ невольно въ трепетъ[6], вдругъ раздастся звонъ часоваго колокола съ башни церковной; этотъ звонъ, какъ гармоника, промчавшись[7] по воздуху, умолкаетъ, и все опять удивительно тихо въ солнечномъ свѣтѣ: онъ ярко лежитъ на дорогѣ, на которой тамъ и здѣсь идетъ пѣшеходъ и за нимъ (suivi de) его тѣнь. Въ разныхъ мѣстахъ слышатся звуки, не нарушающіе[8] общей тишины, но еще болѣе оживляющіе чувство спокойствія: тамъ далекій лай собаки, тамъ скрипъ[9] огромнаго воза, тамъ человѣческій голосъ. Между тѣмъ въ воздухѣ удивительная свѣжесть; есть какой-то запахъ не весенній, не осенній, а зимній; есть какое-то легкое, горное благоуханіе[10], котораго не чувствуешь въ равнинахъ. Вотъ вамъ картина одного утра на берегахъ моего озера; каждый день смѣняетъ ее другая.

1 resplendir, éclater, rayonner; 2 le sillon; 3 la mouette; 4 la couleur bleu foncé, espace bleu; 5 nuage, la bande; 6 faire trembler, frissonner; 7 traverser rapidement, fendre; 8 troubler, interrompre; 9 le bruit; 10 parfum, exhalaison.

11. Изъ путешествія въ Арзерумъ. (А. Пушкинъ.)

Въ Ставрополѣ увидѣлъ я на краю неба облака, поразившія мнѣ взоры ровно за десять лѣтъ. Они были все тѣ же, все на томъ же мѣстѣ. Это — снѣжныя вершины кавказской цѣпи.

Изъ Георгіевска я заѣхалъ на Горячія воды. Здѣсь нашелъ я большую перемѣну. Въ мое время ванны находились въ лачужкахъ, наскоро построенныхъ. Источники, большею частію въ первобытномъ своемъ видѣ, били, дымились и стекали съ горъ по разнымъ направленіямъ, оставляя по себѣ бѣлые и красноватые слѣды. Мы черпали кипучую воду ковшикомъ[1] изъ коры или дномъ разбитой бутылки. Нынче выстроены великолѣпные ванны и дома. Бульваръ, обсаженный липами, проведенъ по склоненію Машука. Вездѣ чистенькія дорожки, зеленыя лавочки, правильные цвѣтники, мостики, павильоны. Ключи обдѣланы, выложены камнемъ; на стѣнахъ ваннъ прибиты предписанія отъ полиціи; вездѣ порядокъ, чистота, красивость. . . .

Признаюсь, кавказскія воды представляютъ нынѣ болѣе удобностей; но мнѣ было жаль ихъ прежняго, дикаго состоянія; мнѣ было жаль крутыхъ каменныхъ тропинокъ[2], кустарниковъ и неогороженныхъ пропастей, надъ которыми, бывало, я карабкался[3]. Съ грустью оставилъ я воды и отправился обратно въ Георгіевскъ. Скоро настала ночь. Чистое небо усѣялось милліонами звѣздъ; я ѣхалъ берегомъ Подкумка. Здѣсь, бывало, сиживалъ со мною А. Р., прислушиваясь къ мелодіи водъ. Величавый Бешту чернѣе и чернѣе рисовался въ отдаленіи, окруженный горами, своими вассалами, и наконецъ исчезъ во мракѣ.

На другой день мы отправились далѣе и прибыли въ Екатериноградъ, бывшій нѣкогда намѣстническимъ городомъ.

Съ [4] Екатеринограда начинается военная грузинская дорога; почтовый трактъ [5] прекращается. Нанимаютъ лошадей до Владикавказа. Дается конвой казачій и пѣхотный и одна пушка. Почта отправляется два раза въ недѣлю, и проѣзжіе къ ней присоединяются: это называется *оказіей*. Мы дожидались недолго. Почта пришла на другой день, и на третье утро въ 9 часовъ мы были готовы отправиться въ путь. На сборномъ мѣстѣ соединился весь караванъ, состоявшій изъ пятисотъ человѣкъ или около. Пробили въ барабанъ. Мы тронулись. Впередъ поѣхала пушка, окруженная пѣхотными солдатами. За нею потянулись коляски, брички, кибитки солдатокъ, переѣзжающихъ изъ одной крѣпости въ другую; за ними заскрипѣлъ [6] обозъ двуколесныхъ арбъ. По сторонамъ бѣжали конскіе табуны и стада воловъ. Около нихъ скакали ногайскіе проводники въ буркахъ [7] и съ арканами [8]. Все это сначала мнѣ очень нравилось, но скоро надоѣло. Пушка ѣхала шагомъ, фитиль [9] курился, и солдаты раскуривали имъ трубки. Медленность нашего похода (въ первый день мы прошли только пятнадцать верстъ), несносная жара, недостатокъ припасовъ, безпокойные ночлеги, наконецъ безпрерывный скрипъ ногайскихъ арбъ выводили меня изъ терпѣнія. Татары тщеславятся [10] этимъ скрипомъ, говоря, что они разъѣзжаютъ какъ честные люди, не имѣющіе нужды укрываться. На сей разъ пріятнѣе было бы мнѣ путешествовать не въ столь почетномъ обществѣ. Дорога довольно однообразная: равнина, по сторонамъ холмы. На краю неба — вершины Кавказа, каждый день являющіяся выше и выше. Крѣпости, достаточныя для здѣшняго края, со рвомъ, который каждый изъ насъ перепрыгнулъ бы въ старину не разбѣгаясь, съ пушками, не стрѣлявшими со временъ графа Гудовича, съ валомъ, по которому бродитъ гарнизонъ курицъ и гусей. Въ крѣпостяхъ нѣсколько лачужекъ [11], гдѣ съ трудомъ можно достать десятокъ яицъ и кислаго молока.

Первое замѣчательное мѣсто есть крѣпость Минаретъ. Приближаясь къ ней, нашъ караванъ ѣхалъ по прелестной долинѣ, между курганами [12], обросшими липой и чинаромъ. Это могилы нѣсколькихъ тысячъ умершихъ чумою. Пестрѣлись цвѣты, порожденные [13] зараженнымъ [14] пепломъ. Справа сіялъ снѣжный Кавказъ; впереди возвышалась огромная лѣсистая гора; за нею находилась крѣпость; кругомъ ея видны слѣды разореннаго аула, называвщагося Татартубомъ и бывшаго нѣкогда главнымъ въ большой Кабардѣ. Легкій, одинокій Минаретъ свидѣтельствуетъ о бытіи исчезнувшаго селенія. Онъ стройно [15] возвышается между грудами камней, на берегу изсохшаго потока; внутренняя лѣстница еще не обрушилась. Я взобрался по ней на площадку, съ которой уже не раздается голосъ муллы. Тамъ нашелъ я нѣсколько неизвѣстныхъ именъ, нацарапанныхъ на кирпичахъ славолюбивыми путешественниками.

Дорога наша сдѣлалась живописна. Горы тянулись надъ нами. На ихъ вершинахъ ползали чуть видныя стада и казались насѣкомыми. Мы различили и пастуха, можетъ быть, русскаго, нѣкогда взятаго въ плѣнъ и состарѣвшаго въ неволѣ. Мы встрѣтили еще курганы, еще развалины. Два-три надгробныхъ памятника стояли на краю дороги. Тамъ, по обычаю черкесовъ, похоронены ихъ наѣздники. Татарская надпись, изображеніе шашки, танга, изсѣченныя на камнѣ, оставлены хищнымъ внукамъ въ память хищнаго предка.

Черкесы насъ ненавидятъ [16]. Мы вытѣснили ихъ изъ привольныхъ пастбищъ; аулы ихъ разорены, цѣлыя племена уничтожены. Они часъ отъ часу далѣе углубляются въ горы и оттуда направляютъ [17] свои набѣги [18]. Дружба *мирныхъ* черкесовъ ненадежна [19]: они всегда готовы помочь буйнымъ [20] своимъ единоплеменникамъ. Духъ дикаго ихъ рыцарства замѣтно упалъ [21]. Они рѣдко нападаютъ въ (à) равномъ числѣ на казаковъ, никогда на пѣхоту, и бѣгутъ, завидя пушку. За то никогда не пропустятъ случая напасть на слабый отрядъ или на беззащитнаго. Здѣшняя сторона полна молвой [22] о ихъ злодѣйствахъ [23]. Почти нѣтъ никакого способа ихъ усмирить, пока ихъ не обезоружатъ, какъ обезоружили крымскихъ татаръ, что чрезвычайно трудно исполнить, по причинѣ господствующихъ между ними наслѣдственныхъ распрей и мщенія крови [24]. Кинжалъ и шашка суть члены ихъ тѣла, и младенецъ начинаетъ владѣть ими прежде, нежели лепетать. У нихъ убійство — простое тѣлодвиженіе. Плѣнниковъ они сохраняютъ въ надеждѣ на выкупъ, но обходятся съ ними съ ужаснымъ безчеловѣчіемъ, заставляютъ работать сверхъ силъ, кормятъ сырымъ тѣстомъ, бьютъ, когда вздумается [25], и приставляютъ къ нимъ для стражи своихъ мальчишекъ, которые за одно слово вправѣ ихъ изрубить своими дѣтскими шашками. Недавно поймали мирнаго черкеса, выстрѣлившаго въ солдата. Онъ оправдывался тѣмъ, что ружье его слишкомъ долго было заряжено. Что дѣлать съ таковымъ народомъ? Должно, однакожъ, надѣяться, что пріобрѣтеніе восточнаго края Чернаго моря, отрѣзавъ черкесовъ отъ торговли съ Турціей, принудитъ ихъ съ нами сблизиться. Вліяніе роскоши можетъ благопріятствовать ихъ укрощенію [26]: самоваръ былъ бы важнымъ нововведеніемъ. Есть средство болѣе сильное, болѣе нравственное, болѣе сообразное съ просвѣщеніемъ нашего вѣка: проповѣданіе евангелія. Черкесы очень недавно приняли магометанскую вѣру. Они были увлечены дѣятельнымъ фанатизмомъ апостоловъ корана, между коими отличался Мансуръ, человѣкъ необыкновенный, долго возмущавшій Кавказъ противу русскаго владычества, наконецъ схваченный нами и умершій въ Соловецкомъ монастырѣ. Кавказъ ожидаетъ христіанскихъ миссіонеровъ. Но тщетно въ замѣну слова живаго выливать мертвыя буквы и посылать нѣмыя книги людямъ, не знающимъ грамоты.

Мнѣ предстоялъ переходъ черезъ невысокія горы, естественную границу Карскаго пашалыка. Небо покрыто было тучами; я надѣялся, что вѣтеръ, который часъ отъ часу усиливался, ихъ разгонитъ [27]. Но дождь сталъ накрапывать [28] и шелъ все крупнѣе и чаще. Отъ Пернике до Гумровъ считается 27 верстъ. Я затянулъ ремни моей бурки, надѣлъ башлыкъ на картузъ и поручилъ себя провидѣнію.

Прошло болѣе двухъ часовъ. Дождь не переставалъ. Вода ручьями лилась съ моей отяжелѣвшей бурки и съ башлыка, напитаннаго [29] дождемъ. Наконецъ холодная струя начала пробираться мнѣ за галстухъ, и вскорѣ дождь меня промочилъ до послѣдней нитки. Ночь была темная; казакъ ѣхалъ впереди, указывая дорогу. Мы стали подыматься на горы. Между тѣмъ дождь пересталъ и тучи разсѣялись. До Гумровъ оставалось верстъ десять. Вѣтеръ, дуя на свободѣ, былъ такъ силенъ, что въ четверть часа высушилъ меня совершенно. Я не думалъ избѣжать горячки. Наконецъ я достигнулъ Гумровъ около полуночи. Казакъ привезъ меня прямо къ посту. Мы остановились у палатки, куда спѣшилъ я войти. Тутъ нашелъ я двѣнадцать казаковъ, спящихъ одинъ возлѣ другаго. Мнѣ дали мѣсто: я повалился на бурку, не чувствуя самъ себя отъ усталости. Въ этотъ день проѣхалъ я 75 верстъ. Я заснулъ, какъ убитый.

Казаки разбудили меня на зарѣ. Первою моею мыслію было: не лежу ли въ лихорадкѣ, но почувствовалъ, что, слава Богу, былъ здоровъ; не было слѣда не только болѣзни, но и усталости. Я вышелъ изъ палатки на свѣжій утренній воздухъ. Солнце всходило. На ясномъ небѣ бѣлѣла снѣговая, двуглавая гора. Что за гора? спросилъ я, потягиваясь, и услышалъ въ отвѣтъ: это Араратъ. Какъ сильно дѣйствіе звуковъ! Жадно глядѣлъ я на библейскую гору, видѣлъ ковчегъ [30], причалившій къ ея вершинѣ съ надеждой обновленія и жизни, и врана и голубицу, излетающихъ, символы казни [31] и примиренія.

Лошадь моя была готова. Я поѣхалъ съ проводникомъ. Утро было прекрасное. Солнце сіяло. Мы ѣхали по широкому лугу, по густой зеленой травѣ, орошенной росою и каплями вчерашняго дождя. Передъ нами блистала рѣчка, черезъ которую должны мы были переправиться. Вотъ и Арпачай, сказалъ мнѣ казакъ. Арпачай! наша граница! Это стоило

Арарата. Я поскакалъ къ рѣкѣ съ чувствомъ неизъяснимымъ. Никогда еще не видалъ я чужой земли. Граница имѣла для меня что-то таинственное; съ дѣтскихъ лѣтъ путешествія были моею любимою мечтою. Долго велъ я потомъ жизнь кочующую, скитаясь то по югу, то по сѣверу, и никогда еще не вырывался изъ предѣловъ необъятной[32] Россіи. Я весело въѣхалъ въ завѣтную[33] рѣку, и добрый конь вынесъ меня на турецкій берегъ. Но этотъ берегъ былъ уже завоеванъ; я все еще находился въ Россіи!

---

1 un puisoir; 2 le sentier; 3 grimper, gravir; 4 à partir de; 5 le relais; 6 entendre crier, grincer les roues; 7 manteau de feutre, de laine; 8 nœud coulant (en corde); 9 la mèche; 10 faire parade; 11 chétive cabane, masure; 12 le tertre, le tumulus; 13 naître; 14 infecté; 15 élégant; 16 haïr, détester; 17 entreprendre; 18 incursion; 19 précaire, peu sûr; 20 audacieux, turbulent; 21 déchoir; 22 le bruit; 23 crime, brigandages; 24 vengeance de famille; 25 l'idée leur en vient; 26 répression, soumission; 27 dissiper; 28 des gouttes de pluie commencent à tomber; 29 saturé; 30 arche, f.; 31 châtiment; 32 vaste, immense; 33 sacré.

12. Лѣсъ и степь. (Тургеневъ)

Охота съ ружьемъ и собакой прекрасна сама по себѣ, für sich, какъ говаривали въ старину. Но положимъ, вы не родились охотникомъ: вы все таки любите природу; вы, слѣдовательно, не можете не завидовать нашему брату... Слушайте.

Знаете ли вы, напримѣръ, какое наслажденіе выѣхать весной до зари? Вы выходите на крыльцо[1]: на темносѣромъ небѣ кой-гдѣ мигаютъ[2] звѣзды; влажный вѣтерокъ изрѣдка набѣгаетъ легкой волной; слышится сдержанный, неясный шопотъ ночи; деревья слабо шумятъ, облитыя тѣнью. Вотъ кладутъ коверъ на телегу, ставятъ въ ноги ящикъ съ самоваромъ. Пристяжныя ежатся, фыркаютъ и щеголевато переступаютъ ногами[3]; пара только что проснувшихся бѣлыхъ гусей, молча и медленно, перебирается черезъ дорогу. За плетнемъ, въ саду, мирно похрапываетъ сторожъ; каждый звукъ словно стоитъ въ застывшемъ воздухѣ — стоитъ и не проходитъ. Вотъ вы сѣли, лошади разомъ тронулись, громко застучала телега. Вы ѣдете — ѣдете мимо церкви, съ горы на-право, черезъ плотину; прудъ едва начинаетъ дымиться. Вамъ холодно немножко, вы закрываете лицо воротникомъ шинели: вамъ дремлется. Лошади скучно шлепаютъ ногами[4] по лужамъ, кучеръ посвистываетъ. Но вотъ вы отъѣхали версты четыре — край неба алѣетъ; въ березахъ просыпаются, неловко перелетываютъ галки; воробьи чирикаютъ около темныхъ скирдъ.[5] Свѣтлѣетъ воздухъ, виднѣй дорога, яснѣетъ небо, бѣлѣютъ тучки, зеленѣютъ поля. Въ избахъ краснымъ огнемъ горятъ лучины[6], за воротами слышны заспанные голоса. А между тѣмъ заря разгарается[7]; вотъ уже золотыя полосы протянулись по небу; въ оврагахъ клубятся[8] пары; жаворонки звонко поютъ; передразсвѣтный вѣтеръ подулъ, — и тихо всплываетъ багровое солнце. Свѣтъ такъ и хлынетъ [9] потокомъ (pl.); сердце въ васъ встрепенется, какъ птица. Свѣжо, весело, любо! Далеко видно кругомъ. Вонъ за рощей деревня; вонъ подальше другая съ бѣлой церковью; вонъ березовый лѣсокъ на горѣ; за нимъ болото, куда вы ѣдете. Живѣе, кони, живѣе! крупной рысью [10] впередъ! Версты три осталось, не больше. Солнце быстро поднимается; небо чисто... Погода будетъ славная. Стадо потянулось изъ деревни къ вамъ на встрѣчу. Вы взобрались на гору... Какой видъ! рѣка вьется верстъ на десять, тускло синѣя сквозь туманъ; за ней водянисто-зеленые луга; за лугами пологіе холмы; вдали чибисы [11] съ крикомъ вьются надъ болотомъ; сквозь влажный блескъ, разлитый въ воздухѣ, ясно выступаетъ даль... не то, что лѣтомъ. Какъ вольно дышитъ грудь, какъ бодро движутся члены, какъ крѣпнетъ весь человѣкъ, охваченный свѣжимъ дыханіемъ весны.

А лѣтнее, іюльское утро! Кто, кромѣ охотника, испыталъ, какъ отрадно бродить на зарѣ по кустамъ! . . . . Солнце все выше и выше. Быстро сохнетъ трава. Вотъ уже жарко стало. Проходитъ часъ, другой... небо темнѣетъ по краямъ; колючимъ зноемъ пышетъ неподвижный воздухъ. «Гдѣ-бы, братъ, тутъ напиться?» спрашиваете вы у косаря. — «А вонъ въ оврагѣ колодезь». — Сквозь густые кусты орѣшника, перепутанные цѣпкой [12] травой, спускаетесь вы на дно оврага; точно: подъ самымъ обрывомъ таится источникъ; дубовый кустъ жадно раскинулъ надъ водою свои лапчатые сучья; большіе серебристые пузыри, колыхаясь, поднимаются со дна, покрытаго мелкимъ, бархатнымъ мохомъ. Вы бросаетесь на землю, вы напились, но вамъ лѣнь (trop paresseux pour...) пошевельнуться. Вы въ тѣни, вы дышите пахучей сыростью; вамъ хорошо, а противъ васъ кусты раскаляются и словно желтѣютъ на солнцѣ. Но что это? Вѣтеръ внезапно налетѣлъ и промчался; воздухъ дрогнулъ кругомъ: ужъ не громъ-ли? Вы выходите изъ оврага... что за свинцовая полоса на небосклонѣ? зной-ли густѣетъ? туча-ли надвигается? Но вотъ слабо сверкнула молнія... да это гроза! Кругомъ еще ярко свѣтитъ солнце: охотиться еще можно. Но туча растетъ: передній ея край вытягивается рукавомъ, наклоняется сводомъ. Трава, кусты, все вдругъ потемнѣло... Скорѣй! вонъ, кажется, виднѣется сѣнной сарай... скорѣе!.. Вы добѣжали, вошли... Каковъ дождикъ! каковы молніи! Кой-гдѣ сквозь соломенную крышу закапала вода на душистое сѣно. Но вотъ солнце опять заиграло. Гроза прошла; вы выходите. Боже мой, какъ весело сверкаетъ все кругомъ, какъ воздухъ свѣжъ и жидокъ [13], какъ пахнетъ земляникой и грибами!

1 le perron, la porte; 2 scintiller; 3 piaffer; 4 frapper du pied (lourdement); 5 la meule; 6 copeau allumé; 7 s'enflammer, s'allumer; 8 tourbillonner, se

roaler en tourbillons; 9 jaillir; 10 grand trot; 11 le vanneau; 12 grimpant; 13 limpide.

13. Водопады Иматрскій и Нарвскій. (А. Муравьевъ.)

Рѣка Вокша, довольно широкая въ обыкновенномъ своемъ теченіи, втѣсняется здѣсь въ узкое русло[1] и по отлогой покатости, наполненной камнями, съ шумомъ стремится на разстояніи четверти версты, доколѣ не находитъ себѣ пространнаго ложа[2]. Утесистые, зеленые берега ея покрыты съ одной стороны лѣсомъ, съ другой англійскимъ садомъ; четыре малыя бесѣдки стоятъ по краямъ водоската; у его начала видѣнъ вдали лѣсистый[3] островъ, внизу-же, противъ поворота рѣки, лежитъ на горѣ селеніе: такова Иматра.

Но дико и отрадно смотрѣть изъ нижней бесѣдки на шумное страданіе[4] волнъ: съ какимъ ужасомъ скачутъ онѣ одна надъ другою, какъ бѣлое стадо испуганныхъ овецъ! съ какимъ отчаяніемъ отрываются отъ пучины[5] длинные плески[6], какъ сѣдые локоны, которые рветъ на себѣ терзаемый[7] духъ этой бездны! и какъ, наконецъ, его измученныя дѣти, всѣ изрѣзанныя камнями, исторгшись изъ сего адскаго русла, одною широкою волною разстилаются по мягкому ложу. Если природа хотѣла олицетворить[8] здѣсь чувство скрытаго въ ея нѣдрахъ[9] ужаса, — она достигла цѣли и досказала его глухимъ ревомъ[10] бурной стихіи. Человѣкъ, склоняясь надъ бездною, жадно прислушивается къ дикому говору[11] волнъ и будто хочетъ разобрать, въ порывѣ[12] отчаянія одной изъ стихій, тотъ дивный языкъ, который отъ него утаила[13] природа подъ печатію своего безмолвнаго величія.

Посѣтивъ въ началѣ весны Нарвскій водопадъ, я имѣю нынѣ случай сравнить его съ Иматрою. Обоими славятся окрестности нашей сѣверной столицы. Но воды Нарвы падаютъ однимъ широкимъ уступомъ, а воды Иматры тѣснятся по долгому скату[14]. Первое впечатлѣніе Нарвы сильнѣе, какъ и самое паденіе, но скоротечно; впечатлѣніе Иматры продолжительно, какъ зрѣлище долгаго страданія. Одинаково слышенъ издали ревъ обоихъ; но въ Нарвѣ — это голосъ гнѣвной рѣки, встрѣтившей препоны, въ Иматрѣ — это вопль[15] казни и мученій: все пусто и уныло окрестъ нея, какъ лобное мѣсто[16].

Напротивъ того, въ Нарвѣ естъ жизнь и посреди бунтующей влаги[17], рука человѣческая воздвигла тамъ мельницу на острову, раздѣлившемъ водопадъ, и не вдалекѣ видѣнъ городъ съ его двумя замками. Казалось, самая рѣка такъ сильно раскачала свои волны, чтобы разбить только каменную печать, которую два враждебныя племени положили на берегахъ ея. Одинокая башня рыцарей, вся въ развалинахъ, какъ ихъ орденъ, доселѣ грозится на многобашенный Иванъ-городъ, поставленный дланію грознаго царя на рубежѣ[18] меченосцевъ. Промежду нихъ съ шумомъ несется бурный потокъ, какъ пронеслись съ шумомъ великія событія сихъ твердынь [19], когда умолкла кровавая между ними бесѣда.

1 le lit; 2 la couche; 3 boisé; 4 la lutte, la tourmente; 5 le gouffre, l'abîme; 6 jaillissement; 7 tourmenter, irriter; 8 manifester; 9 entrailles; 10 rugissement; 11 le langage; 12 accès, m.; 13 cacher; 14 la pente, la déclivité; 15 gémissement, lamentation; 16 lieu de supplice, lieu de mort; 17 les flots, les eaux; 18 la borne, la limite; 19 forteresse, citadelle.

Кто истинно добрый и счастливый человѣкъ.

(Жуковскій.)

Одинъ тотъ, кто способенъ наслаждаться семейственною жизнію, есть прямо [1] добрый и, слѣдовательно, прямо счастливый человѣкъ.

Свѣтъ называютъ театромъ, каждый изъ насъ въ одно время и дѣйствующій, и зритель. Актеры стараются блеснуть искусствомъ; зрители восклицаютъ: великій умъ! чудесное дарованіе! [2]. Но мало однихъ блистательныхъ успѣховъ на театрѣ свѣта, чтобъ пріобрѣсть благородное названіе «добрый», чтобы имѣть право называться «счастливымъ?»

Ты съ честію служишь отечеству: судья справедливый, всѣ приговоры [3] твои сходны съ приговорами закона и совѣсти; смѣлый, благоразумный полководецъ, никто не видалъ, чтобы ты блѣднѣлъ въ виду непріятеля, чтобы терялъ присутствіе духа въ минуту неуспѣха [4] или замѣшательства [5]. Въ обществѣ называютъ тебя пріятнымъ, ласковымъ, забавнымъ; нельзя не плѣниться твоимъ разговоромъ; все окружающее тебя оживлено твоимъ остроуміемъ, твоими словами, взглядами [6], усмѣшками. Говорю смѣло: умный, дѣятельный, любезный, необыкновенный человѣкъ! Скажу ли: добрый и счастливый?

Нѣтъ! я вижу тебя на сценѣ, въ уборѣ [7], въ минуту представленія, въ минуту торжества; прельщаюсь однимъ наружнымъ, временнымъ твоимъ блескомъ. Ты дѣйствуешь не собственною силою, ты окруженъ безчисленными подпорами [8]: общее мнѣніе хранитель [9] твоихъ добродѣтелей; быть можетъ, источникъ ихъ — единое твое честолюбіе. Хочу-ли узнать совершенно твой характеръ? я долженъ послѣдовать за тобою во внутренность семейства. Семейство есть тихое, сокрытое отъ людей поприще [10], на которомъ совершаются самые благородные, самые безкорыстные подвиги добродѣтельнаго. Здѣсь человѣкъ одинъ; всѣ призраки [11] исчезли; онъ дѣйствуетъ безъ свидѣтелей, въ кругу знакомцевъ слишкомъ короткихъ, слѣдственно для него нестрашныхъ; не можетъ удивлять ложнымъ блескомъ, не слышитъ рукоплесканій: онъ можетъ наслаждаться единымъ скромнымъ, для другихъ непримѣтнымъ, но сладостнымъ и неотъемлемымъ [12] счастіемъ. Здѣсь онъ снимаетъ съ себя заимствованные покровы [13], свободно предается естественнымъ своимъ склонностямъ; никому, кромѣ самого себя, не даетъ отчета. И если я вижу его спокойнымъ, веселымъ, неизмѣняемымъ въ тѣсномъ кругу любезныхъ; когда приходъ [14] его къ супругѣ и дѣтямъ есть сладостная минута общаго торжества; когда отъ взора его развеселяются лица домашнихъ; когда, возвращаясь изъ путешествія, приноситъ онъ въ домъ свой новую жизнь, новую дѣятельность, новое счастіе; когда замѣчаю окрестъ его порядокъ, спокойствіе, довѣренность, любовь, — тогда рѣшительно говорю: онъ добръ, онъ счастливъ!

1 réellement, vraiment; 2 talent; 3 arrêt, m.; 4 échec, insuccès; 5 embarras, m.; 6 coup d'œil; 7 costume, m.; 8 appui, soutien; 9 la sauve garde; 10 scène, f.; 11 le fantôme, la chimère; 12 imprescriptible; 13 le voile; 14 le retour.

15. Домъ Онѣгина. (Пушкинъ.)

Деревня, гдѣ скучалъ Евгеній,
Была прелестный уголокъ;
Тамъ другъ невинныхъ наслажденій
Благословить-бы небо могъ.
Господскій домъ уединенный,
Горой отъ вѣтровъ огражденный,
Стоялъ надъ рѣчкою; вдали
Предъ нимъ пестрѣли и цвѣли
Луга и нивы золотыя,
Мелькали села здѣсь и тамъ,
Стада бродили по лугамъ,
И сѣни расширялъ густыя
Огромный, запущенный садъ,
Пріютъ задумчивыхъ дріадъ.
Почтенный замокъ былъ построенъ,
Какъ замки строиться должны:
Отмѣнно проченъ и спокоенъ,
Во вкусѣ умной старины.
Вездѣ высокіе покои,
Въ гостиной штофные обои,
Портреты дѣдовъ на стѣнахъ
И печи въ пестрыхъ изразцахъ.
Все это нынѣ обветшало,
Не знаю, право, почему,
Да впрочемъ другу моему
Въ томъ нужды было очень мало,
Затѣмъ, что онъ равно зѣвалъ
Средь модныхъ и старинныхъ залъ.
Онъ въ томъ покоѣ поселился,
Гдѣ деревенскій старожилъ
Лѣтъ сорокъ съ ключницей бранился,
Въ окно смотрѣлъ и мухъ давилъ.
Все было просто: полъ дубовый,
Два шкафа, столъ, диванъ пуховый,
Нигдѣ ни пятнышка чернилъ.
Онѣгинъ шкафы отворилъ:
Въ одномъ нашелъ тетрадь расхода,
Въ другомъ наливокъ цѣлый строй,
Кувшины съ яблочной водой
И календарь осьмаго года:
Старикъ, имѣя много дѣлъ,
Въ иныя книги не глядѣлъ.

TABLE DES MATIÈRES.

Seconde partie.

MORCEAUX A TRADUIRE.

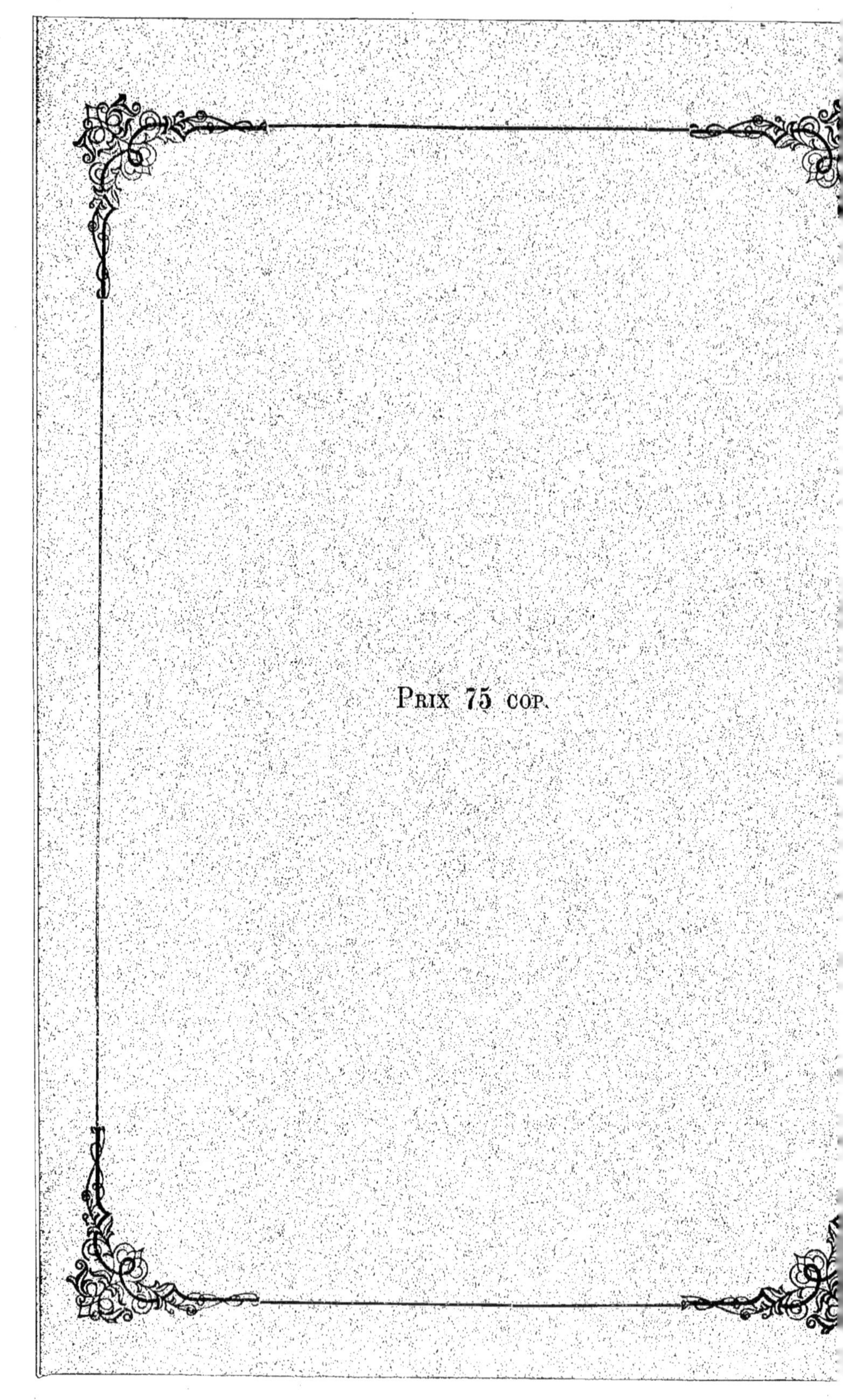

PRIX 75 COP.

www.ingramcontent.com/pod-product-compliance
Ingram Content Group UK Ltd.
Pitfield, Milton Keynes, MK11 3LW, UK
UKHW022051260726
13993UKWH00001B/45

9 782019 966102